U0588064

大清一統志

第三十册

蒙古　青海

西藏

朝貢各國

上海古籍出版社

蒙古

目録

外藩蒙古輿圖

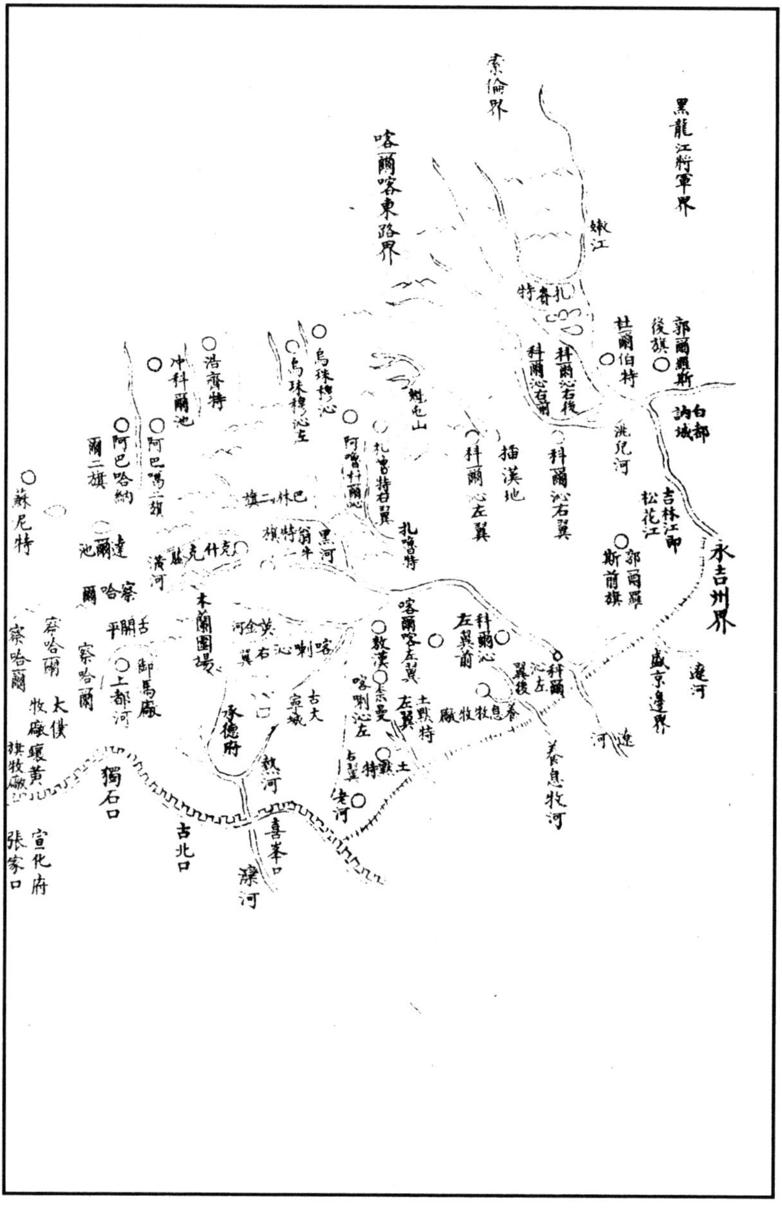
索倫界
黑龍江將軍界
喀爾喀東路界
嫩江
扎賚特
郭爾羅斯後旗
杜爾伯特
科爾沁右翼後
白都訥城
洮兒河
烏珠穆沁
烏珠穆沁左
浩齊特
阿巴哈納爾
蘇尼特
巴林二旗
克什克騰
翁牛特二旗
黑河
扎嚕特
扎嚕特右翼
科爾沁左翼
科爾沁右翼
吉林江
松花江
永吉州界
郭爾羅斯前旗
喀爾喀左翼
科爾沁左翼前
敖漢
奈曼
木蘭圍場
察哈爾
御馬廠
上都河
獨石口
古北口
承德府
熱河
喜峯口
灤河
宣化府
張家口
盛京邊界
遼河
養息牧河
土默特
古大寧城

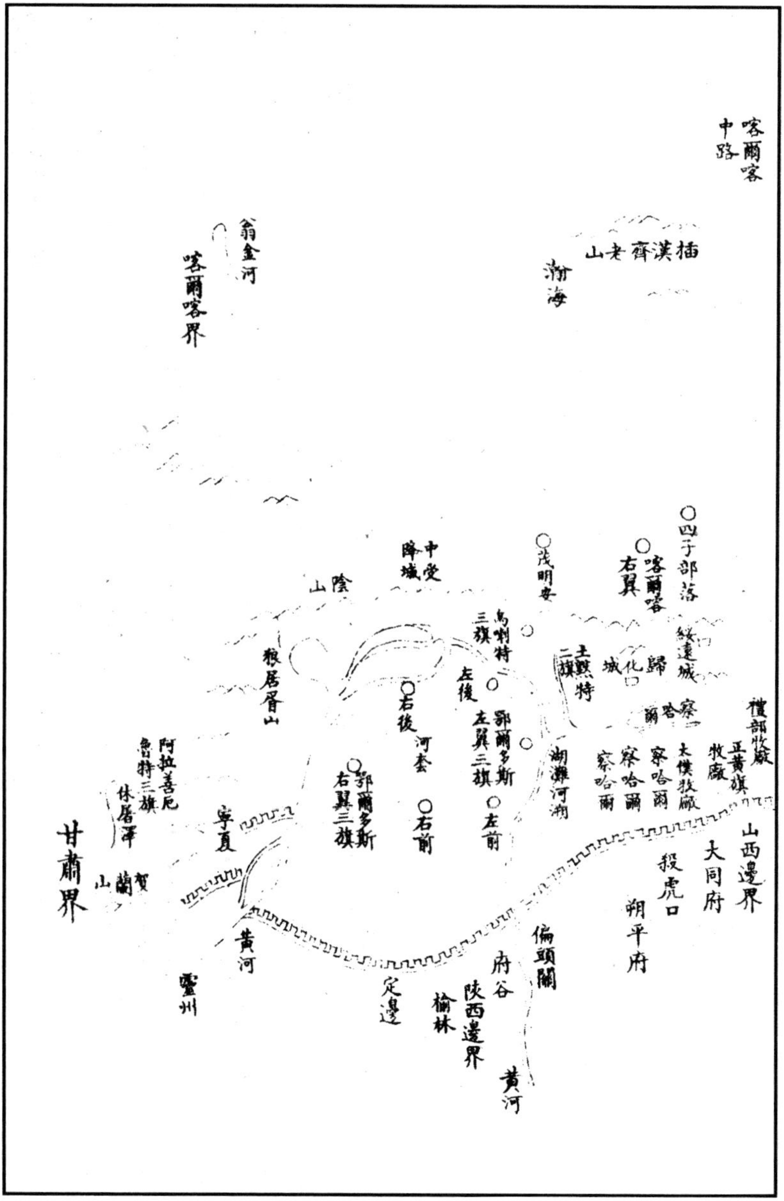
喀爾喀中路
插漢齊老山
瀚海
翁金河
喀爾喀界
四子部落
茂明安
喀爾喀右翼
中受降城
陰山
烏喇特三旗
綏遠城
歸化城
土默特二旗
狼居胥山
左後
察哈爾
右後
禮部牧廠
正黃旗牧廠
太僕牧廠
河套
鄂爾多斯左翼三旗
湖灘河朔
察哈爾
察哈爾
察哈爾
阿拉善厄魯特三旗
休屠澤
鄂爾多斯右翼三旗
右前
左前
寧夏
山西邊界
大同府
殺虎口
甘肅界
賀蘭山
朔平府
偏頭關
黃河
府谷
靈州
定邊
榆林
陝西邊界
黃河

外藩蒙古統部表

秦	古雍、冀、幽、并、營五州外境。
兩漢	匈奴及烏桓、鮮卑居之。
三國	
晉	
南北朝	後魏蠕蠕及庫莫奚地。
隋	突厥地。
唐	初爲突厥地，後入於回紇、延陀。
五代	遼置都邑城郭。
宋	
元	初曰蒙古，居西北極邊，奄有天下，遂成一統。
明	初阿裕實哩達喇遁歸朔漠，復其故號，遺種繁衍，諸部時擁衆侵邊。

大清一統志卷五百三十四

外藩蒙古統部

東接盛京黑龍江，西接伊犂東路，南至長城，北踰絶漠，袤延萬餘里。

分野

天文昴、畢及尾、箕分野，躔大梁、析木之次。史記天官書：「昴、畢間爲天街。其陰，陰國；陽，陽國。」張淵觀象賦：「天街分中外之境。」注云：「天街二星，昴、畢間，近月星，陰陽之所分，中國之境界。天街以西屬外國，氈裼引弓之民皆屬焉。天街以東屬中國，搢紳之士、冠帶之倫皆屬焉。」

建置沿革

古雍、冀、幽、并、營五州北境，周時玁狁、山戎居之。秦、漢北邊外，匈奴盡有其地。漢末烏桓、鮮卑雜處其間。元魏時蠕蠕及庫莫奚爲大。隋、唐屬突厥，後入於回紇、延陀。遼、金以來，建置都邑城郭，與内地不異。元之先曰蒙古，居西北極邊，奄有天下，遂成一統。明初，阿裕實哩達喇遁歸朔漠，復其故號，遺種繁衍，諸部時擁衆侵邊，迄明世北陲不靖。初，順帝殂於應昌，阿裕嗣立，徙和林，改元宣光。傳其次子托果斯特穆爾，改元天元。洪武二十一年，命大將軍藍玉出大寧，進抵慶州，破之於捕魚兒海。托果斯特穆爾從十餘騎跳身遁，後遂爲其下伊蘇德勒所弒，部落潰散，終太祖世，不敢大爲寇。自托果斯特穆爾後，五傳至昆特穆爾，皆被殺。遠族果勒齊篡位，稱可汗，去國號，復稱韃靼。其下以非順帝裔，不附。酋長阿嚕台等殺果勒齊，而迎元後布延實哩，立以爲可汗。永樂六年，以書諭之，不報。復遣給事中郭驥往，驥被殺，於是淇國公丘福統五將軍出塞擊之，師殲焉。帝聞震怒，八年親征，布延實哩懼，欲與阿嚕台俱西。阿嚕台不從，君臣始各爲部。布延實哩西奔，帝追及鄂諾河，元太祖始興地也。布延實哩率衆戰，大敗，絶跡遁。帝班師至静虜鎮，遇阿嚕台，大破其衆，乃班師。十年，布延實哩爲斡拉瑪哈穆特等所殺。而阿嚕台與斡拉相讐，窮蹙内附，特封以王號。後復入寇興和。二十年，帝復親征阿嚕台，大破之。遂擊烏梁海，蕩其巢而還。仁宗時，阿嚕台數敗，斡拉勢日蹙，乃率其屬東走烏梁海，駐牧遼塞，宣德中爲斡拉托歡所殺。斡拉，蒙古部落也，在韃靼西。永樂間封瑪哈穆特以王號，其後擁兵將入犯，帝親征，大破其衆於呼蘭和實衮，追奔至圖喇河，復修貢職。其子托歡嗣，仍封王號，既襲殺阿嚕台，欲自稱可汗，而衆不附，乃求元後托克托布哈立之，自爲丞相，居漠北，喀喇沁等部俱屬焉。已誘多顔諸衛窺塞。托歡死，子額森嗣爲太師，衆益强，托克托布哈不能制。正統十四年，額森誘脅諸番，大舉入寇。閹王振挾帝親征，百官上章留，不聽。駕至大同，還次宣府。額森追及，王師覆於土木，英宗北狩。額森擁英宗犯京師，爲兵部尚書于謙等所敗。於是戰守籌畫大具，而虜使來輸平，送英宗還。既而額森弒其主自立，東自女直烏梁海野人，西至蒙古赤斤、哈密，皆受約束。額森來貢，稱田盛大可汗。「田盛」者，漢言「天聖」也。詔稱爲斡拉可汗。額森恃强益驕。景泰中，阿喇知院攻額森，殺之，斡拉遂微。時韃靼部長保喇復攻破阿喇，求托克托布哈子瑪爾科爾立之，號小王子。保喇與其屬瑪拉噶皆雄視部中，韃靼復熾。天順中，瑪爾科爾死，衆共立瑪古和爾濟蘇，亦號小王子。自是韃靼部長益各專擅。小王子世次多莫可考。成化初，保喇與小王子、瑪拉噶等入據河套，邊事日棘。會保喇弒小王子，瑪拉噶殺保喇，更立他可汗，尋復弑之。有阿爾楚者，與瑪拉噶相仇殺，博囉乃與阿爾楚合。別部嘉勒斯賚、博勒呼亦入據河套，廷議發兵討之，趙輔、劉聚相繼爲將軍，無功。瑪拉噶諸部亦稍衰敗。而瑪勒圖入河套，稱可汗，以嘉勒斯賚爲太師，尋與博勒呼入寇，大敗於韋州。瑪勒圖不復居套，嘉勒斯賚遂殺博勒呼，并其衆，益專恣，爲瑪勒圖所殺。瑪勒圖死，邊患少息。成化末，入寇者復稱小王子，漸往來套中，與和斯相倚，日益强大。弘治十三年，小王子復居河套，爲邊患無虚歲。嘉靖十一年，小王子徙幕東方，謂之土蠻。而所分諸部落，在西北邊者，其從父行濟農、諳達二部最强，據河套，時時入寇。二十九年，諳達移駐威寧海子，招集亡命，居豐州，築城自衛，與土蠻迭犯東西諸邊。隆慶四年，諳達乞封，詔封爲順義王。自是約束諸部，無入犯，歲來貢市，西塞以安。而東部土蠻時寇遼東。初，小王子裔布希亦稱小王子，駐牧察哈地，是爲察哈爾，亦曰插漢兒。諳達方强，懼爲所併，徙帳於遼，收福餘雜部，數入掠薊西。四傳至林丹，稱胡土克圖可汗，漸强盛。萬曆四十三年，數犯遼東。崇禎元年，攻破喀喇沁及白言台吉、布斯圖諸部，乘勢犯宣、大，邀歲賞，東西馳逐，所部多叛之，諸蒙古先後歸附於我大清。太宗文皇帝親征察哈爾，林丹懼，西奔圖伯特，死於打草灘。其子來降，插部遂滅。

「阿裕實哩達喇」舊作「愛猷識理達臘」，「托果斯特穆爾」舊作「脱古思帖木兒」，「伊蘇德勒」舊作「也速迭兒」，「昆特穆爾」舊作「坤帖木兒」，「果勒齊」舊作「鬼力赤」，「阿嚕台」舊作「阿魯台」，「布延實哩」舊作「本雅失里」，「鄂諾河」舊作「斡難河」，「斡拉」舊作「瓦喇」，「瑪哈穆特」舊作「馬哈木」，「烏梁海」舊作「兀良哈」，「托歡」舊作「脱歡」，「呼蘭和實衮」舊作「忽蘭忽失温」，「圖喇」舊作「土剌」，「托克托布哈」舊作「脱脱不花」，「哈喇沁」舊作「哈喇嗔」，「額森」舊作「也先」，「阿喇」舊作「阿剌」，「保喇」舊作「孛來」，「瑪爾科爾」舊作「麻兒可兒」，「瑪拉噶」舊作「毛里孩」，「古和爾濟蘇」舊作「馬古可兒吉思」，「阿爾楚」舊作「斡羅出」，「博囉」舊作「孛魯」，「嘉勒斯賚」舊作「乩加思蘭」，「瑪勒圖」舊作「滿魯都」，「博勒呼」舊作「孛羅忽」，「和斯」舊作「火篩」，「濟農」舊作「吉囊」，「諳達」舊作「俺答」，「布希」舊作「卜赤」，「布斯圖」舊作「卜失兔」，「圖伯特」舊作「圖白忒」，今俱改正。

本朝龍興，蒙古科爾沁部率先歸附。及既滅察哈爾，諸部相繼來降，於是正其疆界，悉遵約束，有大征伐，並帥師以從。及定鼎後，錫以爵禄，俾得世及。每歲朝貢以時，奔走率職惟謹，設理藩院以統之。蓋奉正朔隸版圖者，部落二十有五，爲旗五十有一，並同内八旗。其貢道由山海關者，科爾沁、郭爾羅斯、杜爾伯特、扎賚特四部落，爲旗十；由喜峯口者，阿嚕科爾沁、扎嚕特、土默特、喀喇沁、喀爾喀左翼、柰曼、敖漢、翁牛特八部落，爲旗十三；由獨石口者，阿巴噶左翼、阿巴哈納爾左翼、浩齊特、烏珠穆沁、巴林、克什克騰六部落，爲旗九；由張家口者，阿巴噶右翼、阿巴哈納爾右翼、蘇尼特、四子部落、喀爾喀右翼、茂明安六部落，爲旗七；由殺虎口者，歸化城土默特、烏喇特、鄂爾多斯三部落，爲旗十二；是爲内扎薩克蒙古。至於漠南而外，則有漠北。漢、唐之盛，兵力或能至漠南。若漠北，則固荒遠矣。元初起自西北，建都和林，其後混一天下，遂於和林置行中書省，列於十一行省之中。其後裔於明初退保於此，位號相傳，終明之世，自稱强國。

聖朝功德隆盛，遐邇咸賓。開國之初，蒙古北部喀爾喀三汗同時納貢。至康熙年間，喀爾喀與準噶爾搆難，舉國内屬。聖祖仁皇帝親征平定，於是全部列爵分旗，隸我宇下。又有善巴自爲一部，曰賽因諾顔。雍正九年，以奮擊準噶爾功，詔授扎薩克，分轄各旗，共四部七十四旗，今增至八十六旗。其朝貢會盟隸理藩院。其貢道由張家口，來享來王，奔走恐後，與漠南無異焉。又有察哈爾者，本元後裔，雄長北陲。我朝肇基王業，各蒙古相率歸誠，唯察哈爾恃其强盛，未即款服。太宗文皇帝親征林丹，汗走死，其子額哲來降。至康熙年間，以布爾呢叛逆，復加戡定，始遷其衆於大同、宣化邊外。惟以總管等官臨治，與各扎薩克之襲有世爵者不同。第散處邊陲，習於游牧，固與諸蒙古無異。其察哈爾舊地，遂置各牧廠於此，長林豐草，訛寢咸宜。凡駝馬牛羊之孳息者，歲以千萬計，考牧之盛，卓越千古。其地在彰武臺及獨石口、張家口外，隸於内務府、上駟院、太僕寺等衙門。由北路而西，則更有阿拉善厄魯特、青海厄魯特。阿拉善厄魯特本駐牧套西，稱爲套彝。順治四年，遣使入貢，後爲噶爾丹侵併。其地竄至近邊，康熙年間於寧夏、甘州邊外給以地，賜牧阿拉善，編置佐領，爲旗一。青海厄魯特，青海本禹貢西戎地，周、秦以還，諸羌繁衍，罕歸聲教。厥後一變而爲吐谷渾，再變而爲吐蕃。至明代入於蒙古，而後復爲厄魯特所有。我朝開創之初，其部酋顧實汗輸誠歸附。雍正初，平定青海，編旗授爵，分置佐領，爲旗二十有八。乾隆間，增設一旗。嘉慶十一年，一等台吉一旗，兼襲郡王，仍爲旗二十八。又有大喇嘛察罕諾們汗所屬蒙古，分爲四佐領，不統於各旗，均隸理藩院。其貢道由西寧，朝貢之謹，與内扎薩克等。迤西而南，有古西南徼外諸羌戎地，唐時始通中國。史稱其國西南與婆羅門接壤，則其俗之信奉釋教固宜。元時其地領於番僧，明代因之。自黄教興而諸番崇信，於是有達賴喇嘛、班禪喇嘛，更在各番王之上。

本朝崇德年間，不遠萬里，遣使納貢。乃以其恭順獨先，錫之封號，俾得以世相繼。康熙間，準夷侵擾，經王師平定其地，諸番皆登樂土，於焉闡揚善教，同我太平。所謂因其教，不易其俗，齊其政，不易其宜者，蓋懷柔駕馭之道，即於是寓焉矣。其地在四川、雲南徼外，其朝貢隸於理藩院，其貢道由西寧。於此見聖朝威德所彰，無遠弗屆，屏藩萬里，中外一家，誠曠古所未有也。

旗分

科爾沁右翼旗：右翼前旗，右翼後旗。左翼旗：左翼前旗，左翼後旗。

扎賚特旗。屬科爾沁右翼。

杜爾伯特旗。屬科爾沁右翼。

郭爾羅斯前旗，屬科爾沁左翼。後旗。屬科爾沁左翼。

喀喇沁右翼旗，左翼旗，添設一旗。

土默特右翼旗，左翼旗。

敖漢旗。

奈曼旗。

巴林右翼旗，左翼旗。

扎嚕特右翼旗，左翼旗。

阿嚕科爾沁旗。

翁牛特右翼旗，左翼旗。

克什克騰旗。

喀爾喀左翼旗。

烏珠穆沁右翼旗，左翼旗。

浩齊特右翼旗，左翼旗。

蘇尼特右翼旗，左翼旗。

阿巴噶右翼旗，左翼旗。

阿巴哈納爾右翼旗，左翼旗。

四子部落旗。

茂明安旗。

烏喇特中旗，前旗，後旗。

喀爾喀右翼旗。

鄂爾多斯右翼中旗，右翼前旗，右翼後旗。左翼中旗，左翼前旗，左翼後旗，添設一旗。

喀爾喀旗：土謝圖汗部，旗二十。車臣汗部，旗二十三。扎薩克圖汗部，旗十九。賽因諾顏部，旗二十四。

阿拉善厄魯特旗。

青海厄魯特。旗二十八。

西藏。

歸化城土默特右翼旗、左翼旗。

牧廠。

察哈爾。八旗。

封爵

按：諸旗封爵定於國初，今以錫爵之始所得之爵列爲目録。至雍正、乾隆、嘉慶間，有晉封及降襲者，並分注於各旗之下，其封爵仍舊者不復注焉。至不掌旗之王公諸爵，並按各旗增載於篇。

科爾沁右翼和碩土謝圖親王，崇德元年封。所屬有不掌旗貝勒一，康熙十四年封。左翼和碩達爾漢親王〔一〕，順治十六年由郡王晉封。所屬有不掌旗親王一，崇德元年封；郡王一，順治六年封；貝勒一，順治十八年由鎮國公晉封；貝子二，一雍正四年封，一乾隆二十三年封親王，後屢升降，至嘉慶二十四年降襲貝子；輔國公四，一順治十八年封，一雍正二年封，旋晉貝子，後仍降襲輔國公，以上並世襲，一雍正二年封，一乾隆十五年封。右翼前旗多羅扎薩克圖郡王，崇德元年封。右翼後旗鎮國公，崇德元年封。左翼前旗多羅冰圖郡王，崇德元年封。左翼後旗多羅郡王，順治七年封。所屬有不掌旗輔國公一，乾隆三年封貝子，至三十六年降襲。右翼扎賚特多羅貝勒，雍正十年由貝子晉封。右翼杜爾伯特固山貝子，順治五年封。左翼郭爾羅斯前旗輔國公，崇德元年封。左翼郭爾羅斯後旗鎮國公。順治五年封。

喀喇沁右翼多羅杜棱郡王，康熙七年由貝勒晉封。所屬有不掌旗輔國公二，一雍正九年封，世襲；一乾隆八年封，尋晉貝子，後遞降襲輔國公。左翼多羅貝勒，初封鎮國公，後晉貝子。嘉慶八年晉封貝勒。增設一旗輔國公。乾隆五十三年由一等塔布囊晉封。所屬有不掌旗輔國公一，雍正九年封，世襲。

土默特右翼固山貝子，康熙二年由鎮國公晉封。左翼多羅達爾漢貝勒。康熙元年由鎮國公晉封。所屬有不掌旗貝勒一，康熙四年封，世襲。

敖漢多羅郡王。崇德元年封。所屬有不掌旗郡王一，順治五年封；貝子一，雍正十年封，並世襲；鎮國公一，乾隆三十三年封；台吉一，嘉慶十年由貝子降襲。

奈曼多羅達爾漢郡王。崇德元年封。

巴林右翼親王品級多羅郡王，順治七年由鎮國公晉封郡王，乾隆十九年加親王品級。所屬有不掌旗輔國公一，乾隆二十一年封。左翼固山貝子。順治五年封。所屬有不掌旗貝子一，順治五年封，世襲。

扎嚕特右翼多羅達爾漢貝勒，順治五年封。所屬有不掌旗鎮國公一，順治五年封，世襲；公品級台吉一，乾隆四十八年封。左翼多羅貝勒。順治五年封。

阿嚕科爾沁多羅貝勒。順治五年由貝子晉封。

翁牛特右翼多羅杜棱郡王，崇德元年封。所屬有不掌旗鎮國公二，一崇德八年封，世襲；一康熙六十一年封輔國公，尋晉貝子，累襲至嘉慶二十一年，降襲鎮國公。左翼多羅達爾漢岱青貝勒。順治十八年封。

克什克騰一等台吉。順治九年封。

喀爾喀左翼多羅貝勒。康熙三年封。
烏珠穆沁右翼和碩車臣親王，崇德六年封。所屬有不掌旗鎮國公一，雍正元年封；輔國公一，乾隆三年封，並世
襲。左翼多羅額爾德尼貝勒。順治三年封。
浩齊特右翼多羅郡王，順治十年封。左翼多羅額爾德尼郡王。順治七年封。
蘇尼特右翼多羅杜棱郡王，崇德七年封。所屬有不掌旗輔國公一，順治六年封貝勒，後降襲輔國公，世襲。左翼
多羅墨爾根郡王。崇德六年封。所屬有不掌旗貝勒一，順治六年封。
阿巴噶右翼多羅卓哩克圖郡王，崇德六年封。乾隆五十三年削去掌旗，另授一等台吉掌旗，其郡王爵仍世襲。
左翼多羅郡王。順治八年封。所屬有不掌旗貝子一，順治三年封。輔國公一，康熙五十四年封，並世襲。
阿巴哈納爾右翼多羅貝勒，康熙六年封。左翼固山貝子。康熙四年封。
四子部落多羅達爾漢卓哩克圖郡王。天聰七年封。
茂明安一等台吉。康熙三年封。所屬有不掌旗貝勒一，順治七年封，世襲。
烏喇特中旗鎮國公，順治五年封。前旗鎮國公，順治五年封。後旗輔國公。順治五年封。
喀爾喀右翼多羅達爾漢貝勒。順治十年封親王。康熙四十七年降襲貝勒。所屬有不掌旗貝子二，一順治十年封，
一順治十年封郡王，康熙四十三年降襲貝子；鎮國公一，康熙十四年封，並世襲。
鄂爾多斯右翼中旗多羅郡王，順治六年封。所屬有不掌旗輔國公一，雍正六年封。右翼前旗多羅貝勒，順
治六年封。右翼後旗固山貝子，順治六年封鎮國公，後晉固山貝子。左翼中旗固山貝子，順治六年封。左翼前

旗固山貝子，順治六年封。左翼後旗固山貝子，順治六年封。添設一旗一等台吉。雍正九年授。

喀爾喀後路土謝圖汗，康熙三十年命。本旗外統轄十九旗。和碩親王一，康熙三十五年封。所屬有不掌旗一等台吉一。多羅郡王二，並康熙三十年封。固山貝子一，康熙三十年封多羅郡王，後降襲。鎮國公一，康熙三十二年授一等台吉，後晉貝子，後降襲鎮國公。輔國公五，一康熙五十年封。一雍正十年封。一康熙三十年授一等台吉，乾隆三年晉封。一康熙三十年授一等台吉，乾隆二十年晉封。一康熙五十八年授一等台吉，乾隆二十四年晉封。一等台吉九。一康熙三十年封輔國公，後降襲。一乾隆十八年封輔國公，後降襲公品級一等台吉。一康熙三十年授。一康熙三十三年授。一康熙三十五年授。一康熙三十六年授。一康熙五十八年授。一雍正八年授。一雍正十年授。

喀爾喀東路車臣汗，康熙二十七年命。所屬有不掌旗輔國公一，康熙五十六年封。本旗外統轄二十二旗。和碩親王一，康熙三十年封郡王，後晉襲。多羅郡王一，康熙三十年封貝子，後晉封。所屬有不掌旗貝勒一，雍正十一年封。多羅貝勒一，康熙三十年封。固山貝子二，並康熙三十年封。鎮國公一，康熙三十四年封。輔國公二，一康熙五十年授一等台吉，雍正二年晉封。一康熙三十年封貝子，後降襲。一等台吉十四。一康熙三十年封貝子，後降襲，所屬有不掌旗鎮國公一，乾隆二十五年由貝子降襲。一康熙三十年授。一乾隆十九年授。一康熙五十年授。一康熙三十年授。一康熙三十年授。一康熙三十六年授。一康熙三十四年授。一康熙三十六年授。一康熙四十年授。一康熙三十五年授。一康熙四十年授。一康熙五十二年授。一雍正十三年授。

喀爾喀西路扎薩克圖汗，康熙四十二年命。所屬有不掌旗公銜台吉一，康熙三十年封輔國公，後降襲。本旗外統轄十八旗。郡王品級多羅貝勒一，康熙三十年封。乾隆二十二年加郡王品級。鎮國公二，一康熙三十年封貝勒，後降襲。一雍正六年授一等台吉，後晉封。輔國公六，一康熙三十六年由一等台吉晉封。一康熙五十年由一等台吉晉封。一康熙五十三年授一等台吉，雍正二年晉封，所屬有不掌旗輔國公一，雍正十年封。一雍正二年封。一乾隆二十一年封。一等台吉九。一康熙三十年授。一康熙三十年授，所屬有不掌旗輔國公一，雍正二年封。一康熙三十六年授。一康熙四十八年授。一雍正四年授。一乾隆二十三年授。一乾隆二十年授。一乾隆二十一年授。一乾隆二十年授。

喀爾喀賽因諾顏部賽因諾顏扎薩克和碩親王，康熙三十六年，由郡王晉封親王。所屬有不掌旗鎮國公一、一等台吉一，本旗外統轄二十三旗。和碩親王一，雍正九年遞晉。所屬有不掌旗貝子一，雍正元年封；輔國公二，一乾隆二十二年封，一乾隆二十八年封；一等台吉一。多羅郡王二，一康熙三十年封鎮國公，後晉封郡王。一雍正十年封輔國公，後晉封郡王。多羅貝勒二，一康熙三十年封多羅郡王，後降襲。一康熙三十年封鎮國公，後晉襲。鎮國公一，康熙三十一年授一等台吉，後晉封。所屬有不掌旗輔國公一，乾隆三十一年封。輔國公五，一康熙三十一年封。一康熙三十五年由一等台吉晉封。一康熙四十六年授一等台吉，後晉封。一康熙五十一年授一等台吉，乾隆元年晉封。一康熙三十年授一等台吉，雍正十年晉封。公品級一等台吉一，乾隆十九年加公品級。一等台吉九。一康熙三十年授。一康熙三十一年授。一康熙三十五年授，所屬有不掌旗輔國公一，乾隆元年封。一康熙三十五年授。一康熙三十五年授。一康熙三十六年授，所屬有不掌旗公品級三等台吉。一乾隆二十一年加公品級。一康熙四十八年授。一康熙五十一年授。一乾隆三年授。附厄魯特固山貝子二。一康熙四十一年封郡王，後降襲。一康熙四十四年封輔國公，雍正元年晉封。

阿拉善厄魯特和碩親王，康熙三十六年封貝勒，後晉襲。所屬有不掌旗鎮國公二，一康熙三十七年封輔國公，後晉襲；一雍正九年封輔國公，後晉襲。青海厄魯特多羅郡王三，一雍正元年封親王，後降襲。一康熙四十二年封，一雍正元年由貝勒晉封。多羅貝勒二，一康熙四十二年封，一康熙五十五年封。固山貝子三，一雍正元年封貝勒，後降襲。一康熙五十五年封公銜一等台吉，後晉襲。一雍正元年封。輔國公四，一康熙五十年封。一康熙五十年封。一康熙五十年封。一雍正三年授一等台吉，九年晉封。一等台吉十六。一康熙三十七年封貝勒，後降襲。一康熙五十年封貝子，後降襲。一康熙五十九年封輔國公，後降襲。一雍正三年授。一雍正三年授。一雍正三年授。一雍正三年授。一雍正九年授。一雍正三年授。一雍正三年授。一雍正三年授。一雍正三年授。一雍正九年授。一雍正三年授。一雍正三年授。一雍正三年授。西藏輔國公一，雍正八年授一等台吉，九年晉封。一等台吉三。一雍正六年授。一雍正七年封輔國公，後降襲。一雍正五年授。歸化城土默特輔國公一，乾隆二十一年封。左翼都統，崇德元年授。後改襲三等子兼三等男。右翼都統。順治四年授。後改襲三等男。

職官

掌印扎薩克，每旗各設一員，以王、貝勒、貝子、公、台吉、塔布囊掌之。其不設扎薩克者，則轄於將軍、都統及大臣。協理旗務台吉，每旗或二員，或四員。惟土默特左翼旗、喀喇沁三旗稱塔布囊，與台吉同。管旗章京，每旗設一員。副章京，每旗十佐領以上設二員，十佐領以下設一員。參領，每六佐領設一員。佐領，每百五十丁設一員。各旗多寡無定員。驍騎校。每佐領下設一員。

科爾沁六旗。佐領。左翼中旗四十六員，左翼前旗三員，左翼後旗三十二員。右翼中旗二十三員，右翼前旗十六員，右翼後旗十六員。

扎賚特一旗。佐領。十六員。

杜爾伯特一旗。佐領。二十五員。

郭爾羅斯二旗。佐領。前旗二十三員，後旗三十四員。

喀喇沁三旗。佐領。中旗五十一員，左翼旗四十八員，右翼旗四十四員。

土默特二旗。佐領。左翼旗八十員，附喀爾喀二員；右翼旗九十七員。

敖漢一旗。佐領。五十五員。

奈曼一旗。佐領。五十員。

巴林二旗。佐領。左翼旗十六員，右翼旗二十六員。

扎嚕特二旗。佐領。左翼旗十六員，右翼旗十六員。

阿嚕科爾沁一旗。佐領。五十員。

翁牛特二旗。佐領。左翼旗三十八員，右翼旗二十員。

克什克騰一旗。佐領。十員。

喀爾喀左翼一旗。佐領。一員。

烏珠穆沁二旗。佐領。左翼旗九員，右翼旗二十一員。

浩齊特二旗。佐領。左翼旗七員，右翼旗五員。

蘇尼特二旗。佐領。左翼旗二十員，右翼旗十三員。
阿巴噶二旗。佐領。左翼旗十一員，右翼旗十一員。
阿巴哈納爾二旗。佐領。左翼旗九員，右翼旗七員。
四子部落一旗。佐領。二十員。
茂明安一旗。佐領。四員。
烏喇特三旗。佐領。中旗六員，前旗十二員，後旗六員。
喀爾喀右翼一旗。佐領。四員。
鄂爾多斯七旗。佐領。左翼中旗十七員，左翼前旗四十二員，左翼後旗四十員。右翼中旗八十四員，右翼前旗四十二員，右翼後旗三十六員，右翼前末旗十三員。
喀爾喀四部八十六旗。佐領。土謝圖汗旗一員，中旗四員，中次旗一員，中左旗一員，中右旗三員，中右末旗一員，中左翼末旗四員，左翼中旗十四員，左翼中左旗一員，左翼前旗三員，左翼後旗四員，左翼末旗一員，左翼中左末旗一員，左翼右末旗五員。右翼左旗八員，右翼右旗一員，右翼左後旗二員，右翼左末旗一員，右翼右末旗一員，右翼右末次旗二員。車臣汗旗二員，中左旗三員，中右旗四員，中左前旗一員，中右後旗一員，中前旗五員，中後旗二員，中末旗三員，中末次旗二員，中末右旗一員，左翼中旗二員，左翼左旗二員，左翼右旗一員，左翼前旗二員，左翼後旗三員，左翼後末旗二員。右翼中旗八員，右翼中左旗一員，右翼中右旗二員，右翼中前旗一員，右翼左旗一員，右翼前旗二員，右翼後旗三員。扎薩克圖汗兼管右翼左旗三員，中左翼左旗二員，中左翼右旗一員，中左翼末旗一員，中右翼左旗一員，中右翼末旗二員，中右翼末次旗一員。左翼中旗一員，左翼左旗一員，左翼右旗一員，左翼前旗二員，左翼後旗一員，左翼後末旗一員。右翼右旗一員，右翼右末旗一員，右翼前旗二員，右翼後旗一員，右翼後末旗一員。輝特旗一員，賽因諾顔旗五員。中左旗三員，中右旗一員，中前旗一員，中後旗一員，中末旗一員，中左末旗四員，中後末旗一員，中右翼末旗無佐領。右末旗一員，左翼中旗一員，左翼左旗二員，左翼右旗三員，左翼左末旗一員。右翼中左旗四員，右翼中右旗無佐領，右翼中末旗一員，右翼左末旗一員，右翼右後旗二員，右翼前旗一員，右翼後旗一員，右翼末旗二員。額魯特旗一員，額魯特前旗一員。

阿拉善額魯特一旗。佐領。八員，額濟納土爾扈特旗一員。

青海額魯特五部二十八旗。佐領。和碩特前頭旗十一員，前左翼頭旗兼前左翼次旗九員，東上旗一員，西前旗八員，西後旗九員，西左翼後旗一員，西右翼中旗一員，西右翼前旗二員，西右翼後旗一員，南左翼中旗七員，南左翼後旗一員，南左翼末旗二員，南右翼中旗五員，南右翼後旗四員，南右翼末旗一員，北前旗二員，北左末旗四員，北右末旗二員，北左翼旗三員，北右翼旗六員。綽羅斯前右翼頭旗四員，北中旗三員。土爾扈特西旗四員，南中旗四員，南前旗一員，南後旗三員。輝特南旗一員，喀爾喀旗一員。

西藏辦事大臣二員。雍正四年設。統理前後藏喇嘛事務，三年更換。駐劄司員一員，筆帖式一員，以上司官由理藩院派往，三年更換。糧員三員，由四川省同知、通判、知縣、縣丞内揀派。

管理緑營換防遊擊一員，分防前後藏、定日、江孜。都司一員，守備三員，千總二員，把總四員，外委八員。

管理緑營糧臺換防遊擊一員，分防打箭鑪至前藏一帶糧臺。都司一員，守備三員，千總二員，把總七員，外委九員。以上換防各員，均由四川各標營派撥。

前藏唐古特三品噶布倫四員，總辦藏務内一員，係喇嘛充補，不給頂戴。四品仔琫三員，稽查商上事務。凡喇嘛庫藏出納之所爲商上。四品商卓特巴二員，總理商上庫務。五品業爾倉巴二員。管理糧務。五品朗仔轄二員。管理街道。五品協爾幫二員，管理刑名。五品碩第巴二員，管理布達拉一帶番民。六品達琫二員，管理馬廠。六品大中譯二員，六品卓呢爾三員，七品小中譯三員。以上均辦理噶廈事務，凡噶布倫議事之所，曰噶廈。

管理番兵四品戴琫六員，五品如琫十二員，六品甲琫二十四員，七品定琫一百二十員。

分理番民五品邊營官二十三員，五品大營官十九員，六品中營官五十九員，七品小營官二十五員。

後藏唐古特三品大營官四員，六品中營官十七員，七品小營官十六員。

達木蒙古佐領八員，佐領以下各員，均隸駐藏大臣選擬奏補。防禦八員，驍騎校八員。

歸化城土默特副都統一員，歸綏遠城將軍管轄。舊設左、右翼都統二員，由本處功臣子孫承襲。因事革退後，另揀京員補授。嗣於乾隆二十六年裁一員，二十八年復裁一員。副都統二員，乾隆三十一年裁一員。參領十員，左翼五員，右翼五員。佐領四十九員，左翼二十五員，右翼二十四員。驍騎校四十九員。左翼二十五員，右翼二十四員。

察哈爾都統一員，乾隆二十六年設，兼轄張家口駐防官兵。副都統一員，原設二員，乾隆三十一年裁一員。理事章京十七員，九員由理藩院揀選引見補放，八員由都統選擬咨理藩院送各蒙古本旗引見。總管十員，八旗各一員，駝馬場一員，牛羊羣牧場一員。副總管一員，牛羊羣牧場。參領八員，八旗各一員。副參領八員，八旗各一員。佐領一百二十員，鑲黃旗十九員，正黃旗十九員，正白旗十七員，正紅旗十三員，鑲白旗十三員，鑲紅旗十三員，正藍旗十三員，鑲藍旗十三員。驍騎校一百二十員，鑲黃旗十九員，正黃旗十九員，正白旗十七員，正紅旗十三員，鑲白旗十三員，鑲紅旗十三員，正藍旗十三員，鑲藍旗十三員。護軍校一百十五員，鑲黄旗十七員，正黄旗十七員，正白旗十七員，正紅旗十三員，鑲白旗十三員，鑲紅旗十三員，正藍旗十二員，鑲藍旗十三員。親軍校四員，鑲黄旗一員，正黄旗二員，正白旗一員。捕盗六品官四員。正黄旗一員，正紅旗一員，鑲紅旗一員，鑲藍旗一員。

驛站

會典：康熙三十一年，設立外藩各蒙古驛站。每驛相去百里，惟科爾沁、土默特、柰曼、喀爾喀，由山海關外行走。郭爾羅斯、杜爾伯特，在黑龍江大路，不另置驛。自喜峯口至扎賚特千六百里爲一路，舊驛外置驛十四。自古北口至烏珠穆沁九百餘里爲一路，舊驛外置驛六。自獨石口至浩齊特九百餘里爲一路，置驛九。自張家口至四子部落五百餘里爲一路，置驛五。又自張家口至歸化城六百里，置驛六。自殺虎口至烏喇特九百餘里爲一路，舊驛外置驛七。又自歸化城至鄂爾多斯八百餘里，置驛八。

風俗

朔漠以畜牧射獵爲業，生生之資於是乎出。遼史。俗無室廬，隨水草以居，遷徙不常。金史。風氣剛勁，狃習勞事，不見紛華異物而遷，故家給人足，戒備整完。遼史。

山川

白狼山。漢書地理志「右北平白狼」，注：「師古曰：有白狼山，故以名縣。」魏書地形志：建德郡石城，有白鹿山祠。水經注：石城川水逕石城縣故城南，北屈逕白鹿山西，即白狼山也。魏志曰：遼西單于蹋頓尤强，袁尚歸之，數入爲害。公出盧龍，塹山堙谷五百餘里，未至柳城二百里，尚與蹋頓將數萬騎逆戰，公登白狼山，望柳城，卒與虜遇，乘其不整，縱兵擊之，斬蹋頓，降者二十萬口。霍冀九邊圖：白狼山，在喜峯口東北。東有大鹽場，北有和衆舊縣地，又東爲興中府富庶縣地。按：此山在喀喇沁界，舊大寧城東南。遼、金、元，和衆在此山北，興中府舊城即漢時柳城縣，今爲土默特右翼西古爾板蘇巴爾漢城。曹操登白狼以望柳城，則必山勢高峻，斯可俯覽二百里之遠。今喀喇沁左翼東三十里有白鹿山，蒙古名布虎圖，似爲近之。

龍山。水經注：白狼水東北逕龍山西。燕慕容皝以柳城之北、龍山之南，福地也，使陽裕築龍城，改柳城爲龍城縣。十二年，黑龍、白龍見於龍山，皝親觀龍，去二百步，祭以太牢，二龍交首嬉翔，解角而去。皝悦，號新宫曰和龍宫，立龍翔祠於山上。按：龍山在土默特右翼西一百里，古爾板蘇巴爾漢城之北。

鮮卑山。後漢書：鮮卑，東胡之支也，别依鮮卑山，故因號焉。按：傳又云：「以季春月大會於饒樂水上。」注：「水在今營州北。」遼史地理志中京大定府，當饒樂河水之南、温渝河水之北。故大定在喀喇沁右翼南百里老河北，則古鮮卑山當相去不遠。

烏桓山。後漢書：烏桓，本東胡也。漢初，匈奴冒頓滅其國，餘類保烏桓山，因以爲號。遼史地理志：烏州，本烏桓之地，有烏桓川、烏丸山〔二〕。按：阿嚕科爾沁西北有烏聊山，或曰即烏桓山。

馬盂山。遼史地理志：大定府有馬盂山。明統志：馬盂山，廣袤千里，中一峯，形類馬盂。九邊圖：馬盂山在喜峯口北，南惠和，西長興，北全寧。又北高州，三韓地，東北潢河。按：馬盂山在喀喇沁界。或曰右翼北四十里有鄂通台和羅圖山，即馬盂山。

七金山。遼史地理志：大定府有七金山。明統志：山有七峯，遼時於其中建三學寺。按：遼志大定府，聖宗嘗過七金山土河之濱，南望雲氣，有郛郭樓闕之狀，因議建都。今喀喇沁右翼東一百二十里有七金山，蒙古名和爾博爾金山，在老河東岸，西南去舊大定城不遠。老河，即古土河，此當是也。

松山。遼史地理志：大定府有松山。按：遼時於其地置松山州。元史云本松林南境，當在舊大定城之北。宋薛映記所謂「中京正北八十里至松山館」是也〔三〕。但喜峯口以北自古總稱松漠，山多大松。遼志上京臨潢府有松山、平地松林，饒州有松山，松山州有松山，皆非中京道所統地。其中京道所統澤州有松亭關，王曾上契丹事曰：「松亭嶺甚險峻。」又曰：「自過古北口〔四〕，山中長松鬱然。」可知松山隨地而名。其在大定府者，在今喀喇沁右翼界，大寧舊城西北。又如翁牛特右翼西南一百二十里、左翼南二百里皆有松山，克什克騰西南三十五里有平地松林，扎嚕特左翼東南有喀喇莫多林，皆古所謂「千里松林」也。

木葉山。在潢河與土河合處。遼史地理志：永州，太祖於此置南樓，東潢河，南土河，二水合流，故號永州。謂之冬巴納，有木葉山，上建契丹始祖廟，奇善可汗在南廟，哈屯在北廟。每行軍，及春秋時祭，必用白馬青牛，示不忘本。按：老河合潢河處，在今喀爾喀左翼西北一百三十里，與翁牛特左翼接界，木葉山當在其旁。明統志謂木葉山在遼地，相去千里，蓋失考耳。「巴納」舊作「捺鉢」，「奇善」舊作「奇首」，「哈屯」舊作「可敦」，今俱改正。

黑山。遼史地理志：慶州有黑山、赤山、太保山。按：俱在今巴林地。黑山，蒙古名喀喇。

祖山。遼史地理志：祖州，太祖始置西樓。咸寧縣有祖山，有太祖天皇帝廟。按：此山在巴林北。金史慶州境内有祖州。

上京馬盂山。遼史：上京臨潢府有馬盂山、兔兒山、野鵲山、鹽山、鑿山、松山、平地松林、大斧山、列山、屈劣山、勒得山。唐所封大賀氏勒得王，有墓存焉。按：馬盂山在阿嚕科爾沁東北二百六十五里，扎嚕特右翼西北二百二十里，與大定府馬盂山不同。又野鵲山、大斧山俱在扎嚕特左右翼界内。平地松林即左翼東南六十里之喀喇莫多也。

陰山。史記秦始皇本紀：「自榆林並河以東，屬之陰山，以爲三十四縣。」漢書匈奴傳：侯應曰：「臣聞北邊塞至遼東，外有陰山，東西千餘里，草木茂盛，多禽獸，本冒頓單于依阻其中，治作弓矢，來出爲寇。至孝武斥奪此地，設屯戍以守之，匈奴失陰山之後，過之未嘗不哭也。」後漢書志：五原郡西安陽北有陰山。隋書志：定襄郡大利有陰山。唐書志：安北府北至陰山七十里。許論九邊考〔五〕：陰山在中受降城東北。自陰山而北，皆大磧，磧東西數千里，南北亦千里。無水草，不可駐牧。中國得陰山，乘高而望，蹤跡皆見，故爲禦敵要地。按：陰山俗名大青山，西自河套北烏喇特西境，東至歸化城東北，層巒峻嶺，緜亘五百餘里，土名隨地而異。自西而東，曰木納山、崑都崙山、巴爾圖山、扎喇山，盡烏喇特東境。曰插漢峩博山、插漢峯，歷蘇爾哲、黑勒庫諸谷，至歸化城北，爲翁公山、衣馬圖山，皆古所謂陰山也。其實陰山橫障北漠，起寧夏賀蘭山，蜿蜒而北，爲喀卜特兒山，又東北爲哈兒占布兒古圖山，又東北爲狼居胥山，爲那林朔龍山。又東北爲翁金朔龍山，當河套外正北，迤逶而東，緜亘烏喇特北、茂明安、喀爾喀右翼南。又東北至四子部落東南，爲色爾貝山，勢益高峻。又東至牧廠，及察哈爾地，爲蘇門哈達山、阿哈拉圖山、古楚古特山。又東爲都蘭山、得爾山，至舊開平城北，爲卧龍山，山勢稍斷。又東北至克什克騰西，爲海喀喇山。又東南爲蝦蟆嶺，爲大衍嶺。至翁牛特西南，爲書庫里嶺，爲厄勒蘇太嶺。又東南至喀喇沁界，爲拜布哈嶺，爲克勒嶺，爲黄海嶺，爲卯金山。卯金山最高大。又南爲承德府東諸山嶺。又東爲老河諸水發源之明安山。又東北爲大淩河發源諸山。又北爲柰曼、敖漢界内諸山。又東北至喀爾喀界。又東至廣寧邊外，爲法庫山。並岡阜接連，計自套北至遼三四千里，侯應謂「東西千餘里」，約略言爾。

陽山。在陰山西河套正北。其西即高闕塞。史記蒙恬傳：「度河據陽山。」注：「徐廣曰：陽山在河北。」水經：河水自臨河縣東逕陽山南。按：陽山即陰山，以東西異名耳。在烏喇特西北二百里，蒙古名洪戈爾，即陽山也。

緣狐山。漢書地理志：雲中郡楨陵，緣狐山在西北〔六〕。按：山在歸化城西，黄河東岸。

黑山。金史地理志：豐州富民有黑山神。按：黑山後魏神麚中常數軍實於此。又薄山、柞山，俱在今歸化城界。

木根山。晉書載記：苻堅建元元年，遣鄧羌討劉衛辰，擒之於木根山。魏書：登國七年，幸木根山，遂次黑鹽池。通鑑：唐武德七年，遣楊師道趨大木根山。胡三省注：「大木根山，在雲中河之西。」

拔鄰山。魏書：始光四年，討赫連昌，濟君子津，次拔鄰山，築城，舍輜重，以輕騎至黑水。通鑑注：「拔鄰山，在黑水東北。」按：此山近君子津。

薛林山。魏書：泰常四年，從君子津西渡，大狩於薛林山。五年，自薛林東還，至於屋竇城。

紇那山。杜佑通典：紇那山，在勝州西北一百二十里。舊志：山在河套内。

馬梁山。舊志：明嘉靖中，總督曾銑遣將李珍出塞，擣敵巢於馬梁山後，破之。按：自木根山以下，皆在套内鄂爾多斯界。

黃河。自陝西寧夏界，北流出邊，經鄂爾多斯，西行五百里，一支分爲二歧，東注，水經所謂南河也。其北河，流至阿爾布坦山南，迤西溢爲大澤，土人名騰葛里腦兒，即古屠申澤。自此屈而東流，過古高闕南，行二百里許，稍東南流，又折西南，與南河合，乃直向東行，經烏喇特南，至大土爾根河入河處，轉東南流，過歸化城西界，至湖灘河朔渡口，遂南流入山西偏頭關、陝西府谷縣界。鄂爾多斯駐牧套中，西、北、東三面，以河爲境。

潢河。即遼水之西一源。古名饒樂水，又名濫真水，別名託紇臣水，亦曰吐護真河。蒙古名西喇木倫。源出克什克騰西界，東流經巴林南，受北來之喀喇木倫河，古黑水河也。又東至阿嚕科爾沁南二百里，翁牛特左翼北四十里。又東與南來之老河會，古土河也。又經喀爾喀左翼北，扎嚕特二旗南。又東經科爾沁左翼西南六十里。又東南流，會遼水入邊，爲遼河。後漢書鮮卑傳：以季春月，大會於饒樂水上。水經注：濫真水出西北塞外，歷重山，東南入白狼水。北史契丹傳：隋文帝時内附，當遼西正北二百里，依託紇臣水而居。舊唐書奚傳：自營州西北饒樂水，以至其國。唐書地理志：檀州燕樂縣北口八百里有吐護真河，奚王牙帳也。又營州北四百里至湟水。遼史地理志：上京臨潢府有潢河。又饒州有潢河。金史地理志：全州安豐、臨潢府盧川有潢河〔七〕。

土河。今曰老河。源出喀喇沁右翼南一百九十里之明安山，東北流，會諸小水，經舊大寧城東，又北經敖漢北、翁牛特左翼南，又東北經柰曼及喀爾喀左翼北，流五百里許，與潢河合。遼史地理志：中京大定府，有土河。又上京道永州，東潢河，南土河，二水合流，故曰永州。金史地理志：大定縣有土河。按：土河之名，始於遼時，其前無可考證。或疑即水經注之白狼水，以塞外入遼之水，惟老河合潢河，且老河東北流，經古黄龍、柳城之北，與水經注合。隋、唐以來，猶名白狼。隋志遼西郡柳城有白狼水。唐書奚傳「其地南白狼河」是也。但按漢志「右北平白狼」注：「師古曰：有白狼山，故以名縣。」遼西郡臨渝，「渝水首受白狼，東入塞外。又有侯水，北入渝。交黎，渝水首受塞外，南入海」。水經注言「白狼水東南至房縣，注於遼」，其文互異，未可懸定耳。

混同江。即松花江，亦曰吉林江。自盛京永吉州界北流出邊，經郭爾羅斯前旗東，東北合嫩江，又東折，經郭爾羅斯後旗界，又東流入黑龍江界，東北會黑龍江。

嫩江。即腦温江。自黑龍江境南流，經扎賚特東，杜爾伯特西，又南經郭爾羅斯後旗西，與混同江會流而東。

古蹟

匈奴舊地。寰宇記：匈奴先祖，夏后氏之裔，曰淳維，殷時奔北方居之。周末七國時，與燕、趙、秦爲邊鄰。趙孝成王時，使李牧備匈奴，十餘歲不敢近趙邊城。秦始皇使蒙恬北擊胡，悉逐出塞，收河南地。渡河以陰山爲塞，而通直道，自九原至雲陽，因邊山險塹溪谷可繕者繕之，起臨洮，至遼東萬餘里。匈奴北徙十餘年，後冒頓自立爲單于，遂東襲滅東胡王，西擊走月支，南并樓煩、白羊河南王，侵燕、代，悉收復秦蒙恬所奪匈奴地。服從北夷，而南與諸夏爲敵國。單于姓攣鞮氏，其國稱之曰「撑犂孤塗單于」。匈奴謂天爲撑犂，子爲孤塗，單于者，廣大之貌也。置左、右賢王，左、右谷蠡，左、右大將。左王將居東方，直上谷以東，接濊貊、朝鮮。右王將居西方，直上郡以西，接氐、羌。而單于庭直代、雲中，各有分地，逐水草移徙。是時，漢初定天下，匈奴大攻圍馬邑，高帝自將擊之，圍於白登。七日後，乃結和親之約。武帝時，衛青出雲中，取河南地，築朔方，復繕故秦時所爲塞，因河爲固。漢亦棄上谷之斗辟縣造陽地以予之。霍去病復出隴西、北地二千里，過居延，攻祁連山，徙關東貧民處所奪匈奴河南地新秦中以實之。青復出定襄絶漠，單于自度戰不能如漢兵，遂獨與壯騎數百潰西北遁走。去病出代二千餘里，左賢王遁去，驃騎封於狼居胥山，禪姑衍，臨瀚海而還。自後漢南無王庭。漢度河自朔方以西至令居，往往通渠置田官，吏卒五六萬人，稍蠶食，地接匈奴以北。後五單于争立，更相攻伐，呼韓邪單于兄左賢王呼屠吾斯自立爲郅支骨都侯單于，攻呼韓邪，破走之，郅支遂都單于庭。呼韓邪自款五原塞，朝天子於甘泉宫。漢寵以殊禮，留月餘，遣歸國，單于自請願留居光禄塞下。郅支自度力不能定匈奴，乃益西破堅昆，北降丁零，數遣兵擊烏孫，勝之。堅昆東去單于庭七千里，南去車師五千里，郅支留都之。其後呼韓邪歸北庭，人衆稍稍歸之，國中遂定。郅支恐見襲擊，欲遠去，會康居王數爲烏孫所困，使使至堅昆，迎郅支單于，遂引兵西至康居。建昭三年，西域都護甘延壽以副都護陳湯議，發兵即康居，誅郅支。呼韓邪且喜且懼，上書復入朝，願保塞上谷以西至墩煌，請罷邊備。帝下有司議，郎中侯應曰：「臣聞北境塞至遼東，外有陰山，東西千餘里，草木茂盛，多禽獸。本冒頓單于依阻其中，治作弓矢爲寇。孝武出師征伐，斥奪此地，攘之於漠北。建塞徼，起亭隧，築外城，設屯戍以守之，然後邊境得少安。漠北地方少草木，多大沙，匈奴來寇，少所蔽隱。從塞以南，經深山谷，往來差難。邊長老言匈奴失陰山之後，過之未嘗不哭。如罷備塞戍卒，示夷狄之大利，不可。」帝納之。及王莽篡位，因單于故印文曰「匈奴單于璽」，莽更曰「新匈奴單于章」。單于始求税烏桓，莽不許，重以印文改易，釁由是生。都護但欽上言，匈奴寇擊諸國。莽大怒，議十道並出，窮追單于，北邊騷動，無復虚歲。光武時，蒲奴立爲單于，而匈奴中連年旱蝗，赤地數千里，其從父兄比密遣人奉匈奴地圖求内附。八部大人共議立比爲呼韓邪單于，以其大父嘗依漢得安，故襲其號。於是款五原塞，願永爲藩蔽，扞禦北虜。匈奴始分爲南、北單于。詔聽南單于入居雲中，北單于使騎擊敗之。復詔徙居西河美稷。明帝永平十六年，大發緣邊兵征匈奴。時北虜衰耗，黨衆離叛，南部攻其前，丁零寇其後，鮮卑擊其左，西域侵其右，不復自立。加以饑蝗，降者前後至。南單于上言，宜及北庭分爭，出兵討伐，破北成南〔八〕，併爲一國。和帝永元初，乃以耿秉爲征西將軍，與車騎將軍竇憲率騎及南單于衆出朔方，擊北虜，大破之。二年，南單于復大破北虜，單于輕騎數十遯走，不知所在。其弟右谷蠡王於除鞬自立爲單于，將千人，止於蒲類海，遣使款塞。大將軍竇憲以塞北地空，欲結恩北虜，乃上書請置中郎將領護，如南單于故事。方欲輔歸北庭，會竇憲被誅。五年，於除鞬自叛還北，帝遣任尚追斬之，破滅其衆，後遂無聞。先是朔方以西障塞不修，鮮卑因此數寇南部。單于上言，求復障塞，乃增置緣邊諸郡兵，列屯塞下。順帝永建中，去特若尸逐就單于立，左部勾龍吾斯等背叛，寇西河。單于本不預謀，中郎將陳龜以單于不能制下，逼迫之，單于自殺。勾龍吾斯等立勾龍王車紐爲單于，東引烏桓，西收羌戎，及諸胡等數萬人，寇掠并、涼、幽、冀四州，呼蘭若尸逐就單于兜樓儲先在京師，漢安元年立之〔九〕，遣中郎將護送歸國。建康初，中郎將馬寔募刺殺勾龍吾斯，送首洛陽，進擊餘黨，烏桓七十萬餘口皆降。靈帝中平五年，右部醯落與休屠各胡十餘萬人反，攻殺單于。子右賢王於扶羅立，而國人殺其父者遂叛，立須卜骨都侯爲單于。而於扶羅詣闕自訟，會靈帝崩，天下大亂，復欲歸國，國人不受，乃止河東。須卜骨都侯爲單于一年而死，南單于遂虛其位。獻帝興平二年，於扶羅死，弟呼廚泉立爲單于，以兄被逐，不得歸國。魏武以其既在內地，人衆猥多，懼必爲寇，始分其衆爲五部，立其中貴者爲帥，選漢人爲司馬，監督之。晉武帝初，塞外匈奴大水，塞泥、黑難等二萬餘落歸化〔一〇〕，俱納之，使居河西。太康七年，又有匈奴種類大小凡十萬口來降，並撫納之。惠帝元康末，劉元海首爲叛亂，竊大號，即魏武所立左部都尉左賢王也。

烏桓舊地。寰宇記：烏桓，本東胡也。漢初爲冒頓所破，始保烏桓山，因爲號。武帝遣霍去病擊匈奴左地，因徙烏桓爲上谷、漁陽、右北平、遼西、遼東五郡塞外，即嬀川以東至安東府界是也。建武之後，或處漠南塞內附，中置校尉於上谷甯城，在嬀川郡懷戎縣西北。自匈奴衰弱，而烏桓强盛。建安十二年，魏武自征烏桓，大破之於柳城，斬虜二十萬餘人。其衆萬餘落，或處漠南塞，散居緣邊諸部。

鮮卑舊地。馬端臨文獻通考：鮮卑，東胡之支也。別依鮮卑山，因號焉。漢初爲冒頓所破，遠竄遼東塞外，與烏桓相接，未嘗通中國。光武初，與烏桓寇鈔北邊。建武二十一年，遼東太守祭肜擊破之，由是内屬。和帝永元中，竇憲遣右校尉耿夔擊破匈奴，北單于遁走，留者尚有十餘萬落。鮮卑因此徙其地而有其人，由此漸盛。或降或畔，與匈奴、烏桓更相攻擊。桓帝時，鮮卑檀石槐者立庭於彈汗山歠仇水上，去高柳北三百餘里，兵馬甚盛，東西部大人皆歸焉，盡據匈奴舊地，東西萬四千餘里，南北七千餘里。分其地爲三部，東接夫餘、濊貊二十餘邑爲東部，從右北平以西至上谷十餘邑爲中部，從上谷以西至燉煌接烏孫二十餘邑爲西部，各置大人主之。魏時步度根立，衆稍衰弱，不爲寇害。軻比能本小種鮮卑，以勇健不貪，推爲大人，衆遂强盛。後幽州刺史王雄遣勇士刺殺比能，立其弟素利彌加厥機，在遼西右北平漁陽塞外。其後諸子争立，衆離散，諸部大人慕容拓跋更盛焉。

奚舊地。寰宇記：奚本東部鮮卑之别種。初爲慕容皝所破，竄匿松漠間。元魏時，自號庫莫奚，與安、營二州邊人參居。齊時種類漸多，分爲五部。隋時始去庫莫，但曰奚。唐時地直京師東北四千里，東北接契丹，西突厥，南白狼河，北霫。貞觀中，部長可度者内附，爲置饒樂都督府，拜可度者爲都督，賜姓李氏。以其部置弱水、祁黎、洛瓌、太魯、渴野六州〔一二〕，隸饒樂府。復置都護府于營州，兼統松漠、饒樂地。開元二年，封奥蘇悔落爲饒樂郡王，妻以宗室女。德宗時，封歸誠郡王。後契丹强盛，奚苦其苛虐，其長去諸，引别部西保媯川北山，分爲東、西奚。東奚在琵琶川，遼太祖五年，征西奚，所向輒下。分兵討東部，亦平之，於是盡有其地。

蠕蠕舊地。寰宇記：初號柔然，後魏太武以其無知，狀類蟲，改其號爲蠕蠕。木骨閭六代孫社崘兇狡，甚有權變，度漠北，侵高車，深入其地，遂并諸部，北徙弱洛水。其西北有匈奴餘種，國尤富强，盡爲社崘所并。其西則焉耆之地，東則朝鮮，北則度沙漠，窮瀚海，南則臨大磧。其常所會庭則燉煌、張掖之北，小國皆苦其寇掠，羈縻附之，於是自號丘豆伐可汗，頻擾北邊。後魏神䴥二年，太武率兵十餘萬襲之，其主大檀震怖，挾其族黨，焚燒廬舍，絶跡西走，於是國落四散。太武緣栗水西行，過漢將竇憲舊壘。六月，次於菟園水，去平城三千七百里，分軍搜討。東至瀚海，西接張掖水，北度燕然山，東西五千餘里，南北三千里。前後歸附三十餘萬，收其人户畜産百餘萬。孝明帝熙平初，其主醜奴善用兵，西征高車，大破之，盡并叛者，國遂强盛。醜奴死，阿那瓌立，經十日，其族兄俟力發示發率衆伐之，阿那瓌輕騎南走。歸魏，封朔方郡公。蠕蠕王阿那瓌來降之後，其從父兄俟力發婆羅門率衆討示發，破之。衆推婆羅門爲主，會婆羅門爲高車所逐，率部落詣涼州降。於是蠕蠕數萬相率迎阿那瓌。婆羅門尋謀叛，投嚈噠，嚈噠三妻皆婆羅門姊妹也，仍爲州軍討擒之。始阿那瓌初復其國，盡禮朝廷，明帝之後，中原喪亂，不復稱臣。及齊受東魏禪後，阿那瓌爲突厥所破，自殺。文宣立其子庵羅辰爲主〔一二〕，置之馬邑川。後背叛，文宣親討，大破之。時又累爲突厥所破，以至於亡。

突厥舊地。寰宇記：突厥之先，蓋匈奴之别種，姓阿史那。後魏末，其酋帥土門，部落稍盛，始至塞上通中國。發兵擊蠕蠕，大破之，遂自號伊利可汗。其季子俟斤立爲木杆可汗，勇而多智，務於征伐。西破嚈噠，東走契丹，北并契骨，威服塞外諸國。其地東自遼海以西至西海萬里，南自沙漠以北至北海五六千里，皆屬焉。俟斤死，捨其子大邏便而立其弟，是爲他鉢可汗。他鉢卒，國中立其子庵邏爲嗣，大邏便心不服，每遣人詈辱之。庵邏不能制，國中相與議曰，四可汗子攝圖最賢，因迎立之，爲大可汗，號沙鉢略可汗，居都斤山。庵邏降居獨洛水，稱第二可汗。以大邏便爲阿波可汗，還領所部。既而沙鉢略忌阿波驍悍，因襲擊大破之。阿波西奔達頭可汗，達頭者，名玷厥，沙鉢略之從父也。舊爲西面可汗，既而遣阿波率兵而東，與沙鉢略相攻。於是分爲東、西部，互相侵掠，連兵不已。沙鉢略既爲達頭所困，又東畏契丹，遣使詣隋告急，請將部落度漠南，寄居白道川。詔許之。其子雍虞閭立，是爲頡伽施多那都藍可汗。隋平陳後，以陳叔寶屏風賜大義公主，公主沙鉢略妻，周千金公主也。主心恒不平，因書屏風爲詩，敘陳亡以自寄。隋聞，惡之。時沙鉢略子曰染干，號突利可汗，居北方，遣使求婚。隋令裴矩謂曰當殺大義公主，方許婚。突利譖之都藍，因發怒，遂殺公主於帳。隋妻以宗女安義公主。突利以故南徙度斤舊鎮，錫賚優厚。雍虞閭怒曰：「我大可汗也，反不如染干？」於是與玷厥舉兵攻染干。染干夜以五騎歸朝，隋拜染干爲意利珍豆啓民可汗，於朔州築大利城以居之，部落歸者甚衆。雍虞閭又擊之，遂遷於河南，在夏、勝二州之間。雍虞閭旋爲部下所殺，啓民遂有其衆。大業三年，煬帝幸榆林，啓民來朝。

帝親巡雲中，泝金河而東，北幸啓民所居。明歲疾終，其子吐吉立，是爲始畢可汗。十一年八月，始畢率其種落入寇，圍帝於雁門。援兵至，始畢引去。隋末亂離，華人多往依之。薛舉、竇建德、王世充、劉武周、梁師都、李軌、高開道之徒，雖僭尊號，皆稱臣，受其可汗之號。東自契丹、室韋，西盡吐谷渾、高昌諸國，皆臣之，控弦百萬。唐起義太原，使劉文静聘其國，引以爲援。武德二年，始畢卒，其子室鉢苾以年幼，不堪嗣位，立爲泥步設，使居東偏，直幽州之北。立其弟俟利弗設，是爲處羅可汗。迎隋蕭后及齊王暕之子正道於竇建德所，因立爲隋王。奉隋後，隋人在虜庭者悉隸之，行隋正朔，置百官，居定襄，衆萬人。明年，處羅死，其弟咄苾嗣，是爲頡利可汗。頡利始爲莫賀咄設，牙直五原北，薛舉陷平凉，與連和。唐遣光禄卿宇文歆賂之，使與舉絶。隋五原太守張長遜以所部五原城附虜〔一三〕，歆并説還五原地，皆見聽。太子建成議廢豐州，并割榆中地，於是處羅子郁射設以所部萬帳入處河南，以靈州爲塞。頡利以什鉢苾爲突利可汗，使居東。七年，頡利與突利兵並起，自原州連營而南。太宗北討，軍至幽州，可汗萬騎奄至，舉軍失色。太宗乃親率百餘騎馳詣虜陣，告之曰：「國家於突厥無負，何爲深入？我秦王也，故來一決。可汗若自來，我當與可汗兩人獨戰；若或兵馬總來，我惟百騎相禦耳。」頡利弗之測，笑而不對。太宗又馳騎語突利曰：「爾往與我盟，急難相救，今將兵來，何無香火情也？亦宜早出，一決勝負。」突利亦不對。頡利見兵少，又聞與突利語，陰相忌，乃不欲戰。因遣使請和，許之。貞觀元年，陰山以北薛延陀、回紇、拔曳固等十餘部皆相率叛，頡利遣突利討之，不勝，輕騎走。頡利怒，拘之十餘日。突利由是怨憾，内欲背之。三年，頡利遣使奏言與突利有隙，請擊之。詔秦武通以并州兵馬隨便應接。明年，薛延陀自稱可汗於漠北，遣使來貢方物〔一四〕，頡利始稱臣。詔兵部尚書李靖擊虜馬邑，頡利走，九俟斤以衆降。拔曳固、僕骨、同羅諸部，霫奚渠長皆來朝，於是詔李靖出定襄道，并州都督李世勣出通漢道，左武衛大將軍柴紹出金河道，靈州大都督任城王道宗出大同道，幽州都督衛孝節出恒安道，營州都督薛萬徹出暢武道，並受靖節度以討之。突利及郁射設、蔭奈特勒，並帥所部來奔。四年正月，李靖進屯惡陽嶺，夜襲定襄。頡利驚擾，因徙牙於磧口。大酋康蘇密等以隋蕭后及楊正道來降〔一五〕，頡利計窘，走保鐵山。靖襲擊之，盡獲其衆。頡利得千里馬，獨奔沙鉢羅，行軍副總管張寶相擒之，其國遂亡。復定襄、恒安地，斥境至大漠矣。伊吾城之長素臣突厥，舉七城以降，因其地爲西伊州。頡利之亡，其下或走薛延陀，或入西域，而來降者尚十餘萬。自幽州屬靈州，建順、祐、化、長四州，爲都督府。剖頡利舊地，左置定襄都督，右置雲中都督二府統之。乃以突利可汗爲順州都督，令率其下就部。初頡利之立，用次弟爲延陀設，主延陀部。步利主霫部，統特勒主胡部，斛特勒主斛薛部，以突利主契丹、靺鞨部，東方之衆皆屬焉。突利斂取無法，下不附，故薛延陀、奚、霫等皆內屬。突利入朝，拜右衛大將軍、北平郡王及首都督。入朝，道病卒。子賀邏鶻嗣。突利弟結社率以郎將宿衛。十三年，從幸九成宮，陰結部落得四十餘人，并擁賀邏鶻，相與夜犯御營。折衝孫武開率兵奮擊，尋皆斬之。詔原賀邏鶻流於嶺外，於是羣臣多言處突厥中國非是，乃立阿史那思摩爲乙彌泥熟俟利苾可汗，賜氏李，樹牙河北，悉徙突厥還舊地。思摩者，頡利族人也。太宗令統頡利舊部落，居於河南。舉磧以北，延陀主之；，南，突厥保之。其地南大河，北白道，居三年，不能得其衆。思摩遂輕騎入朝，殘衆稍稍南渡河，分處勝、夏二州。車鼻可汗乃盜有其地。車鼻，亦阿史那族，世爲小可汗。頡利敗諸部，欲其君長之，會薛延陀稱可汗，乃往歸焉。其爲人沉果有智，頗爲衆所附。延陀畏逼，將殺之，乃率所部遯去，竄金山之北，三垂斗絕，惟一面可容車騎，壤土夷博，即據之，勝兵三萬，自稱乙注車鼻可汗，距長安萬里。西葛邏祿，北結骨，皆并統之。二十一年，遣子沙鉢羅特勒獻方物，且請身自入朝。太宗遣使徵之，竟不至。太宗大怒，遣右驍衛郎將高侃發回紇、僕骨兵擊之。師次阿息山，部落不肯戰，車鼻攜愛妾從數百騎走。追至金山獲之，送於京師，處其餘衆於鬱督軍山，詔建狼山都督府統之。初其子羯漫陀泣諫車鼻，請歸國，不聽，乃遣子菴鑠入朝。後來降，拜左屯衛將軍，建新黎州，使領其衆。於是突厥盡爲封疆臣矣。始置單于都護府，領狼山、雲中、桑乾三都督，蘇農等二十四州。瀚海都護府領金微、新黎等七都督，仙蕚、賀蘭等八州，即擢領酋爲都督、刺史。麟德初，改燕然爲瀚海都護府，領回紇，徙故瀚海都護府於古雲中城，號雲中都護府。磧以北蕃州悉隸瀚海，南隸雲中。後改雲中府爲單于大都護府。高宗東封泰山，狼山都督葛邏祿叱利等三十餘人皆從至泰山下，勒名於封禪之碑。自永徽以後三十年，北方無戎馬警。調露初，單于府大酋温傅、奉職二部落反，立阿史那泥熟匐爲可汗，二十四州並應之。高宗遣鴻臚卿蕭嗣業等討之，反爲所敗。更拜禮部尚書裴行儉爲定襄道行軍大總管，率太僕少卿李思文等討之。明年，行儉戰黑山，大破之。其下斬泥熟匐以降，擒温傅、奉職還，餘衆保狼山。永隆中，温傅部又迎頡利族子伏念於夏州，走度河，立爲可汗，諸部響應。復詔行儉討之。行儉兵壁代之陘口，縱反間，因擊敗之。伏念益北，留輜重妻子保金牙山。行儉遣部將掩得其輜重，乃北走，保細沙。行儉遂虜伏念送京師，斬東市。永淳元年，骨咄祿又反。骨咄祿者，頡利之疏族，伏念敗，骨咄祿嘯亡散，保總材山，又治黑沙城，有衆五千，盜九姓，畜馬，稍强大，乃自立爲可汗，以弟默啜爲殺，咄悉匐爲葉護。時單于府檢校降户部落阿史德元珍者，爲長史王本立所囚，會骨咄祿來寇，元珍請諭還諸部贖罪，許之。至即降骨咄祿，與爲謀，遂以爲阿波達干，悉屬以兵，乃寇單于府北鄙。垂拱間，連寇朔、代，掠吏士，右鷹揚衛大將軍黑齒常之與戰黄花堆，大破之。追奔四十餘里，遯走磧北。天授初，骨咄祿死，默啜自立爲可汗。契丹首領李盡忠等反，默啜請擊賊自效，乃引兵擊契丹，盡獲其家口，酋長崩潰。武后嘉其功，册爲特進、頡跌利施大單于、立功報國可汗。初咸亨中，突厥内屬者分處豐、勝、靈、夏、朔、代間，謂之「河曲六州降户」，至是默啜索此降户，兼請粟田種十萬斛、農器三千具、鐵數萬斤。武后初不許，納言姚璹等建議與之，乃歸粟、器、降人數千帳，默啜寖强。詔淮南王武延秀就納其女爲妃，遣右豹韜衛大將軍閻知微攝春官尚書，持節護送。默啜猥曰：「我女擬嫁與李家天子兒，今將武家兒來，我世降附李家，今聞唯有兩兒在，我當立之。」即因延秀等，妄號知微爲可汗，自將十萬騎南向，破蔚州、飛狐，進殘定州。后大怒，改默啜爲斬啜，尋又圍逼趙州，進攻相州。時中宗還自房陵，爲皇太子，拜行軍大元帥，以納言狄仁傑爲副。默啜聞之，取趙、定所掠男女八九萬悉阬之，出五回道去。默啜兵與頡利時略等，地縱廣萬里，諸蕃悉往聽命。後立其弟咄悉匐爲左廂察，骨咄祿子默矩爲右廂察，皆統兵二萬。子匐俱爲小可汗，位兩察上。典處木昆等十姓兵四萬，又號爲拓西可汗。是時連歲寇邊，景龍二年三月，張仁愿於河北築三受降城，自是突厥不得度山放牧，朔方無寇掠。默啜西滅娑葛，遂役屬契丹、奚。因虐用其下，部落怨叛，十姓左五咄陸、右五弩失畢俟斤，皆請降。葛邏祿、胡屋、鼠尼施三姓，大漠都督特進朱斯。陰山都督謀落匐雞。玄池都督蹋實力胡鼻，率衆内附，詔處其衆於金山。以右羽林大將軍薛訥爲涼州鎮軍大總管，節度赤水、建康、河源等軍，屯涼州；右衛大將軍郭虔瓘爲朔州鎮軍大總管，節度和戎、大武、并州之北等軍，屯并州。默啜壻高麗莫離支高文簡，與跌跌都督思太、吐谷渾大酋慕容道奴等，合萬餘帳，相踵款邊。詔納之河南。默啜討九姓，戰磧北，九姓潰，思結等部來降。默啜又北討拔曳固，戰獨樂河，拔曳固大敗。默啜輕歸不設備，道大林中，拔曳固殘衆突出，擊默啜，斬之，乃與入蕃使郝靈荃傳默啜首至京師。骨咄祿子闕特勒合故部攻殺小可汗，立其兄默棘連，是爲毗伽可汗。是時奚、契丹相率款塞，突騎施蘇祿自立爲可汗，突厥部衆多貳，乃召默啜時衙官暾欲谷爲謀主。初默啜死，闕特勒盡殺其用事臣，惟墩欲谷者以女婆匐爲默棘連可敦獨免。俄而降户跌跌思太等自河曲叛歸。開元八年冬，御史大夫王晙爲朔方道大總管，奏請西徵拔悉密，東發奚、契丹兩蕃，期以明年秋引朔方兵集稽落水上，分道掩其牙。默棘連大恐，墩欲谷曰：「拔悉密今在北庭，與兩蕃東西相去極遠，勢必不合。王晙兵馬亦必不能來，即皆能來，我當前三日悉衆北徙，彼糧竭自去。拔悉密輕而好利，必先至，擊之，可取也。」俄而拔悉密果引衆逼突厥牙，知晙等不至，乃引却。突厥欲擊之，墩欲谷曰：「此衆去家千里，必將死戰，不如躡之。」距北庭二百里，墩欲谷分兵間道，先掩北庭，因縱擊拔悉密之衆，悉擒之。還，出赤亭，掠涼州，突厥遂大振，盡有默啜餘衆。明年因乞和。是時天子東巡泰山，默棘連遣大臣阿史德頡利發入獻，遂從封禪。吐蕃以書約與連和鈔邊，默棘連封上其書。天子嘉之，引使者梅録啜宴於紫宸殿，詔朔方西受降城許互市。二十二年，默棘連爲梅録啜所毒，忍死殺梅録啜，夷其種，乃卒。子伊然可汗嗣，八年卒。子登利可汗年幼，其母婆匐與小臣飫斯達干亂，遂預政。諸部不協，登利從父分掌東西兵，號左右殺，士之精勁皆屬焉。可汗與其母誘斬西殺，奪其兵。左殺懼，勒兵攻登利，殺之。左殺者，判闕特勒也，復立毗伽可汗子，俄爲骨咄葉護所殺，立其弟，又殺之，葉護乃自立爲可汗。天寶初，其大部回紇、葛邏禄、拔悉密並起攻葉護，殺之。國人奉判闕特勒子爲烏蘇米施可汗。拔悉密等三部共攻之，殺烏蘇米施。其弟白眉特勒鶻隴匐立，是爲白眉可汗。於是突厥大亂，國人推拔悉密酋爲可汗。詔朔方節度王忠嗣以兵乘其亂，抵薩河内山，擊其左阿波達干十一部〔一六〕，破之。獨其右未下，而回紇葛邏禄殺拔悉密可汗，奉回紇骨力裴邏定其國。毗伽可汗妻婆匐及骨咄禄可敦率衆自歸〔一七〕。天子御花萼樓，宴羣臣賦詩，美其事。始突厥國於後魏大統時，至是滅，後或朝貢，皆舊部九姓云。其地盡入回紇。

回紇舊地。回紇，其先匈奴也。元魏時亦號高車部，或曰敕勒，訛爲鐵勒。至隋，臣於突厥。大業中，處羅可汗攻脅鐵勒部，裒責其財，既又恐其怨，則集渠豪數百悉阬之，乃叛去，自爲俟斤，稱回紇，姓藥羅葛氏。有時健俟斤者，衆始推爲君長。子曰菩薩，材勇有謀，與薛延陀共攻突厥北邊，頡利遣欲谷設領騎十萬討之，菩薩身將五千騎，破之馬鬣山，追北至天山，大俘其部人，聲震北方。繇是附薛延陀，相脣齒，號活頡利發，樹牙獨樂水上。自突厥衰滅，其國漸盛，國主亦號可汗。唐貞觀二十一年内附，龍朔三年移燕然都護府於回紇部落，仍改名瀚海都護府，以磧爲界，大抵北蕃悉隸之。天寶初，裴羅助拔悉密擊走烏蘇可汗。後三年，襲破拔悉密，南居突厥舊地。徙牙烏德鞬山、昆河之間，南距西城千七百里。西城，漢高闕塞也，北盡磧口三百里。明年，裴羅又攻殺突厥白眉可汗，斥地愈廣。東極室韋，西金山，南控大漠，盡得古匈奴地。至德初，出兵助國，討平安史之亂，故累朝恩禮最重。然恃功横恣，朝廷雖患其邀求無厭，頗姑息聽從之。元和中改爲回鶻。會昌中，其國衰亂，其相馺職與龐特勒十五部奔葛邏禄，殘衆入吐蕃、安西。於是可汗牙部十三姓奉烏介特勒爲可汗，南保錯子山。既而爲幽州張仲武所破滅。龐特勒自稱可汗，居甘沙、西州，無復昔時之盛矣。按：突厥舊地、回紇舊地，其西境皆與準噶爾部接界。今爲伊犂、塔爾巴哈台諸路，以其境壤連跨，故與新疆部並列焉。

薛延陀舊地。唐書傳：薛延陀者，先與薛種雜居，後延陀有之，號薛延陀，姓一利咥氏，風俗大抵與突厥同。保燕末山。其主夷男率部帳七萬，附頡利可汗。後突厥衰，夷男反攻頡利，弱之，於是諸姓多叛頡利歸之者。唐太宗方圖頡利，册拜夷男爲真珠毗伽可汗，乃樹牙鬱督軍山，直京師西北六千里，東靺鞨，西葉護突厥，南砂磧，北俱倫水，地大衆附。頡利之滅，夷男率其部稍東，保都尉犍山、獨邏水之陰，遠京師纔三千里而羸，東室韋，西金山，南突厥，北瀚海，蓋古匈奴地也。勝兵二十萬，以二子大度設、突利失分將之，號南、北部。太宗以李思摩爲可汗，夷男惡之，使大度設勒兵二十萬，南絶漠，壁白道川，擊思摩。思摩走朔州，言狀，於是詔營州都督張儉統所部，與奚、霫、契丹乘其東，朔州道行軍總管李勣衆六萬、騎三千，營朔州，靈州道行軍總管李大亮衆四萬、騎五千，屯靈武，慶州道行軍總管張士貴衆萬七千，出雲中，涼州道行軍總管李襲譽經略之。大度設次長城，會勣兵至，行瑤屬天，遽率衆走赤柯，度青山，勣選敢死士與突騎經臘河，趨白道。大度設顧不脱，度諾真水，陳以待。勣擣其鋒，虜潰，斬首數千級，獲馬萬五千。大度設亡去，殘卒奔漠北，俄爲回紇所屠。其昆弟子咄摩支立爲可汗，遣使者上言，願保鬱督軍山。帝詔勣等曰：「降則撫之，叛者擊之。」咄摩支陰欲拒戰，外爲好言乞降。勣知之，縱兵擊斬五千餘級，繫老稚三萬，遂滅其國。

契丹舊地。唐書傳：契丹，本東胡種，魏青龍中，部酋比能稍桀驁，爲幽州刺史王雄所殺，衆遂微，逃潢水之南、黄龍之北。至元魏，自號曰契丹，直京師東北五千里而贏，東距高麗，西奚，南營州，北靺鞨、室韋，阻冷陘山以自固，射獵居處無常。其君大賀氏有勝兵四萬，析八部，臣於突厥。與奚不平，每鬬不利，輒遯保鮮卑山。唐武德中，其大酋孫敖曹遣人來朝。太宗伐高麗，悉發酋長與奚首領從軍，還過營州，召其長窟哥，賜綵繒。大酋辱紇主曲據又率衆歸，即其部爲玄州，拜曲據刺史，隸營州都督府。未幾，窟哥舉部内屬，乃置松漠都督府，以窟哥爲都督，賜氏李。以達稽部爲峭落州，紇便部爲彈汗州，獨活部爲無逢州，芬問部爲羽陵州，突便部爲日連州〔一八〕，芮奚部爲徒河州〔一九〕，墜斤部爲萬丹州，伏部爲匹黎、赤山二州，俱隸松漠府，即以辱紇主爲之刺史。窟哥有孫曰盡忠，爲松漠都督，而敖曹有孫曰萬榮，爲歸誠州刺史。於是營州都督趙文翽數侵侮其下，盡忠等皆怨望，即共舉兵殺文翽，盜營州反。盡忠自號無上可汗，以萬榮爲將，所向輒下。武后詔鷹揚將軍曹仁師等二十八將擊之，戰西硤石黄麞谷，敗績。后乃以右武衛大將軍建安王武攸宜爲清邊道大總管，擊契丹，萬榮敗而走山。俄而盡忠死，更詔夏官尚書王孝傑等率兵十七萬討契丹，戰東硤石，師敗，萬榮遂屠幽州。於是神兵道總管楊玄基率奚軍掩其尾，契丹大敗。萬榮輕騎走潞河東，奴斬其首，衆遂附突厥。開元二年，盡忠從父弟失活以默啜政衰來歸，詔復置松漠府，以失活爲都督，仍其府置靜析軍，以失活爲經略大使，所統八部，皆擢其酋爲刺史。有可突于者，爲静析軍副使，悍勇得衆，脅奚衆共降突厥。幽州長史張守珪討契丹破之。自至德後，鮮入寇，歲入長安朝會。光啓時，方天下盜興，北疆多故，乃鈔奚、室韋，小小部種皆役服之，因入寇幽、薊。劉仁恭窮師踰摘星山討之，禽其大將，羣胡慟哭，十年不敢近邊。其八部大人法常三歲代，時耶律按巴堅建旗鼓爲一部，自號爲王而有國，大賀氏遂亡。

按：「巴堅」舊作「阿保機」，今改正。

土産

牛。羊。馬。橐駞。駃騠。駿馬也。漢書。

貂鼠。青鼠。猞猁猻。瑪瑙。鵲樺皮。白葡萄。野馬。野驢。野騾。黄羊。明統志。

酥乳餅。金史。

鵽鳩。其色淡黄，形如鴿，爪如人足而有毛。唐書突厥傳：泥熟匐叛，鳴鵽羣飛入塞。吏曰：「所謂突厥雀者，南飛胡必至。」比春還，悉墮靈、夏間，率無首，泥熟匐果亡。又本朝天聰七年八月，鵽鳩羣集遼東，國人皆曰遼東素無此鳥，今蒙古之雀來，必蒙古歸順之兆。明年，察哈爾額哲果來降。

空青石。石中隱隱有水，色赤如琥珀，大如指決。病目者以水拭之，即愈。

校勘記

〔一〕左翼和碩達爾漢親王　「王」，原作「主」，據乾隆志卷四〇四舊藩蒙古統部封爵（下同卷簡稱乾隆志）改。按，清代封爵並無「郡主」之號，此顯爲誤刻。

〔二〕有烏桓川烏丸山　「川」，原作「州」，乾隆志同，據遼史卷三七地理志改。按，本句及上句「桓」字，遼史地理志作「丸」。

〔三〕宋薛映記所謂中京正北八十里至松山館是也　乾隆志同。按，薛映遼中境界記云：「自中定正北八十里至臨都館，又四十里至官窑館，又七十里至松山館。」此節略不當。

〔四〕自過古北口　「古」，原脱，乾隆志同，據遼史卷三九地理志引宋王曾上契丹事補。

〔五〕許論九邊考　乾隆志同。按，明史卷一八六許論傳云「幼從父歷邊境，盡知阨塞險易，因著九邊圖論上之」。明史卷九七藝文志亦著録作「許論九邊圖論三卷」。

〔六〕緣狐山在西北　「緣狐山」，乾隆志同，漢書卷二八下地理志作「緣胡山」。

〔七〕臨潢府盧川有潢河　「盧川」，原作「盧州」，乾隆志同，據金史卷二四地理志改。

〔八〕破北成南　「成」，原作「城」，乾隆志同，據太平寰宇記卷一九二四夷及後漢書卷八九南匈奴列傳改。

〔九〕漢安元年立之　「元年」，乾隆志同。按，後漢書卷八九南匈奴列傳作「二年」，資治通鑑卷五二漢紀漢安二年六月丙寅條紀兜樓儲立爲單于。中華書局點校本太平寰宇記據之改作「二年」，是。

〔一〇〕塞泥黑難等二萬餘落歸化　「塞」原作「寒」，「二」原作「一」，乾隆志同，並據太平寰宇記卷一九二四夷及晉書卷九七四夷改。

〔一一〕以其部置弱水祁黎洛瓌太魯渴野六州　「太」原作「大」，「渴」原作「湯」，乾隆志同，並據新唐書卷二一七九北狄傳及新唐書卷四三下地理志改。

〔一二〕文宣立其子菴羅辰爲主　「羅」，原脱，乾隆志同，據太平寰宇記卷一九三四夷及北齊書卷四文宣帝紀補。

〔一三〕隋五原太守張長遜以所部五原城附虜　「五原城」，原脱「原」字，乾隆志同，據太平寰宇記卷一九四四夷及舊唐書卷一九四上突厥傳上補。

〔一四〕遣使來貢方物　「來」，原作「求」，乾隆志同，據太平寰宇記卷一九五四夷及舊唐書卷一九四突厥傳上改。

〔一五〕大酋康蘇密等以隋蕭后及楊正道來降　「康」，原脱，乾隆志同，據太平寰宇記卷一九五四夷及舊唐書卷一九四上突厥傳上補。

〔一六〕擊其左阿波達干十一部　「達干」，原作「連干」，乾隆志同，據新唐書卷二一五下突厥傳下改。

〔一七〕毗伽可汗妻婆匐及骨咄禄可敦率衆自歸　乾隆志同。按，新唐書卷二一五下突厥傳下云「毗伽可汗妻骨咄禄婆匐可敦率衆自歸」，爲一人，此作兩人，不知何據。

〔一八〕突便部爲日連州　「日」，原作「白」，乾隆志同，據新唐書卷二一九北狄傳改。

〔一九〕芮奚部爲徒河州　「徒」，原作「徙」，據乾隆志及新唐書卷二一九北狄傳改。

土默特表

朝代	土默特
秦	本古孤竹國。
兩漢	置柳城縣，屬遼西郡，爲西部都尉治。
三國	
晉	咸康中燕慕容皝改爲龍城縣，遂建都，號和龍宮。
南北朝	北魏爲營州治。
隋	復置柳城縣，爲遼西郡治。
唐	營州都督府治，後爲奚所據。
五代	興中府遼太祖平奚置府，治興中縣，隸中京道。
宋	興中府
元	興中州降州，屬大寧路。
明	初以内附部長爲三衛指揮使，自錦、義歷廣寧至遼河曰泰寧衛。後爲蒙古土默特所據。

大清一統志卷五百三十五之一

土默特

二旗。在喜峯口東北五百九十里。東西距四百六十里，南北距三百一十里。東至養息牧牧廠界，西至喀喇沁右翼界，南至盛京邊牆界，北至喀爾喀左翼及敖漢界。至京師一千里。

建置沿革

本古孤竹國。漢置柳城縣，屬遼西郡，爲西部都尉治。晉咸康中，燕慕容皝改爲龍城縣，遂建都，號和龍宮。北魏爲營州治。隋復置柳城縣，爲遼西郡治。唐爲營州都督府治，後爲奚所據。遼太祖平奚，置興中府，治興中縣，隸中京道。金因之。元降爲州，屬大寧路。明初以内附部長爲三衛指揮使，自錦義歷廣寧至遼河，曰泰寧衛。永樂初以忽剌胡班爲都指揮僉事，掌泰寧衛事。三年，阿繖掌衛事。終明之世，叛服不常。「阿繖」舊作「阿散」，今改正。嘉靖以後，小王子之裔居此者，號曰圖們，是爲土默特。

本朝天聰三年，其台吉鄂木布楚琥爾偕塔布囊善巴來降。崇德元年，以善巴從征有功，封達爾漢鎮國公，世襲，主左翼。康熙元年，晉多羅達爾漢貝勒。至嘉慶二十一年，以濟克默特扎布襲封，凡九世。附貝勒一，康熙四年封，世襲。順治五年，封鄂木布楚琥爾之子固穆爲鎮國公，世襲，主右翼。康熙二年，晉固山貝子。至嘉慶四年，以瑪呢巴達喇襲封，凡十世，共爵三。其貢道由喜峯口。

右翼。駐大華山，在喜峯口東北五百九十里。東西距二百九十里，南北距一百八十里。東至左翼界九十里，西至喀喇沁右翼界二百里，南至盛京邊牆六十里，北至敖漢界一百二十里。東南至喀喇七靈圖山八十里，西南至鄂博圖插漢和邵山二百七十里，東北至博羅惠波洛温都爾山一百二十里，西北至胡西哈圖山一百八十里。

左翼。駐旱龍潭山，在喜峯口東北八百二十里。東西距一百六十里，南北距一百三十里。東至養息牧牧廠界八十里，西至右翼界八十里，南至盛京白土廠邊門三十里，北至喀爾喀左翼界一百里。東南至額倫布坦插漢台九十里，西南至盛京清河邊門一百十里，東北至黑頂山八十里，西北至阿里馬圖山九十里。

山川

大華山。右翼貝子所駐。蒙古名巴煙花。又有二巴煙花山，一在其東四十里，一在其北十五里。遼史：興中府有大華山、小華山。

衣達摩山。在右翼東十三里。

五鳳山。在右翼東四十里。蒙古名他奔拖羅海。

麝香山。在右翼東四十里。蒙古名翁額勒庫。盛京義州北清河發源於此。

蓮花山。在右翼東六十里。

花拖羅海山。在右翼東九十里。

喀喇七靈圖山。在右翼東南八十里。

臺土山。在右翼南五里。

神應山。在右翼南三十里。一名平山。蒙古名蘇巴爾噶圖。盛京義州柳河、川河發源於此。

哈札噶爾山。在右翼南六十里。

阿爾札噶爾山。在右翼南七十里。

五藍峯山。在右翼南九十里。

土祿克臺山。在右翼西南一百二十里。

道場山。在右翼西南一百五十里。蒙古名庫里野圖。山半有二洞,内有石佛。

卓常吉爾山。在右翼西南二百里。山南有一泉,南流會木壘河。

葦蘇圖喀喇山。有二:一在右翼西南二百里,一在右翼西北一百九十里。

明安喀喇山。在右翼西南二百二十里。山頂有洞。盛京錦縣小淩河發源於此。

卓杭吉爾山。在右翼西南二百三十里。山北有泉,北流會木壘河。

牛心山。在右翼西南二百五十里。蒙古名巴煙朱禄克。

釜山。在右翼西六十里。蒙古名喀喇拖和多。

青山。在右翼西九十五里。蒙古名博羅和邵。

鳳凰山。在右翼西一百里。蒙古名兆馨喀喇。山頂有洞，西北有塔。

棗山。在右翼西一百二十里。蒙古名齊巴噶圖喀喇。

姤山。在右翼西一百五十里。蒙古名查伯齊克森噶查。

哈伯他海花山。在右翼西一百八十里。

石塔峯山。在右翼西一百八十里。蒙古名蘇巴爾圖圖和邵。上有三塔。

天保山。在右翼西二百里。蒙古名騰葛里蒙克。

哈達圖喀喇和邵山。在右翼西二百里。

鐵幡桿山。在右翼西北七十里。蒙古名馬尼圖。

香高山。在右翼西北七十五里。蒙古名温都爾散花。遼史：興中府有香高山。

布禄爾喀喇山。在右翼西北一百二十里。

栗山。在右翼西北一百八十里。蒙古名河西哈圖喀喇。上有四塔。

七寶山。在右翼北六十里。蒙古名多倫和爾賀。

錦屏山。在右翼北一百里。蒙古名喀爾乾。

回賀爾山。在右翼北一百里。

狼山。在右翼北一百十里。蒙古名綽農圖。

赤山。在右翼東北六十里。蒙古名五藍。

馬鞍山。在右翼東北九十里。蒙古名席喇得伯僧。

額色賀爾波山。在右翼東北九十里。

博羅會波洛温都爾山。在右翼東北一百二十里。

楊山。在右翼東北一百三十里。蒙古名烏里雅蘇台。

旱龍潭山。左翼貝勒所駐。在盛京義州北一百七十五里。蒙古名海他哈山。大隄河發源於此。

野狐山。在左翼東南三十里。蒙古名烏納格圖。

石塔山。在左翼東南六十里。蒙古名蘇巴爾噶圖山。上有塔，山腰有洞。

七金山。在左翼東南七十里。蒙古名和爾博爾金。

烏拉布爾圖山。在左翼東南八十里。

達離山。在左翼南十里。蒙古名刻特俄爾多和邵。

羖羊山。蒙古名衣馬圖。有二：一在左翼西南三十里，一在左翼西北八十里。

古爾板温都山。在左翼西南四十里。

膜衣達摩山。在左翼西十三里。

三塔山。在左翼西三十里。蒙古名古爾板蘇巴爾漢。上有遼、金時所建三塔猶存，旁有興中舊城址。

青金山。在左翼西七十里。蒙古名博羅蒙魁。

青蛇山。在左翼西北四十八里。蒙古名漠惠博羅。

黑山。在左翼西北五十里。蒙古名邵圖喀喇。

彌勒山。在左翼西北六十里。蒙古名邁達里。盛京義州東北細河發源於此山。

石峯山。在左翼西北八十里。蒙古名七老峯。

黑頂山。在左翼西北一百里。蒙古名喀喇拖羅海。盛京廣寧縣東北欒洋河發源於此。

陶金圖山〔一〕。在左翼北五里。

伊克翁山。在左翼北三十五里。山麓有一塔。

巴漢翁山。在左翼北四十里。

裼邦圖山。在左翼北四十五里。西有一塔。

阿漢里拖羅海山。在左翼北七十里。

馬盂山。在左翼北七十五里。蒙古名哈伯他海。

麝香崖。在右翼東九十里。蒙古名翁克勒庫。遼史：興中府有麝香崖。

駐龍峪。在右翼南三十里。蒙古名奴禄拉呼。遼史：興中府有駐龍峪。

盤嶺。在右翼西南二百八十里。

青鸞嶺。在右翼西北一百八十里。蒙古名葦蘇圖。嶺北有塔。

盤道嶺。在右翼北八里。蒙古名布爾漢。

博羅齊五藍峯。在右翼西一百里。山上有洞。

石塔岡。在右翼東九十里。蒙古名蘇巴爾漢。

崑齊七老河〔二〕。在右翼東三十里。源出石塔山，東南流入盛京義州境，爲柳河、川河，又東流入大淩河。

石雞河。在右翼東三十五里。蒙古名戈爾庫爾台。源出五鳳山，西北流，會土河。

麝香河。在右翼東八十里。蒙古名翁額勒庫。源出麝香崖，流入盛京義州境，爲清河，東南流入細河。

哈柳圖河。在右翼南五十里。源出石塔山，南流經土祿克臺山，會木壘河。

木壘河。在右翼西南二百五十里。源出明安喀喇山，東南流入邊，會小淩河。

烏馨河。在右翼西南二百九十里。源出鄂博圖插漢和邵山，東流入盛京錦縣界，又東南流合小淩河入海。

白河。在右翼西一百六十里。蒙古名插漢。源出哈伯他海花山，東南流，會大淩河。

大淩河。在右翼西二百里。蒙古名敖木倫。自喀喇沁左翼流入境，東流經古興中城，南折，東南流入邊，爲大淩河。

按：土默特右翼爲今承德府之朝陽縣地，故如大華山、馬盂山、大淩河、小淩河諸山水，與承德府卷互見焉。

小淩河。在右翼西二百十里。蒙古名明安河。源出明安喀喇山，東北流，會木壘河，入邊爲小淩河。遼史：興中府有小淩河。

柳河。在右翼西北二百十里。蒙古名布爾哈蘇台。源出葦蘇圖喀喇山，東南流，經喀喇城，入大淩河。

柞河。在右翼北二十五里。蒙古名巴圖插漢。源出大華山，東南流，會土爾根河。

土河。在右翼北三十五里。蒙古名西巴爾台。源出多倫和爾賀山，東南流，會土爾根河。

老寨河。在右翼北七十里。源出羖羊山，東南流，入土爾根河。

卓索河。在右翼北九十五里。源出回賀爾山，東南流，會土爾根河。

楊河。在右翼東北八十里。蒙古名烏里雅蘇台。源出五鳳山，西南流，會土爾根河。

土爾根河。即土河。有二，俱在右翼境内。一自喀喇沁右翼東流入境，又東南流入大凌河。一自奈曼南流入境，經狼山，南流入大淩河。

屯圖河。源出左翼西二十里，東南流入邊。

石塔河。在左翼西八十里。蒙古名蘇巴爾哈圖。自土默特右翼流入境，東南流，經左翼西，又南流入邊。

馬鞍河。在左翼西北四十里。蒙古名西喇他拉。源出青蛇山，西南流入邊。

羖羊河。在左翼西北六十里。蒙古名依馬圖河。源出彌勒山，西南流，經青山，又南流，會馬鞍河入邊，經義州東北爲細河，會清河，入大淩河。

大隄河。源出左翼北三十里。東南流，至廣寧縣，東北流入邊。蒙古名蘇爾哲河。

阿哈里河。在左翼北七十里。源出阿哈里拖羅海山，東流會烏訥蘇台河。

烏訥蘇台河。在左翼北八十里。東北流，會庫崑河。

庫崑河。在左翼北一百里。輿圖作呼渾河。自喀爾喀左翼流入境，東流會養息牧河。

姚英河。在左翼東北八十里。源出喀喇拖羅海山，東南流入邊。

百湖。在左翼東六十里。蒙古名兆布拉克。

釜泉。在右翼西七十里。蒙古名喀喇拖和多。源出釜山，東南流，入大淩河。

冷泉。在右翼西北二十五里。蒙古名魁屯。源出䄂邦圖山，南流會大淩河。

獨石泉。在左翼東二十五里。蒙古名烏刻爾七老。西南流，會大陡河。

七金泉。在左翼東北七十里。蒙古名和爾博爾金

古蹟

柳城舊城。在右翼西。漢書地理志：遼西郡柳城縣，西部都尉治。崔鴻十六國春秋：慕容皝以柳城之北、龍山之南，福德之地也，使陽裕築龍城，搆宫廟，改柳城爲龍城縣。九年，遷都龍城。十二年，號新宫曰和龍宫。魏書地形志：營州治和龍城。太延二年，爲鎮。真君五年改置，領昌黎郡，治龍城縣。八年，併柳城屬焉。隋書地理志：遼西郡舊治營州。開皇初，置總管府，改龍城縣爲龍山。十八年，改爲柳城。大業初，府廢置郡。舊唐書地理志：武德元年，改爲營州總管府。七年，改爲都督。萬歲通天二年，爲契丹李萬榮所陷。神龍元年，移府於幽州界。開元四年，復移還柳城。八年，又往就漁陽。十一年，又還柳城舊治。天寶元年，改爲柳城郡。乾元元年，復爲營州，領柳城一縣。室韋、靺鞨並在東北，遠者六千里，近者二千里。西北與奚接界，北與契丹接界。寰宇記：營州，南至大海三百四十里，北至秦長城二百七十里，至契丹界湟水四百里。西南至平州七百里。遼史地理志：中京道興中府，本漢柳城縣地。唐營州都督府，後爲奚所據。太祖平奚，乃完葺柳城，號霸州彰武軍。重熙十年，升興中府，治興中縣。金因之。元至元七年，降興中爲州，屬大寧路。全遼志：興中城，在錦州境外一百六十里。按：興中舊城在今

土默特右翼西一百里，錦州西北邊外，大淩河之北。城周七里有奇，四門，久圮。遼、金時所建三塔猶存。蒙古稱「三」爲「古爾板」，塔爲「蘇巴爾漢」，故名古爾板蘇巴爾漢城。

建州舊城。在右翼西南。遼史地理志：中京道建州保静軍，唐武德中置昌樂縣，太祖完葺故壘，置州。漢乾祐元年，故石晉太后求於漢城側耕墾自贍，許於建州南四十里給地五十頃。州在靈河之南，屢遭水害，聖宗遷於河北。唐崇州舊城，治永霸縣，金因之。今有舊城在土默特右翼西南一百二十里，周二里餘，四門，即遼、金故址也。

喀喇城。在右翼西一百七十里。周六里有奇，四門，西北有二塔，蓋亦遼、金時州縣，今無考。

川州舊城。在右翼東北。遼史地理志：中京道川州，長寧軍節度，本唐青山州地。太祖弟明王安圖置。會同三年，詔爲白川州，後省曰川州。統弘理、咸康、宜民三縣。金史地理志：興中府領宜民縣，遼川州長寧軍。大定六年，降爲宜民縣，隸懿州。承安二年，復置川州，改徽川寨爲徽川縣，爲懿州支郡。泰和四年，罷州及徽川縣。元史地理志：大寧路領川州。全遼志：川州城在廣寧西北一百二十里。按：舊城在今土默特右翼東北一百五里，蒙古名卓索喀喇，城周七里有奇，四門，久圮。「安圖」舊作「安端」，今改正。

校勘記

〔一〕陶金圖山　「陶」，乾隆志卷四〇五土默特山川（下簡稱乾隆志）作「淘」。

〔二〕崑齋七老河　「齋」，乾隆志作「齊」。

敖漢表

	敖漢
秦	本古鮮卑地。
兩漢	
三國	
晉	
南北朝	
隋	
唐	屬營州都督府，後入於奚。
五代	遼興中府北境。
宋	金大定府地。
元	遼王分封地。
明	爲蒙古喀爾喀所據，後分與其弟，號曰敖漢，役屬於察哈爾。

大清一統志卷五百三十五之二

敖漢

一旗。駐古爾板圖爾噶山，在喜峯口東北六百里。東西距一百六十里，南北距二百八十里。東至奈曼界六十里，西至喀喇沁界一百里，南至土默特界二百里，北至翁牛特界八十里。東南至土默特界一百二十里，西南至喀喇沁界二百里，東北至奈曼界九十里，西北至喀喇沁界一百十五里。至京師一千十里。

建置沿革

本古鮮卑地。唐屬營州都督府，後入於奚。遼爲興中府北境。金爲大定府。元爲遼王分封地。明爲蒙古喀爾喀所據，後分與其弟，號曰敖漢，素役屬於察哈爾。本朝天聰元年，其貝勒塞臣卓禮克圖舉部來降。崇德元年，封其子班第爲多羅郡王世襲，掌旗。至嘉慶十七年，以達爾瑪吉爾底襲封，凡十世。附郡王一，順治五年封。貝子一，雍正十年封，俱世襲。鎮國公一，乾隆三十三年封。二等台吉一，嘉慶十年由貝子遞降襲。共爵五。其貢道由喜峯口。

山川

鼎足山。本旗郡王所駐。蒙古名古爾板圖爾噶。

哈達圖拖羅海山。在旗東十五里。

巴喜爾拖羅海山。在旗東南五十里。

納巴達孫山。在旗東南五十里。

白石山。在旗東南七十里。蒙古名插漢齊老台。

白鹿山。在旗東南九十五里。蒙古名布虎圖。

哈洛納山。在旗東南一百里。

富泉山。在旗東南一百十里。蒙古名巴煙布喇噶察。

天山。有二：一在旗南三十里，一在旗南五十里。蒙古名騰葛里克。

洪戈爾峨博山。在旗南四十五里。

峨博圖山。在旗南五十里。

盤道山。在旗南六十里。蒙古名敖爾几爾喀喇。

小蟠羊山。在旗南一百十里。蒙古名巴漢衣馬圖。

大蟠羊山。在旗南一百二十里。蒙古名伊克衣馬圖。
庫呼車爾山。在旗南一百三十里。
韋布爾漢山。在旗西南九十五里。
哈碧爾漢山。在旗西南一百二十里。
道場山。在旗西南一百三十里。蒙古名庫里野圖。
五藍貝科克山。在旗西南一百三十里。
庫爾奇勒山。在旗西南一百五十五里。
森几拖羅海山。在旗西七十里。山頂有洞通明。
昂噶金山。在旗西七十里。
碧柳台山。在旗西九十里。
庫特爾山。在旗西九十里。
紫楊山。在旗西九十里。蒙古名庫楞布哈。
哈巴他海山。在旗西九十五里。
巴煙達禮山。在旗西一百里。
阿哈拉圖山。在旗西一百里。
朱禄克山。在旗西一百五里。

棗山。在旗西一百十里。蒙古名齊巴噶。

巴雅海山。在旗西北六十里。

寬山。在旗北四十五里。蒙古名鄂達博羅。

噶察喀喇山。在旗北六十五里。

邵龍拖羅海山。在旗北七十里。

兆虎圖插漢拖羅海山。在旗北八十里。

七老台嶺。在旗南二百里。

七嶺。在旗西一百里。蒙古名朵倫。

碧齊克圖五藍峯。在旗北七十里。

庫爾奇勒峯。在旗東北七十五里老河中。

席喇虎他蘇爾海額勒蘇岡。在旗東六十里。

阿爾楚賴得勒素岡。在旗北三十五里。

達爾達額勒素岡。在旗東北五十里。

黎谷。在旗東北七十里。蒙古名阿里馬圖。

杜母達納林河。在旗南三十里。源出天山，東北流入七老台池。

落馬河。在旗西南一百十里。蒙古名百爾格。自喀喇沁右翼流入境，東北流入老河。

老河。在旗北七十里。蒙古名老哈。自喀喇沁右翼流入境，東北流，經噶察喀喇山，又東流入翁牛特界。按：老河即遼、金二史所名土河，以其源流水道核之，亦即水經注所謂白狼水也。明時謂之老花母林。又按：敖漢爲今承德府之建昌縣境，故如老河、落馬河諸水，與承德府互見焉。

烏里達札哈納倫泉。在旗東南五十里。

衣馬圖泉。在旗南一百二十里。

馬尼漢泉。在旗西南一百三十里。

庫爾奇勒泉。在旗西南一百五十五里。

泥杵渾泉。在旗西南二百里。

惠圖札哈納里特泉。在旗西五十里。

崑都倫喀喇烏素泉。在旗東北九十里。

七老台池。在旗東南二十五里。

奈曼表

	奈曼
秦	本古鮮卑地。
兩漢	
三國	
晉	
南北朝	
隋	
唐	屬營州都督府，後入於奚。
五代	遼興中府北境。
宋	
元	
明	爲蒙古喀爾喀所據，後分與其親弟，號曰奈曼。

大清一統志卷五百三十五之三

奈曼

一旗。駐章武臺，在喜峯口東北七百里。東西距九十五里，南北距二百二十里。東至喀爾喀左翼界四十里，西至敖漢界五十五里，南至土默特界一百二十里，北至翁牛特界一百里。東南至喀爾喀左翼界一百二十里，西南至土默特界一百二十里，東北至喀爾喀左翼界一百里，西北至敖漢界一百二十里。至京師一千一百十里。

建置沿革

本古鮮卑地。唐屬營州都督府，後入於奚。遼、金爲興中府北境。明爲蒙古喀爾喀所據，後分與其弟，號曰奈曼，素役屬於察哈爾。

本朝天聰元年，其酋衮楚克爲察哈爾所侵，來降。崇德元年，封多羅達爾漢郡王，世襲，掌旗。至嘉慶二十四年，以阿完都窪底札布襲封，凡十世。其貢道由喜峯口。

山川

古爾板拉虎山。在旗東南五十里。

大黑山。在旗東南八十里。蒙古名巴顔喀喇。

博羅惠博羅温都爾山。在旗東南一百四十里。

五鳳山。在旗南五十五里。蒙古名他奔拖羅海。

麻尼喀喇山。在旗南一百二十里。

鹿兒山。在旗西南八十里。蒙古名布虎圖。

五藍峯。在旗東南一百里。

席喇虎他蘇爾海岡。在旗西五十五里。

哈納插漢岡。在旗北一百里。

哈納岡。在旗東北八十五里。

土河。在旗南五十五里。蒙古名土爾根。源出五鳳山，南流，入土默特界。

老河。在旗北一百里。蒙古名老哈。自敖漢流入境，東北流入喀爾喀左翼界。按：奈曼爲今承德府之朝陽縣境，故如土河、老河諸水彼此互見焉。

查木哈克泉。在旗東五十里。

插漢泉。在旗東南六十里。

古爾板和爾圖泉。在旗西南六十里。三泉涌出，東南流入土河。

崑都倫喀喇烏素泉。在旗西北一百二十里。

巴林表

	巴林
秦	
兩漢	
三國	
晉	
南北朝	
隋	
唐	
五代	遼上京臨潢府。
宋	金大定後以臨潢府併屬北京路。
元	嘗遷廣寧治此。
明	初爲烏梁海北境，後爲巴林所據，役屬於察哈爾，與喀爾喀爲兄弟行。

大清一統志卷五百三十六之一

巴林

二旗同界。右翼駐托鉢山，在古北口東北七百二十里。左翼駐阿察圖拖羅海，在古北口東北七百八十里。東西距二百五十一里，南北距二百三十三里。東至阿嚕科爾沁界一百六十里，西至克什克騰界九十一里，南至翁牛特界六十里，北至烏珠穆沁界一百七十三里。東南至阿嚕科爾沁界一百八十五里，西南至克什克騰界八十一里，東北至烏珠穆沁界二百五里，西北至烏珠穆沁界一百四十二里。至京師九百六十里。

建置沿革

遼上京臨潢府地。金大定後，以臨潢府併屬北京路。元嘗遷廣寧治其地。明初爲烏梁海北境，後爲順義王諳達第五子所據，「烏梁海」，改見前。「諳達」舊作「俺荅」，今改正。是爲巴林，役屬於察哈爾，與喀爾喀爲兄弟行。

本朝天命十一年，以喀爾喀五部落叛盟，私與明和，劫我使臣。太祖高皇帝親統大軍征之，戮巴林貝勒葉黑、少子囊努克，盡收其畜産。天聰二年，察哈爾林丹汗復舉兵破之，貝勒塞特爾偕台吉滿珠習禮舉部來歸。順治五年，封塞特爾之子色布騰爲輔國公。七年，晉多羅郡王，世襲，主右翼。乾隆十九年，自璘沁加親王銜。至嘉慶四年，以索特納木多爾濟襲封，凡九世。附輔國公一，乾隆二十一年封，尋晉貝子，後仍降襲輔國公。又封滿珠習禮爲固山貝子，世襲，主左翼。至乾隆五十四年，以多爾濟帕拉木襲封，凡八世。附固山貝子一，順治五年封，世襲。共爵四。其貢道由獨石口。

山川

石雞山。在旗東七十里。蒙古名衣韜圖〔一〕。

太保山。在旗東九十里。蒙古名滿札爾。

特默車户山。在旗東南五十里。

伊克哈爾占山。在旗東南一百五十里。

蛇山。在旗東南一百六十里。蒙古名漢會圖。

虎爾虎山。在旗東南一百七十里。

巴圖山。在旗南三十里。蒙古名巴爾當。遼史地理志：遼國五代祖巴圖貌異常，有武略，力敵百人。衆推爲王，生於巴圖山，因以名。没葬山下，在慶州二百里。按：遼史但云在慶州二百里，闕其方位，似當云在慶州東南二百里也。「巴圖」舊作「勃突」，今改正。

碧柳圖山。在旗西九十一里。

蒿拍都山。在旗西北一百五十五里。

托鉢山。在旗北六里。

方山。在旗北五十里。蒙古名阿拍達蘭圖。

清金山。在旗北七十里。

葱山。在旗北一百二十里。蒙古名宋吉納。

黑山。在旗北一百五十里。蒙古名喀喇台。

森几圖山。在旗東北八十五里。

慶雲山。在旗東北一百二十里。蒙古名吉爾巴。

西百圖山。在旗東北一百五十里。

赤山。在旗東北二百五里。蒙古名巴顔五藍哈達。遼史：慶州有赤山、黑山、太平山、黑河。

阿拍濟哈峯。在旗東九十五里。

衣馬圖峯。在旗西北七十里。

野雞河。在旗北一百里。蒙古名戈爾戈台。源出葱山，東南流入黑河。

黑河。在旗北一百十里。蒙古名喀喇木倫。源出葱山，西南流至噶齊克圖站，又東南流合戈爾戈台河，入潢河。按：遼史地理志慶州有黑山、黑河。夢溪筆談「黑山在大漠之北，有城在其西南，謂之慶州。有水出其下，所謂黑水也」。古慶州在巴林之北，所謂黑河即今喀喇木倫耳。

布雅鼐河。在旗東北九十里。源出森几圖山，東南流會烏爾圖綽農河。

烏爾圖綽農河。在旗東北一百九十里。源出巴顔烏蘭峯，東南流，會布雅鼐河水，又東流入阿嚕科爾沁界，注於大布蘇圖池。按：二河俱不入潢，或有疑布雅鼐河爲水經注之諸真水、綽農河爲白狼水者，非也。

古蹟

慶州舊城。在旗西北一百三十里。遼史地理志：慶州玄寧軍，本太保山黑河之地，巖谷險峻。穆宗建城，號黑河州，每歲來幸。後以地苦寒，統和八年州廢。聖宗秋畋，愛其奇秀，建號慶州。有黑山、赤山、太保山、老翁嶺、饅頭山、興國湖、鍚鍚濼、黑河，統玄德、孝安、富義三縣。金史地理志：慶州境内有遼祖州、懷州，城中有遼行宫。北至界二十里，南至盧川二百二十里，西至桓州九百里，東至臨潢一百六十里。縣一，朔平。按：此城在喀喇木倫河旁，蒙古名插漢城，周五里餘。喀喇木倫即黑河，黑山在其東北三十里許。「鍚鍚」舊作「轄失」，今改正。

臨潢舊城。在旗東北。遼史地理志：上京臨潢府，太祖取天梯、别魯等三山之勢於葦甸，射金齪箭以識之，謂之龍眉宫。神册三年城之，名曰皇都。天顯十三年，更名上京，府曰臨潢。轄軍府州城二十五，統縣十：臨潢、長泰、定霸、保和、潞縣、易俗、遷遼、渤海、興仁、宣化。又曰：上京，太祖創業之地。天顯元年，平渤海歸，乃展郛郭，建宫室，名以天贊。起三大殿，曰開皇、安德、五鑾[二]。城高二丈，不設敵樓，幅員二十七里。門，東曰迎春，曰雁兒，南曰順陽，西曰金鳳，曰西雁兒，曰南福。其北謂之皇城，高三丈，有樓櫓。門，東曰安東，南曰大順，西曰乾德，北曰拱辰。中有大内，内南門曰承天，有樓閣。東門曰東華，西曰西華。

南城謂之漢城。宋大中祥符九年，薛映記曰：上京者，中京正北八十里至松山館〔三〕，七十里至崇信館，九十里至廣寧館，五十里至姚家寨館，五十里至咸寧館。三十里渡潢水石橋，旁有饒州。唐於契丹嘗置饒樂州〔四〕，今渤海人居之。五十里保和館，度黑水河。七十里宣化館，五十里長泰館。館西二十里，有佛舍、民居，即祖州。又四十里，至臨潢府，自過崇信館，乃契丹舊地。其南奚地也。金史地理志：臨潢府，總管府，地名西樓，遼爲上京。金初因稱之。天眷元年，改爲北京。天德二年，改北京爲臨潢府路。貞元元年，以大定府爲北京後，但置北京臨潢路提刑司。大定後罷路，併入大定府路。元史地理志：廣寧路嘗遷治臨潢。按：遼史臨潢府，其側臨潢縣。又曰臨潢縣，「天贊初，南攻燕、薊，以俘人户散居潢水之北。縣臨潢水，故以名也」。似臨潢必在西喇木倫之濱，而又言淶流河自西北南流，遶京三面，東入於曲江，其北東流爲按出河，則臨潢又去西喇木倫遠矣。金史臨潢府臨潢縣，倚有金粟河。未知金時金粟河，即遼史所云淶流河否也。但證以薛映所記道里，自中京北至上京凡三百七十里，而渡潢水又二百三十里而至臨潢，中間所謂渡黑水河，即今喀喇木倫，今巴林之南者也。今巴林東北一百四十里當烏爾圖綽農河會和戈圖綽農河之處，有波羅城址。周十二里，内有三塔，久毁。疑即古之臨潢。但史所云淶流河遶京三面，又疑古城當在和戈圖綽農之東岸、巴林與阿嚕科爾沁接界處耳。

舊祖州。在旗北。遼史地理志：祖州天成軍節度，本遼右八部實默里地。太祖秋獵多於此。始置西樓，後因建城，號祖州，以高、曾祖考所生之地，故名。城高二丈，幅員九里，有祖山。太祖陵在州西五里。統長霸、咸寧二縣。薛映記：祖州四十里至臨潢府。金史地理志：慶州境内有祖州，天會八年改爲奉州，皇統三年廢。「實默里」舊作「世没里」，今改正。

陵墓

遼

太祖祖陵。在旗界内，舊祖州。遼史地理志：祖州天成軍有祖山，山有太祖廟，御靴尚存。太祖陵鑿山爲殿，曰明殿，門曰黑龍，東偏有聖蹤殿，立碑述太祖遊獵之事。殿東有樓，立碑以紀太祖創業之功，在州西五里。按：自明以來，皆於廣寧中安堡望祭，或因指爲遼陵所在，非也。

聖宗永慶陵。在旗界内。遼史地理志：慶州慶雲山，本黑嶺也。聖宗駐蹕，愛羡曰：「吾萬歲後，當葬此。」興宗遵遺命，建永慶陵，在州西二十里。

校勘記

〔一〕蒙古名衣韜圖　「衣韜圖」，原作「衣韜回」，據乾隆志卷四〇七巴林山川（下同卷簡稱乾隆志）改。按，清張穆撰蒙古游牧記卷三巴林部作「伊韜圖」。

〔二〕五鑾　乾隆志同。按，遼史本紀中凡五見，皆作「鸞」，中華書局點校本遼史卷三七地理志據以改正，是。

〔三〕中京正北八十里至松山館　乾隆志及遼史卷三七地理志同。按，薛映遼中境界云：「自中京正北八十里至臨都館，又四十里至官窑館，又七十里至松山館。」（見賈敬顔五代宋金元人邊疆行記十三種疏證稿）則由中京至松山館實距一百九十里。遼史地理志首誤，乾隆志與本志未察，承訛未改。

〔四〕唐於契丹嘗置饒樂州　「州」，原作「府」，乾隆志同，據薛映遼中境界及遼史卷三七地理志引薛映記改。

札嚕特表

	札嚕特
秦	
兩漢	遼東郡北境。
三國	
晉	
南北朝	
隋	
唐	屬營州都督府，後入於奚。
五代	遼上京道地。
宋	金屬北京路。
元	屬上都路。
明	爲蒙古札魯特所據，後屬於喀爾喀。

大清一統志卷五百三十六之二

扎嚕特

二旗，在喜峯口東北一千一百里。東西距一百二十五里，南北距四百六十里。東至科爾沁界，西至阿嚕科爾沁界，南至科爾沁及喀爾喀左翼界，北至烏珠穆沁界。至京師一千五百一十里。

建置沿革

漢遼東郡北境。唐屬營州都督府，後入於奚。遼爲上京道地。金屬北京路。元屬上都路。明初爲烏梁海地，後爲扎嚕特，役屬於喀爾喀。

本朝天聰二年，其汗内齊率貝勒色本、瑪尼舉部來歸。初，扎嚕特内齊汗以其妹妻我貝勒莽古爾泰，貝勒忠嫩以其女妻我貝勒代善，額爾濟格以其女妻我台吉德格類，結爲姻好。天命四年，貝勒色本叛盟，太祖高皇帝命偏師擊敗之，擒色本。明年釋令歸國。十一年，復遣貝勒代善等聲罪致討，獲貝勒巴克，盡俘其人民牲畜而還。至是色本、瑪尼復爲察哈爾所侵，奔科爾沁，無以自存，遂來降。順治五年，追封色本爲多羅達爾漢貝勒，世襲，主右翼。至嘉慶七年，以幹珠爾扎布襲封，凡十世。附鎮國公一，係色本弟瑪尼，順治五年追封，世襲。公銜台吉一，乾隆四十八年封。又追封内齊爲多羅貝勒，世襲，主左翼。至嘉慶二十三年，以佈木色楞襲封，凡十世。共爵四。其貢道由喜峯口。

右翼。駐圖爾山南。在喜峯口東北一千二百里。東西距七十里，南北距四百六十里。東自脱脱山與左翼分界，西至阿嚕科爾沁界七十里，南至喀爾喀左翼界二百二十五里，北至烏珠穆沁左翼界二百三十五里。西南至拜圖岡二百二十里，西北至馬盂山二百四十里。

左翼。駐齊齊靈花拖羅海山北。在喜峯口東北一千一百里。東西距五十五里，南北距四百六十里。東至科爾沁界三十里，西至右翼界二十五里，南至科爾沁界一百三十里，北至烏珠穆沁界三百三十里。東南至潢河一百三十里，西南至車爾伯湖岡一百十里，東北至巴噶查克朵爾山三百四十里，西北至布拉克圖和邵山三百四十里。

山川

嵬石山。在右翼南十八里。蒙古名扎拉克山。

米喇山。在右翼南六十里。

托几山。在右翼西南三十里。

小白雲山。在右翼西七十里。蒙古名巴哈插漢拖羅海山。

大釜山。在右翼西七十里。蒙古名伊克托惠山。遼史：上京有大釜山。

色爾奔山。在右翼西北十里。

几禄克山。在右翼西北四十五里。

重几岱山。在右翼西北五十里。

岳重圖山。在右翼西北七十里。

大青羊山。在右翼西北一百九十里。蒙古名伊克特黑山。

馬盂山。在右翼西北二百二十里。蒙古名阿爾坦額默爾。遼史：上京臨潢府有馬盂山。

寬山。在右翼北一百里。蒙古名敖塔。

森几圖山。在右翼北一百二十里。山北有一洞通明。亦名絺黑圖山。

花山。在右翼北一百二十里。

蛇山。在右翼北一百四十里。蒙古名漠惠邵隆。

小青羊山。在右翼北一百九十里。蒙古名巴漢特黑。

几藍拖羅海山。在右翼北二百里。

水泉山。在右翼北三百三十五里。蒙古名布拉克圖和邵。

齊齊靈花拖羅海山。左翼所駐。

鏧山。在左翼西北八十里。蒙古名阿爾坦噶達蘇。遼史：上京有鏧山。

野鵲山。在左翼北一百二十里。蒙古名巴顔喀喇山。遼史：上京有野鵲山、兔兒山。

霞列山。在左翼北一百八十里。蒙古名吉爾巴爾。遼史：上京有列山。

巴噶查克朵爾山。在左翼北三百三十里。

屈劣山。在左翼東北九十里。蒙古名布敦花拖羅海山。遼史：上京有屈列山。

古爾板克勒峯。在右翼西三十五里。

大赤峯。在右翼北一百五十里。蒙古名伊克五藍。其南二十五里有五藍峯。

温都爾峯。在左翼北一百四十里。

蝦蟆嶺。在右翼北一百八十里。

愁思嶺。在左翼北二百十里。蒙古名葫馬克。

阿爾達額勒蘇岡。在右翼南一百十里。

達虎林西喇和邵岡。在左翼東三十里。

五藍布爾噶蘇台岡。在左翼南一百三十里。

噶海岡。在左翼西南四十里。

車爾百湖岡。在左翼西南一百十里。

獨石岡。在左翼西二十五里。

阿巴達爾台岡。在左翼西二十五里。

童果爾額勒蘇岡。在左翼西北四十里。

杏塢。在左翼東南一百三十里。蒙古名貴勒蘇台。

平地松林。在左翼東南六十里。蒙古名阿他尼喀喇莫多。密林叢翳二十餘里。

陰涼河。在右翼西北一百六十里。蒙古名魁屯。源出賀爾戈圖五藍山，東南流會天河。

他魯河。在右翼西北一百九十里。源出大青羊山，南流會阿里雅河。

阿里雅河。在右翼北一百五十里。源出大赤峯，西流經花山，入阿嚕科爾沁界。

潢河。在左翼南一百三十里。自阿嚕科爾沁界流入境，經車爾百湖岡，東流入科爾沁界。蒙古名西喇木倫河，即遼河之西一源也。

天河。在左翼北一百八十里。蒙古名都毋達都騰葛里。源出吉爾巴爾山，南流五十餘里。又有巴倫騰葛里河，在右翼西北五十里。

額百里崑都倫河。在左翼北一百九十五里。源出愁思嶺，東流入科爾沁界。

阿祿崑都倫河。源出左翼北二百七十里。東流入科爾沁界。

沙河。在左翼北二百九十里。蒙古名和爾，東流入科爾沁界。

黑水濼。在右翼南五十里。蒙古名喀喇烏蘇。東南流，會天河。

大魚濼。在右翼南一百七十里。蒙古名伊克札哈蘇台。其北十里又有巴漢札哈蘇台池。

祠廟

釋迦牟尼佛廟。在左翼北九十里。康熙十二年建。

阿嚕科爾沁表

	阿嚕科爾沁
秦	
兩漢	
三國	
晉	
南北朝	
隋	
唐	
五代	遼上京臨潢府。
宋	金大定府北境。
元	遼王分地。
明	初於烏梁海地置衛，爲外藩，後自號阿嚕科爾沁。

大清一統志卷五百三十六之三

阿嚕科爾沁

一旗，駐渾圖山東，在古北口東北一千一百里。東西距一百三十里，南北距四百二十里。東至扎嚕特界三十里，西至巴林界一百里，南至喀爾喀左翼界二百里，北至烏珠穆沁界二百二十里。東南至扎嚕特界二百二十里，西南至翁牛特界二百里，東北至扎嚕特界二百六十五里，西北至巴林界二百七十里。至京師一千三百四十里。

建置沿革

遼爲上京臨潢府地。金爲大定府北境。元爲遼王分封地。明初於烏梁海地置衛，爲外藩，後自號阿嚕科爾沁。

本朝天聰六年，部長達賚爲察哈爾所侵，率其子穆彰來降。初有二旗，崇德元年以達賚年衰嗜酒，命穆彰專理旗務。順治元年，封穆彰爲固山貝子。五年，追封多羅貝勒，世襲，掌旗。至嘉慶二十一年，以丹錦巴勒桑襲封，凡十世。其貢道由喜峯口。「穆彰」舊作「穆章」，今改正。

山川

渾圖山。在古北口東北一千一百里。阿嚕科爾沁藩王舊居在山東。

伊克陀惠山。在旗東三十里。

峨博圖山。在旗東南四十五里。

庫格圖山。在旗南四十里。

連山。在旗南五十里。蒙古名賀爾博拖羅海。

棗山。在旗西南九十里。蒙古名齊巴哈圖。

巴漢阿拍扎哈山。在旗西南一百里。

伊克阿拍扎哈山。在旗西南一百里。

阿特和朔山。在旗西南一百二十里。

白雲山。在旗西南一百四十里。蒙古名插漢拖羅海。

刻呼内山。在旗西五十里。

珍珠山。在旗西一百里。蒙古名蘇布。

樂游山。在旗西一百二十里。蒙古名得訥格爾。

涿邪山。在旗西北四十里。蒙古名庫拍喀喇。
黄山。在旗西北九十里。蒙古名西喇温都爾。
布爾格蘇台山。在旗西北九十里。
烏遼山。在旗西北一百四十里。即烏丸山。
白石山。在旗西北一百五十里。蒙古名插漢七老台。
邁爾圖山。在旗西北一百六十里。
庫爾默特山。在旗西北二百三十里。
巴彦葛禄山。在旗西北二百四十里。
都藍山。在旗北十五里。
小黑山。在旗北七十里。蒙古名巴漢喀喇。
博惠山。在旗北一百里。
薩碧爾漢山。在旗北二百里。
蘇克素爾山。在旗北二百三十里。
五藍峯山。在旗北二百六十里。
大黑山。在旗東北三十里。蒙古名巴顔喀喇。
烏孫噶察山。在旗東北七十里。

色爾騰哈達山。在旗東北七十里。

狼山。在旗東北九十里。蒙古名綽農圖喀喇。

紗帽山。在旗東北一百八十里。蒙古名拉邁馬拉哈。

羊山。在旗東北一百八十里。蒙古名特格，又名特格五藍峯。

獺山。在旗東北二百三十里。蒙古名獺爾巴哈圖。

馬盂山。在旗東北二百六十五里。蒙古名阿爾坦額默爾。

刻勒峯。在旗西南一百三十里。

尹扎漢五藍峯。在旗西北二百七十里。

色爾騰峯。在旗東北七十里。

拜圖岡。在旗東南二百二十里。

阿爾達額勒蘇岡。在旗南一百二十里。

達木虎岡。在旗西南一百七十里。

達木虎噶察岡。在旗西南二百里。

潢河。在旗南二百里。蒙古名西喇木倫河。自巴林流入境，經達木虎噶察岡，流入扎嚕特界。詳見克什克騰。

烏爾圖綽農河。在旗西南一百三十里。自巴林流入境，經刻勒峯，東南流，會哈喜爾河。又西北九十里有和戈圖綽農河，源出西喇温都爾山，南流，會烏爾圖綽農河，入哈喜爾河。

枯爾圖河。在旗西北一百五十里。源出白石山，西流入巴林界，會烏爾圖綽農河。

尹扎漢河。在旗西北二百三十里。源出庫爾默特山，東北流入烏珠穆沁界，會烏爾虎河。

哈喜爾河。在旗北二百里。源出薩碧爾漢山，南流經庫格圖山，折而東流，入扎嚕特界。

阿里雅河。在旗東北八十里。自扎嚕特右翼流入境，西南流，會哈喜爾河。

韭河。源出旗東北一百八十里。西南流，會哈喜爾河。蒙古名戈賀蘇爾。

邁爾圖泉。在旗西北一百六十里。源出邁爾圖山，西南流入巴林界，會烏爾圖綽農河。

柳泉。在旗北一百八十里。蒙古名布爾哈蘇台。源出紗帽山，西北流入烏珠穆沁界，入尹扎漢河。

蘇几泉。在旗北二百里。源出紗帽山，東南流，會韭河，入哈喜爾河。

科爾沁表

	科爾沁
秦	遼東郡北境。
兩漢	後漢爲扶餘、鮮卑地。
三國	
晉	
南北朝	契丹、靺鞨地。
隋	
唐	
五代	遼上京東境及東京北境。
宋	金分屬上京、北京及咸平路。
元	開元路北境。
明	初置福餘外衛，以元後烏梁海酋領爲都指揮。後自立國，號曰科爾沁。

大清一統志卷五百三十七之一

科爾沁

六旗，在喜峯口東北八百七十里。東西距八百七十里，南北距二千一百里。東至扎賚特界，西至扎嚕特界，南至盛京邊牆界，北至索倫界。至京師一千二百八十里。

建置沿革

秦、漢遼東郡北境。後漢爲扶餘、鮮卑地。後漢書：扶餘國在玄菟北千里，南與高句麗，東與挹婁，西與鮮卑接界。南北朝、隋、唐爲契丹、靺鞨地。唐時契丹地，在奚之東北，與室韋、靺鞨接界。今科爾沁在古契丹、靺鞨間。遼時爲上京東境及東京北境。金分屬上京、北京及咸平路。元爲開元路北境。開元路治黄龍府。明初，置福餘外衛，以元後烏梁海酋領爲都指揮，掌衛事。後自立國，號曰科爾沁。明太祖初置烏梁海三衛，自黄泥窪踰鐵嶺至開原，曰福餘衛。永樂元年，以按春及圖卜新爲都指衛，掌福餘衛事。後陰附蒙古，叛服不常。二十年，成祖親征阿嚕台，還，擊敗之。洪熙間，斡拉强盛，其酋走避腦温江，即今之嫩江也。「烏梁海」舊作「兀良哈」，「按春」舊作「安出」，「圖卜新」舊作「土不申」，「斡拉」舊作「瓦喇」，今俱改正。

本朝初，以壤地相接，結婚姻。其後爲察哈爾所侵，台吉奥巴遂率其兄弟先諸蒙古來降。太祖高皇帝賜以土謝圖汗之號。初，奥巴之父洪巴圖爾，世爲察哈爾諾顔，其從叔莽古思扎爾固齊以女歸我太宗文皇帝，是爲孝莊文皇后。天命四年，莽古思扎爾固齊之弟明安爲喀爾喀所誘，合師攻我，被擒，遂傾心歸附。九年，察哈爾林丹汗合諸部侵之，太祖高皇帝命貝勒阿巴泰等選精兵往援，察哈爾兵夜遁。十一年，奥巴來朝，禮遇之甚厚。自後每有征伐，並以師來會，優賜與他部獨異。崇德元年以來，敘功封親王二、郡王三、鎮國公一，掌旗。又有不掌旗親王一、郡王一、貝勒二、貝子二、輔國公五。凡爵十七。其貢道由山海關。

右翼旗。駐巴烟和郡，在喜峯口東北一千二百里。東西距一百五十里，南北距四百五十里。東至右翼前旗界八十里，西至左翼界七十里，南至左翼界二百里，北至索倫界二百五十里。東南至郭爾羅斯界二百二十里，西南至左翼界二百十里，東北至右翼前旗界二百六十里，西北至左翼界三百里。本靺鞨地，遼爲黄龍府北境。金屬上京路。元廢。明入於科爾沁。本朝崇德元年，封土謝圖汗奥巴之子巴達禮爲和碩土謝圖親王，世襲，掌右翼旗。至乾隆四十七年，以諾爾布琳沁襲封，凡十一世。自本旗外，統領前後二旗及扎賚特、杜爾伯特二旗。附貝勒一，康熙十四年封，世襲。

右翼前旗。駐席喇布爾哈蘇，在喜峯口東北一千三百五十里。東西距一百二十里，南北距三百八十里。東至右翼後旗界六十五里，西至右翼界五十五里，南至郭爾羅斯界一百八十里，北至右翼後旗界二百里。東南至郭爾羅斯界一百八十里，西南至郭爾羅斯界二百里，東北至左翼後旗界二百里，西北至右翼界二百三十里。本靺鞨地，金置肇州，隸會寧府。海陵時改屬濟州。承安三年，升爲節鎮軍，名武興，領始興一縣。元爲遼王納顔分地。明入於科爾沁。本朝崇德元年，封奥巴之弟布達齊爲多羅扎薩克圖郡王，世襲，掌右翼前旗。至嘉慶三年，以敏珠爾多爾濟襲封，凡八世。「納顔」舊作「乃顔」，今改正。

右翼後旗。駐恩馬圖坡，在喜峯口東北一千四百五十里。東西距一百二十里，南北距三百七十里。東至扎賚特界九十里，西至右翼前旗界三十里，南至郭爾羅斯界一百三十里，北至索倫界二百四十里。東南至郭爾羅斯界一百六十里，西南至郭爾羅斯界一百四十里，東北至扎賚特界三百里，西北至右翼前旗界二百九十里。本靺鞨地。遼置衍州安廣軍，統宜豐一縣。金皇統三年，州廢。元爲納顔分地。明入於科爾沁。本朝天命間，圖美隨奥巴來朝，賜號達爾漢。崇德元年，封其子喇嘛什希爲鎮國公，世襲，掌右翼後旗。至嘉慶七年，以色旺多爾濟襲封，凡九世。

左翼旗。駐伊克唐噶里克坡，在喜峯口東北一千六十五里。東西距一百八十里，南北距五百五十里。東至右翼界一百三十里，西至扎嚕特左翼界五十里，南至左翼後旗界二百里，北至右翼界三百五十里。東南至盛京邊界五百五十里，西南至左翼前旗界三百里，東北至右翼界三百里，西北至扎魯特界四百里。本契丹地。遼置信州彰聖軍，領武昌、定武二縣，屬東京。金省定武入武昌，以州屬上京。元廢。明入於科爾沁。本朝天命初，貝勒莽古思扎爾固齊來朝，結爲姻婭，情好款洽。崇德元年，敘從征功，封其孫滿珠習禮爲多羅巴圖魯郡王。順治十六年，晉封爲和碩達爾漢親王，世襲，掌左翼旗。至嘉慶十三年，以布彦温都爾瑚襲封，凡八世。自本旗外統領前後二旗，及郭爾、羅斯二旗。附親王一，崇德元年封。郡王一，順治六年封。貝勒一，順治十八年由鎮國公晉封。貝子二，一雍正四年封；一乾隆二十三年封親王，後屢升降，至嘉慶二十四年，降襲貝子。輔國公四，一順治十八年封；一雍正二年封，旋晉貝子，後仍降襲輔國公。以上並世襲。一雍正二年封；一乾隆十五年封。

左翼前旗。駐伊克岳里泊，在喜峯口東北八百七十里。東西距一百里，南北距一百二十里。東至左翼後旗界七十里，西至喀爾喀左翼界三十里，南至養息牧牧廠界八十里，北至左翼界四十里。東南至盛京邊界一百二十里。西南至養息牧牧廠界三十五里，東北至左翼界六十里，西北至左翼界三十里。本契丹地。遼置長春州。金降爲縣，隸泰州。元廢。明入於科爾沁。本朝崇德元年，封扎魯固齊之弟洪果爾爲多羅冰圖郡王，世襲，掌左翼前旗。至嘉慶十九年，以林沁扎勒參襲封，凡九世。

左翼後旗。駐雙和爾山，在喜峯口東北一千四十里。東西距二百里，南北距一百五十里。東至左翼界一百三十里，西至左翼前旗界七十里，南至盛京邊界一百里，北至左翼界五十里。東南至邊界一百八十里，西南至盛京邊界一百三十里，東北至左翼界一百二十里，西北至左翼前旗界九十里。本契丹地。遼置鳳州。金廢。明入於科爾沁。本朝順治七年，封棟果爾長子彰吉倫爲多羅郡王，世襲，掌左翼後旗。至乾隆四十八年，以索特納木多布齊襲封，凡九世。附輔國公一，乾隆三年封貝子，至三十六年降襲。

山川

鮮卑山。在右翼西三十里。土人呼蒙格。

羖攊山。在右翼西北九十里。蒙古名伊克衣馬圖。

寒山。在右翼西北一百四十里。蒙古名魁屯。

温山。在右翼北二百里。蒙古名哈禄納。

岳栗山。在右翼北二百五十里。

胡凱山。在右翼北二百五十里。蒙古名伊克呼巴海。

大牢古山。在右翼東北八十里。蒙古名布古折。

榆木山。在右翼東北一百四十里。蒙古名海喇蘇台。

綽爾海山。在右翼東北一百七十里。

磨爾托山。在右翼東北三百六十里。

喀喇阿几爾漢山。在右翼前旗西北八十里。

魁勒庫山。在右翼前旗西北一百八十里。

神山。在右翼前旗共六十里。

火山。在右翼前旗北二百里。蒙古名葛爾齊七。

羊山。在右翼前旗東北一百五十里。蒙古名衣馬圖。

駱駝山。在右翼前旗東北二百里。蒙古名特門。

朱爾噶岱山。在右翼後旗北二百二十里。

卓索台山。在右翼後旗北二百四十里。

西伯圖山。在右翼後旗東北一百五十里。

納几山。在右翼後旗東北二百十里。

牛頭山。在左翼東南一百三十里。蒙古名伊克圖虎爾几。又東南一百五十里有巴漢圖虎爾几山。

白鹿山。在左翼東南三百里。

大射山。在左翼東南三百五十里。蒙古名伊克哈爾巴爾。又南十里有巴漢哈爾巴爾山。

巴烟朔龍山。在左翼西北一百七十五里。

水精山。在左翼西北二百里。蒙古名吉爾巴爾。

蛇山。在左翼西北二百三十里。蒙古名莫惠朔龍。

小房山。在左翼西北四百里。蒙古名巴漢查克朵爾。

五峯山。在左翼北一百三十五里。蒙古名他奔拖羅海。

饅頭山。在左翼北二百五十里。蒙古名索諾圖。

葛勒爾温都爾山。在左翼北二百八十里。

大房山。在左翼北三百五十里。蒙古名伊克查克朵爾。

黑山。在左翼東北一百七十里。蒙古名阿巴哈喀喇。

大石山。在左翼東北一百八十里。蒙古名葛倫齊老。

太保山。在左翼東北一百八十五里。蒙古名圖斯哈爾圖。

羖羊山。在左翼東北三百里。蒙古名五虎爾几台。

龍門山。在左翼前旗東南八十五里。蒙古名阿會圖。

布敦山。在左翼前旗東南九十五里。

寬山。在左翼前旗東南一百二十里。蒙古名巴虎。

得石山。在左翼後旗東八十里。

巴漢巴虎山。在左翼後旗西南一百二十里。

得石拖羅海山。在左翼後旗東北一百二十里。

五藍峯。在右翼東六十五里。

孤峯。在右翼西南二百十里。蒙古名郭圖和朔。
朔龍峯。在左翼前旗東南一百十里。
奚王嶺。在左翼後旗東一百三十里。土人呼蒙古爾拖羅海。
納哈台坡。在右翼東八十里。
阿達金插漢拖羅海坡。在右翼東南一百六十里。
烏拉達漢坡。在右翼東南二百十里。
巴郎奇喇坡。在右翼東南二百二十里。
土母逵插漢拖羅海坡。在右翼南八十里。
布哈坡。在右翼南八十里。
漢惠圖坡。在右翼南一百二十里。
達喜圖插漢拖羅海坡。在右翼西北五十里。
插漢碧老岱坡。在右翼前旗南七十里。
卓索圖坡。在右翼前旗南一百八十里。
他奔拖羅海坡。在右翼前旗西南四十里。
綽兑坡。在右翼前旗西南四十里。
叟黑台坡。在右翼後旗東南一百五十里。

鼎滿烏里堵坡。在右翼後旗西南一百四十里。
哈祿爾坡。在右翼後旗西三十里。
達喜圖坡。在右翼後旗東北一百十里。
烏爾圖岡。在右翼西南八十里。
巴雅鼎插漢岡。在右翼西南二百里。
烏喇達漢岡。在左翼東南二百五十里。
噶木呼爾岡。在左翼東南四百七十里。
吉里岡。在左翼西南五里。
阿坦岡。在左翼西五十里。
阿南達岡。在左翼前旗東三十里。
巴漢他木呼岡。在左翼前旗西三十里。
阿几呼岡。在左翼前旗西北三十里。
花當岡。在左翼後旗東二十里。
巴烟岱岡。在左翼後旗東南九十里。
噶爾岡。在左翼後旗西南一百里。
鷹納岱岡。在左翼後旗西南一百里。

阿爾達爾河。在右翼北一百七十里。源出温山，經榆木山，東南流入右翼前旗界，會貴勒爾河，入洮兒河。

鶴五河。在右翼北二百六十里。源出伊克呼巴海山，經磨爾托山，東南流入右翼前旗界，會榆河。

洮兒河。在右翼前旗西四里。亦作桃爾，又作拖羅，皆音之訛。源出西北興安山，東南流合貴勒爾河，又東北折，經右翼後旗南界，又東經扎賚特南界，匯爲納藍撒藍池，入嫩江。全遼志：洮兒河，在開原城西九百里，肇州西。源出北山，東流入松花江。按：遼史上京有他魯河。金史長春縣有撻魯古河。聖宗四年，改撻魯河爲長春河。皆即此水。

榆河。蒙古名海拉蘇台。在右翼前旗西北二百三十里。源出興安山，經火山，東南流會貴勒爾河。

貴勒爾河。在右翼前旗北八十里。自右翼界鶴五河，東北流會榆河，爲貴勒爾河。經魁勒庫山，東南流會阿爾達爾河，入洮兒河。

駱駝河。在右翼前旗北二百里。蒙古名特門河。源出葛爾濟隆山，東流入戳兒河，東入嫩江。

佗新河。在右翼前旗北二百里。源出卓索台山，東流入扎賚特界。

合河。蒙古名和爾，自扎魯特左翼之北，東流入境，經左翼西北三百三十里，又東經右翼西一里，又東經右翼前旗、後旗地，入因沁插漢池。

遼河。在左翼東南四百五十里。自永吉州西北流入境，經額爾金山，西北流入左翼後旗界，又西南流會潢河入邊。

卓索河。在左翼東南四百七十里。源出邊内流入境，西北流入左翼後旗，會尹几哈台河，入邊河。

潢河。蒙古名西喇木倫。在左翼西南六十里。别於西黄河，故曰潢。自扎魯特左翼流入境，經噶爾岡，東南流會遼河。詳見盛京奉天府及克什克騰諸旗。

中天河。蒙古名都母達圖騰葛里。在左翼西北一百八十里。源出吉爾巴爾山，南流四十餘里。

阿禄崑都倫河。在左翼西北三百里。自扎魯特左翼流入境，經葛勒圖温都爾山，東流會額伯爾崑都倫河。

東天河。蒙古名準騰葛里。在左翼北一百六十里。源出吉爾巴爾山，東南流會几伯圖泉，入佟噶喇克插漢池。

額伯爾崑都倫河。在左翼北二百十里。自扎魯特左翼流入境，經索諾圖山，東流會阿禄崑都倫河，入右翼界西北，經魁屯山，東南流會合河。

鴨子河。蒙古名沖古爾。在左翼前旗南四十里。其地有二泉，並名沖古爾。西南流入養息牧河。

羊城濼。蒙古名尹兀哈台。在左翼後旗東南一百五十里。源出邊内流入境，北流會卓索河。金史：完顔希尹與宗翰至奚王嶺，期會於羊城濼。即此。

几伯圖泉。在左翼西北一百七十里。源出巴烟朔龍山，東流會東天河，入佟噶喇克插漢池。

他拉泉。在左翼東北一百二十里。

鹽池。蒙古名博羅呼几爾。在右翼東南四十里。

德爾赫楞貴池。在右翼東南六十里。

因沁插漢池。在右翼後旗東南一百六十里。

佟噶喇克插漢池。在左翼東北一百八十里。

扎拉圖池。在左翼後旗東三十里。

巴漢岳里泊。在左翼前旗東南十里。

古蹟

信州舊城。在左翼東南三百八十里。本渤海懷遠府。遼置信州彰聖軍，領武昌、定武二縣，屬東京。金省定武入武昌，以州屬上京。元廢。全遼志：自開原東北至信州三百十里，今有城，周一里，門八，土人猶呼爲信州城。

阿拉馬圖城。在左翼東南四百七十里。周六里三百步有奇，門四。按：此城近盛京開原邊外，疑即舊韓州城也。詳見奉天府。

西伯城。在右翼前旗東南五十里。周八里餘，門四。

札賚特表

札賚特	
	秦
	兩漢
	三國
	晉
	南北朝
	隋
	唐
遼長春州北境。	五代
金泰州北邊。	宋
遼王分地。	元
科爾沁所據，後分與其弟，是爲札賚特。	明

大清一統志卷五百三十七之二

扎賚特

一旗，屬科爾沁右翼，駐土百新插漢坡，在喜峯口東北一千六百里。東西距六十里，南北距四百里。東至杜爾伯特界三十五里，西至郭爾羅斯界二十五里，南至郭爾羅斯界一百五十里，北至索倫界二百五十里。東南至郭爾羅斯界一百里，西南至郭爾羅斯界一百六十里，東北至杜爾伯特界二百八十里，西北至右翼後旗界二百七十里。至京師二千一十里。

建置沿革

本契丹地。遼長春州北境。金泰州北邊。元爲遼王分地。明爲科爾沁所據，後分與其弟，是爲扎賚特。「扎賚特」舊作「扎賴特」，今改正。

本朝天命年間，台吉蒙衮隨土謝圖汗奥巴來降。蒙衮，奥巴之從叔也。順治五年，追封爲固山貝子，世襲，掌旗。雍正十年，以功晉封貝勒。至乾隆五十一年，以瑪什巴圖襲封，凡九世。其貢道由山海關。

山川

駱駝山。在旗西北一百六十里。蒙古名特門。

赤房山。在旗西北一百七十里。蒙古名五藍格爾。

鵰窠山。在旗西北一百九十里。蒙古名岳樂。

額貴山。在旗西北二百七十里。

朵雲山。在旗北一百三十里。

塞壐山。在旗北二百五十里。

阿禄岳堪山。在旗東北一百七十里。

阿敏山。在旗東北二百里。

阿揚噶爾坡。在旗西南三十五里。

嫩江。在旗東三十五里。自黑龍江境内流入境，又南入郭爾羅斯前旗界。

洮兒河。在旗西南一百里。自右翼後旗流入境，東南流滙爲日月池，入嫩江。

佗新河。在旗西北二百里。自右翼後旗流入境，經額貴山，東南流會綽爾河，入嫩江。

綽爾河。在旗北八十里。源出西北興安山，東南流五百餘里，至旗西三里，分爲數歧，又東南折會嫩江。

日月池。在旗南一百里。蒙古名納藍撒藍，其水東流入嫩江。

古蹟

綽爾城。在旗西北九十里。周七里餘，門四。

杜爾伯特表

	杜爾伯特
秦	
兩漢	
三國	
晉	
南北朝	
隋	
唐	
五代	遼長春州北境。
宋	金泰州北邊。
元	遼王分地。
明	科爾沁所據，後分與其弟，是爲杜爾伯特。

大清一統志卷五百三十七之三

杜爾伯特

一旗，屬科爾沁右翼，駐多克多爾坡，在喜峯口東北一千六百四十里。東西距一百七十里，南北距二百四十里。東至黑龍江將軍地界一百四十里，西至扎賚特界三十里，南至郭爾羅斯界一百四十里，北至索倫界一百里。東南至郭爾羅斯界一百六十里，西南至郭爾羅斯界一百四十里，東北至黑龍江將軍地界一百六十里，西北至扎賚特界一百十里。至京師二千五十里。

建置沿革

本契丹地。遼爲長春州北境。金泰州北邊。元爲遼王分地。明爲科爾沁所據，後分與其弟，是爲杜爾伯特。

本朝天聰年間，台吉阿都齊隨土謝圖汗奥巴來降。阿都齊，奥巴之從叔也。順治五年，封其子色棱爲固山貝子，世襲，掌旗。至嘉慶十五年，以鄂綽爾琥雅克圖襲封，凡十三世。其貢道由山海關。

「色棱」舊作「塞冷」，今改正。

山川

富谷。在旗東一百四十里。蒙古名巴雅鼐。

哈他伯齊坡。在旗東南一百四十里。

和几蒙克坡。在旗西南一百四十里。

拉哈坡。在旗西北三十里。

噶克達坡。在旗西北一百十里。

阿拉克阿几爾漢坡。在旗東北一百四十里。

黨納坡。在旗東北一百六十里。

疊翠巖。在旗北一百里。蒙古名磨朵圖。

嫩江。在旗西三十里。自黑龍江境内南流入境，西與扎賚特分界，又南入郭爾羅斯後旗界。

烏葉爾河。在旗東十里。源出黑龍江境内，西南流入境，經黨納坡，又南入郭爾羅斯後旗界。

訥赫爾池。在旗東南七十里。

郭爾羅斯表

	郭爾羅斯
秦	
兩漢	
三國	
晉	
南北朝	
隋	
唐	
五代	泰州昌德軍遼置，屬上京。
宋	泰州昌德軍金大定間廢。承安二年移州於長春縣，以故地爲金安縣，隸之。
元	遼王分封地。
明	科爾沁所據，後分與其弟，是爲郭爾羅斯。

大清一統志卷五百三十八之一

郭爾羅斯

二旗，屬科爾沁左翼，在喜峯口東北一千四百八十七里。東西距四百五十里，南北距六百六十里。東至盛京永吉州界，西至科爾沁界，南至盛京邊牆界，北至科爾沁界。至京師一千八百九十七里。

建置沿革

本契丹地。遼置泰州昌德軍，屬上京。金因之，大定間廢。承安二年，移州於長春縣，以舊地爲金安縣，隸之。元爲遼王分封地。明爲科爾沁所據，後分與其弟，是爲郭爾羅斯。本朝天聰七年，台吉固穆及布木巴隨土謝圖汗奥巴來降。固穆、布木巴，皆奥巴再從昆弟。崇德元年，封固穆爲輔國公，世襲，掌前旗。至第四世莽塞，因罪革去掌旗，留公爵。授伊族人畢哩衮鄂齊爾爲一等台吉，掌旗，凡五世，後仍以輔國公掌旗。至嘉慶十三年，以恩克托克托琥襲封，凡十世。順治五年封布木巴爲鎮國公，世襲，掌後旗。至乾隆四十二年，以固嚕扎布襲封，凡八世。其貢道由山海關。「固穆」舊作「古木」，今改正。

前旗。駐古爾板插漢，在喜峯口東北一千四百八十七里。東西距二百三十里，南北距四百里。東至盛京奉天府永吉州界一百七十里，西至科爾沁界六十里，南至盛京邊牆二百八十里，北至科爾沁界一百二十里。東南至邊牆三百里，西南至邊牆二百四十里，東北至科爾沁界二百七十里，西北至科爾沁界一百四十里。

後旗。駐榛子嶺，在喜峯口東北一千五百七十里。東西距二百二十里，南北距二百六十里。東至杜爾伯特界八十里，西至前旗界一百四十里，南至盛京白都訥界一百四十里〔二〕，北至杜爾伯特界一百二十里。東南至白都訥界一百七十里，西南至前旗界一百五十里，東北至杜爾伯特界八十里，西北至杜爾伯特界一百二十里。

山川

牛心山。在前旗西南二百里。蒙古名巴顏朱爾克。

衣馬圖峯。在前旗東南一百七十里。

他奔拖羅海坡。在前旗北一百二十里。

巴吉岱坡。在前旗東北一百八十里。

常峽坡。在後旗東八十里。

阿禄布克色坡。在後旗東南一百五十里。

阿拉克碧老坡。在後旗東南一百七十里。

拜拉喇齊坡。在後旗西北一百里。

邵爾和爾坡。在後旗北一百二十里。

布拉克台坡。在後旗東北八十里。

榛子嶺。後旗所駐。蒙古名嘉朱温都爾。在喜峯口東北一千五百七十里。

喀喇托賴圖岡。在前旗東八十里。

巴烟布他岡。在前旗西六十里。

混同江。在前旗東一百七十里。土人呼吉林江。自盛京永吉州西北出邊流入境，東北流會嫩江，又東折入後旗地，又東北流會黑龍江，東入海。

嫩江。即腦温江，亦曰諾尼江。在前旗東北二百七十里。自扎賚特界流入境，南流會吉林江。按：嫩江，古名難水，亦曰那河。明時名腦温江，又名忽剌温江。詳見黑龍江。

伊爾們河。在前旗東南二百二十里。源出永吉州境内，北流出邊，受南來之烏蘇土烏海河，會一秃河，入吉林江。

烏蘇土烏海河。在前旗東南二百五十里。源出邊内流入境，東北流會伊爾們河。

一秃河。在前旗南二百二十里。源出永吉州境内，北流出邊，經龍安城，又東北流會伊爾們河，入吉林江。

西訥河。在後旗南三十里。即烏葉爾河分流，南流會諾尼江。

烏葉爾河。在後旗西十五里。自杜爾伯特界流入境，西南流入諾尼江。

牛川。蒙古名烏庫爾。在後旗西北十五里，即諾尼江分流。東南流會烏葉爾河。

烏緑斯呼泉。在前旗東南一百二十里。東流入恩特葛特池。

恩特葛特池。在前旗東南一百三十里。

吳雅爾拉漢池。在後旗北一百里。

鹽濼。在前旗東北七十里。蒙古名達布蘇台，産鹽。

白水濼。在前旗東北二百六十里。蒙古名插漢。

魚兒濼。在前旗西北五十里。蒙古名扎哈蘇台。

古蹟

龍安城。在前旗東南二百里。明統志：龍安一秃河，在三萬衛西北金山外。元將納克楚分兵爲三營，一曰榆井深處〔二〕，一曰養鵝莊，一曰龍安一秃河。及大將軍馮勝征納克楚，兵駐金山，遣副將於此受其降。全遼志：龍安城，在一秃河西，金山東。册説：城周七里，門四，址尚存。旁有龍安塔，亦曰農安。天命九年，科爾沁爲察哈爾所侵，我貝勒阿巴泰率師救之，兵至農安塔，察哈爾倉皇夜遁。即此。按：金史地理志天眷三年，改遼黄龍府爲濟州。大定二十九年〔三〕，更爲隆州。貞祐初，升爲隆安府。以地考之，此龍安城即隆安之訛，乃遼黄龍府舊址也。今永吉州西北皆古黄龍府之地，特其城隔在邊外，後人不知，遂茫無所據耳。餘詳見奉天府。「納克楚」舊作「納哈出」，今改正。

泰州舊城。在前旗東南三百里。遼史地理志：上京道泰州昌德軍，本契丹二十部族牧放之地，因黑鼠族累犯通化州，民不能禦，遂移東南六十里，建城居之。統樂康、興國二縣。金史地理志：北京路泰州，海陵正隆間置昌德軍，隸上京。大定二十五年罷之。承安二年復置於長春縣，以舊泰州爲金安縣隸焉。北至邊四百里，南至懿州八百里，東至肇州三百五十里，領長春一縣。其金安縣尋廢。按：遼時泰州，相近有長春州。地理志云長春州韶陽軍本鴨子河春獵之地，興宗重熙八年置，統長春一縣。蓋長春州近混同江，泰州在長春之西，金置泰州於長春，而廢舊泰州爲金安縣，即今嫩江之南境也。且金時泰州隸北京，不隸上京，必與北京較近。舊志載長春州入吉林烏喇古蹟，非是。

敖城。在前旗西南二百三十里。周七里有奇，門六。又他虎城，在旗東北二百五十里。周八里有奇，門四。建置俱無考。

巴爾城。在後旗東南一百六十里。周五里，門四。又昂噶海城，在旗西南一百五十里。周三里餘，門四。建置俱無考。

校勘記

〔一〕南至盛京白都訥界一百四十里　「白都訥」，原作「白都納」，據乾隆志卷四〇五郭爾羅斯建置沿革（下同卷簡稱乾隆志）及本志下文改。

〔二〕一曰榆井深處　「榆井」，乾隆志同，明一統志卷二五遼東都指揮使司山川及讀史方輿紀要卷一八北直九作「榆林」。

〔三〕大定二十九年　「二十九年」，原脱「二十」二字，乾隆志同，據金史卷二四地理志補。

喀喇沁表

	喀喇沁
秦	遼西郡境。
兩漢	後漢鮮卑地。
三國	
晉	慕容氏地。
南北朝	北魏庫莫奚所據。
隋	
唐	饒樂都督府。太宗初奚內附，置府，隸營州。後分爲東、西奚，尋併於契丹。
五代	中京大定府　遼統和二十五年以故奚王牙帳建府，領大定、長安、富庶、勸農、文定、升平、歸化、神水、金源九縣。
宋	中京大定府　金貞元初更爲北京，置留守司，領大定、長興、富庶、松山、神山、惠和、金源、和衆、武平、静封、三韓十一縣，廣寧、興中、臨潢三府，利、義、錦、瑞、懿、霸、建、全、慶、興、泰十一州。
元	大寧路　初爲北京路總管府，至元七年改路，二十二年改武平路，後復名大寧，隸遼陽行省。
明	洪武中置大寧都指揮使司，領大寧中、左、右及會州、木榆、新城等二十餘衛。二十一年改北平行都指揮使司。永樂初以地賜三衛酋長，朵顔最强，後爲察哈爾所滅，以地予其塔布囊，是爲喀喇沁。

大清一統志卷五百三十八之二

喀喇沁

本二旗，新增一旗，在喜峯口東北三百五十里。東西距五百里，南北距四百五十里。東至土默特及敖漢界，西至正藍旗王屯界，南至邊牆界，北至翁牛特界。至京師七百六十里。

建置沿革

本春秋時山戎地。秦、漢遼西郡境。後漢爲鮮卑地。晉爲慕容氏地。晉書載記：慕容廆元康四年，移居棘城〔一〕。子皝，咸康七年，遷都龍城。元魏時，有庫莫奚居此。隋時始去「庫莫」，但曰奚。唐太宗初，奚内附，置饒樂都督府，隸營州，後分爲東、西奚，尋併於契丹。遼統和二十五年，以舊奚王牙帳建城，號中京大定府。領大定、長安〔二〕、富庶、勸農、文定、升平、歸化、神水、金源九縣。金貞元元年，更爲北京，置留守司。領大定、長興、富庶、松山、神山、惠和、金源、和衆、武平、静封、三韓十一縣，廣寧、興中、臨潢三府，利、義、錦、瑞、懿、霸、建、全、慶、興、泰十一州。元初，爲北京路總管府。至元七年改爲大寧路，二十二年改爲武平路，後復爲大寧，隸遼陽行省。領大定、龍山、富庶、和衆、金源、惠和、武平七縣，義、興中、瑞、高、錦、利、惠、川、建九州。其興州松山縣，屬上都路。明洪武中，置大寧都指揮使司，領大寧中、左、右及會州、木榆、新城、營州等二十餘衛。封皇子權於大寧，爲王爵以鎮之。二十一年，改爲北平行都指揮使司。距北平布政司八百里。永樂初，改封王地於江西，徙大寧都司於保定，以大寧地賜三衛酋長，朵顏最强。初，洪武二十二年，置朵顏、泰寧、福餘三外衛，於大寧北烏梁海之地，以降人阿咱爾實哩等爲指揮官。自全寧歷喜峯，近宣府曰朵顏衛。永樂時，割大寧地畀三衛，以托爾呼察爲都督僉事，哈喇古勒台爲都指揮同知，掌朵顏衛事。朵顏地險而强，時陰附韃靼爲邊患。「烏梁海」舊作「兀良哈」，「阿咱爾實哩」舊作「阿扎失理」，「托爾呼察」舊作「脱兒火察」，「哈喇古勒台」舊作「哈兒兀歹」，今俱改正。後爲察哈爾所滅，以地予其塔布囊，是爲哈喇沁。

本朝天聰年間，其部長蘇布地率昆弟色棱等來降，並授扎薩克。崇德元年，封蘇布地之子固嚕思奇布爲貝子，賜號多羅杜棱，主右翼。順治七年，晉貝勒。康熙七年，晉封其子班達爾沙爲多羅杜棱郡王，世襲。至乾隆五十二年，以滿珠巴咱爾襲封，凡十世。附輔國公二，一雍正九年封，世襲；一乾隆八年封，尋晉貝子，後遞降襲輔國公。又順治五年，封色棱爲鎮國公，主左翼。康熙五十五年，晉封其孫善巴喇什爲貝子，世襲。後屢升降。嘉慶八年，自丹巴多爾濟恩賞貝勒，至十八年以托恩多襲封，凡十世。又康熙四十四年，授固嚕思奇布從孫一等塔布囊，格呼勒爲扎薩克，主增設一旗。至乾隆四十年，以瑪哈巴勒襲。五十三年，晉封輔國公，凡四世。附輔國公一，雍正九年封，並世襲。共爵六。其貢道由喜峯口。「色棱」舊作「塞冷」，「固嚕思奇布」舊作「古魯思起布」，今改正。

右翼。駐西白河北。在喜峯口北三百九十里。東西距三百里，南北距二百八十里。東至敖漢界二百里，西至正藍旗王屯界一百里，南至皇莊屯界二百四十里，北至翁牛特界四十里。東南至左翼界二百五十里，西南至皇莊屯界二百二十里，東北至敖漢界一百四十里，西北至翁牛特界九十里。

左翼。駐牛心山，在喜峯口東北三百五十里。東西距二百三里，南北距一百七十里。東至土默特界六十里，西至正藍旗王屯界一百四十三里，南至邊牆七十里，北至右翼界一百里。東南至邊牆三十里，西南至正藍旗王屯界一百里，東北至右翼界六十三里，西北至右翼界一百四十里。

增設一旗。在左翼、右翼二旗界内。

山川

和爾崑都倫喀喇山。在右翼東二十里。

萬歲山。在右翼東七十里。蒙古名烏爾塞圖博羅。霍冀九邊圖：萬歲山在山海關東北，大梁河北，東南有同昌舊縣及宜民、興城等縣，並在大梁河北。

秋鷹山。在右翼東八十里。蒙古名額伯特。

衣巴岱山。在右翼東九十五里。

西納喀喇山。在右翼東一百五里。

巢圖喀喇山。在右翼東一百二十里。

七金山。在右翼東一百二十里。蒙古名和爾博爾金。

妒山。在右翼東一百五十里。蒙古名海他哈。九邊圖：妒山，在冷口北九十五里。山頂不生草木，故名。

大紅螺山。在右翼東一百八十五里。蒙古名巴烟五藍。九邊圖：大紅螺山北，有椴木冲、毛安鋪。

兔兒山。在右翼東南九十五里。蒙古名佗賴圖。

大斧山。在右翼東南一百五里。蒙古名喀喇和邵。九邊圖：大斧山，在山海關東北，潢河之南。

柞山。在右翼東南一百五里。蒙古名巴圖插漢。

大青山。在右翼東南一百十五里。蒙古名巴烟喀喇。九邊圖：大青山，在山海關東北，萬松山西，寬邦山北。西有金源舊縣，北有老河。

叟克峯山。在右翼東南一百二十五里。

木羅金拖羅海山。在右翼東南一百二十五里。

托雷山。在右翼東南一百五十里。

博爾多克山。在右翼東南一百八十里。

西默特山。在右翼東南一百八十里。

庫兑薩布虎爾山。在右翼東南一百九十里。

達爾漢拖羅海山。在右翼東南一百九十里。

沙漠西巴哈山。在右翼東南二百里。

杜爾漢拖羅海山。在右翼東南二百三十里。

雞冠山。在右翼南九十五里。蒙古名哈特呼蘭台。九邊圖：山石如雞冠，故名。山麓有靈隆寺舊址。

和爾和克阿惠山。在右翼南一百二十里。上有三洞。

欣斯虎峯山。在右翼南一百三十里。

蟠羊山。在右翼南一百三十五里。蒙古名衣馬圖哈達。

虎查插漢拖羅海山。在右翼南一百四十里。

查爾吉山。在右翼南一百四十里。

神山。在右翼南一百五十里。蒙古名拜查。

富山。在右翼南一百七十里。蒙古名巴顏。

拉克兔兒山。在右翼南一百八十五里。

馬盂山。在右翼南一百九十里。蒙古名明安。老河發源於此。

方山。在右翼南一百九十里。蒙古名特伯克。

常吉爾岱山。在右翼南二百里。

多和喀喇山。在右翼南二百十里。

拉克拉哈爾山。在右翼南二百三十里。

崑都倫喀喇山。在右翼西南八十里。

白石山。在右翼西南一百三十里。蒙古名插漢七老台。

温特根圖喀喇山。在右翼西南二百里。

陷山。在右翼西八十里。蒙古名崑都爾圖。

萬松山。在右翼西八十里。蒙古名納喇蘇台。九邊圖：在山海關東北。

庫力葉圖插漢拖羅海山。在右翼西九十里。

羅睺山。在右翼西九十里。蒙古名喇呼喇哈兒。

卯金插漢拖羅海山。在右翼西一百里。山極高大，西白河、獐河俱發源於此。

烏巴勒韋蘇圖山。在右翼西一百里。

阿祿呼蘇圖山。在右翼西一百里。

西寶敖爾山。在右翼西一百里。

烏赫圖山。在右翼北三十里。

鄂通台和羅圖山。在右翼北四十里。

掃林山。在右翼東北七十里。蒙古名查伯齊爾。山東南麓有塔。

額克博羅山。在右翼東北九十里。

阿爾渾察克插漢拖羅海山。在右翼東北一百里。

牛心山。左翼貝勒所駐。蒙古名巴顏朱爾克。

柏樹山。在左翼東四十里。蒙古名邁拉蘇台喀喇。盛京寧遠州西南六州河發源於此，即蒙古所名遂濟河也。又左翼北八十里、西北八十里有二川，俱名邁拉蘇台喀喇山。

阿布察山。在左翼東南五里。

紗帽山。在左翼東南五十里。有峯如紗帽，故名。

噶海圖博羅山。在左翼東南五十六里。

伯爾克喀喇山。在左翼東南八十六里。

青山。在左翼東南一百二十里。

西喇哈達圖山。在左翼南五里。

翁噶爾圖山。在左翼南四十五里。

拖和喀喇山。在左翼南七十里。

瑞雲山。在左翼南七十里。蒙古名葫蘆伯楚特。山麓有天乙洞，洞南有雲棲觀舊址，有元至正七年碑。南有泉，甚甘冷，東流會遂濟河。

鎚子山。在左翼南九十里。

五鳳山。在左翼南一百里。蒙古名他奔拖羅海圖。

樺山。在左翼西南四十里。蒙古名韋蘇圖。盛京錦縣大凌河發源於此。

寬山。在左翼西南九十餘里。蒙古名布勒圖喀喇。

栗山。在左翼西南一百里。蒙古名呼什哈喀喇。

白鷹山。在左翼西南一百四十里。蒙古名插漢額類。

佗蘇圖喀喇山。在左翼西五里。

庫土克圖喀喇山。在左翼西三十里。

森几圖山。在左翼西四十里。山有一洞，故名森几圖。

旃台喀喇山。在左翼西五十里。又名峽克圖山。

淘金圖喀喇山。在左翼西一百四十里。

察爾契山。在左翼西北三十里。又名蒙庫雷山。

白鹿山。在左翼西北三十里。蒙古名布虎圖。

鴻吉岱山。在左翼西北六十里。亦名哈伯他海山，又名衣滿邵隆山。

大赤山。在左翼西北七十里。蒙古名巴煙五藍，亦名布呼察爾山。

大白山。在左翼西北八十里。蒙古名巴煙插漢，亦名納里特山。

庫葛會山。在左翼西北一百四十里。

騮山。在左翼北十二里。蒙古名達漢邵隆。

車輪山。在左翼北二十七里。蒙古名博羅特爾格。

弩山。在左翼北四十里。蒙古亦名弓梢。

棗山。在左翼北七十五里。蒙古名齊巴噶圖。

哈達圖拖羅海山。在左翼北九十里。

五藍哈達圖山。在左翼北一百里。亦名西喇呼峯。

温泉北山。在左翼北一百里。蒙古名哈爾渾莫克阿馬爾几。

峩倫和歌諾忒山。在左翼東北二里。

碧齊克圖嶺。在右翼東四十里。

五湖滿嶺。在右翼南一百七十里。

鵶嶺。在右翼南二百二十里。蒙古名克勒。

蒙格嶺。在右翼西七十里。

湯泉嶺。在右翼西八十里。

克爾嶺。在右翼西一百里。嶺北泉一，嶺南泉一。

卯金嶺。在右翼西一百五里。

折爾得漢林嶺。在右翼西北七十里。

綽和羅漠林嶺。在右翼北七十里。

野狐嶺。在右翼東北一百里。蒙古名五納格圖和邵〔三〕。

五嶺。在左翼東南三十里。蒙古名他奔。

青山嶺。在左翼東南一百二十里。

漠惠圖嶺。在左翼南三十里。

額類嶺。在左翼南七十里。寧遠州黑水河發源於此。

柞子嶺。在左翼西南一百里。

貴石嶺。在左翼西南一百十里。

長嶺。在左翼西八十五里。蒙古名烏爾圖。

額倫碧老嶺。在左翼西一百四十里。

雅圖谷。在右翼南二百里。

大極哈巴齊爾谷。在左翼西南一百四十里。

顧沁哈伯齊爾谷。在左翼西一百四十里。

西白河。右翼郡王所駐。源出卯金插漢拖羅海山，東北流入翁牛特右翼界。

五巴河。在右翼東一百五十里。源出妒山，西北流與西爾虎林河會，又西北入老河。

落馬河。在右翼東一百五十里。蒙古名百爾克。源出太斉山，北流入敖漢界，入老河。金史：大定府松山、三韓二縣有落馬河。

賀爾圖河。源出右翼東南十五里，東南流會納林崑都倫河。

土河。在右翼東南一百八十里。蒙古名土爾根。源出西默特山，東南流入土默特右翼界。

巴蘇台河。源出右翼南四十里，東流會納林崑都倫河。

哈喜爾河。源出右翼南四十五里，北流會西白河。

松吉納河。源出右翼南八十里，東流會納林崑都倫河。

巴爾漢河。源出右翼南九十里，東南流會神水河，入老河。

納林崑都倫河。源出右翼南九十里，東北流會數小水，繞舊大寧之北，入老河。

上神水河。源出右翼南一百里。蒙古名巴爾漢阿喇善河。東流入老河。

呼魯蘇台河。源出右翼南一百里，西北流入老河。

和爾和克河。源出右翼南一百十里，東南流經和爾和克阿惠山，入老河。

虎查河。在右翼南一百四十里。源出虎查插漢拖羅海山，東南流會奇扎帶河，入老河。

奇扎帶河。源出右翼南一百六十里，東流經神山，入老河。

席爾哈河。源出右翼南一百六十里，南流會鏵子河，又南會插漢和屯河。

老河。在右翼南一百九十里。蒙古名老哈。源出明安山，東北流會諸小水，經敖漢北，翁牛特左翼南，又經奈曼、喀爾喀二部之北，流五百里許，與潢河合。明米萬春薊門考：大寧城北有老花母林，番云即大河也。自青山西北流來，遶過大寧城南，往東北與捨喇母林合，共入遼東三岔河。按：老花，即老哈；母林，即木倫；捨喇母林，即西喇木倫。又按：喀喇沁右翼，爲今承德府之平泉州地，左翼爲建昌縣地，故如老河、神水河、賽因河諸水，與承德府卷互見焉。

鏵子河。源出右翼南一百九十五里。東南流經多和喀喇山，會插漢和屯河，蒙古名几伯格河。

插漢和屯河。源出右翼南二百十里，東南流，又折西南百餘里，入灤河。

賽因河。源出右翼西南一百二十里，西南流會熱河。

綽農河。在右翼西南一百二十里。西流會賽因河。

淘金圖河。源出右翼西南一百九十里，西南流會烏喇林河，南入灤河。

烏喇林河。源出右翼西南二百里，西流會淘金圖河。

細獐河。在右翼西八十里。蒙古名納林西爾哈。源出湯泉嶺，北流會獐河。

獐河。源出右翼西一百里。蒙古名西爾哈。東北流入翁牛特界。

艾里河。在右翼西一百里。源出拉克拉哈爾山，北流會布墩河。

卯金河。在右翼西一百五里。源出卯金嶺，西南流會熱河。

木睿喀喇克沁河。在右翼西一百三十里。源出卯金插漢拖羅海山，西北流會布墩河，又西合宜孫河，南入灤河。

克爾河。在右翼西北一百十五里。源出拉克拉哈爾山，東北流會獐河。

遂濟河。在左翼東南七十里。源出柏樹山，西南流經多和喀喇山入邊，即盛京寧遠州西南六州河之上流。明統志：自大寧等六州之水合流而南，故名。或呼六股河。

四道溝河。源出左翼東南一百十五里，西流會遂濟河。

漠惠圖河。在左翼南三十八里。源出漠惠圖山，東南流經紗帽山，會遂濟河。

葫蘆伯楚特河。源出左翼南七十里，東南流會遂濟河。

額類河。在左翼南八十里。源出額類嶺，南流會寬河。至盛京寧遠州西入邊，爲黑水河，會六州河。

寬河。在左翼南一百十里。蒙古名布勒圖。源出寬山，東流會額類河。明宣德三年，大破三衛之兵於寬河，即此。舊志：在遷安縣西一百七十里。

和爾圖河。在左翼西十里。源出陀蘇圖喀喇山，東流會敖木倫河。

森几河。在左翼西四十里。源出森几圖山，東流會敖木倫河。

賽因台河。在左翼西北六十里。源出鴻吉岱山，東流入敖木倫。

石塔河。源出左翼西北八十里。東南流會克爾河、神水河，入敖木倫河。蒙古名蘇巴爾噶河。

清水河。源出左翼西北八十里。東南流會克爾河、神水河，入敖木倫河。

青龍河。在左翼西北一百二十里。蒙古名顧沁河。源出長吉爾岱山，西南流會湯圖河，經額倫碧老嶺入邊城，經永平府北入灤河。

大淩河。在左翼北五里。蒙古名敖木倫河。源出尾蘇圖山，東流至西喇哈達圖山，又東北折，入土默特右翼界，又東南入邊，爲大淩河。

神水河。源出左翼北九十里。蒙古名阿喇善河。東南流經砮山，會石塔河、克爾河，入敖木倫河。

泥灤。在左翼西北一百里。蒙古名西巴爾台。西流會青龍河。

鄂倫布拉泉。在右翼東南一百七十里。北流會烏魯蘇台河，入老河。

博爾多克泉。在右翼東南一百八十里。源出博爾多克山，東南流會土爾根河。

紅果爾泉。在右翼南七十里。

巴爾漢温泉。源出右翼南一百里。南流會上神水河。

温冷特泉。在右翼南二百里。

拉克拉哈爾泉。在右翼南二百三十里。源出拉克拉哈爾山，東南流會豹河。

賽因阿喇善温泉。在右翼西南一百八十里。即熱河之源。

湯泉。在右翼西八十里。

卯金温泉。在右翼西一百十五里。有二泉：一出卯金河東，西流會卯金河；一出卯金河西，東南流亦會卯金河。

烏里雅蘇台泉。在右翼西北九十里。源出西寶敖爾山，西北流會克爾河。

奴黑圖泉。在右翼北三十里。

五泉。在左翼東三十五里。源出五嶺，東南流會遂濟河。蒙古名他奔泉。

蒙格泉。在左翼西七十里。

烏哈爾温泉。在左翼北一百里。

古蹟

大寧舊城。在右翼南。本遼時大定府。遼史地理志：中京大定府，秦爲遼西郡，漢爲新安平縣。漢末，步奚居之。幅員千里，多大山深谷，險阻足以自固。魏武北征，縱兵大戰，降者十餘萬，去之松漠。其後拓跋氏乘遼建牙於此，當饒樂河水之南，温渝河水之北。唐太宗伐高麗，駐蹕於此。部帥蘇支從征有功。奚長可度率衆内附，爲置饒樂都督府。咸通以後，契丹始大，奚族不敢復抗。太祖建國，舉族臣屬。聖宗常過七金山土河之濱，南望雲氣，有郛郭樓闕之狀，因議建都，擇良工於燕、薊。董役二歲，郛郭、宫掖、樓閣、府庫、市肆、廊廡，擬神都之制。統和二十四年，五帳院進故奚王牙帳地。二十五年城之，實以漢户，號曰中京，府曰大定。城池湫濕，多鑿井泄之，人以爲便。金史地理志：遼中京，海陵貞元元年，更爲北京，置留守司。元史地理志：大寧路，元初爲北京路總管府。至元七年，改爲大寧。二十二年，改爲武平路，後復爲大寧。明典彙：洪武初，即古會州大寧地，設北平行都司，興、營諸屯衛，封建寧藩，與遼東、宣府東西聯絡，爲外邊，號稱雄鎮。永樂初，烏梁海内附，乃徙行都司於保定，散布興、營諸衛於京府。大寧之地，盡畀烏梁海，通貢互市。朵顔、泰寧、福餘三衛是也。孫承澤山水記：明洪武二十年，置大寧都指揮司。二十一年，改爲北平行都指揮使司。二十四年，封皇子權爲寧王。建文元年，燕王兵出劉家口，襲破大寧，以寧王及將士歸北平。大寧初設，未有民人，但立二十六衛，自燕王拔之而南，遂爲空城。及轉戰三年，始下南京，而大寧已棄之後，不能復置，因徙衛於山南，而以其地畀烏梁海。舊志：明宣德三年，烏梁海犯大寧，帝親征至寬河，大破之。景泰四年，泰寧都督僉事、單于特穆爾乞大寧廢城及甲盾，兵部尚書于謙力持不可，遂不許。弘治中，朵顔諸部始横。「特穆爾」舊作「帖木兒」，今改正。按：舊城在今哈喇沁右翼南百里，喜峯口東北四百八十里，老河北。城周二十里，南、北四門，東、西二門，久圮。

舊青城。在右翼南一百五十里。蒙古名喀喇城。明初所築，周四里，四門。薊門考：大寧至青城二日程。即此。

舊會州城。在右翼南二百二十里。周三里餘，四門。蒙古名插漢城。本元時惠州地，後訛爲「會」。明初，元將納克楚據金山，洪武二十年，命宋國公馮勝率師出松亭關，築大寧、寬河、富峪及會州四城，留兵居守，即此。薊門考：青城至會州二日程，離大喜峯口一百餘里。又云：大寧西南至青城七十里，青城西南至會州一百二十里，會州西南至喜峯口二百里。「納克楚」舊作「納哈出」，今改正。

利州舊城。在左翼東北。遼統和二十六年置州，領阜俗縣，屬中京。金因之，兼領龍山縣。元廢縣存州，屬大寧路。明洪武初，嘗割隸遼東，永樂後廢。全遼志：利州城在寧遠州境外一百二里。按：舊城在今喀喇沁左翼東北二十五里，近盛京寧遠州邊外。城周三里餘，久圮。城西有三塔，土人亦名古爾板蘇巴爾漢城。

龍山舊城。在舊利州西南。遼史地理志：潭州廣順軍，本中京之龍山縣，開泰中置州，仍屬中京，統縣一〔四〕。龍山縣，本漢交黎縣地。開泰二年，以習家寨置。金史地理志：利州龍山縣，遼潭州廣潤軍縣故名，熙宗皇統三年，廢州來屬。元史地理志：大寧路龍山縣，初屬大定府，至元四年屬利州，後復來屬。按：舊城在今喀喇沁左翼西南八里大淩河之旁，距舊利州約六十里。城周三里，俗呼喀喇城。

舊金源縣。在右翼界。遼開泰二年置，屬大定府，以地有金甸爲名。有駱駝山。金因之。元屬大寧路。九邊圖：在大青山西。

舊大定縣。在舊大寧城内。遼置，爲中京大定府治。金因之。元爲大寧路治。明初廢。

舊長興縣。在舊大寧地。遼置，屬大定府。金史地理志：大定府長興縣，有土河。元史地理志：大寧路大定，中統二年，省長興入焉。九邊圖：縣在馬盂山西。按：今本遼史作長安，而金史不言更名，蓋遼史訛也。

舊富庶縣。在舊大寧城東。遼開泰二年置，屬大定府。金因之。元至元三年，省入興中州，後復置，屬大寧路。九邊圖：縣在白狼山東。

舊和衆縣。在舊大寧城東南。遼史地理志：榆州高平軍，本漢臨榆縣地，後隸右北平驪城縣，唐載初二年，析慎州置黎州〔五〕，處靺鞨部落。後爲奚人所據。太宗南征，橫帳解里，以所俘鎮州民置州。開泰中没入，屬中京，統縣二。和衆縣，本新黎縣地。金史地理志：大定府和衆縣，皇統三年廢榆州，以縣來屬。元史地理志：大寧路領和衆縣。九邊圖：在白狼山北。

舊高州。在舊大寧城西北。遼史地理志：高州，觀察，唐信州之地。開泰中，聖宗伐高麗，以俘户置高州，屬中京。金史地理志：天輔七年，高州置節度使。皇統三年，廢爲三韓縣。承安三年，復升爲高州，置刺史。泰和四年廢。元史地理志：大寧路領高州。

舊松山縣。在舊大寧城西北。遼史地理志：松江州勝安軍，開泰中置，屬中京。統縣一，松江縣，本漢文成縣地。邊松漠，商賈會衝。金史地理志：大定府松山縣，遼松山州勝安軍，皇統三年廢州來屬。元史地理志：上都路松州本松林南境，遼置松山州，今爲松山縣。元中統三年，升爲松州，仍存縣。至元二年省縣入州。按金、元二史皆作「松山」，遼史作「松江」，誤。

舊武平縣。在舊大寧城北。遼史地理志：武安州，觀察，唐沃州地。太祖俘漢民居木葉山下，因建城以遷之，號杏堝新城，復以遼西户益之，更曰新州〔六〕。統和八年，改今名。屬中京，統縣一，沃野。金史地理志：皇統三年，降爲武安縣，屬大定府。大定七年，改名武平。承安三年，隸高州。泰和四年，還屬大定府。元史地理志：大寧路，領武平縣。

舊阜俗縣。在舊利州地。遼史地理志：利州領阜俗縣。唐末，契丹漸熾，役使奚人，遷居琵琶川。統和四年，置縣，隸中京，後屬利州。金因之。元省。

寺觀

古圓明寺。在左翼西七十里。碑刻元時建，基存寺毁。

校勘記

〔一〕移居棘城　「棘城」，乾隆志卷四〇六喀喇沁建置沿革（下同卷簡稱乾隆志）同。按，晉書卷一〇八慕容廆載記作「大棘城」。

〔二〕長安　乾隆志同，今通行本遼史卷三九地理志作「長興」。按，下文古蹟「舊長興縣」條有按語云：「今本遼史作長安，而金史不言更名，蓋遼史訛也。」則一統志史臣所見遼史作「長安」。

〔三〕蒙古名五納格圖和邵　「格」，乾隆志作「絡」，未知孰是。

〔四〕統縣一　「一」，原作「二」，乾隆志同，據遼史卷三九地理志改。

〔五〕析慎州置黎州　「慎」，原作「鎮」，乾隆志同，據遼史卷三九地理志改。

〔六〕更曰新州　「州」，原作「城」，乾隆志同，據遼史卷三九地理志改。

翁牛特表

	翁牛特
秦	
兩漢	
三國	
晉	
南北朝	
隋	
唐	饒樂都督府地。
五代	遼置饒州匡義軍節度，屬上京道。
宋	金北京路地。
元	上都路地。
明	初以烏梁海置衛，爲外藩，後自稱翁牛特，服屬於阿嚕科爾沁。

大清一統志卷五百三十九之一

翁牛特

二旗，在古北口東北五百二十里。東西距三百里，南北距一百六十里。東至阿嚕科爾沁界，西至熱河禁地界，南至喀喇沁及敖漢界，北至巴林及克什克騰界。至京師七百六十里。

建置沿革

唐饒樂都督府地。遼置饒州匡義軍節度，屬上京道。統長樂、臨河、安民三縣。金爲北京路地。元爲上都路地。明初，以烏梁海部長置衛，爲外藩，後自稱翁牛特，服屬於阿嚕科爾沁。「烏梁海」，改見前。

本朝天聰七年，其濟農遜杜陵偕其弟棟岱青率部落來歸。崇德元年，封遜杜棱爲多羅杜棱郡王，世襲，主右翼。至嘉慶十一年，以拉特那濟爾迪襲封，凡十一世。附鎮國公二，一崇德八年封，世襲；一康熙六十一年封輔國公，尋晉貝子，累襲至嘉慶二十一年，降襲鎮國公。棟岱青亦於崇德元年賜多羅達爾漢岱青號，世襲，主左翼。順治十一年，晉封其子叟塞爲貝子。十八年，晉封貝勒。至嘉慶二年，以達瑪琳扎布襲封，凡九世，共爵四。其貢道由喜峯口。「遜杜棱」舊作「索音」，今改正。

右翼。駐英什爾哈齊特呼郎，在古北口東北五百二十里。東西距二百四十里，南北距一百六十里。東至左翼界一百二十里，西至熱河禁地界一百二十里，南至喀喇沁右翼界八十里，北至克什克騰界八十里。東南至敖漢界九十五里，西南至喀喇沁右翼界六十里，東北至左翼界六十里，西北至克什克騰界一百四十里。

左翼。駐扎喇峯西，在古北口東北六百八十里。東西距三百里，南北距九十里。東至阿嚕科爾沁界一百五十里，西至克什克騰界一百五十里，南至敖漢界五十里，北至巴林界四十里。東南至奈曼界八十里，西南至敖漢界一百三十里，東北至巴林界四十五里，西北至巴林界一百五十里。

山川

烏蘭布通山。在右翼東十五里。

夏屋山。在右翼東四十里。蒙古名伊克布庫圖爾。相近又有巴哈布庫圖爾山。

白鹿山。在右翼東七十里。蒙古名布虎圖。

大華山。在右翼東九十里。蒙古名布墩花。

嵬名山〔二〕。在右翼東九十五里。蒙古名扎喇。

屋狐山。在右翼東一百二十里。蒙古名烏納格圖。

花和博圖山。在右翼東南四十里。

阿爾渾查克插漢拖羅海山。在右翼東南八十里。

棗山。在右翼東南一百里。蒙古名齊巴哈。

古爾板拖羅海山。在右翼南二十里。

遮蓋山。在右翼南三十里。蒙古名阿惠喀喇。山半有三洞，内有佛像及金皇統三年、明萬曆四十五年兩碑。碑上刻遮蓋山、靈峯院、千佛洞云。

馬囊噶山。在右翼西南四十五里。山東麓有一塔。

巴倫桑噶蘇台山。在右翼西南一百十里。

大黑山。有二：一在右翼西南一百二十里，一在右翼西四十里。蒙古名巴顔喀喇。

額類蘇圖山。在右翼西南一百二十里。

松山。在右翼西南一百二十里。蒙古名納喇蘇台。

徒古爾喀喇山。在右翼西七十里。

奴克爾山。在右翼西八十里。

博多克圖山。在右翼西一百里。

柞山。在右翼西一百五里。蒙古名敖爾折。

烏魯蘇圖山。在右翼西一百五里。

舍爾吐山。在右翼西一百十里。

温都爾花山。在右翼西一百十里。

虎山。在右翼西一百十里。蒙古名巴爾圖。

鄭庫納山。在右翼西一百十里。

慶雲山。在右翼西一百十五里。蒙古名墨爾根。

得伯僧山。在右翼西一百二十里。

杈枒山。在右翼西一百二十里。蒙古名碧頭蛇爾。

巴顔布爾噶蘇台山。在右翼西北一百里。

老虎山。在右翼西北一百五里。蒙古名鄂爾查爾巴爾圖。

黄山。在右翼西北一百四十里。蒙古名洪戈爾崁博，又名泥杵渾都爾碧爾山。

褪莫克山。在右翼西北一百六十里。

他賁虎都克山。在右翼北三十里。

烏得呼花山。在右翼北五十里。

馬鞍山。在右翼北六十里。蒙古名西喇得伯僧。

海他漢山。在右翼北八十里。

方山。在右翼東北二十里。蒙古名都爾巴金。

蟠羊山。在右翼東北三十里。蒙古名衣馬圖。

小黑山。在右翼東北四十里。蒙古名巴哈喀喇。

恩德山。在右翼東北四十五里。蒙古名拜斯哈爾。

布爾克爾圖山。在右翼東北五十里。

繫輪山。在右翼東北六十里。蒙古名特克爾忒。

俄爾綽克山。在右翼東北六十五里。

小華山。在左翼東二十里。蒙古名巴哈哈爾占。

大松山。在左翼東二十里。蒙古名伊克納喇蘇台。

兆呼圖插漢拖羅海山。在左翼南五十里。

河拖戈沁山。在左翼西南八十里。

俄爾綽克山。在左翼西南八十里。

蟠羊山。在左翼西南一百里。蒙古名衣馬圖。

勃突山。在左翼西三十里。蒙古名布墩。

吐頹山。在左翼西四十里。蒙古名巴爾哈岱。

山丹山。在左翼西一百三十里。蒙古名薩喇納台喀喇。

古爾板土爾哈山。有二：一在左翼西北七十里，一在左翼北三十里。

翁戈綽爾山。在左翼西北一百三十里。

神山。在左翼西北一百四十里。蒙古名翁公。

叟几山。在左翼西北一百五十里。

柳山。在左翼西北一百五十里。蒙古名布爾噶台。

哈達圖山。在左翼北三十里。

兔巍山。在左翼東北四十里。蒙古名布靖克。

五藍峯。在右翼東三十里。

席喇諾海五藍峯。在右翼西南一百里。

扎喇峯。左翼所駐地。

哈馬爾峯。在左翼西一百五十里。

阿爾齊土插漢岡。在左翼東南八十里。

碧七克圖嶺。在右翼南八十里。

賀爾圖嶺。在右翼西南六十里。

拜布哈嶺。在右翼西南一百二十里。

鵰窠嶺。在右翼西七十五里。蒙古名岳洛圖。

楊木嶺。在右翼西北一百二十里。蒙古名烏里雅蘇台。

色爾和朔嶺。在右翼西北一百二十里。

蝦蟆嶺。在右翼西北一百五十里。

梟嶺。在左翼西南一百十里。蒙古名烏里。

烏拉岱谷。在右翼西一百十里。

西白河。在右翼南八十里。自喀喇沁北流入境，東北流，會獐河，入老河。按：翁牛特爲今承德府之赤峯縣境，故如潢河、老河、西白河諸水，彼此互見焉。

獐河。在右翼西南。蒙古名西爾哈。自喀喇沁流入境，東北流，經巴顏喀喇山，東北會英金河，又東經五藍峯北，入老河。

高凉河。在右翼西南一百二十里。蒙古名拜布哈。源出拜布哈嶺，東南流，會布墩河，入宜孫河。

布墩河。源出右翼西南一百五十里。西流，會宜孫河，南入灤河。

車爾伯呼河。在右翼西八十里。源出奴克都呼爾山，東南流會獐河。

巴倫撒拉河。在右翼西一百十五里。源出葛爾齊老東北，東南流，經巴爾圖山，折東北流，會烏拉岱河。

烏拉岱河。在右翼西北一百二十里。源出楊木嶺，南流，經博多克圖山，折東北流，會獐河。

英金河。在右翼西北一百五十里。亦曰潁河。源出蝦蟆嶺，東南流，會獐河，又東入老河。

珠爾河。在右翼西北一百五十里。東南流，會奴古台河、英金河。

奴古台河。在右翼西北一百六十里。源出褪莫克山，東流，會英金河。

拜拉河。在右翼北八十里。源出海喇漢山，南流，會英金河。

卓索河。在右翼北八十里。源出海他漢山，東流，會獐河，入老河。

落馬河。在右翼北八十里。蒙古名白爾格。源出海他漢山之西北，東南流，經布爾克圖山，入老河。

老河。在左翼東南一百里。自敖漢流入境，東北流，會潢河。

潢河。在左翼北四十里。金史：臨潢府有潢河。自克什克騰流入境，東南流，入扎魯特界。

七金泊。在左翼西南八十里。

穆惠泉。在右翼東南一百二十里。東流會老河。

温泉。在右翼西南一百十里。流入英金河。

噶海圖泉。在右翼西南一百二十里。源出大黑山，東北流，會烏拉岱河。

白鹿泉。在右翼西八十里。蒙古名布虎圖。源出奴克都呼爾山，南流，入烏拉岱河。

博多克圖泉。在右翼西九十五里。

百月泉。在右翼西一百里。蒙古名準撤拉。源出温都爾花山，南流，會烏拉岱河。

阿禄布拉克泉。在右翼東北五十里。

布禄都池。在右翼西五里。

布林池。在左翼西北四十里。東流，會潢河。

古蹟

舊饒州。在右翼界内。遼史地理志：饒州匡義軍，本唐饒樂府地。貞觀中，置松漠府。太祖完葺故壘，有潢河、長水濼、没打河、青山、大福山、松山。隸延慶宫。統縣三：長樂、臨河、安民。薛映記：中京正北八十里至松山館〔二〕，七十里至崇信館，九十里至廣寧館，五十里至姚家寨館，五十里至咸寧館。三十里度潢水石橋，旁有饒州，唐於契丹嘗置饒樂，今渤海人居之。按：翁牛特右翼北界，潢水之北，當是遼之饒州，其道里與薛映相合。薛映又云「五十里保和館度黑水河」，黑水即今喀喇木倫，相去五十里，里數亦合。又按：遼永州東潢河，南土河，二水合流，故號永州。今潢河南合老河，在右翼東北，與扎嚕特南境喀爾喀左翼西北境接界處。

校勘記

〔一〕嵬名山　乾隆志卷四〇六翁牛特山川（下同卷簡稱乾隆志）作「嵬石山」，疑本志誤。

〔二〕中京正北八十里至松山館　乾隆志及遼史卷三七地理志引薛映記同。按，薛映遼中境界謂「自中京正北八十里至臨都館，又四十里至官窑館，又七十里至松山館」，則中京至松山館有一百九十里之遥。此承遼史疏漏之誤。

克什克騰表

	克什克騰
秦	
兩漢	
三國	
晉	
南北朝	
隋	
唐	
五代	遼上京道地。
宋	金屬北京路。
元	屬上都路及應昌路地。
明	爲蒙古所據。

大清一統志卷五百三十九之二

克什克騰

一旗，駐吉拉巴斯峯，在古北口東北五百七十里。東西距三百三十四里，南北距三百五十七里。東至翁牛特界一百六十三里，西至正藍旗察哈爾界一百七十一里，南至翁牛特界三十七里，北至烏珠穆沁界三百二十里。東南至翁牛特界五十一里，西南至正藍旗察哈爾界四十三里，東北至巴林界一百五十四里，西北至浩齊特界二百十里。至京師八百十里。

建置沿革

遼上京道地。遼上京臨潢府有平地松林，太祖嘗幸此，觀潢源。今西喇木倫河即潢水，其源在旗西界。金屬北京路。元屬上都路及應昌路地。明爲蒙古所據，是爲克什克騰，役屬於察哈爾。本朝天聰八年，太宗文皇帝親征察哈爾，林丹汗走死，其部長索諾木來降。順治九年，授一等台吉，世襲，掌旗。至乾隆五十八年，以旺楚克喇布坦襲，凡七世。其貢道由獨石口。「克什克騰」舊作「克西克騰」，今改正。

山川

蜘蛛山。在旗東四十五里。蒙古名阿爾扎。

三金山。在旗東五十里。

高淀山。在旗東八十一里。蒙古名音納哈喀喇。

寧楚渾杜爾賓山。在旗東南二十五里。

恩都爾花山。在旗西南三十一里。

漠海恩都爾山。在旗西南四十三里。

烏素圖杜爾賓山。在旗西四十里。

大黑山。在旗西九十里。蒙古名巴顔喀喇。

巴漢衣色里山。在旗西北八十里。

伊克衣色里山。在旗西北一百里。

博羅阿几爾漢山。在旗西北一百十五里。

博爾多克山。在旗西北一百七十五里。

牛心山。在旗西北二百十里。蒙古名巴顔朱爾克。

黄山。在旗北一百三十里。蒙古名巴顔洪戈爾。

布倫山。在旗北二百五里。

雙山。在旗北二百四十里。蒙古名屯圖爾。

木葉山。在旗北二百七十三里。蒙古名几几恩都爾。按：遼時以木葉山爲郊祀天地之所，故禮志有祭山儀〔一〕。地理志永州：「謂之冬巴納，有木葉山，上建契丹始祖廟，奇善罕在南廟，克都音在北廟。相傳有神人乘白馬，自馬盂山浮土河而東，有天女駕青牛車由平地松林泛潢河而下，至木葉山，二水合流，相遇爲配偶。生八子，其後分爲八部。每行軍及春秋時祭，必用白馬青牛，示不忘本云。」今木葉山無可考，此几几恩都爾山在西巴爾台河發源處，非土河與潢河合處之木葉山也。「巴納」舊作「捺鉢」，「奇善罕」舊作「奇首可汗」，「克都音」舊作「可敦」，今改正。

岳碧恩都爾山。在旗東北六十里。

馬尾山。在旗東北一百四十五里。蒙古名叟几。

拜查默爾哲峯。在旗東八十五里。

伯里克哈馬爾峯。在旗東南五十一里。

五藍布通峯。在旗西南八十二里。

碧齊克圖峯。在旗西北三十五里。

默爾哲峯。在旗北一百十里。

色爾蚌峯。在旗北二百里。

寨當拉虎峯。在旗東北四十里。

五藍峯。在旗東北一百里。

色爾嶺。在旗南三十七里。

蝦蟆嶺。在旗西南六十里。

高柳谷。在旗南四十里。蒙古名伊克布爾哈蘇台。又旗西南十五里有巴漢布爾哈蘇台谷。

韋里河。在旗東南二十里。源出興安山東，北流，會高涼河。

春得布河。在旗東南四十一里。源出寧楚渾杜爾賓山，東流，入翁牛特界，入老河。

高涼河。在旗西南五十里。蒙古名拜查。源出拜查泊，東北流，入潢河。

薩里克河。在旗西四十里。源出烏素圖杜爾賓山，東北流，入潢河。

伊黑庫窩圖河。在旗西六十里。源出烏素圖杜爾賓山，東北流，入潢河。

潢河。在旗西一百五里，大遼水之西一源也。蒙古名西喇木倫。源出百爾赫賀爾洪。遼史太宗紀：幸平地松林，觀潢源。即此。東北流，會諸水，經旗北，又東流，入巴林界。又東經阿嚕科爾沁南、翁牛特北，又東北流，老河自西南來會。經扎魯特南、喀爾喀北，折東南流，經科爾沁左翼南，左翼前後二旗東北。又南會大遼水，入邊城，是爲遼河。詳見盛京奉天府。

搭里齊河。在旗西北五十里。源出烏素圖杜爾賓山，東流入潢河。

衣爾都黑河。在旗西北六十五里。源出烏素圖杜爾賓山，西流入薩里克河。

格類河。在旗西北一百三十五里。源出興安山東，南流，會碧落河，入潢河。

碧落河。在旗西北一百五十里。源出興安山東，南流，會格類河，入潢河。

野豬河。在旗西北一百九十里。蒙古名樹爾哈。源出永安岡東，北流，入捕魚兒海。

公姑爾河。在旗西北二百二十里。源出巴顏朱爾克山，西南流，入捕魚兒海。

西林河。在旗西北二百四十里。源出俄倫泊，西流，入阿巴噶左翼界。

吉林河。在旗西北二百八十三里。源出撒爾巴山，東北流，入浩齊特界。

白河。在旗北五十里。蒙古名阿禄插漢。源出岳碧爾山，西流，會塔里齊河。

穆西夏河。在旗北一百六十里。源出興安山，東南流，會哈爾達蘇台河。

哈爾達蘇台河。在旗北一百九十里。源出温泉，東流，入巴林界，會黑河。

土河。在旗北二百六十里。蒙古名西巴爾台。源出木葉山，東流，會穆西夏河、黑河、哈爾達蘇河，東流入潢河。

額伯里插漢河。在旗東北五十里。源出寨當拉庫峯，東南流，會拜查河。

釜河。在旗東北六十里。蒙古名陀惠。源出岳碧爾山，北流入黑河。

哈爾漢河。在旗東北一百五十里。源出漢海恩都爾山，西流至五藍布通峯，又東流入潢河。

阿爾達圖河。在旗東北三百十里。源出興安山，西北流入烏珠穆沁界，北流會葫蘆谷爾河。

柳林淀。在旗西一百六十里。蒙古名穆西夏。源出興安山，東南流，會哈爾達台河。

馬淀。在旗北三百二十里。蒙古名巴克塔烏爾格呼。

捕魚兒海。在旗西北一百七十里。蒙古名達爾。公姑、野猪等四河流入其中，周數十里。　按：元史特蘇濟傳上都東北三百里，有達爾海子。即此。「特蘇濟」舊作「特薛禪」，「達爾」舊作「達兒」，今改正。

烏素圖庫勒泊。在旗西一百三十里。

蒿賴庫勒泊。在旗西一百五十里。

克爾特黑庫勒泊。在旗西一百五十里。

噶爾達哈爾渾泊。在旗北一百八十里。

岡噶泊。在旗西北一百六十二里。

達漢泊。在旗西北一百六十八里。

達爾漢漠多林。初名道圖喀喇漠多，在旗西南三十四里，聖祖仁皇帝賜今名。

温泉。在旗北一百九十里。

古蹟

應昌舊城。在旗西北，捕魚兒海旁。元史特蘇濟傳：至元七年，鄂囉陳請於朝曰：「本藩所受農土，在上都東北三百里達爾海子，實本藩駐夏之地，可建城以居。」帝從之。遂名其城爲應昌府。二十三年，改爲應昌路。地理志：應昌路領應昌縣。舊志：明洪武三年，李文忠自開平進兵，克之。永樂中，改爲清平鎮。城西北有可温河，其水北近沙漠。「鄂囉」舊作「斡羅」，今改正。

校勘記

〔一〕故禮志有察山儀　「察山儀」，乾隆志卷四〇七克西克騰山川同。按，遼史卷四九禮志云太宗「建廟木葉山，尊爲家神。於拜山儀過樹之後，增詣菩薩堂儀一節，然後拜神」。又云「興宗先有事于菩薩堂及木葉山遼河神，然後行拜山儀」。未提所謂「察山儀」，疑此「察」字當作「拜」。

喀爾喀左翼表

	喀爾喀左翼
秦	本古鮮卑地。
兩漢	
三國	
晉	
南北朝	
隋	
唐	屬營州都督府，後入於奚。
五代	遼上京道南境。
宋	金屬北京路。
元	
明	爲喀爾喀所據，役屬於西路扎薩克圖汗。

大清一統志卷五百四十之一

喀爾喀左翼

一旗，駐察罕和碩圖，在喜峯口東北八百四十里。東西距一百二十五里，南北距二百三十里。東至科爾沁界七十五里，西至奈曼界五十里，南至土默特界一百里，北至扎嚕特界一百三十里。東南至土默特界一百四十里，西南至奈曼界一百三十里，東北至扎嚕特界一百四十里，西北至翁牛特界三百三十五里。至京師一千二百十里。

建置沿革

本古鮮卑地。唐屬營州都督府，後入於奚。遼爲上京道南境。金屬北京路。明爲喀爾喀所據，其酋衮布伊勒登素役屬於西路扎薩克圖汗，後與有隙，率部落來降。本朝康熙三年，封爲多羅貝勒，世襲，掌旗。至嘉慶二十年，以沙克都爾扎布襲封，凡八世。其貢道由喜峯口。「衮布伊勒登」舊作「古木布伊爾登」，今改正。

山川

喀海拖羅海山。在旗東六十里。

土禄齊賀爾和哈達圖山。在旗東南一百里。

達禄拖羅海山。在旗南四十里。

巴漢哈伯他海山。在旗南四十里。

伊克哈伯他海山。在旗南五十里。

棃谷山。在旗南一百里。蒙古名阿里馬圖喀喇。

五灰山。在旗西南六十里。蒙古名烏尼蘇台。

大黑山。在旗西南七十五里。蒙古名巴顔喀喇。

青山。在旗西南一百三十里。蒙古名博羅惠博羅温都爾。與奈曼東南接界。

虎蘇台博羅温都爾岡。在旗東七十里。

他木虎岡。在旗東南七十五里。

烏默黑插漢岡。在旗東北一百里。

訥勒圖岡。在旗東北一百四十里。

養息牧河。在旗東南。蒙古名虎几爾。源出旗南三十里，東北流，經喀海拖羅海山，又東南會庫昆河，經養息牧牧廠之東，流入彰武臺邊門。西至廣寧縣地，又東南流入遼河。

庫昆河。在旗南六十里。輿圖作呼渾。源出五灰山，東流入土默特界。

老河。在旗西北一百三十里。蒙古名老哈。自奈曼流入境，東北流，會潢河。按：遼時永州當在老河會潢河處。遼史地理志：「永州永昌軍，太祖於此置南樓。乾亨三年，置州於皇子韓八墓側，東潢河，南土河，二水合流，故號永州。」今老河，即古土河，永州疑置於此。又按：喀爾喀左翼，爲今承德府之建昌縣地，故如潢河、老河諸水，彼此互見焉。

潢河。在旗北一百三十里。自翁牛特界東流入境，又東流入科爾沁界。

達緑泉。在旗南三十里。

黑水灤。在旗南六十五里。蒙古名喀喇烏素。

白水灤。在旗西南四十里。蒙古名插漢泉。

烏珠穆沁表

	烏珠穆沁
秦	
兩漢	
三國	
晉	
南北朝	
隋	
唐	
五代	遼上京道北境。
宋	金屬北京路。
元	屬上都路。
明	蒙古所據，是爲烏珠穆沁，察哈爾之族也。後依喀爾喀。

大清一統志卷五百四十之二

烏珠穆沁

二旗，在古北口東北九百二十三里。東西距三百六十里，南北距四百二十五里。東至索倫界，西至浩齊特界，南至巴林界，北至瀚海。至京師一千一百六十三里。

建置沿革

遼上京道北境。金屬北京路。元屬上都路。明爲蒙古所據，是爲烏珠穆沁，察哈爾之族也。林丹汗暴虐，貝勒多爾濟偕色棱往依喀爾喀。「烏珠穆沁」舊作「烏朱穆秦」，今改正。本朝天聰八年，察哈爾既滅，遂相率來降。崇德六年，封多爾濟爲和碩車臣親王，世襲，主右翼。至嘉慶十九年，以多爾濟濟克默特那木扎勒襲封，凡九世。附鎮國公一，雍正元年封。輔國公一，乾隆三年封，並世襲。順治三年，封色棱爲多羅額爾德尼貝勒，世襲，主左翼。至嘉慶十六年，以圖克濟扎布襲封，凡八世，共爵四。其貢道由獨石口。

右翼。駐巴克蘇爾哈台山，在古北口東北九百二十三里。東西距三百六十里，南北距二百十里。東至左翼界一百五十里，西至浩齊特界二百十里，南至巴林界二十里，北至左翼界一百九十里。東南至巴林界四十二里，西南至浩齊特界四十五里，東北至左翼界一百五十里，西北至浩濟特界二百九十里。

左翼。駐魁蘇咤羅海，在古北口東北一千一百六十里。東西距二百五十六里，南北距二百十五里。東至索倫界六十一里，西至右翼界一百九十五里，南至右翼界六十三里，北至瀚海一百五十二里。東南至巴林界一百五十里，西南至右翼界七十三里，東北至索倫界七十里，西北至右翼界一百六十二里。

山川

瑞鹿山。在右翼東三十五里。蒙古名布虎圖。

大黄鷹山。在右翼西五里。蒙古名伊克西喇石寶台。

小黄鷹山。在右翼西十八里。蒙古名巴漢西喇石寶台。

黑山。在右翼西六十里。蒙古名喀喇圖。

雙山。在右翼西北一百八十里。蒙古名賀岳爾俄得。

烏里雅台山。在右翼西北一百九十里。

方山。在右翼西北二百里。蒙古名賀爾賀。

賽音恩都爾山。在右翼東北一百里。

布哈碧老山。在右翼東北一百五十里。

哈爾站五藍峯。在左翼東南一百五十里。

色爾蚌峯。在左翼北九十四里。

禿河。在右翼東南四十一里。蒙古名葫蘆古爾。源出克什克騰東北三百十里，名阿爾達圖河。西北流，入右翼境，爲葫蘆古爾河，又北流，入阿達可池。

賀爾洪河。在右翼東南一百十五里。源出噶木爾站，西流入蘆水。

蘆河。在左翼東六十里。蒙古名烏爾虎。源出索岳爾濟山，南流入境，西流，北合色野爾齊河，南合音扎哈河、賀爾洪河，入右翼界，至克勒河朔之地涸。

音扎哈河。在左翼東南一百五十五里。自阿嚕科爾沁界流入境，西北流，入蘆水。

西喇賀賴河。在左翼北七十里。流四十餘里涸。

色野爾齊河。在左翼東北七十五里。源出噶老圖泊，西南流，入蘆水。

布里都泊。在右翼南二十里。

西喇布里都泊。在右翼西北一百里。

噶老圖泊。在右翼西北一百七十里。

博羅爾濟圖泊。在右翼北八十六里。

得勒蘇圖泊。在右翼北一百九十里。

庫勒圖泊。在左翼東南一百六十里。

古爾板泊。在左翼西南三十三里。産鹽。

鄂倫席布爾泊。在左翼西一百九十五里。

西喇布里都泊。在左翼北一百五十二里。

古爾板泉。在右翼東北五十里。

浩齊特表

	浩齊特
秦	
兩漢	
三國	
晉	
南北朝	
隋	
唐	
五代	遼上京道西境。
宋	金屬北京路。
元	屬上都路。
明	蒙古所據，是爲浩齊特，察哈爾之族也。後依喀爾喀。

大清一統志卷五百四十之三

浩齊特

二旗，在獨石口東北六百八十五里。東西距一百七十里，南北距三百七十五里。東至烏珠穆沁界，西至阿巴噶界，南至克什克騰界，北至烏珠穆沁界。至京師一千一百八十五里。

建置沿革

遼上京道西境。金屬北京路。元屬上都路。明爲蒙古所據，是爲浩齊特，察哈爾之族也。林丹汗暴虐，其貝勒博羅特偕台吉噶爾瑪色旺往依喀爾喀。「浩齊特」舊作「蒿齊忒」，今改正。本朝天聰八年，察哈爾既滅，乃相率來降。順治十年，封噶爾瑪色旺爲多羅郡王，世襲，主右翼。至嘉慶九年，以貢楚克棟羅布襲封，凡十世。順治七年，封博羅特爲多羅額爾德尼郡王，世襲，主左翼。至嘉慶二十二年，以額琳沁諾爾布襲封，凡九世。其貢道由獨石口。

右翼。駐特古力克呼都克井，在獨石口東北六百九十里。東西距七十五里，南北距三百七十五里。東至左翼界三十五里，西至阿巴噶界四十里，南至阿巴噶界一百六十四里，北至左翼界二百十一里。東南至左翼界一百四十二里，西南至阿巴噶界六十五里，東北至烏珠穆沁界六十五里，西北至阿巴哈納爾界九十二里。

左翼。駐烏默黑泉。在獨石口東北六百八十五里。東西距九十五里，南北距二百十里。東至烏珠穆沁界十五里，西至右翼界八十里，南至克什克騰界一百二十里，北至烏珠穆沁界一百九十里。東南至烏珠穆沁界九十里，西南至右翼界八十里，東北至烏珠穆沁界六十里，西北至右翼界二百十里。

山川

古爾板賀老圖山。在右翼東南六十五里。

古爾板俄得山。在右翼東南一百十三里。

老虎山。在右翼東南一百四十二里。蒙古名巴爾圖。

伊爾伯都山。在右翼南十五里。

布當圖山。在右翼南六十一里。

阿拍達蘭圖山。在右翼西北三十一里。

胡呂山。在右翼北一百七十里。蒙古名阿拉忒。

犢山。在右翼北二百十一里。蒙古名賀岳爾屯圖虎爾。

綽克恩都爾山。在右翼東北三十五里。

薩爾巴山。在左翼東南一百二十里。

野狐山。在左翼西北四十里。蒙古名烏納格忒。

獨石山。在左翼西北一百二十三里。

孟納爾山。在左翼西北一百九十里。

葱山。在左翼北五十里。蒙古名宋吉納。

黑山。在左翼北一百二十里。蒙古名杜藍喀喇。

五藍峯。在右翼西北一百三十里。

蘇門峯。在右翼北一百六十里。

白濼。在右翼東二十五里。蒙古名柴達木。

大魚濼。在右翼東南一百五十三里。蒙古名扎哈蘇台。

天鵝濼。在左翼東南三十里。蒙古名渾圖。

舒圖泊。在左翼東南五十里。

阿魯布里都泊。在左翼西南二十六里。

沖戈爾泊。在左翼北九十五里。産鹽。

松子泉。在右翼南一百六十四里。蒙古名和爾多。

察得爾泉。在右翼西北一百二十里。

崑都倫泉。在右翼西北一百七十里。

哈達圖泉。在左翼西北一百六十里。

庫魯爾圖泉。在左翼西北一百六十五里。

賀老圖泉。在左翼西北一百六十五里。

布哈泉。在左翼西北二百八里。

蘇尼特表

	蘇尼特
秦	
兩漢	上谷及代郡北境，後漢烏桓、鮮卑居之。
三國	
晉	拓跋氏地。
南北朝	
隋	突厥所據。
唐	
五代	撫州遼置。
宋	撫州金屬西京路。
元	興和路地。
明	蒙古所據，是爲蘇尼特，察哈爾汗之族也。

大清一統志卷五百四十之四

蘇尼特

二旗，在張家口北五百五十里。東西距四百六里，南北距五百八十里。東至阿巴噶右翼界，西至四子部落界，南至察哈爾界，北至瀚海。至京師九百六十里。

建置沿革

漢上谷及代郡北境。後漢烏桓、鮮卑居之。晉爲拓跋氏地。隋及唐初，爲突厥所據。遼置撫州，金因之，屬西京路。元爲興和路地。明爲蒙古所據，是爲蘇尼特，察哈爾汗之族也。

本朝天聰九年，既滅察哈爾，其濟農叟塞、貝勒騰機思來朝。崇德七年，封叟塞爲多羅杜棱郡王，世襲，主右翼。至嘉慶七年，以拉特那西第襲封，凡十二世。附輔國公一，順治六年封貝勒，後降輔國公，世襲。崇德六年，封騰機思爲多羅墨爾根郡王，世襲，主左翼。至嘉慶二十五年，以齊旺扎布襲封，凡十世。附貝勒一，順治六年封，世襲，共爵四。其貢道由張家口。「騰機思」舊作「滕吉思」，今改正。

右翼。駐薩敏西勒山，在張家口北五百五十里。東西距二百四十六里，南北距二百八十里。東至左翼界一百三十里，西至四子部落界一百一十六里，南至鑲黄旗察哈爾界一百二十里，北至瀚海一百六十里。東南至正白旗察哈爾界一百三十里，西南至四子部落界一百五十里，東北至左翼界一百八十里，西北至四子部落界一百七十里。

左翼。駐俄林圖察拍台岡，在張家口北五百七十里。東西距一百六十里，南北距三百里。東至阿巴噶右翼界六十里，西至右翼界一百里，南至正白旗察哈爾界一百三十里，北至瀚海一百七十里。東南至鑲白旗察哈爾界一百三十里，西南至右翼界一百二十里，東北至阿巴噶右翼界一百六十里，西北至右翼界一百七十里。

山川

薩敏西勒山。右翼所駐。

雙金山。在右翼東南五十里。蒙古名和爾波金。

諾渾山。在右翼東南一百里。

布爾色克山。在右翼南五十里。

福山。在右翼南八十里。蒙古名克什克。

插漢波托科山。在右翼南八十里。

和爾和山。在右翼南九十里。

牛心山。在右翼西南五十里。蒙古名烏克爾朱爾克。
俄爾綽克山。在右翼西南一百五十里。
德林山。在右翼西一百十六里。
巴輪明安拖羅海山。在右翼東北七十里。
準明安拖羅海山。在右翼東北八十里。
哈爾巴和山。在右翼東北一百四十里。
嵬名山。在右翼東北一百五十里。蒙古名扎喇。
羖羱山。在左翼東南一百里。蒙古名巴顔特克。又西南九十里有阿禄特克山。
喀爾他和邵山。在左翼西北一百七十里。
博錐拖羅海山。在左翼北三十里。
祥古山。在左翼北一百里。蒙古名拜音拖羅海。
福山。在左翼北一百四十里。蒙古名拜里。
和希磨克山。在左翼北一百四十里。
寒山。在左翼東北四十里。蒙古名魁屯。
姑渾拖羅海山。在左翼東北七十里。
扎喇齊老圖峯。在左翼西北四十里。

登坡。在右翼東南八十里。

努倫坡。在右翼東南一百十里。

古爾板貴魯蘇圖坡。在左翼南一百三十里。

色爾伊克坡。在左翼西北七十里。

古爾板噶順坡。在左翼北七十里。

花俄博圖坡。在左翼北一百七十里。

貴魯蘇台岡。在左翼西一百里。

長水。在右翼西南九十里。蒙古名烏爾圖。源出和爾和山，西南流入境。

兔園水。在左翼東南九十里。蒙古名努克黑忒。自正藍旗察哈爾界流入境，經福山，北流入呼爾泊。

占木土鹽泊。在右翼東南七十里。

西喇布禄泊。在右翼西三十五里。

呼爾泊。在左翼東南六十五里。

滾泊。在左翼南四十里。

古爾板馬潭泊。在左翼西三十五里。

葦淀。在左翼西南九十里。蒙古名呼魯蘇台。

泥濼。在右翼南六十里。蒙古名西巴爾台。金史：撫州豐利縣有泥濼。

黑山濼。在右翼西南一百二十里。蒙古名喀喇烏素。

珠爾噶圖泉。在左翼北八十里。

古蹟

楊林戍。在旗西北，爲度漠處。自興和而北，經小巴延山、達魯城，至龍沙甸，即鄂蘭諾爾。又經清水源、鳴轂鎮、歸化甸，至楊林戍。又北爲禽狐山、香泉戍、哈喇莽賚、懷遠塞，皆磧口之要路。明永樂中，北征所經也。「巴延」舊作「伯顔」，「達魯」舊作「荅魯」，「鄂蘭諾爾」舊作「阿蘭腦兒」，「哈喇莽賚」舊作「哈喇莽來」，今改正。

阿巴噶表

	阿巴噶
秦	
兩漢	上谷郡北境。
三國	
晉	拓跋氏地。
南北朝	
隋	突厥所據。
唐	
五代	遼上京道西境。
宋	金屬北京路。
元	屬上都路。
明	蒙古所據，是爲阿巴噶，初役屬於察哈爾，後依喀爾喀。

大清一統志卷五百四十一之一

阿巴噶

二旗，在張家口東北五百九十里。東西距二百里，南北距三百十里。東至阿巴哈納爾界，西至蘇尼特界，南至正藍旗察哈爾界，北至瀚海。至京師一千里。

建置沿革

漢上谷郡北境。晉爲拓跋氏地。隋及唐初，爲突厥所據。遼爲上京道西境。金屬北京路。元屬上都路。明爲蒙古所據，是爲阿巴噶，初役屬於察哈爾，後因林丹汗暴虐，其濟農都思噶爾偕貝勒多爾濟往依喀爾喀。「阿巴噶」舊作「阿霸垓」，今改正。

本朝天聰九年，察哈爾已滅，並率所屬來降。崇德六年，封多爾濟爲多羅卓哩克圖郡王，世襲，主右翼。乾隆五十三年，喇特納什第以罪削去掌旗，授其弟巴勒丹色棱爲一等台吉，掌旗，其郡王爵仍世襲。至嘉慶二十五年，以那木什賴多爾濟襲封，凡十一世。順治八年，封都思噶爾爲多羅郡王，世襲，主左翼。至乾隆五十三年，以瑪尼巴達拉襲封，凡八世。附貝子一，順治三年封。

輔國公一，康熙五十四年封，並世襲，共爵五。其貢道右翼由張家口，左翼由獨石口。

右翼。駐科布爾泉，在張家口東北五百九十里。東西距八十里，南北距三百十里。東至阿巴哈納爾界三十里，西至蘇尼特界五十里，南至正藍旗察哈爾界一百三十里，北至瀚海一百八十里。東南至阿巴哈納爾界一百二十五里，西南至蘇尼特界一百二十里，東北至阿巴哈納爾界一百七十里，西北至蘇尼特界一百五十里。

左翼。駐巴顏額龍，在獨石口北五百五十里。東西距一百二十里，南北距一百八十二里。東至浩齊特界三十一里，西至阿巴哈納爾界八十九里，南至正藍旗察哈爾界一百五十里，北至阿巴哈納爾界三十二里。東南至巴林界一百五十里，西南至正藍旗察哈爾界一百六十六里，東北至浩齊特界五十五里，西北至阿巴哈納爾界一百三十里。

山川

色几庫山。在右翼東南六十里。

朱爾哈台拖羅海山。在右翼南七十里。

馬尼圖拖羅海山。在右翼西北九十里。

白石山。在右翼西北九十里。蒙古名插漢七老圖。

阿拍濟哈山。在右翼北八十里。

嵬石山。在右翼北一百里。蒙古名扎喇拖羅海。

巴漢噶札爾山。在右翼北一百二十里。蒙古名克色克拖羅海。

霸特山。在右翼北一百二十五里。蒙古名特克拖羅海。

羖羊山。在右翼北一百五十里。蒙古名喀喇特克。

蟠羊山。在右翼東北四十里。蒙古名喀喇特克。

哈爾塔爾山。在左翼東南二十里。

馬鞍山。有二。蒙古名喀喇得伯僧，在左翼東南六十五里。蒙古名西喇得伯僧，在左翼東南七十七里。

邵龍山。在左翼東南八十五里。

永安山。在左翼東南一百四十里。蒙古名托克托爾。

武歷山。在左翼西南二十五里。蒙古名哲爾吉倫。

察里爾圖山。在左翼西南八十里。

哈斯胡雅思坡。在左翼南八十五里。

門綽克岡。在右翼西四十五里。

奔巴圖博羅恩都爾岡。在右翼西北四十五里。

韭河。在右翼東南四十里。蒙古名郭和蘇台。自阿巴哈納爾流入境，經色几庫山，西流入白海子。

陰涼河。在左翼東南一百十五里。蒙古名魁屯。源出卓索圖站，西北流入阿巴噶界。

白海子。在右翼南三十里。亦曰長水海子。四望白沙，故蒙古呼爲察罕諾爾。明李文忠自萬全出師，北至察罕諾爾，進敗元兵於駱駝山，即此。「察罕諾爾」舊作「察漢腦兒」，今改正。

渾圖泊。在右翼東南一百十里。

噶爾圖泊。在右翼南一百二十里。

呼爾泊。在右翼西南三十里。

鶴壘斗勒泊。在左翼東南一百三十五里。

西喇布里都泊。在左翼西南五十里。

金河泊。在左翼北二十里。蒙古名西喇烏素。

鴛鴦濼。在右翼西南一百二十里。蒙古名昂吉爾圖。

朱爾克額勒蘇圖泉。在右翼東三十五里。

赤泉。在右翼北三十里。

哈碧爾漢泉。在右翼東北七十里。

阿巴哈納爾表

	阿巴哈納爾
秦	
兩漢	上谷郡北境。
三國	
晉	拓跋氏地。
南北朝	
隋	突厥所據。
唐	
五代	遼上京道西境。
宋	金北京路西北境。
元	屬上都路。
明	蒙古所據，是爲阿巴哈納爾，役屬於喀爾喀車臣汗。

大清一統志卷五百四十一之二

阿巴哈納爾

二旗，在張家口東北六百四十里。東西距一百八十里，南北距四百三十六里。東至浩齊特界，西至阿巴噶右翼界，南至正藍旗察哈爾界，北至瀚海。至京師一千五十里。

建置沿革

漢上谷郡北境。晉爲拓跋氏地。隋及唐初，爲突厥所據。遼爲上京道西境。金爲北京路西北境。元屬上都路。明爲蒙古所據，是爲阿巴哈納爾，役屬於喀爾喀車臣汗。「阿巴哈納爾」舊作「阿霸哈納爾」，今改正。本朝崇德年間，台吉色棱墨爾根、棟伊思喇布來降。康熙六年，封色棱墨爾根爲多羅貝勒，世襲，主右翼。至乾隆四十四年，以瑪哈巴拉襲封，凡九世。康熙四年，封棟伊思喇布爲固山貝子，世襲，主左翼。至乾隆五十七年，以衮布旺扎勒襲封，凡六世。其貢道右翼由張家口，左翼由獨石口。「色棱墨爾根」舊作「塞冷」，「棟伊思喇布」舊作「董夷思拉布」，今俱改正。

右翼。駐永安山。在張家口東北六百四十里。東西距六十里，南北距三百十里。東至左翼界三十里，西至阿巴噶界三十里，南至正藍旗察哈爾界一百七十里，北至瀚海一百四十里。東南至左翼界一百七十里，西南至阿巴噶界一百五十里，東北至左翼界一百三十里，西北至阿巴噶界一百二十里。

左翼。駐烏爾呼拖羅海山，在獨石口東北五百八十二里。東西距一百二十里，南北距三百一十八里。東至浩齊特界三十一里，西至右翼界八十九里，南至阿巴噶界三十二里，北至浩齊特界二百八十六里。東南至浩齊特界五十里，西南至右翼界一百三十六里，東北至浩齊特界五十五里，西北至右翼界一百五十二里。

山川

永安山。右翼所駐。蒙古名常圖山。

特爾墨山。在右翼東八里。

大熊山。在右翼東南三十五里。蒙古名巴賴都爾。

插漢阿禄克山。在右翼東南七十里。

喀喇阿禄克山。在右翼東南一百十里。

雙山。在右翼西北五十里。蒙古名和岳爾插漢拖羅海山。

方山。在右翼西北八十里。蒙古名賀爾賀。

蛇山。在右翼西北一百二十里。蒙古名漢惠圖。

森吉圖山。在右翼北二十里。

橫山。在右翼北二十五里。蒙古名布色。

瓜山。在右翼北五十里。

緣狐山。在右翼北八十里。蒙古名烏納格。

花拖羅海山。在右翼北一百四十里。

牀山。在右翼東北八十里。蒙古名席勒。

俄奇特庫爾格特山。在右翼東北一百三十里。

巴爾達木山。在左翼南二十三里。

黃山。在左翼西二百十里。蒙古名色爾滕洪戈爾山。

布爾漢山。在左翼西北三十五里。

觸寶山。在左翼西北六十五里。

覆舟山。在左翼西北一百二十里。蒙古名呼里翁戈春。

青羊山。在左翼西北二百里。蒙古名喀喇特克。

西喇峯。在右翼北三十里。

哈納峯。在右翼北一百里。

獺兒布喀台坡。在左翼西北一百十六里。

色爾騰空果爾峩博岡。在右翼東南五十里。

博羅恩都爾岡。在右翼南一百七十里。

陰涼河。在右翼東南九十里。金史：大定府有陰涼河。蒙古名魁屯。自阿巴噶流入境，經插漢阿祿克山，西流會韭河，流入息雞淀。五代史：奚當唐末，居陰涼川。即此。

韭河。在右翼南七十里。蒙古名郭和蘇台。自正藍旗察哈爾界流入境，經博羅恩都爾岡，西北流入阿巴噶界。

葦淀。在右翼東南八十里。蒙古名呼魯蘇台布祿都。

息雞淀。在右翼南五十里。蒙古名哈雅。

褒勒泊。在右翼西南一百四十里。

鯀布祿都泊。在右翼西北二十里。

黑勒泊。在左翼北七十五里。

赤泉。在右翼東南八十里。

哈爾海圖泉。在右翼南四十五里。

葛都爾庫泉。在右翼北六里。

和几葛爾泉。在右翼北七十里。

和爾和泉。在右翼北八十里。

他奇喇泉。在右翼北一百二十里。

達藍圖里泉。在左翼西北二百里。

四子部落表

	四子部落
秦	
兩漢	雁門及定襄郡北境。
三國	
晉	拓跋氏地。
南北朝	
隋	
唐	振武軍地。
五代	遼豐州地，屬西京道。
宋	金屬西京路。
元	屬大同路。
明	爲阿禄喀爾喀所據，後分與對因駒子，是爲四子部落。

大清一統志卷五百四十一之三

四子部落

一旗，駐烏蘭額爾濟坡，在張家口西北五百五十里。東西距二百三十五里，南北距二百四十里。東至蘇尼特界一百三十里，西至歸化城土默特界一百五里，南至鑲紅旗察哈爾界一百四十里，北至蘇尼特界一百里。東南至蘇尼特界一百八十里，西南至鑲藍旗察哈爾界二百里，東北至蘇尼特界一百六十里，西北至喀爾喀界一百二十里。至京師九百六十里。

建置沿革

漢雁門及定襄郡北境。晉爲拓跋氏地。唐爲振武軍地。遼爲豐州地，屬西京道。金屬西京路。元屬大同路。明爲阿禄喀爾喀所據，後分與諸子，號曰對因駒子，是爲四子部落。

本朝天聰七年，鄂木布來朝。崇德元年，賜號達爾漢卓哩克圖。順治六年，封多羅郡王，世襲，掌旗。至乾隆四十九年，以朋楚克桑魯布襲封，凡九世。其貢道由張家口。「鄂木布」舊作「鄂音布」，今改正。

山川

博濟蘇克山。在旗東六十里。

陰山。在旗東南一百五十里。蒙古名色爾貝。

新婦山。在旗南八十里。蒙古名白爾白狼。

爾多斯山。在旗南一百十里。

黑山。在旗南一百三十里。蒙古名喀喇和邵。

納扎海山。在旗西南一百四十里。

羖羊山。在旗西北五十里。蒙古名阿爾哈林圖。

獨牛山。在旗西北五十里。蒙古名烏克爾圖禄。

陽山。在旗東北二十五里。蒙古名北蘭。

鵲山。在旗東北一百三十里。蒙古名沙齊哈圖。

邵隆峯。在旗東南七十里。

插漢峯。在旗東南一百五十里。

五藍峯。在旗東南一百五十里。

阿爾察圖蘇門峯。在旗西南一百里。

阿禄蘇門峯。在旗西南一百二十里。

密柳坡。在旗西南二百里。蒙古名博多克布爾哈蘇。

拜圖華坡。在旗西北一百二十里。

希巴克圖華坡。在旗北一百里。

插漢濟里敏坡。在旗東北一百六十里。

富峪。在旗西一百五里。蒙古名巴顏鄂坡蘇。

黄水河。在旗西北五十里。蒙古名西喇木倫。自喀爾喀右翼流入境，東北流出喀倫邊。

噶爾哈圖泉。在旗南一百四十里。

德本得泉。在旗西南一百里。

青城泉。在旗西南一百里。蒙古名博羅虎濟爾。

希巴爾台泉。在旗西四十里。

雅孫哈拍濟爾泉。在旗西七十里。

白石泉。在旗西北六十里。蒙古名插漢齊老。

古蹟

舊浄州。在旗界。金史地理志：浄州，刺史，大定六年以天山縣升〔一〕，爲豐州支郡，刺史兼権讖察。北至界八十里，縣一，天山，舊作権場，大定十八年置爲倚郭。元史地理志：浄州路領天山一縣。按：舊浄州在昌州之西，豐州之北。其地當在旗西北，與喀爾喀接界處。

校勘記

〔一〕大定六年以天山縣升　「六年」，乾隆志卷四〇七四子部落古蹟同，據金史卷二四地理志，當作「十八年」。

茂明安表

	茂明安
秦	
兩漢	
三國	
晉	
南北朝	北魏懷朔鎮地。
隋	初置勝州，大業時改榆林郡。
唐	初爲東勝州，天寶時改榆林郡，後又爲勝州。
五代	遼東勝州地，屬西京道。
宋	
元	屬大同路。
明	初設衛戍守，後爲蒙古茂明安所據。

大清一統志卷五百四十一之四

茂明安

一旗，駐車突泉，在張家口西北八百里。東西距一百里，南北距一百九十里。東至喀爾喀右翼界四十里，西至烏喇特界六十里，南至歸化城土默特界八十里，北至瀚海一百十里。東南至喀爾喀右翼界七十里，西南至烏喇特界八十五里，東北至瀚海一百二十里，西北至瀚海一百四十里。至京師一千二百四十里。「茂明安」舊作「毛明安」，今改正。

建置沿革

漢五原郡地。後魏懷朔鎮地。隋置勝州，大業時改爲榆林郡。唐初爲東勝州，天寶時改爲榆林郡，後又改爲勝州。遼爲東勝州地，屬西京道，金因之。元屬大同路。明初設衛戍守，後爲蒙古所據，是爲茂明安。

本朝天聰八年，舉部來降。康熙三年，授僧格爲一等台吉，世襲，掌旗。至嘉慶十年，以喇什棟羅布襲，凡六世。附貝勒一，順治七年封，世襲，共爵二。其貢道由張家口。

山川

伊克哈達圖山。在旗東四十里。

和岳爾白爾克山。在旗東南五里。

插漢峨博山。在旗東南四十里。

黑山。在旗東南七十里。蒙古名喀喇拖羅海。

哈拉海圖山。在旗西南十五里。

褪諾克山。在旗西南四十里。

官山。在旗西南七十里。明統志：在大同府城西北五百餘里。山上有九十九泉，流爲黑河。

羖羊山。在旗西六十里。蒙古名喀喇特克。

齊齊爾哈插漢七老山。在旗西北一百四十里。

方山。在旗北五十里。蒙古名賀爾賀。

古爾板喀喇山。在旗東北九十五里。

郭岳惠插漢七老山。在旗東北一百二十里。

刻勒峯。在旗西北七十里。

冒頓峨博岡。在旗南八十里。

蒿沁峨博岡。在旗西北四十里。

崑都倫河。在旗南六十里。源出和岳爾白爾克山，西流經官山，入烏喇特界。

愛畢哈河。在旗西北七十里。源出刻勒峯，東流經古爾板喀喇山，入喀爾喀界。

布禄爾托海河。在旗東北四十里。源出伊克哈達圖山，北流會愛畢哈河。

虎虎泊。在旗西北一百三十里。

拜星圖泉。在旗南十五里。源出哈拉海圖山，西南流會崑都倫河。

烏喇特表

	烏喇特
秦	九原郡後廢。
兩漢	五原郡元朔二年復置，更名，末廢。
三國	
晉	
南北朝	後魏置懷朔鎮。
隋	
唐	景龍二年張仁愿於河外築三受降城，此爲中受降城。
五代	雲内州遼置，屬西京道。
宋	金屬西京路。
元	屬大同路。
明	初廢，爲斡喇所據。

大清一統志卷五百四十二

烏喇特

前、中、後三旗，俱駐鐵柱谷，蒙古名哈達馬爾，在歸化城西三百六十里。東西距二百十五里，南北距三百里。東至茂明安界九十里，西至鄂爾多斯界一百二十五里，南至黄河鄂爾多斯界五十里，北至喀爾喀界二百五十里。東南至五達河歸化城土默特界一百二十里，西南至鄂爾多斯界一百里，東北至茂明安界一百四十五里，西北至喀爾喀界二百八十里。至京師一千五百二十里。

建置沿革

秦置九原郡，後廢。漢元朔二年復置，更名五原，後漢因之，漢末郡廢。後魏置懷朔鎮。唐景龍二年，張仁愿於河外築三受降城，此爲中受降城地。遼置雲内州，屬西京道。金屬西京路。元屬大同路。明初廢，爲斡喇所據，「斡喇」舊作「瓦喇」，今改正。是爲烏喇特。

本朝天聰七年，其台吉鄂木布、色棱、圖巴來歸。順治五年，封圖巴爲鎮國公，世襲，掌中旗。至嘉慶七年，以喇特那巴拉襲封，凡十世。封鄂木布子諤班爲鎮國公，世襲，掌前旗。至乾隆五十六年，以巴圖鄂齊爾襲封，凡十三世。封色棱子巴克巴海爲輔國公，世襲，掌後旗。至乾隆五十三年，以多爾濟帕拉穆襲封，凡八世，共爵三。其貢道由殺虎口。「諤班」舊作「鄂板」，今改正。

山川

居延山。在旗東三十五里。蒙古名崑都倫。

狼山。在旗東四十里。蒙古名綽農拖羅海。

牛頭朝那山。在旗東九十里。蒙古名雞藍拖羅海。

老虎山。在旗東九十里。蒙古名巴爾圖。許論九邊考云：自老虎山而西，爲長流水、蒲草泉等險。魏書：太祖皇始元年春，大蒐於定襄之虎山。即此。

宿嵬山。在旗東一百一十里。蒙古名扎拉。按：遼史西夏傳冠後垂紅纓，自號嵬名，以嵬爲纓，蓋本諸此。

木納山。在旗西。

大青山。在旗西北七十里。蒙古名漢喀喇。

赤城山。在旗西北一百里。蒙古名五藍拜星。

東德爾山。在旗西北一百二十里。

西德爾山。在旗西北一百三十里。

峨博圖喀喇山。在旗西北一百六十里。

莫敦俄博圖山。在旗西北一百七十里。

牀山。在旗西北一百八十五里。蒙古名席勒。

阿爾柴山。在旗西北一百九十里。

連山。在旗西北一百九十里。蒙古名和岳爾喀喇峨博。

馬神山。在旗西北一百九十里。蒙古名翁公。

陽山。在旗西北二百里。蒙古名洪戈爾。史記：蒙恬築長城臨洮，延袤萬餘里，渡河據陽山。後漢書注：徐廣曰：「陽山在河北。」

陰山。在旗西北二百四十里。蒙古名葛扎爾。史記秦始皇本紀：「三十三年，自榆林並河以東，屬之陰山，以爲三十四縣。」注：「徐廣曰：在五原北。」漢書匈奴傳：侯應曰：「北邊塞外有陰山，東西千餘里，草木茂盛，多禽獸，本冒頓單于依阻其中，治作弓矢，來出爲寇，是其苑囿也。至孝武出師征伐，斥奪此地，攘之於幕北，建塞徼，起亭隧，築外城，設屯戍以守之。匈奴來寇，少所蔽隱，從塞以南，徑深山谷，往來差難。邊長老言匈奴失陰山之後，過之未嘗不哭也。」後漢書郡國志：五原郡西安陽北有陰山。水經：「河水又南逕馬陰山。」注：「漢書音義曰：『陽山在河北，陰山在河南。』謂是山也，而實不在河南。」舊唐書地理志：安北府北至陰山七十里。九邊考：陰山在中受降城東北。自陰山而北，皆大磧。按：自烏喇特之西北，迤邐而東，以至歸化城東北，雖土名不一，實皆古陰山也。

巴爾喀山。在旗西北二百四十里。山高大，東西百餘里。

柳碧圖山。在旗西北二百八十里。

河套山。在旗北四十里。

雪山。有二：蒙古名叉蘇台。一在旗北九十里，一在旗西北二百五里。

伊克峨博山。在旗北一百三十里。

帷山。在旗北一百八十里。蒙古名額古德。

麥垛山。在旗北二百里。蒙古名額貴恩都爾山。勢高聳如麥垛，故名。

扎拉圖插漢岡。在旗西南一百里。

拂雲堆。在旗西北一百九十里。蒙古名烏珠爾插漢。唐書：堆有拂雲祠，突厥將入寇，必先詣祠祭禱求福，因牧馬料兵，候冰合度河。

漠惠圖坡。在旗東南六十里。

崑都崙河。在旗東四十里。源出烏孫土禄之地，西南流，入黃河。

五達河。在旗東南一百二十里。源出布當圖山，西南流，入黃河。

黃河。在旗南五十里，其南岸即鄂爾多斯界。自鄂爾多斯西北境，東南流入，東流經旗南，又東流折而南，又東南流入歸化城土默特界。水經注：河水東逕高闕南，自臨河縣東，逕陽山南，又東逕馬陰山西，又東南逕朔方縣故城東北，自朔方東轉逕渠搜縣故城北，又東逕西安陽縣故城南，又東逕成宜縣故城南，又東逕宜梁縣之故城南，又東過臨沃縣南，又東枝津出焉。又東流，石門水南注之，又東逕稒陽縣故城南，又東逕塞泉城南而東注，又東過雲中楨陵縣東。榆林志：黃河自寧夏横城堡西折而北，逕三受降城南，至廢東勝州折而南。

哈柳圖河。在旗西北二百里。源出席勒山北平地，南流會席勒河，經馬神山，又西南折入黃河。

柳河。在旗西北三百里。蒙古名布爾哈圖。源出陽山東平地，西南流，會敖泉，入黄河。

舍忒河。在旗北八十里。源出敖西喜山，西流經大青山，入黄河。

蘇爾哲河。在旗北九十里。源出雪山，西流，會舍忒河。

烏爾圖河。在旗北一百里。源出雪山，西南流入黄河。

伊克峨博河。在旗北一百二十里。源出伊克峨博山，西流，會齊齊爾哈納河。

齊齊爾哈納河。在旗北一百五十里。自茂明安所屬地流入境，西南流，經白石山，會黑河。

帷山河。在旗北一百七十里。蒙古名額古德。源出帷山，西南流，會黑河。

席勒河。在旗北一百八十里。源出席勒山，西南流，會哈柳圖河。

東哈柳圖河。在旗北一百八十里。源出麥垛山，西南流，經連山東，又西南經東德爾山、西德爾山南，拜星圖北，爲席漢河。又西南入黄河。

阿爾柴河。在旗北一百八十五里。源出阿爾柴山，西南流，會席勒河。

黑河。在旗北二百里。蒙古名喀喇木倫。自茂明安所屬地流入境，西南流，經帷山，入黄河。晉書赫連勃勃於黑水之南營都城，即此。

魚海。在旗西北一百里。蒙古名札哈蘇台，亦名魚兒海，又謂之魚海子。唐高適詩「洗兵魚海雲迎陣」是也。

章武台泊。在旗西南五十里。

杜窩勒泊。在旗西一百十五里。

托博克蘇海泊。在旗西北一百八十里。

鐵柱泉。在鐵柱谷南。蒙古名哈達馬爾。

哈拍叉齊泉。在旗西四十五里。

五藍泉。在旗西九十五里。

臺泉。在旗西北四十里。

插漢泉。在旗西北五十五里。

克布爾泉。在旗西北六十五里。

五藍拜星泉。在旗西北九十里。

布咨泉。在旗西北九十八里。

冷泉。在旗西北一百五里。蒙古名魁屯。

甜水井。在旗東三十里。蒙古名賽音。

深井。在旗西北二百里。蒙古名敖泉。

古蹟

九原舊城。在旗北。史記趙世家：武靈王攘地西至雲中九原。又秦始皇本紀：三十五年除道，道九原抵雲陽，塹山堙谷，直通之。漢書武帝紀：元朔二年，置五原郡。地理志：五原郡，治九原縣。後漢書光武帝紀：建武二十年，省五原郡，徙其吏人置河東。二十六年，南單于遣子入侍，於是雲中、五原〔一〕、朔方、北地、定襄、雁門、上郡、代郡八郡民歸於本土。魏志：建安二十年，省五原郡。水經注：河水東逕河陰縣故城北，又東逕九原縣故城南。秦始皇置九原郡，治此〔二〕。漢武帝更名五原也。其城南面長河，北背連山。杜佑通典：勝州榆林縣西有漢五原城。李吉甫元和郡縣志：敬本故城，在中受降城北四十里，鄭虔軍録曰：「時人以張仁愿河外築三城，自古未有。今敬本城周一萬八百七十二步，壕塹深峻，亦古之堅守。」賈耽古今述曰：「以地理求之，前代九原郡城也。」按：九原舊城，在漢朔方之東北，雲中之西，今套北黄河東流處也。唐勝州在套内東北，九原直其西北。通典以爲在西，疑脱「北」字。其北即陰山。又北爲光禄塞，西即北假，秦、漢時號爲絶塞。隋、唐豐州雖亦名九原、五原，乃漢朔方郡地也。括地志謂勝州連谷縣本秦九原郡，明統志謂在陝西神木縣，皆誤。

臨沃舊城。在九原舊城東。漢置，屬五原郡。後漢末省。水經注：河水東過臨沃縣南，注石門水〔三〕，自石門障東南流，逕臨沃城東。

五原舊城。在九原舊城西。漢置縣，屬五原郡。後漢末省。水經注：九原縣西北接對一城，蓋五原縣之故城也。

宜梁舊城。在九原舊城西。漢置，屬五原郡。後漢末省。水經注：河水東逕宜梁縣故城南。闞駰曰：「五原西南六十里〔四〕，今世謂之石崖城。」

成宜舊城。在九原舊城西。漢書地理志：五原郡成宜，中部都尉治原亭，西部都尉治田辟，有鹽官。後漢書南匈奴傳：建武二十六年，遣中郎將段郴、副校尉王郁使南單于〔五〕，其庭去五原西部塞八十里。水經注：河水自西安陽東逕田辟城南，又東逕成宜縣故城南，又東逕原亭故城。

西安陽舊城。在九原舊城西，陰山南。漢置，屬五原郡。後漢末省。水經注：河水逕朔方縣東北，屈南，過五原西安陽縣南。

河目舊城。在九原舊城西。漢置，屬五原郡。後漢末省。水經注：河水自陽山南，南屈，逕河目縣左〔六〕。括地志：漢五原郡河目縣，在北假中。　按：河目舊城當在陽山南，高闕東，南、北河之間。又如五原所屬曼柏縣亦在黃河北岸，惟河陰一縣，在河南耳。

稒陽舊城。在九原舊城東北。史記魏世家：「惠王十九年，築長城，塞固陽。」注：「正義曰：按魏築長城，自鄭濱洛北達銀州，至勝州固陽縣爲塞也。」漢書地理志：五原郡，東部都尉治稒陽。又稒陽縣，北出石門障得光禄城，又西北得支就城，又西北得頭曼城，又西北得虖河城，又西北得宿虜城。後漢書和帝紀：永元元年，度遼將軍鄧鴻出稒陽塞，與匈奴戰於稽落山，大破之。魏書太祖紀：登國六年，衛辰遣子直力鞮出稒陽塞，侵及黑城，帝襲五原屠之，收其積穀，還紐垤川，於稒陽塞北樹碑紀功。水經注：河水東逕稒陽縣故城南，又東逕塞泉城南而東注。　按：稒陽在五原郡東北，近雲中郡。

中受降城。在旗西黃河北岸。唐景龍二年，張仁愿築。本古拂雲祠地。元和志：中受降城，本秦九原郡地，漢更名五原。開元十年，於此置安北大都護府，後又移徙。東至東受降城三百里，西北至天德軍二百里，南至麟州四百里，北至磧口三百里。新唐書地理志：中受降城，有拂雲堆祠，接靈州境，有關，元和九年置。又橫塞軍，本可敦城，天寶八載置，十二載廢。

西受降城。在旗西北黃河北岸。新唐書地理志：豐州有西受降城。開元十年，總管張説於城東別置新城，北三百里有鸊鵜泉。唐景龍二年，張仁愿築。元和志：西受降城，在豐州西北八十里。蓋漢朔方郡臨河縣舊理處。開元初，爲河水所壞，至開元十年，總管張説於舊城東別置新城，其後城西南隅又爲河水所壞。正東微南至天德軍一百八十里，東南渡河至豐州八十里，西南至定遠城七百里，北至磧口三百里。先是，朔方軍北與突厥以河爲界，河北岸有拂雲堆祠，突厥將入寇，必詣祠祭禱，因牧馬料兵而後渡河。張仁愿爲總管時，突厥默啜盡衆西擊突騎施波葛，仁愿請乘虛奪取漠南之地，於河北築三受降城，首尾相應，以絶其南寇之路。中宗從之。六旬而三城俱就，以拂雲祠爲中城，與東、西兩城相去各四百餘里。北拓地三百餘里，於牛頭朝那山之北，置烽堠一千八百所。自是突厥不得度山放牧，朔方無復寇掠。唐文粹吕温有三受降城碑銘曰：「韓侯受命，志在朔易。北方之强，制以全策。亘漢横塞，揭之雄壁。如三鬬龍，躍在大澤。並分襟帶，各閉風雷。俯視陰山，仰看昭回。一夫登陴，萬里洞開。日晏秋盡，纖塵不來。」又有李華三城韓公廟碑序。

天德軍城。在旗西北。中受降城西北二百里。唐天寶中置。元和志：天德軍舊理在西受降城，權置軍馬於永清柵。元和九年，詔移理舊城，本安北都護。貞觀二十一年，於今西受降城東北四十里置燕然都護，以瀚海等六都督、皋蘭等七州，並隸焉。龍朔三年，移於磧北回鶻本部，仍改名瀚海都護。總章二年，又改名安北都護，尋移於甘州東北一千一十八里隋舊大同鎮。垂拱元年置同城鎮。其都護權移理删丹縣西南九十九里安西城。景龍二年，又移理西受降城。開元十年，又移理中受降城。天寶八年，張齊丘又於可敦城置横塞軍，於大同川西築城，名曰天安軍，移理焉。乾元後，改爲天德軍，緣居人較少，西南移三里，權居永清柵。其理所又移在西受降城。自後頻爲河水所侵。至元和八年，黄河泛溢，城南面毁壞轉多，李吉甫請修天德舊城，以安軍鎮，詔從之。於是復移天德軍理所於舊城焉。西南渡河至豐州二百里，西北至横塞軍城二百里，西至西受降城一百八十里，西南至新宥州一百里，東南至中受降城二百里。遼史地理志：西京道天德軍，本中受降城，唐乾元中改置天德軍，移永濟柵，今治是也。太祖平党項，遂破天德，盡掠其民以東。後置招討司，以國族爲天德軍節度使。有黄河、黑山峪、廬城、威塞軍、秦長城、唐長城。又有牟那山、鉗耳嘴城在其北焉。

舊大同城。在旗西北。舊天德軍城西南三里。隋時所築。隋書長孫晟傳：開皇十九年，染干因晟奏雍閭作具，欲攻大同城，詔發六總管分道出塞討之。唐書地理志：天德軍，乾元後徙屯永濟柵，故大同城也。按：「永濟柵」，元和志作「永清柵」。

雲内州舊城。在旗西北。遼史地理志：西京道雲内州開遠軍，本中受降城地。遼初置代北雲朔招討司，改雲内州。清寧初升。有威塞軍、古可敦城、大同州〔七〕、天安軍、永濟柵、安樂戍、拂雲堆。領柔服、寧人二縣。舊志：金雲内州領柔服一縣。大定後，省寧人縣入之，增領雲川縣。元初省柔服、雲川二縣，仍爲雲内州，屬大同路。明初廢。宣德初置，設官兵戍守。正統中，遷代州、應渾等處。

漢受降城。在旗北，漢九原北塞外。漢書武帝紀：太初元年，遣因杅將軍公孫敖築塞外受降城。又匈奴傳：呼韓邪單于自請留居光禄塞下，有急，保漢受降城。按：後魏太平真君九年，北討至受降城，積糧城内，留守而還。蓋即漢城也。

懷朔鎮城。在旗東北。後魏太武破蠕蠕，列置降人於漠南。東至濡源，西暨五原、陰山，竟三千里。分爲六鎮，曰懷朔、武川、撫冥、懷荒、柔遠、禦夷。惟懷朔最西，孝昌中，改置朔州，後廢。魏書高祖紀：太和十八年八月癸丑，幸懷朔鎮。己未，幸武川鎮。辛酉，幸撫冥鎮。甲子〔八〕，幸柔遠鎮。胡三省通鑑注：「此六鎮自西徂東之次第也。」地形志：朔州本漢五原郡。延和二年置鎮，後改懷朔。孝昌中，改爲州，後陷。今寄治并州界。水經注：光禄城東北，即懷朔鎮城也。元和志：光禄城東北有古懷朔城，在今中受降城界。

古長城。在旗北陰山。史記秦始皇本紀：三十三年，西北斥逐匈奴，自榆中並河以東，屬之陰山，以爲三十四縣，城河上爲塞。遼史地理志：天德軍有秦長城、唐長城。

安北都護府。在旗西。本燕然都護府。唐書地理志：龍朔三年爲瀚海都督府，總章二年更名。開元二年，治中受降城。十年，徙置豐、勝二州之境。十二年，徙治天德軍。按：通典安北都護府，東至榆林二百五十里，西至九原三百五十里，南至朔方八百里，北至回紇界七百里，東南至新泰四百里。舊唐書志安北大都護府，北至陰山七十里，至回紇界七百里，舊領陰山一縣，去京師二千七百里，在黄河北。蓋唐時都護府遷徙不常。通典、元和志、唐書詳略不同，大約易名者六，而天德軍爲最著；遷治者十，而在大同川爲最久，且扼要也。

北假。在旗西北。史記：秦使蒙恬將十萬衆，北擊胡，渡河取高闕，據陽山北假中。注：「北假，北方田官，主以田假與貧人，故云北假。」水經注：北假，地名。自高闕以東，夾山帶河，陽山以西，皆北假也。

光禄塞。在古稒陽縣北。漢書地理志：稒陽北出爲石門障，得光禄城。又匈奴傳：太初三年，光禄徐自爲出五原塞數百里，遠者千里，築城障列亭至盧朐。甘露三年，呼韓邪單于朝漢，自請願留居光禄塞下。注：「師古曰：徐自爲所築者也。」水經注：石門，出石門山西北，趨光禄城。

高闕塞。在陰山西。史記匈奴傳：趙武靈王自代並陰山至高闕爲塞。注：「徐廣曰：在朔方。」正義曰：地理志云：朔方臨戎縣北有連山，險於長城。其山中斷，兩峯俱峻，土俗名爲高闕也。」又秦始皇本紀：三十三年，使蒙恬渡河，取高闕、陶山、北假。漢書武帝紀：元朔二年，遣將軍衛青出雲中，西至高闕。注：「師古曰：高闕，山名。一曰塞名也。在朔方之北。」水經注：河水屈而東流爲北河，東逕高闕，南注陰山，下有長城。長城之際，連山刺天，其山中斷，望若闕焉，故有高闕之名也。自闕出荒中，闕口有城，跨山結局，謂之高闕戍。上古及今，常置重捍，以防塞道。通典：高闕在陰山之西。榆林舊志：高闕北去大磧，凡三百里。

祠廟

拂雲祠。在舊中受降城地拂雲堆上。舊唐書張仁愿傳：河北岸有拂雲堆祠，突厥每入寇，必先詣祠祭酹求福，因牧馬料兵，而後渡河。仁愿築三受降城，以拂雲堆爲中城。按：本旗西北一百九十里有地，蒙古名烏朱爾插漢，或疑此爲拂雲堆。

蘇武廟。在舊雲内州北。相傳武嘗過此，後人立廟祭之。

韓公廟。在舊三受降城内，祀唐朔方總管張仁愿。李華有韓公廟碑。以上皆久廢。

校勘記

〔一〕五原　原作「武原」，據乾隆志卷四〇八烏喇忒古蹟（下同卷簡稱乾隆志）及後漢書卷一下光武帝紀下改。

〔二〕秦始皇置九原郡治此　「治」，原作「始」，乾隆志同，據水經注卷三河水改。

〔三〕注石門水　乾隆志同。按水經注卷三河水云：「河水又東流，石門水南注之。」此言注石門水，誤。

〔四〕五原西南六十里　「六十」，原脱「十」字，乾隆志同，據水經注卷三河水補。

〔五〕遣中郎將段郴副校尉王郁使南單于　「王郁」，原作「王都」，乾隆志同，據後漢書卷八九南匈奴列傳改。

〔六〕逕河目縣左　乾隆志同。按，戴震校水經注，以「左」爲「在」字之訛，屬下句作「在北假中」。又史記始皇本紀正義引水經注，「河目縣」下有「故城西」三字。

〔七〕大同州　乾隆志同，當作「大同川」。中華書局點校本遼史卷四一地理志據新唐書地理志改作「大同川」，是。

〔八〕甲子　原作「壬子」，乾隆志同，據魏書卷七高祖紀改。

喀爾喀右翼表

	喀爾喀右翼
秦	
兩漢	定襄、雲中二郡北境。
三國	
晉	
南北朝	
隋	
唐	振武軍地。
五代	遼豐州地，屬西京道。
宋	金屬西京路。
元	屬大同路。
明	爲喀爾喀所據，役屬於土謝圖汗。

大清一統志卷五百四十三之一

喀爾喀右翼

一旗，駐塔嚕渾河，在張家口西北七百十里。東西距一百二十里，南北距一百三十里。東至四子部落界六十五里，西至茂明安界五十五里，南至歸化城土默特界七十里，北至瀚海六十里。東南至四子部落界九十里，西南至茂明安界一百里，東北至四子部落界七十里，西北至茂明安界六十里。至京師一千一百三十里。

建置沿革

漢定襄、雲中二郡北境。唐爲振武軍地。遼爲豐州地，屬西京道。金屬西京路。元屬大同路。明爲喀爾喀所據，素役屬於土謝圖汗，後與有隙，其台吉本塔爾遂率部落來降。本朝順治十年，封爲和碩達爾漢親王，世襲，掌旗。康熙四十七年，其孫詹達固密降襲多羅達爾漢貝勒。至嘉慶五年，以忠吉勒車淩襲封，凡六世。附固山貝子二，一順治十年封，一順治十年封郡王，至康熙四十三年降襲貝子。鎮國公一，康熙十四年封。俱世襲，共爵四。其貢道由張家口。「本塔爾」舊作「本達爾伊」，今改正。

山川

拜音拖羅海山。在旗東六十五里。

西神山。在旗東南五十里。蒙古名巴林翁公。

辱孤山。在旗西南三十里。蒙古名巴爾架。

哈達圖山。在旗西南五十里。

白雲山。在旗北三十里。蒙古名插漢和邵。

插漢峨博山。在旗東北七十里。

罽嶺。在旗西南一百里。蒙古名毛德爾。

五藍峨博岡。在旗東南五十里。

翁公峨博岡。在旗東南九十里。

西巴爾圖峨博岡。在旗西五十五里。

雅布哈峨博岡。在旗北五十里。

喀喇峨博岡。在旗北六十里。

摩禮圖峨博岡。在旗東北四十五里。

他魯渾河。本旗所駐。源出辱孤山東北平地，北流會愛畢哈河。

黄水河。在旗東南八十里。蒙古名西喇木倫。自歸化城土默特界流入境，經翁公峨博岡，東北流入四子部落界。

愛畢哈河。在旗西北六十里。自茂明安界流入境，經白雲山、喀喇峨博岡之間，東流出喀倫邊。

鹽泊。在旗東南二十里。蒙古名達卜孫。

噶順泊。在旗西三十里。

他魯渾泉。在旗南十里。

哈達滿泉。在旗南七十里。

車爾泉。在旗西北十里。

布禄魯泉。在旗西北四十五里。

鄂爾多斯表

	鄂爾多斯
秦	新秦中地。
兩漢	朔方郡，初爲匈奴所有，元朔二年置郡，屬并州。後漢末廢。
三國	
晉	永嘉後爲前後趙、前後秦地。義熙中赫連勃勃據此。
南北朝	後魏爲統萬鎮地，後爲夏州北境。
隋	初以其地東置勝州，西置豐州，大業初改勝州爲榆林郡，豐州爲五原郡。後廢。
唐	貞觀中復置勝、豐二州。天寶初改勝州爲榆林郡，豐州爲九原郡。乾元初復故名。其南境又有宥州，俱屬關內道。
五代	入夏。
宋	夏人所據。
元	滅夏立西夏、中興等路。後廢，其地屬東勝、雲内二州及延安、寧夏等路。
明	初城東勝等州，並立屯戍。天順間爲蒙古所據。後屬於察哈爾，是爲鄂爾多斯。

大清一統志卷五百四十三之二

鄂爾多斯

舊六旗，今七旗，在歸化城西二百八十五里河套内。東至歸化城土默特界，西至喀爾喀界，南至陝西長城界，北至烏喇特界。東、西、北三面皆距黄河，自山西偏頭關至甘肅寧夏邊外，延長二千里有奇。至京師一千一百里。

建置沿革

秦新秦中地。史記秦始皇本紀：三十二年，使將軍蒙恬將兵三十萬人，略取河南地。漢書食貨志：徙貧民充朔方以南新秦中。漢初爲匈奴所有，武帝元朔二年置朔方郡，漢書武帝紀：元朔二年，遣將軍衛青、李息收河南地，置朔方、五原郡。屬并州。朔方郡領縣十：三封、朔方、修都、臨河、呼遒、窳渾、渠搜、沃壄、廣牧、臨戎。後漢末廢。晉永嘉後，歷爲前後趙、前後秦地。義熙中，赫連勃勃據此。都黑水南，號統萬城。後魏爲統萬鎮地，後爲夏州北境。隋於其地東置勝州，西置豐州。大業初，改勝州爲榆林郡，豐州爲五原郡，後廢。唐貞觀中，復置勝、豐二州。天寶元年，改勝州爲榆林郡，豐州爲九原郡。乾元元年，俱復舊名。其南境又有宥州，俱屬關内道。唐末，拓跋思恭鎮此。思恭以討黄巢有功，賜姓李，有銀、夏、綏、宥、静五州之地。見宋史西夏傳。五代至宋、金，皆爲李夏所有。元滅夏，立西夏、中興等路，後廢其地，東屬東勝、雲内二州及延安、寧夏等路。明初，城東勝等州，並立屯戍，耕牧其内。天順間，蒙古酋長阿勒綽爾與瑪古里海始入河套，嘉勒斯賚復糾合們都爾倚爲巢穴。弘治間，和實復入其中。「阿勒綽爾」舊作「阿羅出」，「瑪古里海」舊作「毛里孩」，「嘉勒斯賚」舊作「乩加思蘭」，「們都爾」舊作「滿都魯」，「和實」舊作「火篩」，今俱改正。延綏志：明初，王保保據河套，洪武中追逐之，築東勝等城，並立屯戍。天順六年，瑪古里海、阿勒綽爾、博勒呼三部始入河套。成化四年，阿勒綽爾爲其黨嘉勒斯賚所殺，併其衆，而結元裔們都爾居河套。九年，總督王越率兵擊敗之，乃渡河北去。弘治八年，北部復入河套，未幾和實據之。總制楊一清上言，河套當復。會劉瑾用事，尋得罪去。其後遂屢入寇。嘉靖中，無歲不擾。總督曾銑請復河套，嚴嵩譖殺銑。自後無敢議者。「博勒呼」舊作「孛羅忽」，今改正。嘉靖中，套西吉納部落擊破和實，居此。吉納者，諳達之兄，稱車臣可汗。子七人，分有河套之地。北界多羅圖們，西界西番，東界黄河套，南界陝西榆林、固原，統部落台吉勝兵數十萬。「吉納」舊作「吉囊」，「諳達」舊作「俺答」，今改正。後屬於察哈爾，是爲鄂爾多斯。

本朝天聰九年，滅察哈爾林丹汗，其濟農額璘臣來歸，仍賜濟農號，令招集諸部落。順治六年，編爲六旗，封郡王等爵有差。封額璘臣爲多羅郡王。至嘉慶十七年，以巴保多爾濟襲封，凡十一世。附輔國公一，雍正六年封，封善丹爲多羅貝勒。至嘉慶三年，以索諾木喇布齋根敦襲封，凡八世。封小扎木素爲鎮國公，後以軍功晉封其孫都棱爲固山貝子。至嘉慶十八年，以端多布色楞襲封，凡十一世，封沙克扎爲固山貝子。至乾隆五十四年，以永嚨多爾濟襲封，凡七世。封布達岱之子額琳沁爲固山貝子。至嘉慶二十二年，以桑寨旺沁襲封，凡九世。封固嚕之子色棱爲固山貝子。至嘉慶十七年，以額爾德尼桑襲封，凡七世，並世襲，分掌六旗，共爵七。康熙三十五年，聖祖仁皇帝親征噶爾丹，凱旋，駐蹕胡斯泰，鄂爾多斯地，其王、貝勒、貝子、公來朝，嘉其風俗淳樸，各部親睦孝友，特褒獎之。三十六年五月，聖祖仁皇帝諭大學士九卿曰：「明時爲恢復河套，議論紛紜，致大臣夏言、曾銑受戮。自朕觀其地，無甚關係，若控馭蒙古有道，則河套雖爲所據，安能爲患？控馭無道，則何地不可爲亂？蒙古遊行之地，防之不勝防，專言收復河套，亦何益乎！」雍正九年，增設一旗爲七旗，授定咱拉什爲一等台吉，世襲，掌旗。至嘉慶二十二年，以色楞德濟特承襲，凡五世。其貢道由殺虎口。

右翼前旗。駐套内巴哈池，在敖西喜峯西九十里。東西距一百八十里，南北距二百七十里。東至插漢額爾吉左翼中旗界五十里，西至磨多圖插漢泊右翼中旗界一百三十里，南至榆林衛邊城界二百三十里，北至五藍俄博右翼後旗界四十里。東南至插漢俄博邊城界二百里，西南至芥喀圖虎喇虎邊城界三百里，東北至哈達圖泊左翼後旗界三十里，西北至插漢扎達海右翼中旗界六十五里。隋、唐、夏、勝二州地。明初，榆林右衛地，後爲鄂爾多斯所據。本朝順治初，其台吉從額璘臣來歸封爵，世掌右翼前旗。

右翼中旗。駐套内正西，近南西喇布哩都池，在鄂爾吉虎泊西南二百六十里。東西距三百二十里，南北距四百八十里。東至插漢扎達海泊右翼後旗界七十里，西至插漢托海喀爾喀界二百五十里，南至賀通圖山右翼前旗界三百七十里，北至馬陰山右翼後旗界一百十里。東南至庫克拖羅海右翼前旗界一百里，西南至横城口邊城三百三十里，東北至鄂藍拜右翼後旗界一百二十三里，西北至阿爾布斯山喀爾喀界二百二十里。本漢朔方郡南境。隋、唐置豐州，元和中移置宥州於此。明嘉靖間，爲鄂爾多斯所據。本朝順治初，其台吉從額璘臣來歸封爵，世掌右翼中旗。

右翼後旗。駐套内西北鄂爾吉虎泊，在巴爾哈孫泊西一百七十里。東西距一百八十里，南北距一百六十里。東至兔毛河左翼後旗界四十里，西至馬陰山右翼中旗界一百四十里，南至喀喇扎喇克左翼中旗界一百四十里，北至色特勒黑冒頓烏喇特界二十里。東南至巴彥泉左翼後旗界一百五十里，西南至達爾巴哈岡右翼中旗界一百五十里，東北至拜塞冒頓烏喇特界四十里，西北至哈禄爾博羅烏喇特界一百八十里。漢朔方郡地。隋、唐爲豐州九原郡治所。明嘉靖間，爲鄂爾多斯所據。本朝順治初，其台吉從額璘臣來歸封爵，世掌右翼後旗。

左翼前旗。駐套内東南扎拉谷，在湖灘河朔西一百四十五里。東西距二百四十五里，南北距二百十里。東至湖灘河朔歸化城土默特界一百四十五里，西至鯀額爾吉廟左翼中旗界一百里，南至清水營邊城界一百十里，北至賀拖羅海左翼後旗界一百里。東南至黑山邊城界八十五里，西南至額勒默圖邊城界一百里，東北至黄河歸化城土默特界一百三十里，西北至可退坡左翼後旗界八十里。本古榆林塞。隋置榆林郡。唐屬勝州，置河濱縣。宋爲西夏所據。明初，榆林左衛地。天順後，爲蒙古各部所據。嘉靖間，地屬鄂爾多斯。本朝順治初，其台吉從額璘臣來歸封爵，世掌左翼前旗。

左翼中旗。駐套内南近東敖西喜峯，在扎拉谷西一百六十五里。東西距一百十五里，南北距三百二十里。東至鯀額爾吉廟左翼前旗界六十五里，西至插漢額爾吉右翼前旗界五十里，南至神木營邊城界二百里，北至喀賴泉右翼後旗界一百二十里。東南至賀岳爾門綽克邊城界一百八十五里，西南至額勒蘇忒五藍拖羅海邊城界六十里，東北至噶海拖羅海左翼後旗界九十里，西北至喀喇扎喇右翼後旗界九十里。本隋、唐勝州地。明嘉靖間，爲鄂爾多斯所據。本朝天聰九年，其濟農額璘臣來歸。順治六年，封爲多羅郡王，世掌左翼中旗。

左翼後旗。駐套内東北巴爾哈遜湖，在黄河帽帶津西一百四十里。東西距二百八十五里，南北距一百五十里。東至黄河帽帶津歸化城土默特界一百五十里，西至插漢額爾吉左翼中旗界一百三十五里，南至阿禄德勒蘇左翼前旗界一百九十里，北至黑水泊烏喇特界二十里。東南至阿禄德勒蘇左翼前旗界一百九十里，西南至哈西拉克拖羅海左翼中旗界一百四十里，東北至臺石額勒蘇歸化城土默特界八十五里，西北至綽和爾末里圖烏喇特界三百七十里。本漢沙南縣地。隋、唐勝州榆林郡治所。明嘉靖間，爲鄂爾多斯所據。本朝順治初，其台吉從額璘臣來歸封爵，世掌左翼後旗。

添設一旗。游牧六旗界内，定咱拉什，本鄂爾多斯三等台吉，以擊敗準噶爾功，雍正九年授扎薩克一等台吉，世襲掌旗。

山川

總材山。在右翼前旗東南一百四十里。蒙古名磨多圖。

恩多爾拜山。在右翼前旗南二百二十里。

巴音山。在右翼前旗西南三百十里。

錦屏山。在右翼前旗西南三百九十里。蒙古名巖靈。

蘇海阿禄山。在右翼中旗南三百六十里。

賀佟圖山。在右翼中旗南三百七十里。俗名回回墓山，與陝西寧塞堡邊界相接。

色爾騰山。在右翼中旗西一百三十里。

黄草山。在右翼中旗西北一百十里。蒙古名庫勒爾齊。

哈伯叉齊山。在右翼中旗西北一百二十里。

鄂藍喀喇拖羅海山。在右翼中旗西北一百二十里。

邵龍山。在右翼中旗西北一百二十五里。

省嵬山。在右翼中旗西北二百二十里。今名阿羅布斯山。寰宇通志：山踰黃河，因省嵬城而名。黃河東有省嵬口，爲防禦要地。其下有城，西夏所築。明統志：省嵬山，在寧夏衛東北一百四十里。

色爾蚌喀喇山。在右翼中旗西北二百四十里。

馬陰山。在右翼後旗西一百四十里。蒙古名阿克塔和邵。

夾山。在左翼前旗東南六十五里。蒙古名和岳爾喀喇拖羅海。

黑山。在左翼前旗東南六十五里。蒙古名喀喇和邵。

退諾克拖羅海山。在左翼後旗東南一百四十五里。其西曰拜圖拖羅海。

得石峯。在左翼前旗西北六十里。

巴漢得石峯。在左翼前旗北四十里。

敖西喜峯。在左翼中旗所駐。平地中突起一峯。

吴烈鄂博拖羅海岡。在右翼後旗東南九十里。

達爾巴漢岡。在右翼後旗西南一百五十里。

插漢拖羅海岡。在左翼後旗東南一百三十里。

伊克翁公岡。在左翼後旗南四十里。

巴漢翁公岡。在左翼後旗南四十里。

可退坡。在左翼前旗西北八十里。

黃河。自陝西寧夏府寶豐縣界北流出邊〔一〕，經旗西北，折而東流，經旗北與烏喇特分界，至古東勝州界折而南，經旗東與歸化城土默特分界。又東流入陝西府谷縣、山西河曲縣界。鄂爾多斯東、西、北三面，以河爲境。通典：河水自靈武郡西南便北流，凡千餘里，過九原郡乃東流，自靈武以北，漢人謂之西河，自九原以東謂之北河。元和志：勝州榆林縣榆林關，在縣東三十里，東北臨河。又河濱縣，黃河在縣東一十五步，闊一里，不通舟楫。榆林志：黃河在榆林衛北十里，自寧夏橫城堡西折而北，逕三受降城，南至廢東勝州西，折而南，入府谷縣黃甫川東九里，其中謂之河套，週迴數千里。

上稍兒河。在右翼前旗東南一百四十里。源出鯀布里都，南流入邊城。

席伯爾河。在右翼前旗南九十里。源出蟒喀圖虎爾虎之地，南流會西克丑河入邊城，爲榆林之榆溪，西河上源。

阿爾塞河。在右翼前旗南一百七十里。源出恩多爾拜山南平地，西南流會席伯爾河。

哈柳圖河。在右翼前旗西南一百八十里。源出虎喇虎之地，東南流合細河、金河二水，入榆林邊。至波羅營，會西來之額圖渾河爲無定河。按：此即榆林無定河之別源，古黑水也。亦名吃那河。元朱思本河源記：「吃那河源，自古宥州東南流，過陝西省綏德州，凡七百里，與黃河合。」

細河。在右翼前旗西南二百十里。蒙古名納林河。源出托里泉，南流會哈柳圖河。

金河。在右翼前旗西南二百九十里。蒙古名西喇烏素。源出磨虎喇虎之地，南流會哈柳圖河。

石窯川河。在右翼前旗西南三百六十里。蒙古名額圖渾。源出賀佟圖山北平地，東南流合數小水，入懷遠縣邊，爲恍忽都河。又折東北至波羅營，會海留圖河，爲無定河。按：此即榆林無定河之上流，古奢延水也。詳見榆林府。

庫葛爾黑河。在右翼中旗西南二百三十里。源出庫葛爾黑泉，南流入邊，又西折出邊，入黃河。明統志：黑水河在寧夏衛城東，番名哈喇禿速河，西流注於黃河。

巴漢托蘇圖河。在右翼中旗西五十里。源出巴惠泉，西北流，會伊克托蘇圖河，入黄河。

伊克托蘇圖河。在右翼中旗西北一百里。源出布海扎喇克之地，西流會黄河。

兔河。在右翼後旗南一百二十里。蒙古名陶賴。

黄水河。在右翼後旗西南一百四十里。蒙古名西喇木倫。源出馬陰山北平地，東北流入古爾板泊。

赤沙河。在右翼後旗西一百三十里。蒙古名烏藍。源出赤沙泉，東北流入鍋底池。

克丑河。在左翼前旗東五里。源出噶克叉冒頓東平地，東南流會芹河。

芹河。在左翼前旗東二十五里。蒙古名伊克西喇爾几台。源出杜爾伯特拜坡東平地，南流入邊城，爲陝西府谷縣界之清水川。

小芹河。在左翼前旗東五十五里。蒙古名巴漢西喇爾几台。源出得勒蘇台坡南平地，西南流會芹河。

塔爾奇爾河。在左翼前旗東七十里。源出噶克叉冒頓，東流入黄河。

布林河。在左翼前旗東八十里。源出查木哈克泉，東南流入黄河。

哈岱河。在左翼前旗東南八十五里。源出賀爾博金坡南平地，東南流入黄河。

西河。在左翼前旗南三十里。源出科爾口，東流會芹河，詳見陝西榆林府。

葦爾圖河。在左翼前旗南四十里。源出古爾板多博坡南平地，南入邊城。

獐河。在左翼前旗西南一百二十里。蒙古名西爾哈。源出常樂堡，合葫蘆海，南流入紅石峽。

博羅哈爾几圖河。在左翼前旗西南一百四十里。源出平地，南流入邊城。按：此水及獐河，即府谷縣界之九股水也。

布喀河。在左翼前旗西三十四里。源出博羅巴爾喀孫東平地，西南流會紫河。

陀索圖河。在左翼前旗西六十里。源出得勒蘇台坡西平地，南流會布喀河。

舒貴河。在左翼前旗西八十里。源出翁公坡南平地，南流會布喀河。

大崐兑河。在左翼前旗東北七十里。源出平地，東南流入黄河。又旗東南八十里有小崐兑河，東南流入黄河。蒙古名伊克崐兑、巴漢崐兑。

紫河。在左翼中旗東二十五里。蒙古名五藍木倫。源出臺石坡西平地，西南流入邊城。

哈楚爾河。在左翼中旗東五十八里。源出哈楚爾坡西平地，西南流會紫河，流入陝西神木縣，爲屈野河。

緜額爾吉河。在左翼中旗東六十二里。源出緜額爾吉坡南平地，西南流會哈楚爾河。

坎台河。在左翼後旗東十二里。源出布木巴泉，東北流入黄河。

喀西拉克河。在左翼後旗東五十里。源出色泊呼勒泉，東北流入奈馬代泊。

魚河。在左翼後旗東一百十里。蒙古名折葛蘇台。源出托諾克拖羅海山，東北流入捕魚池。

蒲河。在左翼後旗東一百四十里。蒙古名呼魯蘇台。源出插漢拖羅海岡，東北流入蒲池。

西都喇虎河。在左翼後旗西二十五里。源出吴烈泉，東北流入黄河。

喀賴河。在左翼後旗西五十里。源出朱爾漢虎都克，北流入黄河。

柳河。在左翼後旗西一百十里。蒙古名布爾哈蘇台。源出插漢拖羅海岡，北流入黄河。

兔毛河。在左翼後旗西一百二十里。蒙古名陶賴崐兑。源出敖柴達木，西北流入黄河。

黑河。在左翼後旗西北二百五十里。蒙古名伊克土爾根。源出虎虎冒頓之地，東流至烏拉孫鄉入黄河。又有小黑河，在旗西二百四十里，東流入黄河。

烏爾巴齊河。在左翼後旗西北三百十里。源出平地，東流入黄河。

車根木倫河。在左翼後旗西北三百七十里。源出撒爾奇喇之地，東流入黄河。

巴漢池。右翼前旗所駐，直陝西榆林府北二百三十里。又哈達圖池，在旗東北三十里。

長鹽池。在右翼前旗南三十五里。蒙古名達布蘇圖。

紅鹽池。在右翼前旗西南三百里。蒙古名五楞池。明成化中，總督王越敗套寇於紅鹽池，即此。延綏志：榆林東有長鹽池、紅鹽池，西有西紅鹽池、鍋底池，俱僻在境外。榆林衛志：紅鹽池，在衛西北三百五十里。

磨多圖插漢池。在右翼前旗西一百三十里。又忒默圖插漢池，在旗東五十里。五楞池，在旗西南三百里。哈達圖池，在旗東北三十里。

西喇布里都池。右翼中旗所駐，直陝西寧夏東北三百五十餘里。又二折圖池，在旗東二十五里。西黑圖池，在旗南二百九十里。

特默圖池。在右翼中旗南一百十里。

博木池。在右翼中旗西二百二十里。大、小折蘇圖河合注於此，又西入黄河。

大藍土禄池。在右翼中旗東北四十二里。

鄂爾吉虎池。右翼後旗所駐，直陝西榆林正北少西四百餘里。其西六十里有古爾板道圖池，共有三池，故名。

鍋底池。在右翼後旗西九十里。周圍二十餘里，産鹽。兔河、赤沙河二水注入其中。即漢時朔方縣鹽澤、唐時名胡落鹽池者也。今土人名喀喇莽奈腦兒。漢書地理志：朔方郡，朔方金連鹽澤、青鹽澤，皆在南。水經注：魏土地記曰：「朔方縣有大鹽池，其鹽大而青白色，名曰青鹽，又名戎鹽，入藥分。漢置典官。鹽池去平地宫千二百里，在新秦之中。」唐書食貨志：安北都護府有胡洛池，歲得鹽萬四千斛，以給振武〔二〕、天德。元和志：胡洛鹽池，在長澤縣北五百里，周迴三十里，亦謂之獨樂池，聲相近也。漢有鹽官。按：漢時朔方鹽澤有二，至後魏時止言一池，即唐長澤縣北五百里之胡洛鹽池，今喀喇莽奈大鹽池也。但漢時金連鹽澤，今不可考。

紅水池。在右翼後旗西一百五十里。蒙古名五藍。

奈馬代池。在左翼後旗東四十三里。

苦水池。在左翼後旗東七十里。蒙古名插漢扎達海。

捕魚池。在左翼後旗東一百十里。蒙古名折葛蘇台。魚河水注入其中。

蒲池。在左翼後旗東一百三十里。蒙古名虎蘇台。蒲河水注入其中。

黑水池。在左翼後旗東一百四十里。蒙古名喀喇烏素。

銀盤水。在右翼中旗南二百九十里。蒙古名西黑爾。

清湖。即青山湖。在左翼中旗西南三百五十里。近榆林寧塞堡北。蒙古名佟哈拉克腦兒。清水河注入其內。又有彬草湖，在寧塞堡西北。莜麥湖，在甎井堡邊外。又明沙湖，在鹽場堡北邊外赤木墩之西。

大鹽濼。在右翼前旗東五十里。蒙古名忒默圖插漢。

越没濼。在右翼前旗西三十五里。蒙古名鄂爾吉虎。

者者渡。在左翼後旗西北二百四十里，巴漢土爾根河入黄河處。

君子津。在左翼前旗東界河濱。水經注：河水於楨陵、桐過二縣間濟，有君子之名。元和志：勝州河濱縣，黄河在縣東一十五步，渡河處名君子津。明統志：君子津，在舊勝州東界。詳見歸化城土默特。

娘娘灘。在左翼前旗東七十里。大崑兑河入黄河處。蒙古名伊克崑兑。

太子灘。在左翼前旗東八十五里。小崑兑河入黄河處。蒙古名巴漢崑兑。

巴漢朱爾格泉。在右翼後旗東十二里。

錫賚泉。在右翼後旗南一百五里。

巴彦泉。在左翼前旗東四十里。

東四海泉。在左翼前旗東北一百三十里。

古蹟

奢延舊城。在右翼前旗西南。漢置，屬上郡，後漢因之。晉省。水經注：奢延水出奢延縣西南赤水阜，東北流，逕其縣故城南。按：奢延水即今榆林之無定河及石窯川河。旗西南哈柳圖河、額圖渾河，即古奢延縣也。

豐州舊城。在右翼後旗界内。隋書地理志：五原郡，開皇五年置豐州。仁壽元年置總管府，大業元年府廢，治九原縣。

元和志：豐州在秦上郡之北境。漢置朔方郡。靈帝末，羌、胡擾亂，城邑皆空。永嘉後，匈奴衛辰父子居其地。後魏爲夏州之北境。周武帝於今永豐縣置永豐鎮。隋開皇三年，於鎮置豐州，後廢。貞觀四年，突厥降附，又權於此置豐州都督府，不領縣，惟領蕃户，以史大奈爲都督。十一年，大奈死，復廢府，以地屬靈州。二十二年，又分置豐州。天寶元年，改爲九原郡。乾元元年，復爲豐州，東至勝州五百三十里，西南至靈州九百里，東南至夏州七百五十里，西北至河西城八十里。又九原縣，郭下，本漢之廣牧縣地，永徽四年，重置縣。其城周、隋間謂之甘草城。唐書唐休璟傳：永淳中，突厥圍豐州。朝廷議棄豐保靈、夏，休璟上疏曰：「豐州控河遏寇，號爲襟帶。自秦、漢以來，常郡縣之，土田良美宜耕牧，隋季喪亂，不能堅守，乃遷就寧、慶〔三〕。戎羯得以乘利而交侵，始以靈、夏爲邊，唐初募人實之，西北一隅，得以完固。今而廢之，則河防地復爲賊有，而靈、夏亦不足以自安，非國家利也。」高宗從其言。按：豐州至宋慶曆中陷於西夏，嘉祐七年復以府州蘿泊川置豐州，地在今河套東南陝西府谷縣之北，非此之隋、唐所置豐州也。

朔方舊城。在右翼後旗界内。詩小雅：城彼朔方。史記匈奴傳：秦始皇使蒙恬將十萬衆北擊胡，悉收河南地，因河爲塞，築四十四縣，城臨河。十餘年，諸侯叛秦，匈奴復稍度河南與中國界於故塞。後冒頓南并樓煩、白羊河南王，悉復收秦使蒙恬所奪匈奴地，與漢關故河南塞〔四〕，至朝那、膚施。漢書衛青傳：元朔元年，青爲車騎將軍。明年，出雲中以西至高闕，走白羊、樓煩王，遂以河南地爲朔方郡，使蘇建築朔方城。後漢書順帝紀：永和五年，徙朔方居五原。魏志：建安二十年，省朔方郡。晉書載記：赫連勃勃父衛辰，苻堅以爲西單于，屯代來城，遂有朔方之地。爲魏所殺，姚興以勃勃爲五原公，鎮朔方。義熙二年〔五〕，僭稱大夏。水經注：河水東南逕朔方縣舊城東北。括地志：朔州故城，夏州朔方縣北什賁舊城是。元和志：什賁之號，蓋番語也。按：朔方郡，前漢治三封〔六〕。後漢治臨戎。而朔方縣爲屬縣郡地，南連北地，東界五原、雲中，東南接西河、上郡。河之北岸，爲高闕塞。至赫連勃勃，始於朔方之南、奢延水之北，築統萬城。元魏於此置夏州。隋、唐因之，號朔方郡，在今榆林府西南二百里，非漢朔方舊地。明統志又以寧夏衛爲朔方，不知寧夏乃漢北地郡富平縣北境，唐之靈州地，與漢朔方無涉也。

渠搜舊城。在朔方舊城東。漢置，屬朔方郡，爲中部都尉治。後漢省。水經注：河水自朔方東轉，逕渠搜縣舊城北。

廣牧舊城。在朔方舊城西。漢置，屬朔方郡，爲東部都尉治。後漢末省。水經注：南河自臨河縣南，臨戎縣北，又東逕廣牧縣舊城北。

臨戎舊城。在朔方舊城西，河向北流之東岸。漢書地理志：朔方郡領臨戎縣，武帝元朔五年城。後漢書郡國志：朔方郡治臨戎縣。水經注：河水北逕臨戎縣舊城西。元朔五年立，舊朔方郡治。元和志：豐州永豐縣，在州西一百六十里。本漢臨戎舊地。後漢末廢。北人又謂之賀葛真城。周武保定三年，於此置永豐鎮。隋開皇五年，廢鎮，置永豐縣。武德六年省。永徽元年復置。延綏志：臨戎縣舊城，呬把湖在其内。按：前漢朔方郡治三封，三封舊城在套外黄河西岸。水經注曰，河水東北逕三封縣故城東，十三州志云在臨戎縣西一百四十里是也。元和志曰，漢武帝置朔方，理在三封，在豐州西一百里。其地在今鄂爾多斯右翼後旗正西河外。窳渾舊城、沃壄舊城皆在套外。水經注河水北過朔方臨戎縣西，又北有枝渠東出，謂之錮口，東逕沃壄舊城南，又北屈而爲南河出焉，又北迤西，溢於窳渾縣舊城東，又屈而東流爲北河。按：此則沃壄舊城，當在今套外，河水北流一曲之西，而窳渾舊城則在今阿爾坦山之南。騰格里湖之側，朔方一郡惟此三縣在套外耳。

臨河舊城。在朔方舊城西北。漢置，屬朔方郡。後漢省。水經注：河水自高闕南，又東逕臨河縣舊城北。又南河，東逕臨戎縣故城北，又東逕臨河縣南。按：黄河北流逕古朔方之西行五百餘里，一支分爲二歧東注，水經所謂南河也。其北河流至套外之阿爾布坦山南迤西溢爲大河，土名騰格里腦兒，即古屠申澤也。自此屈而東流，過古高闕，南行二百里許，稍東南流，又折而西南，與南河合。水經所謂北河南屈逕河目縣左，又南合南河是也。始直向東行，經古五原之南，至大土爾根河入河處，始轉向東南行，過古東勝州境。以地勢測之，漢臨河縣在北河之南，南河之北。水經所謂自高闕南而東，逕舊城北者，北河也。自臨戎縣北而東，逕縣南者，南河也。

大成舊城。在左翼前旗界。漢置，屬西河郡〔七〕。後漢曰大城，改屬朔方郡，後廢。後漢書南匈奴傳：逢侯將萬餘騎向滿夷谷，鄧鴻等追擊逢侯於大城塞〔八〕，破之。

富昌舊城。在左翼前旗界。漢書地理志：西河郡，武帝元朔四年置，治富昌縣，有鹽官。後漢書順帝紀：永和五年，南匈奴左部叛，徙西河居離石。注：「離石，在郡南五百九里。西河本都平定縣，至此徙於離石。」水經注：湳水東逕富昌縣舊城南。隋書地理志：榆林郡富昌，開皇十年置。榆林舊志：富昌舊城，在舊勝州南。按：漢書西河郡自治富昌，後漢書注謂初都平定，當是後漢初所徙治也。隋復置富昌，屬榆林，唐初省。其地直今榆林府東北。

美稷舊城。在左翼前旗東南。漢置，屬西河郡，後漢因之，晉省。水經注：湳水出西河郡美稷縣。按：通典隰城縣有美稷鄉，在今山西平定州界，乃後漢中平中所徙置，非前漢舊縣也。

白土舊城。在左翼中旗南。漢置，屬上郡，後漢因之，晉省。水經注：圁水出白土縣圁谷，東逕其縣南。括地志：白土故城，在鹽池東北三百九十里。按其地近今神木縣北。

勝州舊城。在左翼後旗。隋書地理志：榆林郡，開皇二十年置勝州，大業初置郡。元和志：勝州，戰國時爲趙地〔九〕。始皇時，爲雲中郡。漢末，匈奴侵邊，其地遂空。晉末，屬赫連氏。後魏迄周，往往置鎮，不立郡縣。隋開皇三年，於此置榆林郡。七年，又置榆林縣，屬雲州。二十年，割雲中之榆林、富昌、金河三縣置勝州。大業五年，以勝州爲榆林郡。十五年，郡人郭子和以城入突厥。武德四年，子和歸國，其地又陷梁師都。貞觀二年，平師都。三年，仍隋舊理置勝州，以決勝爲名。西南至麟州四百里，至夏州九百里，南至銀州七百里，北至豐州七百里。又榆林郡，郭下，本漢沙南縣地，北近榆林，因名，屬雲州。二十年，改屬勝州。榆林關，在縣東三十里，開皇三年置。寰宇記：勝州西北至河十里〔一〇〕，正東至河四十里。陝西通志：勝州城，在榆林衛東北四百五十里。按：其地在套内東北，瀕黄河屈南流處，與遼、金東勝州相近，但隔河耳。又按，唐勝州在豐州東，不在南。元和志於豐州下既云東至勝州五百三十里，此又云北至豐州七百里，疑誤。

代來城。在左翼界内。晉書赫連勃勃載記：苻堅以衛辰爲西單于，督攝河西諸部，屯代來城。通鑑：晉太元十六年，魏王珪自五原金津南濟河，徑入衛辰國，直抵其所居悦跋城。胡三省注：「悦跋城，即代來城也。」

舊宥州。在右翼前旗西南。有新、舊二州，俱唐置。元和志：廢宥州，在鹽州東北三百里，開元二十六年置。寶應以後廢。新宥州，在廢宥州東北三百里，東至麟州六百里，西南至靈州六百五十里，南至鹽州六百里。初，調露元年，於靈州南境置魯、麗、含、塞、依、契等六州，以處突厥降户。長安四年，併爲匡、長二州。神龍三年，復置蘭池都督府，在鹽州白池縣北八十里，仍分六州各爲一縣以隸之。開元十一年，康待賓叛，克定後，遷其人於河南、江淮諸州。二十六年，還其餘黨於此，置宥州，以寬宥爲名也。後爲寧朔郡，領縣三，曰懷德、延恩、歸仁。天寶中，宥州寄理經略軍。寶應以後，因循遂廢。元和九年，詔復於經略軍城置宥州，乃爲上州，於州郭下置延恩縣爲上縣，改隸夏綏銀觀察使。又自州北至天德置新館十一所，從天德取夏州，乘傳奏事，四日餘便至京師。舊唐書地理志：宥州，天寶元年，爲寧朔郡。至德二年，改爲懷德郡都督府。乾元元年，復爲宥州。元和十五年，移治長澤縣，爲吐蕃所破。長慶四年，夏州節度使李祐復置。

高望舊縣。在右翼前旗直榆林北。漢置，屬上郡，爲北部都尉治。後漢省。

虎猛舊縣。在左翼前旗界内，直榆林北。漢置，屬西河郡，後漢省。又漢置西河郡，領增山縣，北部都尉治，有道西出眩雷塞。又穀羅縣，武澤在西北。後漢俱省。其地俱在今套内之南，與榆林邊界接境。

河濱舊縣。在左翼前旗界内。元和志：河濱縣，本漢沙南縣地，後魏及周爲銀城縣地，隋爲榆林縣地。貞觀三年，於此置河濱縣，東臨河岸，因以爲名。改雲州爲威州，立嘉名也。八年，廢威州，以縣屬勝州。河濱關，在縣東北，貞觀七年置。唐書地理志：勝州河濱縣，貞觀三年以縣置雲州，四年曰威州，八年州廢來屬。寰宇記：縣在勝州南一百九十里。五代時，與州俱廢。

按：此在黄河西岸。爲唐時勝州之河濱，若遼置東勝州，亦領榆林、河濱二縣。其地在黄河東岸，非隋、唐舊地也。

舊白城。在右翼前旗界内，直榆林西。元和志：故白城一名契吴城，在夏州朔方縣北一百二十五里契吴山，赫連氏因山所築。勃勃嘗所歎美，故其子因立此城，以立勃勃之廟。

安北都護府。在旗界内。唐置。開元十年，自中受降城徙治豐、勝二州之境。十二年，又徙治天德軍。

榆谿塞。在旗界内。史記趙世家：武靈王二十年，西略地至榆中，林胡王獻馬，歸。注：「正義曰：勝州北河北岸也。」漢書韓安國傳：王恢曰：「蒙恬爲秦侵胡，辟數千里，以河爲境，累石爲城，樹榆爲塞。」又衛青傳：青度西河至高闕，遂西定河南地，按榆谿舊塞，絶梓嶺，梁北河。注：「師古曰：上郡北有諸次山，諸次水出焉，東逕榆林塞爲榆谿。言軍尋此塞而行也。」水經注：諸次水東逕榆林塞，世又謂之榆林山，即漢書所謂榆谿舊塞者也。自谿西去，悉榆林之藪矣〔二〕。緣歷沙嶺，屆龜茲縣西去，故謂廣長榆也。王恢云樹榆爲塞，謂此也。通典：榆林塞，在勝州榆林郡南界。元和志：榆林縣地，北近榆林，即漢之榆谿塞。霍冀九邊圖説：秦榆谿舊塞，西屬朔方，東爲河，西南有上郡，而黄河三面環之。漢歷隋、唐，皆爲邊鎮。宋没於西夏，後爲章孔興所據。明初，定陝西，設綏德衛於發兵屯，迨榆林。西略豐州，築城東勝，以統領套内。自正統末，盡爲吉納父子所據。都督王楨遮築榆林城於上郡，僅足蔽延安、綏德而已。

榆林宫。在勝州舊城中。元和志：隋榆林宫，在州城内。煬帝大業三年置，因榆林郡爲名。後煬帝北巡，陳兵塞表，因幸此宫。突厥啓民可汗獻馬及兵器、新帳，因賦詩云。

校勘記

〔一〕自陝西寧夏府寶豐縣界北流出邊　乾隆志卷四〇八鄂爾多斯山川(下同卷簡稱乾隆志)同。按，寧夏府於明時爲寧夏衛，屬陝西都司。清初因之。雍正二年改置寧夏府，屬甘肅省。七年，置寶豐縣。乾隆三年裁寶豐，併入平羅縣。本志卷二六四寧夏府敘之甚詳。此抄撮舊文，未作變改，殊乖體例。下文此類亦不鮮見。

〔二〕以給振武　「振武」，原作「鎮武」，乾隆志同，據新唐書卷五四食貨志改。

〔三〕乃遷就寧慶　「寧」，原作「靈」，乾隆志同，據新唐書卷一一一唐休璟傳改。

〔四〕與漢關故河南塞　「塞」，原作「朔」，乾隆志同，據史記卷一一〇匈奴傳改。

〔五〕義熙二年　「二」，乾隆志同。按，晉書安帝紀記赫連勃勃稱天王立夏國於義熙三年，又魏書太祖記載其事在天賜四年，即晉義熙三年。此「二」當作「三」，中華書局點校本晉書卷一三〇赫連勃勃傳校改作「三」，是。

〔六〕朔方郡前漢治三封　乾隆志同。按，此語本諸元和郡縣志，然實誤，朔方郡治所當在朔方縣。參王文楚關於中國歷史地圖集第二册西漢圖幾個郡國治所問題(載古代交通地理叢考)。

〔七〕屬西河郡　「西河」，原作「河西」，乾隆志同，據漢書卷二八地理志下乙。

〔八〕鄧鴻等追擊逢侯於大城塞　「城」，原作「成」，乾隆志同，據後漢書卷八九南匈奴列傳改。

〔九〕戰國時爲趙地　乾隆志同。按，元和郡縣志卷四關内道勝州云勝州「戰國時爲晉、趙地」。此「趙」前脱「晉」字。

〔一〇〕勝州西北至河十里　乾隆志同。按，太平寰宇記卷三八關西道勝州云勝州西北至黄河二十里。此「十」上疑脱「二」字。

〔一一〕悉榆林之藪矣　乾隆志同。按，戴震校水經注，改「林」爲「柳」。資治通鑑卷三周紀「周赧王九年」條胡三省注引水經注亦作「柳」。

喀爾喀圖

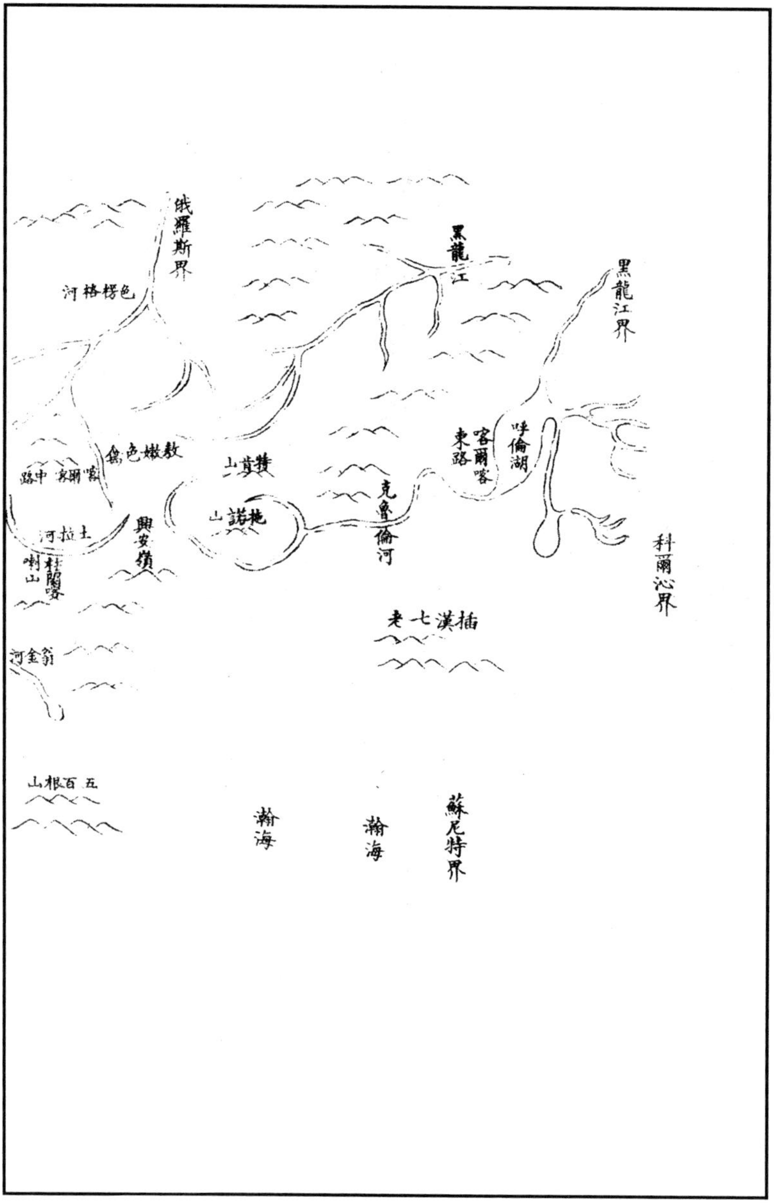
俄羅斯界
色楞格河
黑龍江
黑龍江界
敖嫩色楞
喀爾喀中路
特肯山
喀爾喀東路
呼倫湖
拖諾山
克魯倫河
土拉河
興安嶺
科爾沁界
插漢七老
翁金河
五百根山
瀚海
瀚海
蘇尼特界

俄羅斯界
阿勒坦山
特斯河
奇勒稽思泊
空格衣河
巴彥山
達勒巴哈台山
伊犁東路界
喀爾喀西路
推河
齊老圖河
塔米爾河
杭愛山
鄂爾坤河
賽因諾顏部
翁金河

喀爾喀表

	喀爾喀
秦	匈奴地。
兩漢	後漢北匈奴地。
三國	
晉	
南北朝	北魏蠕蠕地。
隋	突厥地。
唐	貞觀四年置瀚海、燕然、金微、幽陵、龜林、盧山六都督府，又置臯蘭、高闕等七州，皆隸燕然都（督）〔護〕府。其後回鶻盡得匈奴故地。
五代	室韋嫗厥律諸部散居其地，羈縻於遼。
宋	金、蒙古諸部地。
元	和寧路太祖十五年建都和林，世祖於和林置都元帥府。大德十一年立和林等處行中書省，皇慶元年改嶺北等處行中書省，改和林路爲和寧路。
明	蒙古地，後部落號喀爾喀，共七部。

大清一統志卷五百四十四

喀爾喀

四部八十六旗。東西袤延五千里，南北距三千里。東至黑龍江界，西至阿勒坦山與新疆伊犂東路接界，南至瀚海，北至俄羅斯界。

建置沿革

秦、漢時之匈奴，即周之玁狁也。詩小雅：「天子命我，城彼朔方。赫赫南仲，玁狁于襄。」傳謂朔方爲北方，蓋匈奴在中國之正北，故漢書匈奴傳謂之北邊。匈奴衰，爲蠕蠕所據。蠕蠕滅，爲突厥所據。突厥滅，又爲回紇所據。唐貞觀四年，回紇來朝，以其地爲瀚海、燕然、金微、幽陵、龜林、盧山六部，號都督府。又置臯蘭、高闕、雞田、榆溪、雞鹿、蹛林、寘顔等七州，以部長爲都督，刺史、長史、司馬，皆隸燕然都護府。其後并有九姓諸部，盡得匈奴故地，此爲回紇地。又東爲室韋地。五代以後，回紇西遷至北庭，其地始入蒙古。元太祖十五年，作都於此，名和林。初立元昌路，後改轉運和林使司，前後五朝都焉。世祖遷都大興，於和林置都元帥府。大德十一年，立和林等處行中書省，統和林總管府。皇慶元年，改嶺北等處行中書省，改和林路爲和寧路。明初，順帝子阿裕實哩達喇，「阿裕實哩達喇」舊作「愛猷識理達臘」，今改正。依王保保於此。初，王保保在和林，明太祖屢招之不報。洪武五年，命徐達、李文忠、馮勝分三路討之。勝軍至額齊訥路，元岐王多爾濟巴勒遁去。文忠進兵臚朐河，兼程疾趨，敗敵將曼濟哈喇章於圖喇河，追至特哩袞河。敵益衆，文忠戰益力，窮追至稱海，敵遁去。明年，達、文忠復備邊，遣將追敗之塔喇海口。明年，王保保死。順帝孫托果斯特穆爾駐捕魚兒海，爲藍玉所敗，遁至圖喇河，爲其臣伊蘇岱爾所弑。其族烏訥爾實哩大王收散亡，居和林之西哈瑪爾，復爲都督劉真等所破。自托果斯死後，七傳至布尼雅實哩，敗淇國公丘福，五將軍俱没。成祖怒，親征至鄂諾河，擊破之。布尼雅實哩以七騎絶河遁去，遂爲衛喇特瑪哈穆特所殺。時阿嚕台强盛，與衛喇相攻，元裔益微。有托克托布哈者，爲衛喇特托歡所立，居漠北。托歡子額森疑其與中國通，攻殺之，額森自稱可汗。尋亦爲其下所殺。諸部共立托克托布哈之子，號小王子。其後數傳，徙帳東方，爲察哈爾。其留漠北部落曰喀爾喀，爲西北强地。「額齊訥」舊作「亦集乃」，「多爾濟巴勒」舊作「朵兒只班」，「曼濟哈喇章」舊作「蠻子哈喇章」，「圖喇河」舊作「土剌河」，「特哩袞河」舊作「土魯渾河」，「塔喇海口」舊作「荅剌海口」，「托果斯特穆爾」舊作「脱果斯帖木兒」，「伊蘇岱爾」舊作「也速迭兒」，「烏訥爾實哩」舊作「兀納失里」，「哈瑪爾」舊作「哈梅里」，「布尼雅實哩」舊作「本雅失里」，「鄂諾河」舊作「斡難河」，「衛喇特瑪哈穆特」舊作「瓦剌馬哈木」，「阿嚕台」舊作「阿魯台」，「托克托布哈」舊作「脱脱不花」，「衛喇特托歡」舊作「瓦剌脱懽」，「額森」舊作「也先」，今俱改正。後部落號喀爾喀，共七旗。有三汗，西曰扎薩克圖汗，直陝西、寧夏邊外漠北。中曰土謝圖汗，直山西、大同邊外漠北。東曰車臣汗。直古北口邊外漠北。

本朝天聰七年，瑪哈薩嘛諦車臣汗遣使來聘。崇德三年，三汗並遣使來朝，定貢物。三汗各貢白馬八匹、白駝一頭，謂之「九白之貢」，歲以爲常。後因其國西接厄魯特，每與搆兵，康熙十六年詔諭兩國和好。時厄魯特噶爾丹方雄鷙西北，喀爾喀之左右二翼右翼一汗，左翼中路、東路二汗。內自相殘。二十八年，噶爾丹興兵攻破喀爾喀，七部舉族奔潰，款塞內附。三十年四月，聖祖仁皇帝親巡邊外，受其朝，大會於多倫諾爾，編審旗分，安輯其衆於喀倫邊內。惟留汗號，其諾顏、濟農等授王、貝勒、貝子、公、台吉等爵世襲。會典：三十一年，編喀爾喀旗分佐領，分爲三路。將土謝圖汗之十七扎薩克爲後路，車臣汗之十二扎薩克爲東路，扎薩圖之九扎薩克爲西路，各按旗分給印。令與四十九旗同列。噶爾丹既并其地，遂沿克魯倫河南牧，窺伺邊塞。三十五年，駕親征至克魯倫河，賊衆駭，遁還，遇大兵擊之，盡殲其衆。明年，噶爾丹竄死，漠北悉平。聖祖仁皇帝御製平定朔漠告成太學碑文曰：惟天盡所覆海內外，日月所出入之區，悉以畀予一人。自踐阼至今，蚤夜殫思，休養生息，冀臻熙皞，以克副維皇大德好生之意，庶幾疆域無事，得以偃兵息民。迺厄魯特噶爾丹阻險北陲，困此一方人，既荼毒塞外，輒狡焉肆其兇逆，犯我邊鄙，虐我臣服，人用弗寧。夫蕩寇所以息民，攘外所以安內，邊寇不除，則吾民不安。此神人所共憤，天討所必加，豈憚一人之勞，弗貽天下之逸！於是斷自朕心，躬親朔漠。欲使悔罪革心，故每許以不殺。彼怙終不悛，我師三出絶塞，朕皆親御以行，深入不毛，屢涉寒暑，勞苦艱難，與偏裨士卒共之。迨彼狂授首，脅從歸誠，荒外君長，來享闕下。西北萬里，灌燧銷烽，中外乂謐。惟朕不得已用兵以安民，既告厥成事，迺蠲釋眚災，潔事禋望，爲億兆祈昇平之福。而廷臣請紀功太學，垂示來茲，朕勞心於邦本，嘗欲以文德化成天下，顧茲武略，廷臣僉謂建威消萌，宜昭斯績於有永也。朕不獲辭，攷之禮王制有曰：「天子將出征，受成於學。出征執有罪，反，釋奠於學，以訊馘告。」而泮宮之詩亦曰：「矯矯虎臣，在泮獻馘。」又禮，王師大獻，則奏愷樂，大司樂掌其事。則是古者文事武事爲一，折衝之用具在樽俎之間。故受成獻馘，一歸於學，此文武之盛制也。朕嚮意於三代，故斯舉也，出則告於神祇，歸而遣祀闕里。茲允廷臣之請，猶禮先師以告克之遺意。而於六經之旨，爲相符合也。爰取「思樂泮水」之義，爲詩以銘之，以見取亂侮亡之師，在朕有不得已而用之之實，或者不戾於古帝王伐罪安民之意云爾。銘曰：巍巍先聖，萬世之師。敬信愛人，治平所基。煌煌聖言，文武道一。禮樂征伐，自天子出。朕臨域中，逾兹三紀。嘗見羮牆，寤寐永矢。下念民瘼，上承帝謂。四海無外，盡隸候尉。維彼兇醜，瀆亂典常。既梗聲教，遂窺我疆。譬之於農，患在螟螣。秉畀不施，將害稼穡。度彼游魂，險遠是恃。震以德威，可往而取。朕志先定，龜筮其依。屬車萬乘，建以龍旗。祝融驂鸞，風伯戒途。宜暘而暘，利我樵蘇。大野水涸，川瀆效靈。泉忽自湧，其甘如醽。設爲犄角，一出其西，一出其東，中自將之。絶域無人，獸羣自掩。五日窮追，彼狂走險。大殲於路，波血其弩。翦其黨孽，俘彼卒徒。衆烏晝號，單馬宵遁。恐久駐師，重爲民困。慎固戍守，還轅於京。自夏徂冬，雨雪其零。載馳載驅，我行至再。蠢兹窮寇，昏惑不悔。我邊我氓，以休以助。爰寧其居，爰復其賦。藩落老稚，斯恬斯嬉。歲晏來歸，春與之期。春風飄翩，揚我旆旓。我今於邁，如涉我郊。言秣我馬，狼居胥山。登高以眺，閔彼彈丸。天降兇罰，孤雛就羈。三駕三捷，封狼輿尸。既腊梟獍，既獮豺貙。大漠西北，解甲棄殳。振旅凱入，澤霈郊卜。明禋肆赦，用迓景福。昔我往矣，在泮飲酒。陳師鞠旅，誓屈羣醜。今我來思，在泮獻功。有赫頌聲，文軌來同。採芹採藻，頌興東路。車攻馬同，亦鐫石鼓。師在安民，出非得已。古人有作，昭示斯旨。緬維虞廷，誕敷文德。聖如先師，戰慎必克。惟兵宜戢，惟德乃綏。億萬斯年，視此銘詞。喀爾喀諸部始歸故地，其從征有功者，晉封爵，爲旗五十有五。按皇輿表，喀爾喀内附，受封，汗三，親王一，郡王五，貝勒五，貝子三，公十，一等台吉二十六。後以次封黜，並添設旗分，爲旗六十。又有善巴，自爲一部，曰賽因諾顏部。雍正九年，固倫額駙策淩以奮擊準噶爾功，詔授爲大扎薩克，轄旗二十四。共四部，爲旗八十有六。

後路。旗二十，駐牧土拉河南北。東至肯特山車臣汗部界，西至翁金河賽因諾顏部界，南至瀚海蘇尼特界，北至俄羅斯界。至京師二千八百餘里。

土謝圖汗。土謝圖汗察琿多爾濟爲噶爾丹所破，來降。康熙三十年，命仍舊號。三十九年，孫敦多布多爾濟襲。四十一年，叔多爾濟額爾德尼阿海襲。五十年，子旺扎勒多爾濟襲。雍正十年，子敦丹多爾濟襲。乾隆九年，弟敦多布多爾濟襲。十一年，兄延丕勒多爾濟襲。二十四年，敦丹多爾濟之次子車登多爾濟襲。五十八年，以罪削。子敏珠爾多爾濟襲。五十九年，仍以車登多爾濟襲。嘉慶二十年，子鄂依多布多爾濟襲。本旗外，轄旗十九。扎薩克和碩親王一。車木楚克納木扎勒，土謝圖汗察琿多爾濟從子，康熙三十五年封輔國公，後晉封多羅貝勒。雍正十年，子成衮扎布襲。乾隆三年，追封車木楚克納木扎勒爲郡王，即以成衮扎布晉襲。十二年，子齊巴克雅喇木丕勒襲。二十一年，晉和碩親王。四十二年，子齊巴克多爾濟襲。嘉慶二年，兄子齊巴克扎布襲。六年，子車登多爾濟襲。附一等台吉一，三濟扎布，親王齊巴克雅喇木丕勒長子，初授一等台吉，乾隆二十二年追封公銜。子三都布多爾濟襲公銜一等台吉。嘉慶十五年，子貢楚克達什襲。扎薩克多羅郡王二。一旗。固嚕什喜，土謝圖汗察琿多爾濟族弟，康熙三十年封多羅郡王。四十四年，子多爾濟阿喇布坦襲。雍正六年，子敏珠爾多爾濟襲。乾隆五年，子車淩拜都布襲。二十年，子丹忠多爾濟襲。三十七年，弟齊巴克扎布襲。四十七年，子多爾濟扎布襲。嘉慶二十三年，子達克丹多爾濟襲。一旗。西第什哩，土謝圖汗察琿多爾濟弟，康熙三十年封多羅貝勒。四十五年，子丹津多爾濟襲。雍正元年，晉封多羅郡王，八年晉封和碩親王，後仍爲多羅郡王。乾隆元年，仍晉封親王。三年，孫桑齋多爾濟襲郡王。二十年，晉封親王。三十年，以罪削。尋復郡王。四十四年，子蘊敦多爾濟襲。扎薩克固山貝子一。噶勒丹多爾濟，土謝圖汗察琿多爾濟長子，康熙三十年封多羅郡王。三十一年，子敦多布多爾濟襲，尋晉和碩親王，襲土謝圖汗。四十一年，以溺職降襲郡王。雍正元年，復晉親王。乾隆八年，子額璘沁多爾濟襲。二十年，以罪削。二十二年，以其兄根扎布多爾濟降襲貝子。二十五年，子車布登多爾濟襲，爲閑散貝子。以其弟格齋多爾濟襲扎薩克。三十六年，以病罷，遂以車布登多爾濟襲扎薩克。三十九年，子遜都布多爾濟襲。嘉慶四年，子綸布多爾濟襲。扎薩克鎮國公一。禮塔爾，土謝圖汗察琿多爾濟族子，康熙三十二年授一等台吉，尋卒。子旺舒克襲。雍正六年，子達什丕勒襲，乾隆十九年封輔國公，二十一年晉固山貝子，尋賞給郡王銜。四十三年，子德沁喇木丕勒襲固山貝子，五十七年以罪降鎮國公。五十八年，子索諾木旺楚克襲。扎薩克輔國公五。一旗。車淩巴勒，土謝圖汗察琿多爾濟之子，康熙五十年封輔國公。雍正七年，子巴木丕勒多爾濟襲。乾隆十三年，子車登三丕勒襲。乾隆四十二年，子喇素嚨多爾濟襲。嘉慶十九年，子車林扎布襲。一旗。巴海，貝子錫布推哈坦巴圖爾之子，雍正九年授一等台吉，十年封輔國公。乾隆八年，子貢楚克扎布襲。二十八年，子貢楚克達什襲。四十九年，弟巴勒達爾扎布襲。嘉慶元年，偉多布齊旺襲。一旗。巴朗，土謝圖汗察琿多爾濟從弟，康熙三十年授一等台吉。四十年，子旺布襲，乾隆三年封輔國公。七年，子蒙固襲。二十七年，子索諾木辰伯勒襲。四十五年，子巴克巴扎布襲。五十一年，子齊巴克扎布襲。嘉慶四年，子散都布多爾濟襲。九年，弟巴勒多爾濟襲。一旗。班珠爾多爾濟，土謝圖汗察琿多爾濟孫，康熙三十年授一等台吉。乾隆元年，子琳丕勒多爾濟襲。二十年，封輔國公。二十三年，子車布登多爾濟襲。五十九年，子那木濟爾多爾濟襲。嘉慶十三年，子齊旺多爾濟襲，尋卒，是年弟拉布坦多爾濟襲。一旗。辰丕勒多爾濟，貝勒西第什哩長子，康熙五十八年授一等台吉。雍正六年，孫喇木丕勒多爾濟襲。乾隆二年，弟三都布多爾濟襲，二十四年封輔國公。四十五年，子車登多爾濟襲。五十三年，子索諾木扎布襲。

扎薩克一等台吉九。

一旗。錫布推哈坦巴圖爾，土謝圖汗察琿多爾濟從弟，康熙三十年封輔國公，三十八年晉貝子。四十五年，子車布登降襲鎮國公，雍正元年晉貝勒，十年晉郡王，後以罪降貝勒。乾隆十九年降貝子，二十年復貝勒，二十一年獲罪，以其子齊旺多爾濟降襲輔國公。三十一年，車布登仍襲輔國公。三十五年，孫齊素嚨多爾濟降襲一等台吉。嘉慶五年，子依達木扎布襲。二十年，子車林多爾濟襲。一旗。三達克多爾濟，親王丹津多爾濟之子，乾隆十八年封輔國公。二十九年，子車淩多爾濟襲。五十三年，子薩蘭多爾濟降襲公品級扎薩克一等台吉。嘉慶二十三年，子綳楚克多爾濟襲。一旗。車淩郡王固嚕什喜從弟，康熙三十年授一等台吉。三十六年，子鄂巴襲。五十二年，子卓特巴襲。雍正七年，子喇布坦襲。八年，弟旺布多爾濟襲。乾隆二十三年，子敦多布多爾濟襲。四十七年，子邁達哩扎布襲。一旗。車淩扎布，貝子錫布推哈坦巴圖爾從子，康熙三十三年授一等台吉。五十七年，子齊巴克扎布襲。乾隆二十七年，子額琳沁多爾濟襲。五十九年，子齊旺多爾濟襲。嘉慶二十年，子那木濟勒多爾濟襲。一旗。青多爾濟，貝子錫布推哈坦巴圖爾之弟，康熙三十五年授一等台吉。三十九年，子恭格襲。雍正四年，子旺扎勒襲。乾隆十五年，子固嚕扎布襲。四十一年，子齊巴克扎布襲。嘉慶十一年，孫那木濟勒多爾濟襲。　一旗。開木楚克，郡王固嚕什喜從子，康熙三十六年授一等台吉。四十三年，子納木扎勒襲。五十四年，子車淩旺舒克襲。乾隆二十一年，子達瑪琳扎布襲。三十六年，子烏爾津扎布襲。　一旗。成袞扎布，郡王固嚕什喜次子，康熙五十八年授一等台吉。雍正十年，子車布登襲。乾隆三十一年，弟車登襲。三十五年，子貢楚克襲。嘉慶十年，子達什扎布襲。十一年，子章楚布多爾濟襲。　一旗。朋素克喇布坦，郡王車木楚克納木扎勒弟，雍正八年授一等台吉。乾隆十二年，子喇木丕勒多爾濟襲。十七年，子袞楚克車淩襲。四十八年，子達瑪第扎布襲。五十年，子固嚕扎布襲。嘉慶二十三年，子嘎木丕勒多爾濟襲。　一旗。遜篤布，郡王固嚕什喜從子，雍正十年授一等台吉，乾隆二十一年賞給公銜，二十二年以罪削。二十三年，子三篤克多爾濟襲一等台吉。五十四年，子阿扎拉襲。嘉慶二十一年，子旺沁多爾濟襲。

東路。旗二十三，駐克魯倫翁都爾多博。東至額爾德尼拖羅海，西至插漢齊老台，南至他爾袞柴達木，北至翁都爾罕。至京師三千五百里。

車臣汗。故車臣汗伊勒登阿喇布坦之子烏默客，康熙二十七年率其部十萬衆來降，命仍舊號。四十八年，子袞臣襲。雍正六年，子車布登班珠爾襲。十一年，以伊族祖多羅郡王垂扎布襲。十三年，以袞臣之子達瑪璘襲。乾隆十六年，子嘛呢巴達喇襲。三十二年，弟車布登扎布襲。五十三年，子齊旺多爾濟襲。六十年，子朋楚克多爾濟襲。嘉慶元年，以其族祖桑齋多爾濟襲。五年，以罪削，以朋楚克多爾濟族叔瑪哈錫哩襲。十二年，子恩克圖魯襲。二十二年，子阿爾塔錫達襲。本旗外，轄旗二十二。附輔國公一，三濟扎布，車臣汗烏默客弟，康熙五十六年封。雍正八年，子密瓦扎布襲。乾隆十一年，子格埒克襲。四十三年，子車登扎布襲。嘉慶十六年，子巴圖圖魯襲。**扎薩克和碩親王一**。納木扎勒，車臣汗烏默客叔父，康熙三十年封多羅郡王。六十年，子達瑪琳多爾濟襲，雍正十年以罪削，以弟多爾濟扎勒襲。乾隆五年，子巴雅爾什第襲，二十年晉和碩親王。四十六年，子貢楚克扎布襲。五十五年，子達爾瑪錫里襲。嘉慶十九年，弟瑪呢巴達拉襲，後改名瑪呢巴咱爾。扎薩克多羅郡王一。朋素克，車臣汗烏默客叔父，康熙三十年封固山貝子，後以軍功晉封多羅郡王。雍正五年，子垂扎布襲。十三年，子德木楚克襲。乾隆四十五年，子齊旺多爾濟襲。四十六年，子桑齋多爾濟襲。六十年，桑齋多爾濟襲車臣汗。嘉慶元年，以族子瑪哈錫哩襲。五年，瑪哈錫哩襲車臣汗。六年，以子巴圖鄂齊爾襲。附貝勒一，貢格三丕勒，郡王朋素克次子，雍正十一年代其兄垂扎布爲扎薩克多羅郡王，嗣以垂扎布子襲父原爵，貢格三丕勒仍爲郡王，不兼扎薩克。乾隆九年，子丹津降襲貝勒。四十五年，子車淩多爾濟襲。嘉慶十二年，子索諾木多布沁襲。扎薩克多羅貝勒一。車布登，車臣汗烏默客叔父，康熙三十年封多羅貝勒。三十三年，子旺扎勒襲，雍正元年晉多羅郡王，八年以罪削，九年復封貝勒。乾隆十四年，子旺沁扎布襲。二十一年，子達克丹多爾濟襲。嘉慶九年，子那木濟勒多爾濟襲。扎薩克固山貝子二。一旗。布達扎布，車臣汗烏默客從曾祖，康熙三十年封固山貝子，五十年晉多羅貝勒。五十二年，子雲敦琳沁降襲輔國公。五十七年，子巴蘇襲。乾隆十五年，子達爾濟雅襲，二十年晉貝子。四十五年，子索諾木旺扎勒多爾濟襲。嘉慶八年，子維多布齊旺襲。十五年，弟朋楚克多爾濟襲。一旗。達哩，車臣汗烏默客族祖，康熙三十年封固山貝子。三十一年，子阿海成伯勒襲。四十年，弟喇布坦襲。雍正十年，子旺扎勒襲。乾隆二十七年，子伊達木扎布襲。四十九年，子貢楚克扎布襲。嘉慶十九年，子蘊端巴雅爾襲。扎薩克鎮國公一。車布登，車臣汗烏默客族叔，康熙三十四年封鎮國公。五十二年，子圖巴襲。雍正十一年，子扎木禪襲。乾隆三十二年，子雲丹襲。五十一年，子達什格埒克襲。扎薩克輔國公二。一旗。車淩旺布，貝勒車布登從弟，康熙五十年授一等台吉，雍正二年封輔國公。乾隆七年，子格埒克襲。二十二年，子袞楚克多爾濟襲。五十九年，子齊旺多爾濟襲。六十年，子彭楚克多爾濟襲。一旗。車布登，車臣汗烏默客從曾祖，康熙三十年封固山貝子。三十五年，子阿勒達爾襲。四十二年，子車淩布木降襲鎮國公。五十三年，子格埒克巴木丕勒降襲輔國公。乾隆三十六年，子袞布扎布襲。嘉慶十三年，子僧格多爾濟襲。扎薩克一等台吉十四。一旗。阿南達，車臣汗烏默客從曾祖，康熙三十年封固山貝子。三十六年，子丹津襲，不兼扎薩克。四十四年，弟齊巴勒阿喇布坦降襲鎮國公，尋授扎薩克。四十五年，丹津子延楚布多爾濟襲，雍正二年晉固山貝子。乾隆二十二年，子旺沁扎布襲，二十五年降封閑散鎮國公，以其弟貢素嚨扎布降襲扎薩克一等台吉。五十二年，子車登多爾濟襲。嘉慶十一年，子敏珠多爾濟襲。　附鎮國公一，旺沁扎布，本阿南達曾孫，世襲扎薩克固山貝子。乾隆二十五年，以溺職降封閑散鎮國公。四十八年，子垂濟扎布襲。　一旗。車凌達什，車臣汗烏默客族祖，康熙三十年授一等台吉，三十五年封輔國公。四十二年，子根敦襲。雍正九年，子三丕勒襲。乾隆九年，子成衮襲。二十四年，子德木楚克降襲一等台吉。嘉慶八年，子車登旺布襲。　一旗。車淩多岳特，貝子阿勒達爾孫，乾隆十九年授一等台吉，二十年封輔國公。四十三年，子車登扎布降襲一等台吉。四十四年，子齊巴克扎布襲。嘉慶十二年，子雲端多爾濟襲。十五年，詔更名哈斯巴咱爾。二十年，子車都布多爾濟襲。　一旗。多爾濟達什，輔國公車淩達什弟，康熙五十年授一等台吉。雍正三年，子成衮扎布襲。乾隆二十一年，賞給公銜。三十六年，子雲敦齊旺襲。三十九年，子貢桑班巴爾襲。嘉慶二十二年，子薩瑪達巴達拉襲。　一旗。固嚕扎布，輔國公車淩達什從子，康熙三十年授一等台吉。三十一年，子齊旺班珠爾襲。雍正十三年，子格埒克襲。乾隆八年，子索諾木敦多布襲。五十六年，子巴延巴達爾瑚襲。嘉慶九年，子德木楚克多爾濟襲。　一旗。色棱達什，車臣汗烏默客族叔，康熙三十年授一等台吉。四十一年，子固嚕扎布襲。乾隆二年，子貢楚克扎布襲。四十六年，子瑪哈巴達襲。五十七年，子扎木薩朗扎布襲。嘉慶九年，子車琳達什襲。　一旗。貢楚克，貝子阿南達長子，康熙三十六年授一等台吉。四十二年，子布尼襲。四十九年，弟達瑪璘扎布襲。雍正十一年，子旺舒克達爾扎襲。乾隆十三年，子貢楚克扎布襲。嘉慶四年，子烏爾津扎布襲。二十三年，子扎木薩蘭扎布襲。　一旗。韜賚，車臣汗烏默客從叔，康熙三十四年授一等台吉。六十年，子車登敦多布襲。乾隆二十九年，子根敦扎布襲。五十年，子車淩多爾濟襲。五十七年，子衮布扎布襲。嘉慶十六年，子當蘇嚨襲。二十三年，子喇布丹多爾濟襲。　一旗。羅卜藏，車臣汗烏默客從叔，康熙三十六年授一等台吉。五十四年，子沙克都爾扎布襲。雍正八年，以曠職削，子格木丕勒襲。乾隆元年，仍以沙克都爾扎布襲。七年，孫納旺伊什襲。五十八年，子貢素隆扎布襲。五十九年，子車木布爾扎布襲。　一旗。垂扎木素，車臣汗烏默客叔父，康熙四十年授一等台吉。雍正五年，子齊旺多爾濟襲。十一年，弟旺扎勒襲。乾隆二十五年，子噶爾瑪扎布襲。四十三年，子索諾木襲。嘉慶九年，子辰木丕勒多爾濟襲。　一旗。額爾德尼，車臣汗烏默客叔父，康熙三十五年授一等台吉。雍正五年，子旺布襲。十一年，弟齊旺襲。乾隆二十五年，子車登旺扎勒襲。三十七年，子扎木巴勒多爾濟襲。嘉慶四年，子扎木薩朗扎布襲。十年，子達木丹車淩襲。　一旗。根敦，車臣汗烏默客叔父，康熙四十年授一等台吉。雍正五年，子博洛爾襲。乾隆十五年，子鞥克襲。四十四年，弟僧格喇布坦襲。五十四年，子朗衮扎布襲。嘉慶十七年，子緔楚克多爾濟襲。　一旗。吹音珠爾，車臣汗烏默客族叔，康熙五十二年授一等台吉。五十三年，子塔旺襲。雍正十三年，從子齊瑚拉襲。乾隆七年，子桑齋璘沁襲。三十五年，子楚克蘇木扎布襲。嘉慶十四年，子多爾濟扎布襲。二十一年，子車楞多爾濟襲。　一旗。旺扎勒扎布，貝子達哩孫，雍正十三年授一等台吉。乾隆二十五年，子班珠爾襲。四十二年，子車淩達什襲。五十二年，子車淩納木扎勒襲。嘉慶六年，以罪削，以車淩達什從子衮布扎布襲。

西路。旗十九，駐杭愛山陽。東至翁克西爾哈兒朱忒，西至喀喇烏素俄落克腦兒，南至阿爾察喀喇托護，北至推河。至京師四千餘里。

扎薩克圖汗。策旺扎布，本元裔，其曾祖素巴第稱汗，號扎薩克圖。康熙三十年，封爲和碩親王。四十二年，命仍襲扎薩克圖汗號。雍正十年，以罪削，以其族叔郡王朋素克喇布坦之子格埒克延丕勒襲封汗號，仍兼襲郡王爵。乾隆六年，子巴勒達爾襲。三十五年，子齊旺巴勒齋襲。五十六年，子布尼拉忒納襲。本旗外轄旗十八。附公銜三等台吉一，格色克，係扎薩克圖汗策旺扎布從子，康熙三十年封輔國公。乾隆十七年，子多岳特襲。二十年，以罪削。二十二年，授公銜三等台吉。四十八年，子幹珠爾扎布襲。**郡王銜扎薩克多羅貝勒一**。根敦，扎薩克圖汗格埒克延丕勒族祖，康熙三十年封多羅貝勒。三十六年，子松津僧格降襲輔國公。四十三年，根敦嗣子博貝降襲一等台吉。四十四年，晉襲輔國公。雍正元年，以功晉貝勒。八年，子班第襲。乾隆二年，子青衮咱卜襲。二十一年，以叛誅，除名，乃以班第之弟旺布多爾濟襲。二十二年，加郡王銜，尋卒，子車都布襲。五十年，子成敦扎布襲。嘉慶十九年，子曼達爾瓦襲。扎薩克鎮國公二。一旗。卓特巴，扎薩克圖汗格埒克延丕勒族祖，康熙三十年封多羅貝勒。三十一年，子薩穆多爾濟襲。三十五年，子諾爾布班第襲。雍正十二年，孫旺扎勒降襲鎮國公。乾隆十七年，子瑪哈巴拉襲。五十年，子貢楚克多爾濟襲。嘉慶十二年，弟扎木薩朗扎布襲。二十三年，子剛當多爾濟襲。一旗。喇布坦，貝勒卓特巴次子，雍正六年授一等台吉，乾隆二十一年加公銜。三十一年，以孫索諾木多爾濟襲。先是，其父朗袞扎卜以軍功封鎮國公，是年卒，以索諾木多爾濟襲。嘉慶二十三年，子雲端達什襲。扎薩克輔國公六。一旗。博貝，扎薩克圖汗格埒克延丕勒從叔，康熙三十年封固山貝子。四十二年，子烏巴什降襲鎮國公。雍正二年，弟旺舒克襲。乾隆三十一年，子拉旺多爾濟降襲輔國公。四十九年，子達布拉車琳襲。一旗。索諾木伊斯扎布，郡王朋素克喇布坦從弟，康熙三十年，授一等台吉。三十六年，封輔國公。五十七年，子噶勒桑色旺襲。乾隆二年，子旌準多爾濟襲。二十三年，子拉沁蘇嚨襲。嘉慶九年，子敏珠爾多爾濟襲。一旗。袞占，郡王朋素克喇布坦從叔，康熙三十年授一等台吉，五十年封輔國公。五十二年，子敏珠爾襲。乾隆五年，子策嚕布襲。九年，弟多岳特多爾濟襲。二十一年，弟敏丕木多爾濟襲。四十六年，子齊旺達什襲。一旗。通謨克，扎薩克圖汗格埒克延丕勒族叔，康熙五十三年授一等台吉，雍正二年封輔國公。乾隆四年，子旺沁扎布襲。五十年，子格哩克襲。嘉慶九年，子車登多爾濟襲。十六年，子索諾木車淩襲。附輔國公一，徹埒克，輔國公通謨克叔父，初授一等台吉，雍正十年封輔國公。子彌什克襲。乾隆二十九年，子貢楚克扎布襲。四十年，子索諾木車琳襲。嘉慶十一年，兄當素嚨襲。一旗。沙克扎，貝勒博貝弟，雍正二年封輔國公。乾隆二年，子多爾濟車登襲。二十九年，子車都布多爾濟襲。嘉慶八年，子沙克都爾扎布襲。一旗。齊巴克扎布，貝勒博貝從孫，初授二等台吉。乾隆二十一年封輔國公。二十二年，子巴圖濟爾噶勒襲，並授爲扎薩克。乾隆六十年，子吹蘇嚨襲。嘉慶十二年，子扎穆巴拉襲。扎薩克一等台吉九。一旗。額爾德尼袞布，貝勒卓特巴從子，康熙三十年授一等台吉。三十八年，子垂扎布襲。雍正三年，子丹津襲。八年，子格埒克襲。十二年，兄羅卜藏喇布坦襲。乾隆二十二年，子莽蘇爾襲。五十四年，子吹木丕勒襲。一旗。烏爾占，扎薩克圖汗格埒克延丕勒從祖，康熙三十年授一等台吉。雍正五年，子彌育特多爾濟襲。乾隆十三年，子根敦車琳襲。三十五年，子烏巴什襲。五十一年，子吹忠達什襲。五十九年，子蒙衮扎布襲。嘉慶十四年，子車淩多爾濟襲。　附輔國公一，衮布扎布，扎薩克一等台吉烏爾占從弟，雍正二年封輔國公。是年，子沙克都爾扎布襲。八年，弟巴勒桑襲。乾隆三十六年，子錫喇布多爾濟襲。四十二年，子納木扎勒多爾濟襲。　一旗。哈瑪爾岱青，郡王朋素克喇布坦從弟，康熙三十六年授一等台吉。五十三年，子鄂木布濟襲。乾隆十五年，子達爾巴圖襲。三十五年，子達什琳沁襲。嘉慶十九年，子丹巴達爾濟襲。二十四年，子都拉木扎布襲。　一旗。納瑪林藏布，貝勒博貝從子，康熙四十八年授一等台吉。五十七年，弟扎木揚襲。雍正二年，叔衮布車淩襲。十年，兄拉哩襲。乾隆二年，子班第襲。二十一年，子三都布多爾濟襲。六十年，子齊素嚨多爾濟襲。嘉慶十三年，子噶勒當衮多布襲。　一旗。伊達木扎布，輔國公衮占長子，雍正四年授一等台吉。乾隆七年，子根敦襲。二十八年，子車都布多爾濟襲。三十八年，子巴圖爾襲。　一旗。達什朋楚克，貝勒博貝從子，乾隆二十二年授一等台吉。四十四年，子衮布扎布襲。嘉慶元年，子濟克默特車布登襲。　一旗。普爾普車淩，輔國公通謨克從子，乾隆二十年授一等台吉。二十四年，嗣子沙克都爾扎布襲。二十九年，弟尼木布多爾濟襲。五十年，從叔衮楚克襲。五十九年，族孫尼瑪襲。嘉慶十三年，子塔爾巴海襲。二十五年，子諾爾布扎勒襲。　一旗。諾爾布，扎薩克圖汗格埒克延丕勒族弟，初授二等台吉，乾隆二十一年授一等台吉。三十二年，子敦多布多爾濟襲。嘉慶十三年，子齊松扎布襲。二十三年，子齊旺扎布襲。　一旗。噶勒丹達爾扎，輝特人，乾隆二十年，自準噶爾來降，授一等台吉。三十年，子拉克沁噶喇襲。四十六年，子薩木丕勒諾爾布襲。嘉慶十二年，子拉旺班珠爾襲。

賽因諾顏部。旗二十四，駐牧地。東至博羅布爾哈蘇多歡，西至庫勒薩雅索郭圖額金嶺，南至齊齊爾里克，北至齊老圖河。至京師三千餘里。

賽因諾顏扎薩克和碩親王。善巴，本元裔，其曾祖圖蒙肯始號賽因諾顏，與三汗並稱。康熙六年，善巴嗣，遣使告，賜號信順額爾克岱青。三十六年，封多羅郡王。三十五年，晉和碩親王。四十六年，子達什敦多布襲。雍正四年，子喇嘛扎布襲。十年，以罪削，弟德沁扎布襲。乾隆二十七年，子諾爾布扎布襲。三十一年，詔世襲其祖賽因諾顔號。五十一年，子車登扎布襲。五十八年，子額琳沁多爾濟襲。嘉慶七年，弟朋楚克達什襲。二十二年，子車林多爾濟襲。本旗外轄旗二十三。附鎮國公一，車登扎布，親王諾爾布扎布子。諾爾布扎布既襲親王，以車登扎布襲鎮國公。乾隆五十一年襲親王，以子額璘沁多爾濟襲鎮國公。五十八年，襲親王，以弟朋楚克達什襲鎮國公。嘉慶七年，襲親王。八年，以子扎納扎布襲鎮國公。又一等台吉一，三丕勒多爾濟，親王德沁扎布之子，初授一等台吉。乾隆二十二年，加公銜。五十年，子達瑪璘襲。五十七年，弟敏珠爾襲。嘉慶十九年，銷去公銜，子滚布襲。

扎薩克和碩親王。策淩，親王善巴從弟，康熙三十一年授三等輕車都尉，四十五年加貝子銜。雍正元年封多羅郡王，九年晉和碩親王，十年賜號超勇。乾隆十五年薨，謚襄，配享太廟，入祀賢良祠，以其子成衮扎布襲。三十六年，子拉旺多爾濟襲。嘉慶二十一年，養子巴彦濟爾噶勒襲。二十二年，子車登巴咱爾襲。附貝子一，恭格喇布坦，親王策淩弟，雍正元年封貝勒。是年子佛保降襲貝子，後別封輔國公，以其兄沙克都爾扎布襲。乾隆二十七年，子敦多布多爾濟襲。嘉慶元年，子巴勒珠爾遜都布襲。二十三年，子呢買凝保襲。又輔國公二，一額爾克沙喇，親王成衮扎布子，乾隆二十二年封輔國公。三十一年，弟伊什扎木楚襲。五十六年，族孫達什多爾濟襲。嘉慶二年，子呢瑪襲。一佛保，初襲其父貝勒恭格喇布坦爵，乾隆二十八年封輔國公。三十六年，子三丕勒敦多克襲。嘉慶七年，弟格哩克敦多布襲。二十三年，子桑都克多爾濟襲。又一等台吉一，額琳沁多爾濟，親王策淩子，初授一等台吉，乾隆二十一年追封公銜，子納遜多爾濟襲。嘉慶十一年，子達瑪琳扎布襲，不兼公銜。二十四年，子哈斯巴扎爾襲。

扎薩克多羅郡王二。一旗。車布登扎布，親王策淩子，雍正十年封輔國公，乾隆十九年加貝子銜，二十年封多羅貝勒，二十一年晉多羅郡王，二十三年賞給超勇親王銜。四十五年，削去親王銜。四十七年，子三丕勒多爾濟襲。嘉慶十二年，子達瑪琳扎布襲。二十年，子楚克蘇木扎布襲。一旗。托多額爾德尼，親王善巴再從弟，康熙三十年封鎮國公。三十二年，兄烏巴達襲。五十年，子巴穆襲。五十一年，托多額爾德尼之養子策旺諾爾布襲。雍正二年，晉固山貝子。十年，子車木楚克扎布襲鎮國公。乾隆三年，晉固山貝子。十九年，賞給貝勒銜。二十一年，晉多羅郡王。四十四年，子貢楚克扎布襲。五十三年，弟德木楚克扎布襲。

扎薩克多羅貝勒一。

一旗。衮布，親王善巴族祖，康熙三十年，封多羅郡王。四十七年，子額琳沁降襲多羅貝勒，四十九年晉多羅郡王。五十年，子吹扎木三降襲貝勒。雍正二年，子納木扎勒齊素嚨襲。乾隆二十五年，子齊墨特多爾濟襲。五十五年，子德埒克朋楚克襲。嘉慶二十二年，子貢楚克扎布襲。

一旗。素泰伊勒登，親王善巴族弟，康熙三十年封鎮國公。四十二年，子洪果爾降襲一等台吉。四十五年，子阿努哩襲，五十年封輔國公，雍正九年晉固山貝子。乾隆二年，子多爾濟旺楚克襲。十五年，子羅卜藏車璘襲，二十年追晉貝勒。二十一年，子德木楚克扎布襲多羅貝勒。五十五年，子衮布車璘襲。嘉慶二十一年，子彭楚克多爾濟襲。

扎薩克鎮國公一。

阿哩雅，親王善巴族子，康熙三十一年授一等台吉。五十四年，子格木丕勒襲，雍正十年封輔國公，乾隆二年晉鎮國公。十四年，子貢格敦丹襲。三十五年，子當蘇嚨襲。四十七年，子齊旺達什襲。嘉慶十八年，子巴勒沁襲。附輔國公一，多爾濟，係鎮國公貢格敦丹同族，乾隆二十一年封輔國公。二十七年，子沙克都爾扎布襲。嘉慶二年，子多布沁襲。

扎薩克輔國公五。

一旗。旺舒克，親王善巴從子，康熙三十一年封輔國公。雍正元年，子扎木禪襲。乾隆十年，子巴圖蒙克襲。二十一年，子丹巴旌準襲。五十五年，子羅卜藏多爾濟襲。嘉慶三年，子齊旺扎布襲。十二年，族子扎木薩朗扎布襲。

一旗。阿玉什，親王善巴再從弟，康熙三十年授一等台吉，三十五年封輔國公。三十九年，孫旺扎勒襲。乾隆十二年，子三都克車木伯勒襲。二十五年，病罷，子車登扎布襲。二十九年，卒，仍以三都克車木伯勒襲。三十五年，孫噶爾瑪襲。嘉慶九年，子根丕勒敦多布襲。二十年，弟達什德勒克襲。

一旗。車凌達什，親王善巴次子，康熙四十六年授一等台吉，後封輔國公。雍正二年，子敦多布額璘沁襲。八年，子色訥依襲。乾隆八年，叔貢格襲。十四年，弟三都克扎布降襲一等台吉，二十四年仍襲輔國公。二十六年，子敏珠爾多爾濟襲。四十三年，子車登扎布襲。五十年，子德哩克多爾濟襲。

一旗。諾爾布扎布，鎮國公巴穆長子，康熙五十一年授一等台吉，乾隆元年封輔國公。五年，子達木巴多爾濟襲。九年，子貢楚克襲。五十一年，子索諾木巴勒珠爾多爾濟襲。

一旗。西第，鎮國公托多額爾德尼從子，康熙三十年授一等台吉。三十六年，子實第襲。五十八年，子齊旺襲，雍正十年封輔國公。乾隆二十二年，子達什襲，三十一年晉鎮國公。四十五年，子喇嘛扎布襲輔國公。嘉慶七年，子車布登多爾濟襲。十七年，弟達拉扎布襲。「西第」舊作「圖巴」，今改正。

扎薩克公銜一等台吉一。

齊旺多爾濟，親王德沁扎布次子，初授一等台吉，乾隆十九年加公銜，二十二年晉貝子銜。三十八年，以罪削，子三都布多爾濟襲公銜一等台吉。五十三年，子旺沁扎布襲。嘉慶十七年，子鄂依多布多爾濟襲。

扎薩克一等台吉九。

一旗。丹津額爾德尼，親王善巴再從弟，康熙三十年授一等台吉。五十一年，子錫喇扎布襲。雍正六年，子滿珠習禮襲。九年，子吹木丕勒襲。乾隆二十年，子敦多布納木扎勒襲。三十年，弟多爾濟齊巴克襲。四十年，子索諾木袞布襲。五十四年，子羅布桑達什襲。嘉慶二十一年，子達瑪林扎布襲。

一旗。薩木濟特，台吉阿哩雅族祖，康熙三十一年授一等台吉。五十一年，子根敦襲。雍正十三年，子布達扎布襲。乾隆十七年，子車登扎布襲。四十七年，子多爾濟扎布襲。

一旗。伊達木，親王善巴再從弟，康熙三十五年授一等台吉。四十八年，子達爾濟雅襲。雍正六年，子齊旺扎布襲。十二年，子額琳沁襲。乾隆二十九年，子巴勒桑敏珠爾襲。五十九年，子巴扎爾襲。

附輔國公一，袞布車琳，台吉伊達木從子，乾隆元年封。九年，子丹忠襲。二十年，子達什朋楚克襲。嘉慶七年，子齊旺達什襲。十九年，子德勒克達什襲。

一旗。納木扎勒，台吉伊達木從弟，康熙三十五年授一等台吉。五十五年，子巴朗襲。乾隆十三年，子阿喇布坦襲。二十四年，子敦多布襲。三十一年，子旺濟勒三丕勒襲。

一旗。沙嚕伊勒都齊，親王善巴再從弟，康熙三十五年授一等台吉。雍正二年，子延達博第襲。乾隆二年，子羅卜藏敦多布襲。三十二年，子袞布多爾濟襲。嘉慶七年，子薩木丕勒多爾濟襲。

一旗。素達尼，親王善巴從弟，康熙三十六年授一等台吉。三十九年，子薩喇旺扎勒襲。雍正元年，子車布登襲。十一年，以罪削，子賚充扎布襲。乾隆二十四年，子納旺車淩襲。四十九年，子貢格拉什襲。嘉慶六年，子貢楚克扎布襲。

附公銜三等台吉一，噶瓦，台吉賚充扎布同族，初授三等台吉，乾隆二十一年賞給公銜。三十四年，子桑濟襲公銜三等台吉。嘉慶二十二年，子旺丕勒襲。

一旗。濟納彌達，親王善巴再從弟，康熙四十八年授一等台吉。雍正二年，子特克什襲。乾隆十五年，子烏巴什襲。五十四年，子布達齊素嚨襲。嘉慶十年，弟棍布多爾濟襲。「棍布多爾濟」舊作「袞布扎布」，今改正。一旗。多爾濟，親王善巴從弟，康熙五十一年授一等台吉。雍正三年，子呢瑪襲。十年，子阿保襲。乾隆十八年，叔車琳巴勒襲。二十五年，子成衮扎布襲。五十年，子德木楚克襲。嘉慶六年，子車登達什襲。二十五年，弟桑濟扎布襲。一旗。額墨根，郡王衮布曾孫，乾隆三年授一等台吉。二十二年，子達什襲。二十五年，子班第襲。五十五年，子達瑪璘襲。嘉慶二十四年，子哈斯巴咱爾襲。

附厄魯特扎薩克固山貝子二。一旗。阿喇布坦，本厄魯特台吉，康熙四十一年來降，封多羅郡王。四十二年，子車淩旺布襲。雍正七年，弟色布騰旺布襲。乾隆十三年，嗣子朋素克降襲貝子。二十六年，詔隸喀爾喀賽因諾顔部。四十二年，以罪削，子納木扎勒襲。五十三年，子車淩多爾濟襲。五十六年，卒，仍以朋素克襲。嘉慶四年，孫多爾濟巴勒襲。二十二年，以其祖朋素克胞姪孫查克達爾扎勒襲。一旗。丹濟拉，本厄魯特台吉，康熙三十六年來降，授内大臣。四十四年，封輔國公。四十七年，子多爾濟色布騰襲。雍正元年，晉固山貝子。八年，晉多羅貝勒。乾隆二年，子三都布降襲固山貝子。二十六年，嗣子貢楚克邦襲，詔隸喀爾喀賽因諾顔部。嘉慶九年，以病罷，子濟克默特貢桑襲。十三年，子車伯克扎勒襲。十九年，兄扎木彦多爾濟襲。二十三年，弟貢格多爾濟襲。

山川

狼居胥山。漢元狩四年，驃騎將軍霍去病出代二千餘里，與匈奴左王接戰，左王將皆遁去。封狼居胥山，禪姑衍，臨瀚海而還。

寘顔山。漢元狩四年，大將軍衛青出定襄塞千餘里，絶幕破單于兵，北至寘顔山趙信城而還。

浚稽山。漢太初二年，遣浚稽將軍趙破奴擊匈奴，出朔方北二千餘里，期至浚稽山而還。又天漢二年，李陵至浚稽山，與匈奴相值，騎可三萬圍陵軍。四年，遣貳師諸將擊匈奴，商丘成軍至追邪徑〔一〕，無所見，還。匈奴使大將與李陵將三萬餘騎追漢軍，至浚稽山合，轉戰九日。至蒲奴水，不利，還去。按：浚稽山，直受降城漠北。趙破奴從朔方出，漢書言朔方二千餘里，李陵從居延出，漢書言北行三十日至浚稽山止營，其山當在今土拉河及鄂爾坤河之間。所謂龍勒水，在東浚稽山南；余吾水，在山之北；兜銜山，又在余吾水之北；蒲奴水，在浚稽之南；郅居水，在范夫人城之北；燕然山，在郅居水之南。此其大略也。「土拉河」舊作「土喇河」，「鄂爾坤河」舊作「鄂爾渾河」，今改正。

涿邪山。漢天漢二年，公孫敖出西河，與路博德會涿邪山。後漢永平十六年，祭肜與南單于左賢王信擊北匈奴〔二〕，期至涿邪山，出高闕塞九百餘里，得小山，信妄以爲涿邪山，不見敵而還。又永元二年，耿譚遣從事護南匈奴兵至涿邪山，留輜重，引輕兵襲北單于。後魏登國六年，討蠕蠕，破之于大磧南牀山〔三〕，長孫肥追之，度磧至涿邪山。

天山。漢天漢四年，莽通將四萬騎，出酒泉千餘里，至天山。匈奴使大將要漢兵，見漢兵强，引去。後魏太延四年，討蠕蠕，車駕從浚稽山，北向天山，登白阜，刻石記行。

烏員山。漢本始二年，韓增出雲中，期出塞二千里，至烏員山。

雞秩山。漢本始二年，田廣明出西河塞千六百里，至雞秩山。

燕然山。後漢永元元年，竇憲破北單于於稽落山，追至和渠北鞮海〔四〕，遂登燕然山。去塞三千餘里，刻石勒功而還。後魏神䴥二年，帝討蠕蠕，自黑山出沙漠，至栗水，緣水西行，過竇憲故壘，次於菟園水，去平城三千七百里，分軍搜討，東至瀚海，西接張掖水，北渡燕然山，東西五千餘里，南北三千里。按：竇憲勒銘燕然，自古稱爲極遠，然前漢書匈奴傳貳師北度郅居之水，殺左大將，引兵還至速邪烏燕然山，雖敗而降，其深入較憲更遠也。郅居水，疑即魏書之菟園水。

金微山。去朔方塞可五千餘里。後漢永元三年，竇憲遣左校尉耿夔出居延塞，大破北單于於此。自漢出師，未嘗至此。

金山。北史突厥傳：魏太武時，阿史那居金山之陽，爲蠕蠕鐵工。金山形似兜鍪，借號兜鍪突厥。唐書突厥傳：頡利敗，車鼻率所部竄金山之北，三垂斗絶，惟一面可通車騎，距長安萬里。

都斤山。北史突厥傳：可汗恒處於都斤山，牙帳東開，蓋敬日之所出也。西五百里有山高迥。

鐵山。唐貞觀四年，定襄道大總管李靖進軍襲突厥頡利，頡利窘，走保鐵山，兵猶數萬。靖襲擊之，盡獲其衆。副總管張寶相擒頡利，其國遂亡。唐斥境至大漠矣。

鬱督軍山。唐書薛延陀傳：太宗册拜夷男爲真珠毗伽可汗，乃樹牙鬱督軍山，直京師西北六千里。後李勣滅其國。

烏德鞬山。唐書：回紇建牙之所。天寶初，回紇裴羅徙牙烏德鞬山、昆河之間〔五〕，南距西城千七百里。又地理志：中受降城正北如東八十里有呼延谷。又五百里至鸊鵜泉，又十里入磧，經麚鹿山、鹿耳山、錯甲山，八百里至山鷰子井。又西北經密粟山、達旦泊、野馬泊、可汗泉、横嶺、綿泉、鏡泊，七百里至回鶻衙帳。東有平野，西據烏德鞬山，南依嗢昆水，北六七百里至仙娥河。烏德鞬山左右，嗢昆河、獨邏河，皆屈曲東北流，至衙帳東北五百里合流。按：唐時中受降城、西城皆今河套之北，以今地理水道考之，烏德鞬山當與今杭愛山相近。嗢昆河即鄂爾坤河，仙娥河即色楞格河也。烏德鞬山即都尉犍山。唐書薛延陀傳：「頡利之滅，夷男率部東保都尉犍山獨邏水之陰，遠京師纔三千里而贏。東室韋，西金山，南突厥，北瀚海，古匈奴地也。」蓋頡利亡而薛延陀得之，薛延陀滅而回鶻得之。獨邏亦即獨樂水，又名獨洛水，皆聲之轉耳。又按：元時和寧地亦在此，故朔漠圖云哈喇禾林河即回鶻故地。

不峏罕山。明統志：鄂諾河源出於此。

迭里温孛荅山。明統志：近鄂諾河，即元太祖始生處。以上諸山，皆從古名。

拖諾山。在克魯倫河北岸。本朝康熙三十五年五月丁卯，駕親征噶爾丹，駐蹕是山。御筆勒銘曰：「瀚海蕩蕩，臚朐泱泱。親御六師，我武維揚。震雷霆威，讋日月光。翦厥兇醜，安定遐方。」

大興安山。在敖嫩河北小肯特山東。自此綿亘而東，直抵黑龍江入海處。山之南爲喀爾喀界，山之北爲俄羅斯國界。

肯特山。在敖嫩河源之南，即克魯倫河發源處。山之東南有二水流出，爲克魯倫河。山之西曰即龍嶺，又西曰忒勒爾几嶺。

小肯特山。在肯特山西北，與忒勒爾几嶺相連。土拉河發源於此。山之北有水名楚庫河，北流入俄羅斯國界。

啓拉薩山。在土拉河上流東岸。山脈自興安嶺北來，又遶土拉河，北折爲忒勒爾几嶺。

汗山。本名憨山。在興安嶺北，土拉河南岸。山之東有水名坤河，北流入上拉河。其東南三十里許，地名昭莫多，康熙三十五年五月戊辰，駕親追噶爾丹，西路大兵邀擊之，盡殲賊衆於此，御筆勒銘曰：「天心洪佑，翦逆摧兇。困獸西竄，膏我軍鋒。一鼓而殲，漠庭遂空。磨崖刻石，丕振武功。」

杜蘭喀喇山。在汗山西南，當土拉河西流之處。南臨大漠，北近土拉河。

哈達瑪爾山。在哈拉河北岸。山之北，近俄羅斯國，爲喀爾喀北界。

喀里雅爾山。在哈拉河西，鄂爾坤河東南，與托謨爾山相連。「喀里雅爾山」舊作「喀里呀拉山」，今改正。

托謨爾山。在土拉河下流北岸，隨土拉河北折，又東至色爾必嶺，環繞數百里。「托謨爾山」舊作「查母勒山」，今改正。

布龍山。在色楞格河南，鄂爾坤河北。東西綿亘數百里。

布昆沙拉山。在布龍山西二百里許。又西曰西拉口山，又西曰尼爾墨得山，皆在色楞格河之南，鄂爾坤河之北。

堪台山。在色楞格河北。綿亘而北，入俄羅斯國界。

庫庫齊老台山。在鄂爾坤河南岸。山勢隨鄂爾坤河東折，其東百里許有温泉。

西爾哈阿濟爾罕山。在鄂爾坤河上流東岸。山之西有額爾德尼招廟。

杭亦哈馬勒山。在西爾哈阿濟爾罕山南。山之北爲鄂爾坤河，山之南即翁金河所發源也。

章鄂山。在鄂爾坤河上流北岸，與西爾哈阿濟爾罕山隔河相接，即杭愛山之東幹也。

鄂爾吉圖都蘭喀喇山。在杭愛山南。

杭愛山。在鄂爾坤河之北，直甘肅寧夏北二千里許，翁金河西北五百餘里。其山最爲高大，山脈自西北阿勒坦山來，東趨踰鄂爾坤、土拉諸水，爲大興安、肯特諸山，又自山西枯庫嶺北折，環繞色楞格河上流諸水發源之處，抵俄羅斯國界千餘里。鄂爾坤、塔米爾諸河，皆發源於此。按：此當即古之燕然山。「阿勒坦山」舊作「阿爾泰山」，今改正。

巴彦集魯克山。在鄂爾坤河西，哈綏河東。山脈自枯庫嶺東分，繞哈綏河東北來。又東北名賽罕山，又東北即厄爾墨得山。「巴彦集魯克山」舊作「巴顏濟魯克山」，「哈綏河」舊作「哈瑞河」，今改正。

呼普蘇古兒山。在哈綏河下流北岸。

温都里山。在呼普蘇古兒山西。

納馬納山。在色楞格河北。

哈爾占布勒古得衣山。在納馬納山西。

額爾齊特山。在哈爾占布勒古得衣山西，哈喇台爾河南。

魁博爾多克山。在庫蘇古爾泊内。「魁博爾多克山」舊作「舍撥兒拖克山」,「庫蘇古爾泊」舊作「呼孫古爾泊」,今改正。

鄂勒白稽山。在色楞格河發源之處,桑稽晉大來泊東,爲喀爾喀之西界。又南有烏爾圖吴雅山。

巴彦山。在庫冷白爾齊地之西,空格衣河之東。山脈自西北阿勒坦山來,東與杭愛山遥相連屬。「巴彦山」舊作「巴顔山」,今改正。

阿勒坦山。即古金山。在特斯河西北,綿亘二千餘里,高入霄漢,盛夏積雪不消,爲西北諸山之祖。其頂在烏布薩泊西北,支峯蔓壑,分爲四枝。正北一枝,隨厄爾齊斯河以北至俄羅斯國,其東北繞特斯河之北千里,東爲唐努山一枝,又東北接杭愛山之陰,北至色楞格河。其南百餘里,向東一枝,爲烏藍郭馬山,繞奇勒稽思泊之北,又東南爲白勒奇那克科克衣山,又東爲昂奇山,空格衣河出其南麓,烏海河出其東北麓。又北爲馬喇噶山,布勒噶蘇台河出其東麓。又東北爲大山,喀喇河諸水出其南麓。又東北接杭愛山之陽,包哈綏河、塔米勒河諸水。其南一枝,蜿蜒不斷,納鄰河、呼勒秦河、哈流圖河、納思克河、布勒濟河、哈巴河、奇蘭河、喀喇額勒齊思河、阿額勒齊思河俱出其西麓,哈勒奇薩河、阿普都河出其東麓。山勢旋折而東,布顔圖河出其北麓,布拉青吉兒河、扎克合河出其南麓。又東爲阿勒坦山之尾,又東南爲台西爾山,又東南復分二枝,如黑雲二道界瀚海中。其東爲庫克西勒克山,又東北接巴彦山。其南枝爲都忒嶺、布帶山,圖古里克河出其西麓。又東南爲布勒堪山、空鄂洛阿濟爾罕山,層峯不斷千餘里,横截沙漠,爲阿爾班阿岳爾達察嶺。又東南爲古爾板賽漢山,其南爲諾默渾山,其東南爲五百根山,至空可喀喇龍山而止。自空鄂洛阿濟爾罕山南向,爲奇齊格納山、拜轟鄂爾山、查喇圖山,至伊塔特圖山而止。其南八十里,天山自西方來,亦蜿蜒而東南,横亘沙漠中千餘里。又東爲活爾活圖山,至色公哈爾占山而止。色公哈爾占山北去空可喀喇龍山二百里,南踰瀚海,至套北陰山五百里。「特斯河」舊作「特思河」,「烏布薩泊」舊作「烏普薩池」,「唐努山」舊作「湯努山」,今改正。

達勒巴哈台山。在納鄰河、呼勒秦河、哈流圖河之西,綿亘五六百里。又有寨兒山,在額米爾河南。

必爾喀嶺。在克魯倫河源東南，即肯特山之支嶺也。嶺北有水名必爾喀河，北流入敖嫩河。

即龍嶺。在肯特山西。嶺南有水，名即龍河，流入克魯倫河。

忒勒爾几嶺。在即龍嶺西。下有水，名忒勒爾几河，南流入克魯倫河。

噶拉泰嶺。在忒勒爾几嶺南。

興安嶺。在昭莫多南，南界大漠，北近土拉河。

阿達海嶺。在土拉河北。

色爾必嶺。在阿達海嶺西南。

烏可克嶺。在杭愛山西南。有水名烏可克河，匯爲推河。

枯庫嶺。在烏可克嶺西。西塔米爾河發源嶺北，貝德勒克河發源嶺南。

插漢七老。在張家口北八百餘里，近喀倫邊外。其地有山，東西長二百里許。康熙三十五年四月戊戌，駕親征噶爾丹，是日出喀倫邊過此，御筆勒銘曰：「惟天所覆，皆吾赤子。綏靖邊陲，殄滅蛇豕。山澤效靈，草蕃泉旨。羽衛斯經，貞石用紀。」

按：自拖諾山以下，由東迄西，約五千餘里，皆在瀚海北有水草之處，喀爾喀諸部並遊牧其間。其在瀚海中者，惟插漢七老稍大，餘皆平地沙岡，非遊牧之地，今略之。下諸水倣此。

臚朐河。今名克魯倫河。源出肯特山南，直河套北二千里許。西南流，會五小水，歷二百餘里折東南，經巴顏烏蘭山峽中一百餘里，有孫克勒河流入此。又百餘里，經拖諾山南，轉東北流二百里許，有他拉几爾即河東南流入此。又稍東流八百里許，曲流遶兩山間百餘里，又東北流二百餘里，注於呼倫海子。又自呼倫海子東北流出，入黑龍江索倫界，土人別名之曰額爾古納河。東北流八百餘里，與黑龍江合。河以南並大漠，乏水草。五代、遼時，以此河爲邊界。明永樂間，元裔布尼雅實哩爲衛喇所襲，徙居臚朐河。諭之降，不聽。七年，命淇國公丘福等率兵征之，敗没於此。八年，帝親征布尼雅實哩，止營於河旁，賜名飲馬河。本朝康熙三十五年五月癸亥，聖祖仁皇帝親征噶爾丹，駐蹕於此。初上以克魯倫河乃噶爾丹必争之要地，親追至此。賊衆不虞駕至，倉惶棄老弱西遁。上顧左右諭曰：「向言噶爾丹熟練戎行，所向無敵，今觀其不據克魯倫河，則其怯懦顯然矣。」遂循此河，窮追至拖諾山駐蹕。時賊已爲西路大兵所破，奏至，乃班師。「布尼雅實哩」舊作「本雅失理」，「衛喇」舊作「瓦剌」，「呼倫海子」舊作「枯倫海子」，今改正。

敖嫩河。舊名鄂諾河，即黑龍江上流。發源自克魯倫河西北二百里許，肯特山之忒勒爾几嶺，東流經肯特山北、大興安山南，流五百里許，受八小水，至科勒蘇河，自南流入處折而東北流，至泥布楚城南，一千餘里，受十餘水。從西北流入者，曰巴爾即河、阿哈楚河、他爾巴哈太河、圖魯泰河、他拉巴爾即河、特倫河、俄克若河、俄倫河、昂衣得河、泥布楚河。從南流入者，曰撲拉活即河、圖里格河、温多河。又流三百里許，至分界碑前，入黑龍江將軍界，乃東流。餘詳「黑龍江」。此河之北，喀爾喀與俄羅斯國接壤。河源之南，東爲克魯倫河源，西爲土拉河源，即元太祖始興之地也。明永樂八年，成祖親征布尼雅實哩，敗之於鄂諾河，即此。今名敖嫩，亦曰俄儂，皆聲之轉耳。

土拉河。發源自敖嫩河源西北百里許，忒勒爾几嶺之西及嶺北小肯特山。二泉相會，西南流二百餘里，合數水，至昭莫多之北，折而西，經憨山北百餘里，復西南流百餘里，又折西北流三百里許，有喀魯喀河，自西南來流入此。又正北流一百五十里許，入鄂爾坤河。明洪武五年，李文忠率輕騎自臚朐河疾馳，進敗元將曼濟哈喇章于圖喇河。永樂十二年，成祖親征衛喇，敗之於土拉河。皆指此。河之南，興安嶺之西，憨山之東，地名昭莫多，三面皆山，北倚河，即本朝康熙三十五年我兵大破噶爾丹之地也。「喀魯喀河」舊作「喀魯忒喀河」，「曼濟哈喇章」舊作「蠻子哈剌章」，「圖喇」舊作「土喇」，今改正。

喀魯喀河。源出翁金河北，土拉、鄂爾坤二河間平地。西北流百里許，轉東北流三百餘里，流入土拉河。

鄂爾坤河。舊名阿魯渾河。源有二：一出杭愛山南，名姑洛河；一出鄂爾吉圖都蘭喀喇山，名烏里雅思他河。東南流百餘里，合爲一。又東流兩山中百里許，折而東北，經額爾德尼招西凡二百餘里，出山流一百五十里，復轉西北，會西來之朱爾馬台河、塔米爾河，二百餘里，乃正北流，一百餘里，仍轉東北流，一百餘里，南有温泉流入此。又三百里許，土拉河來自東南匯入焉。又流經喀里雅爾山之西，二百餘里，有哈拉河來自東南流入此。又百餘里，轉西北流，遂入色楞格河。此河大於土拉，小於色楞格，與色楞格並環遶諸山中，水清流急，兩岸榆柳蔓薁，叢生其間，夏多蚊蚋，中有魚。其入色楞格河處，北與俄羅斯接壤，南則土謝圖汗遊牧之地。明洪武三年，李文忠敗曼濟喀喇章於土喇河，追及阿魯渾河，即此。

哈拉河。源出土拉河北與憨山相對之色爾必嶺，名揆河，北流，西合那林、布拉哈泰二河，東合阿達海、松納拉、通勒三河，流一百五十餘里，折西北百餘里，又南受博羅、查克杜兒二河，復正北流百餘里，入鄂爾坤河。

翁金河。源出鄂爾坤河源相近之東南山中，東南流，歷平地凡七百餘里，止於瑚爾哈鄂倫泊。泊亦不大，距河套西北可八百里。「瑚爾哈鄂倫泊」舊作「呼拉哈五郎泊」，今改正。

塔米爾河。有東西二河：一源出鄂爾坤河源西杭愛山北，一源出杭愛山西枯庫嶺北。兩源相距二百里許，皆東北流，會十數泉，歷二百餘里，合爲一。又百餘里，入鄂爾坤河。

色楞格河。發源自杭愛山西北山中，共有六。在北者，名哈喇台爾河、布克誰河，皆東南流。在南者，名額得勒河、齊老圖河、烏里雅台河、阿濟拉克河，皆東北流，經三百餘里，合爲一。東流二百餘里，哈綏河自西南流入此。又東北流二百里許，額赫河自西北流入此。又東北流四百餘里，鄂爾坤河來自西南，折向西北，流入此。自此東北抵俄羅斯國界，西受哲得河，東受楚庫河及其餘八小水，正北流千餘里，折西北，匯於白哈爾海。又自白哈爾海西北流出，名昂噶喇河，從此北流，以達於北海。此河環歷諸山之中，百泉注入，廣四五十丈，水深流急，岸旁皆叢柳，中多魚。按：朔漠圖作皆令哥河。唐書黠戛斯傳「回鶻牙帳北六百里，得仙俄河。河東北曰雪山，地多水草。青山之東，有水曰劍河，偶艇以渡，水悉東北流，經其國，合而北入於海」，即此水也。河源之南，即元時和寧地。

額赫河。發源西北山下庫蘇古爾泊內，東南流七百餘里，入色楞格河。兩旁小水八，在北者名敖里克立河、巴圖里烏巴什河、額林河、他里巴哈太河；在南者名敖即可噶爾漢河、翁佳河、恩特河、他拉喜河。皆流入此。

哈綏河。源出塔米爾河北山中，東北流五百里許，入色楞格河。

推河。發源杭愛山南，兩旁會六小水，南流三百餘里，注於鄂羅克泊。「鄂羅克泊」舊作「鄂洛克泊」，今改正。

查克拜達里克河。源出枯庫嶺南，南流。其西北有查克河，南流二百餘里，經庫冷白爾齊爾之地，與拜達里克河合流百里，東有察罕特穆爾河自東北來，流二百餘里，亦入此河。又流二百里許入察漢泊。「察漢泊」舊作「插漢泊」，「特穆爾」舊作「鐵木兒」，今改正。

扎布噶河。發源庫冷白爾齊爾西北山中，西南流二百餘里，西有布爾噶蘇台河南入此。又二百餘里，有空格衣河，亦南流入此。轉西北流，有阿普都河，合布顔圖河，來自西南，流入此河。又百餘里，注於奇勒稽思泊。此喀爾喀西界。「扎布噶河」舊作「查巴喀河」，今改正。

特斯河。發源唐努山之南，西南流，合諸小水，又西南至阿勒坦山東，瀦爲烏布薩泊。其西南有薩克里哈喇河，東北流，亦注泊中。

庫庫淖爾海。元太祖爲諸部推戴，稱帝於此。今無可考。「庫庫淖爾海」舊作「闊闊納浯兒海」，今改正。

布伊爾湖。在黑龍江齊齊哈爾城西一千二十里。詳見「黑龍江」。

呼倫湖。在黑龍江齊齊哈爾城西北一千一百七十里，即克魯倫河下流。匯成之大湖，周五六百里，克魯倫河自西南注於湖。又自湖東北流出，名額爾古納河，與黑龍江合。唐時謂之俱倫泊，明時謂之闊欒海子。唐書：室韋最西有烏素固部，與回紇接，當俱倫泊之西南。又云北大山外，曰大室韋，瀕于室建河。河出俱倫，迤而東，合那河、忽汗河。又東貫黑水靺鞨，故靺鞨跨水有南北部，而東注於海。《地理志》：回紇有延特勒泊，泊東北千餘里有俱倫泊，泊之四面皆室韋。餘詳見「黑龍江」。

庫蘇古爾泊。在色楞格河西北六百里許，周圍百餘里，中有山，名魁博爾多克。其水東南流出，爲額赫河。

桑稽晉大來泊。在色楞格河源西，鄂勒白稽山旁，周圍百里許，其水停而不流。

額爾哲依圖察罕泊。在桑稽晉大來泊東南。其水東北流，爲齊老圖河，注於色楞格河。

鄂羅克泊。在庫冷白爾齊爾地之東南。推河南流入此。

察漢泊。在庫冷白爾齊爾地南界。貝德勒克河西南流入此。

奇勒稽思泊。在烏藍郭馬山東南。扎布噶河合空格衣河之水，西北流，會西南阿魯都河、布魯圖河之水，又西北流注入此泊，廣三四十里。又額克阿拉爾泊，在泊西南，西受阿普都水，南受布顔圖水，瀦爲此泊。又東北流，與孔布噶河會，又北入奇勒稽思泊。

烏布薩泊。在阿勒坦山東南。特斯河自東北來，瀦爲此泊。其西南有薩克里哈喇河，亦注入之。

温泉。在鄂爾坤河南岸。

古蹟

趙信城。漢元朔六年，衛青將六將軍絶幕擊匈奴，前將軍翕侯趙信兵不利，降匈奴。信教單于益北絶幕，以誘罷漢兵。元狩四年，衛青絶幕擊匈奴，北至寘顔山趙信城而還。孟康曰：「趙信所作，因以名城。」

范夫人城。漢征和三年，貳師將軍李廣利出五原，擊匈奴。漢軍乘勝逐北，至范夫人城。應劭曰：「本漢將築此城，將亡，其妻率其衆保完之，因以爲名也。」

瀚海都護府。唐貞觀中，回紇來朝，以其部置瀚海、燕然、金微、幽陵、龜林、盧山六都督府，臯蘭、高闕、雞田、榆溪、雞鹿、蹛林〔六〕、寘顔七州。以部長爲都督、刺史、長史、司馬，即故單于臺置燕然都護府統之。龍朔中，以燕然都督府更號瀚海都護府，以磧爲限，今屬喀爾喀地。

和寧路。元置。屬嶺北等處行中書省。元史地理志：和寧路，始名和林，以西有哈剌和林河，因以名城。太祖十五年，定河北諸郡〔七〕，建都於此。初立元昌路，後改轉運和林使司，前後五朝都焉。世祖中統元年，遷都大興，和林置宣慰司都元帥府。後分都元帥府於金山之南，和林止設宣慰司。至元二十七年，立和林等處都元帥府。大德十一年，立和林等處行中書省，罷宣慰司都元帥府，置和林總管府。至大二年，改爲行尚書省。四年，復爲行中書省。皇慶元年，改嶺北等處行中書省，改和林路總管府爲和寧路總管府。朔漠圖：和寧北有錫爾格河，又北，庫庫布哈渡口。西有迷河、哈剌和林河，西南有温泉，南有旺吉河。按：其地在今杭愛山東，鄂爾坤、塔米爾河之間。「錫爾格河」舊作「昔令哥河」，「庫庫布哈」舊作「闊闊不花」，今俱改正。

度漠驛站

明永樂八年，成祖北征，由萬全、興和至臚朐河。其度漠之地，曰歸化甸、楊林戍、禽狐山、香泉戍、廣武鎮、高平陸、懷遠塞、捷勝岡、清冷泊、雙秀峯、威虜鎮、紫霞峯、玄雲谷、古梵場、長青塞、順安鎮，至臚朐河。其自闊灤海子，回至開平，曰玉帶河、雄武鎮、清湖原、澄清河、青楊戍、蒼松峽、飛雪壑、静虜鎮、廣漠戍、寧武鎮、淳化鎮、永寧戍、長樂鎮、通川甸，至應昌、開平。本朝康熙三十五年二月丙辰，駕親征厄魯特噶爾丹。三月丁卯，出獨石口，時噶爾丹在克魯倫河。聖祖聞之，兼程而進。四月戊戌，出喀倫邊，次蘇德圖。己亥，次呼魯蘇台插漢腦兒。辛丑，次喀喇芒鼐哈必爾漢。癸卯，次席喇布里圖。丙午，次西巴爾台。壬子，次察罕布喇。五月丙辰朔，次拖陵布剌克。庚申，次阿敦齊陸阿魯布剌克。辛酉，次枯庫車爾。壬戌，次西巴爾台。癸亥，抵克魯倫河。此瀚海東北征時御路也。又西一路，自歸化城西北至推河，抵阿勒坦之地。遠近隨地名置三十餘驛，曰崑都崙克楚、愛畢哈、齊几爾漢、特木兒、布兒哈蘇台、五郎厄魯几、古爾板哈沙圖、察漢蝦蟆兒、五尼圖、波羅蘇海、察漢厄爾几、馬尼圖、敖石喜、家哈、巴爾哈孫、搜几察布雀兒、格得兒古、郭多理、奔巴圖、厄爾衣圖、魁呑已扎兒、你楚衮、庫爾奇勒圖、格里克達、察哈拉尼多、烏納根烏蘇、昏鄂、空兀勒、塔奇、西拉布里、多阿爾博爾濟、博濟和朔，至推河，計二千餘里。謹按平定朔漠方略，上諭曰：「朕所經過之處，非大瀚海也。西之瀚海，較此更闊。然觀之亦非平衍之地，山阜連綿，沙石間雜，自出喀倫，未見寸土。其沙亦堅硬，履之不陷。營中軍士，鑿井甚易，一人可鑿二三十處。因水泊中取水嫌遠，咸於近帳房處鑿之。可掘之地，亦易認識，有謂之善達者，地窪而闊，未二尺即及泉。有謂之賽爾者，山澗溝涇，掘僅尺餘即可及泉。有謂之布理度者，乃叢草積潦，水雖有而佳者少。有謂之窺布爾者，水流地中，以手探之，泉即隨出，故野騾以蹏抉之而飲。風土景況，一無所取。地盡碎石，下馬偶竚立，可射之處亦少。草則叢生而土高，所以縶絆馬匹，又各種野鼠所穿之穴，較興安一帶鼢鼠之穴更深，殊覺可厭。草名頗多，有郁爾呼草，牛羊駝馬食之最宜，以此稱佳。」又康熙二十二年十一月，上諭喀爾喀毋越噶爾拜瀚海之地遊牧。時喀爾喀土謝圖汗、車臣汗等遣使入貢，奏言：「去歲蒙皇上諭令各牧地設立汛哨，以警寇盜，但我等就草遊牧，居止不定，聖上限以何處爲界，請遵旨而行。」詔令停其置哨，限以噶爾拜瀚海爲界，不得越此遊牧。噶爾拜瀚海之地距我邊境有三日程，其瀚海盡界之東，亦須離我邊境三日之地，不得內入。此喀爾喀未受封前，與中國分界也。自二十八年內附受封後，與四十九旗同列，東自瀚海之東，布伊爾湖、克魯倫河，西北至色楞格河、桑稽晉大來泊，迤西至扎布噶、空格河。東西五千餘里，南北三千里，皆爲我邊塞，瀚海猶內地矣。

土産

馬。橐駝。國初定制，喀爾喀諸部每歲貢白馬八、白駝一。野馬。野羸。牛。羊。鹿。䴥。貂鼠。青鼠。土撥鼠。豽。沙雞。魚。土拉、鄂爾坤、色楞格諸河内，産樺鰽、鯽、鯉、鱓、鮰等魚。東牆。似蓬草，實如穄子。十月始熟。酥酪。瀚海石。

校勘記

〔一〕商丘成軍至追邪徑　「成」，原作「咸」，據乾隆志卷四一一喀爾喀山川（下同卷簡稱乾隆志）及漢書卷九四匈奴傳上改。

〔二〕祭肜與南單于左賢王信擊北匈奴　「祭肜」，原作「祭彤」，乾隆志作「祭南」，均誤，據後漢書卷二〇祭遵傳改。

〔三〕破之于大磧南牀山　「南牀山」，原作「南林山」，乾隆志同，據魏書卷二太祖紀改。

〔四〕追至和渠北鞮海　「和渠北鞮海」，乾隆志同，後漢書卷二三竇憲傳作「私渠比鞮海」。按，後漢書卷四孝和孝殤帝紀亦作「和渠北鞮海」，惠棟後漢書補注謂當從竇憲傳。

〔五〕回紇裴羅徙牙烏德鞬山昆河之間　乾隆志同。按，本志下文云：「西據烏德鞬山，南依嗢昆水。」新唐書卷四三下地理志作「嗢昆河」。此「昆河」上當脱「嗢」字。

〔六〕蹛林　「蹛」，原作「帶」，乾隆志同，據新唐書卷四三下地理志、舊唐書卷一九九鐵勒傳改。

〔七〕定河北諸郡　「諸郡」，原作「都部」，乾隆志同，據元史卷五八地理志改。

阿拉善厄魯特圖

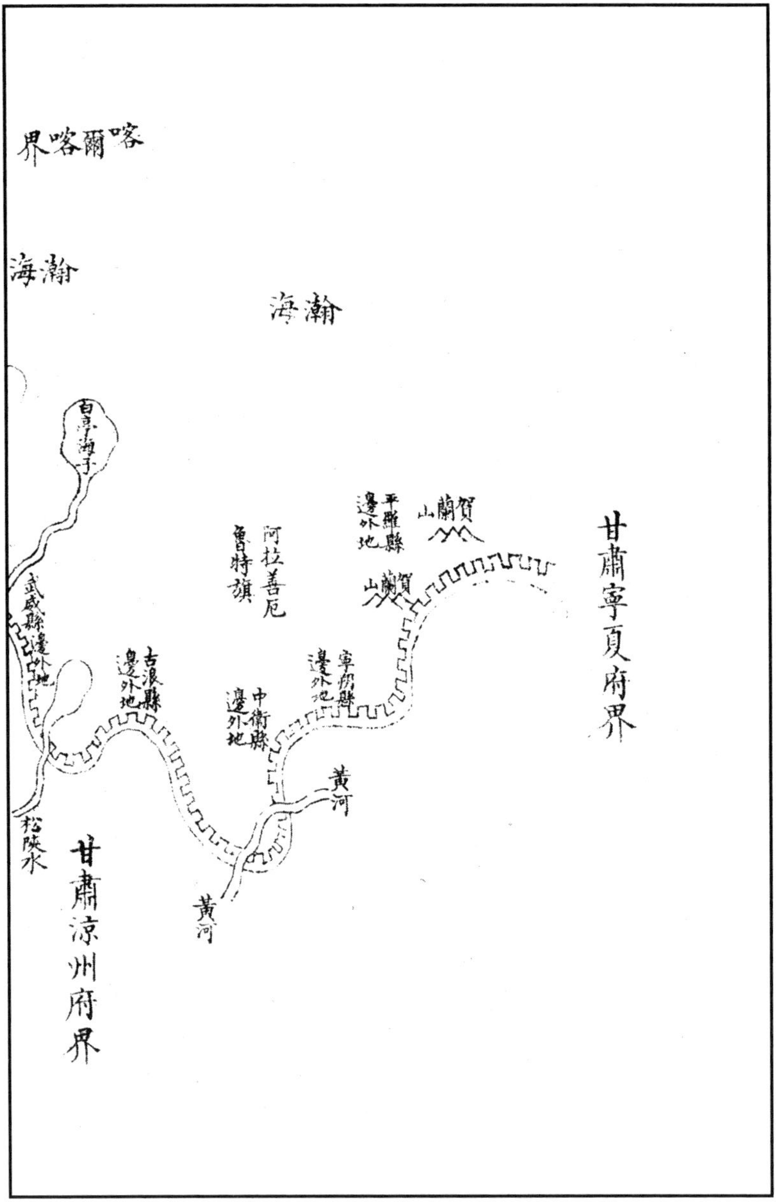
喀爾喀界
瀚海
瀚海
白亭海子
賀蘭山
平羅縣邊外地
阿拉善厄魯特旗
賀蘭山
甘肅寧夏府界
武威縣邊外地
古浪縣邊外地
寧朔縣邊外地
中衛縣邊外地
黃河
松陝水
甘肅涼州府界
黃河

瀚海
居延海
居延海
神都倫河
額濟納舊土爾扈特旗界
張掖縣邊外地
山丹縣邊外地
永昌縣邊外地
沙喇泊
赤不喇山
滔賴河
額濟納河
水磨川
甘肅甘州府界
谷水

阿拉善厄魯特表

	阿拉善厄魯特
秦	
兩漢	北地郡西境及武威、張掖北境地。
三國	
晉	爲張軌、呂光、沮渠蒙遜所據。
南北朝	
隋	
唐	屬河西節度使。廣德初陷於西蕃。
五代	
宋	景德中地陷於西夏。
元	屬甘肅行中書省。
明	邊外地。

大清一統志卷五百四十五

阿拉善厄魯特

一旗，駐牧賀蘭山陰及龍首山北。東至寧夏府邊外界，西至甘州府邊外界，南至涼州府邊外界，北至瀚海接喀爾喀界，袤延七百里。至京師五千里。

建置沿革

河套以西，漢北地郡西境及武威、張掖二郡北境地。晉爲前涼張軌、後涼吕光、北涼沮渠蒙遜所有。唐時屬河西節度使。廣德初，陷於西蕃。宋景德中，陷於西夏。元屬甘肅行中書省。明爲邊外地。

國初蒙古厄魯特部落駐牧河西套，謂之套彝。厄魯特本元裔阿嚕台後，聲訛爲厄魯特。共四部，一曰杜爾伯特，一曰青海，一曰北厄魯特。北厄魯特又别自爲四部，即噶爾丹之先。一曰套彝。四部各有部長，並屬顧實汗，稱西北强國。其部長鄂齊爾圖汗，隨顧實汗内附，朝貢奉約束。後準噶爾台吉噶爾丹襲破其部，戕鄂齊爾圖汗，其從子和囉哩本號巴圖爾額爾克濟農，率族屬避居近邊。康熙二十五年，上書求給牧地，詔於寧夏、甘州邊外畫界給之。遣侍郎出寧夏，至阿喇克山，閱視地形，許其所請。喀爾占布爾古忒、空郭爾、俄壠巴顏、努魯鴉布賴、噶爾拜、瀚海等地外，自寧夏所屬玉泉營以西，羅薩喀喇山嘴後，至賀蘭山陰一帶，布爾哈蘇台之口，又自甘州所屬鎮番塞口以北，沿陶瀾泰、薩喇春濟、雷渾希里等地，西至厄濟納河，俱以離邊六十里爲界，畫地記之。於是始定牧阿拉善諸昆弟子姓隸之。三十六年，奏願以所部編爲佐領。於是封和囉哩爲多羅貝勒，世襲掌旗。雍正元年，其子額駙阿寶晉封多羅郡王。七年，坐事降貝勒。九年，復封郡王。乾隆四年，子羅卜藏多爾濟降襲貝勒。二十二年，晉封多羅郡王。三十年，晉封和碩親王。至嘉慶九年，以瑪哈巴拉襲，凡五世。附鎮國公二，一康熙三十七年封輔國公，五十三年晉襲鎮國公；一雍正九年封輔國公，尋晉貝子，乾隆六年降襲鎮國公。共爵三。

山川

賀蘭山。在旗東，與寧夏邊接界。土人名阿拉善山。李吉甫元和志：山樹木青白，望如駮馬，故名。其山與河東望雲山形勢相接，迤邐向北，又東北抵河。其抵河處，亦名乞伏山。從首至尾，有像月形，南北約五百餘里，真邊城之巨防也。

凝羅山〔一〕。在旗界，長草湖南。舊志：在鎮番邊外。

來伏山。在旗南，與鎮番縣接界。

亦不剌山。在旗界。舊志：在鎮番縣北二百八十里邊外。

脱懽山。在旗界。舊志：在永昌北四百里邊外。

龍首山。在旗西南，與甘州府山丹縣接界。蒙古名阿喇克鄂拉。延亘廣遠，東大山之脈絡也。距甘州城三十里，山丹城三里。山盡處爲寧遠堡〔一〕，山南爲内地，蒙古俱於山北遊牧。

松陜水。在旗南界。自古浪縣北流，經縣東，又東北至土門堡，流出邊，又東北至旗界，瀦爲澤。漢書地理志：蒼松縣南山，松陜水所出，北至揟次入海。按：陜音峽，松陜水即今古浪河。邊外積水處總曰海。

谷水。即三岔河。自河州府城東，東北流，經鎮番縣東，又東北出邊至旗界，入白亭海子。漢書地理志：姑臧縣南山，谷水所出，北至武威入海，行七百九十里。魏書地形志：武威郡襄城縣有武始澤。水經注：馬城河又東北逕武威縣舊城東，屆此水流兩分，一水北入休屠澤，一水又東逕一百五十里入瀦野。册説：三岔河又東北經鎮番衛東三十里，又北瀦爲白海。按：三岔河出邊，土人呼爲郭河。谷、郭音相近而訛也。

水磨川。一名雲川。自永昌縣西，東北流，經新城堡北、水磨堡西，又東流逕永昌城北，又東北逕寧遠堡西，北流出邊，經旗界，瀦爲大澤。蒙古名沙喇鄂模。按：此水源流長與三岔河等，出邊各匯爲澤。舊志謂水磨川流入三岔河，誤。

厄濟納河。在旗西界。

休屠澤。在旗界，即古瀦野。書禹貢：雍州原隰厎績，至於瀦野。漢書地理志：武威縣，休屠澤在東北，古文以爲瀦野澤。水經注：武威北有休屠澤，俗謂之西海。其東有瀦野澤，俗謂之東海，通謂之瀦野。蕭德言括地志：瀦野澤，在姑臧縣東北一百八十里。元和志：姑臧縣有白亭軍，因白亭海爲名。寰宇記：姑臧縣白亭海，水色潔白，因以爲名。又東有達狄迴海。行都司志：白亭海，一名小闊端海子，五澗谷水流入此海。舊志：白亭海，即瀦野澤。按：三岔河自鎮番東北流出邊，又三百餘里瀦爲大澤，方廣數十里，俗名魚海子，蒙古名哈喇鄂模，即古休屠澤。但水經注謂其東別有瀦野澤，與漢志異。而括地志謂瀦野澤在姑臧城東北一百八十里，似指今古浪縣東松陝水出邊所瀦之澤爲瀦野澤也。

沙喇泊。在休屠澤西二百餘里。水磨川自寧遠堡北出邊，注入其中，方廣三四十里。

昌寧湖。在旗南界。舊志：直永昌縣東北一百二十里，寧遠堡北四十里，東至鎮番縣界一百五十里，多水草楊木。明季青把都游牧於此。

長草湖。在旗界寧羅山北。

擺言湖。在旗界，直平番縣東北邊外。

青鹽池。在旗界。

鴛鴦白鹽池。在旗界。舊鴛鴦白鹽池、小白鹽池皆在鎮番衛西北二百二十里邊外。明初曾設鹺司〔三〕，後因邊外商賈不行，故廢。

紅鹽池。在旗界。舊志：在山丹衛城北三百里，池産紅鹽。明洪武中，指揮莊德採貢歲辦，後以地屬境外停罷。

馬跑泉。在旗界，直永昌縣北三百十里。又高泉、平泉、赤納泉，皆在旗界。

雙泉。在旗界，直永昌縣西北二百里。亦名雙井。

三井。在旗界，直鎮番縣西北三百四十里。有泉三處。又有亂井兒，亦在旗界。

古蹟

武威舊城。在旗界，直鎮番縣北。漢置縣，屬武威郡。晉省。水經注：武威縣，在姑臧城北三百里，馬城河逕其城東。

漢太初四年，匈奴昆邪王殺休屠王，以其衆降，置武威郡。即此。按：漢武威郡治姑臧，即今涼州府治武威縣也。漢武威縣屬武威郡，以水經注證之，舊城當在今三岔河流出鎮番邊外之西。寰宇記「武威舊城，在番和縣西北三百里」，誤也。

揟次舊城。在旗界，直古浪縣北。漢置縣，屬武威郡。孟康曰：「揟音子如反，次音咨。」後漢因之。三國魏黄初中，涼州刺史張既討盧水胡，揚聲軍從鸇陰，乃潛由且次出武威。且次，即揟次也。晉志謂之揖次。後魏揖次縣屬昌松郡。後周廢縣，入昌松。按：水經注〔四〕：「松陝水北至揟次入海」。今此水北流至古浪縣邊城外，又百餘里始瀦爲大澤，舊城當在其傍。通志謂在古浪縣，非也。

白亭軍。在旗界，盡鎮番縣東北。舊唐書：大足元年，郭元振爲涼州都督，舊州界南北不過四百里，元振始於南境硤口置和戎城，北界磧中，置白亭軍，拓州境一千五百里。元和志：白亭軍，在姑臧縣北三百里馬城河東岸。天寶十年，哥舒翰置軍，因白亭海爲名。行都司志：有古城在鎮番衛北一百里，相近有連城，又有三角城，在衛北一百十里，與上二城鼎足相峙。

校勘記

〔一〕凝羅山　乾隆志卷四二二西套厄魯特山川（下同卷簡稱乾隆志）作「寧羅山」。按，本志蓋避清宣宗諱改譯。

〔二〕山盡處爲寧遠堡　「寧」，原避清宣宗諱作「凝」，據乾隆志改回。下文同改。

〔三〕明初曾設鹺司　「曾」，原作「會」，據乾隆志改。

〔四〕水經注　乾隆志同。按，下引「松陝水北至揟次入海」，水經注不載，乃出於漢書卷二八下地理志武威郡蒼松縣下注文。乾隆志與本志俱誤。

青海

目録

青海厄魯特圖

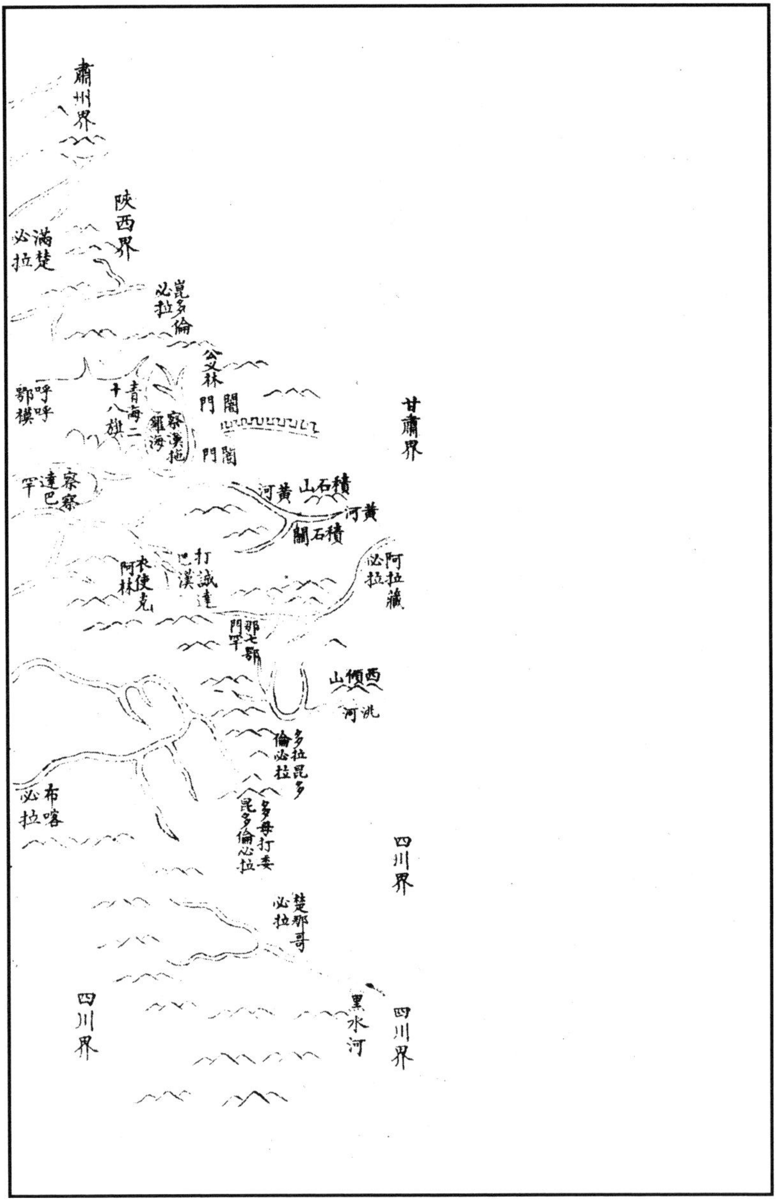
肅州界
陝西界
滿楚必拉
崑多倫必拉
公乂林
閻門
閻門
甘肅界
呼呼鄂模
青海二十八旗
察漢拖羅海
察察達巴罕
積石山
黃河
黃河
積石關
衣使克阿林
打誠達巴漢
阿拉臧必拉
鄂七鄂門罕
西傾山
洮河
多拉昆多倫必拉
多母打委昆多倫必拉
布喀必拉
四川界
楚那哥必拉
黑水河
四川界
四川界

青海厄魯特表

青海厄魯特	
秦	
兩漢	先零、燒當等諸羌地。王莽置西海郡。後漢復爲羌地。
三國	諸羌地。
晉	東晉以後爲吐谷渾所據。
南北朝	
隋	大業五年平吐谷渾，置西海、河源等郡。末復爲吐谷渾所據。
唐	初擊破之。龍朔三年吐蕃盡有其地。
五代	
宋	
元	貴德州及吐蕃朵甘斯等處，屬宣慰司。
明	西番地。正德四年爲蒙古部酋所據，名爲海寇。

大清一統志卷五百四十六

青海厄魯特

古曰西海，番名庫庫淖爾厄魯特及土爾扈特、喀爾喀、回特各旗駐牧地，在甘肅甘涼、西寧、河、洮、岷及四川松潘等處邊外。東接甘肅，西連西藏，南至四川，北至肅州、安西州，袤延二千餘里。至京師五千七十里。

建置沿革

本禹貢西戎地。書禹貢：「織皮崑崙、析支、渠搜，西戎即敘。」鄭康成曰：「衣皮之民，居此崑崙、析支、渠搜三山之野者，皆西戎也。」蔡傳：「三國皆西方戎落，故以西戎總之。」夏、殷、周皆屬西羌。詩商頌：「自彼氐、羌，莫敢不來享，莫敢不來王。」書牧誓有羌、髳。後漢書：羌無弋爰劍者，秦厲公時入三河間。諸羌推以爲豪，至曾孫忍，忍子研，至豪健，故羌中號其後爲研種。漢爲張掖、武威、金城、隴西四郡之西塞外，及蜀郡之北徼外，屬先零、燒當等諸羌地。後漢書西羌傳：武帝時，先零與封養牢姐種結盟，與匈奴通。漢遣將軍李息、郎中令徐自爲將兵擊平之，始置護羌校尉。羌乃去湟中，依西海、鹽池左右。宣帝時，先零種豪度湟水，與諸羌寇金城。遣趙充國破平之。至研十三世孫燒當立。元帝時彡姐等七種羌寇隴西，遣馮奉世擊降之。從爰劍種五世至研，研最豪健，自後以研爲種號。至燒當復豪健，其子孫更以燒當爲種號。王莽時始置西海郡。漢書王莽傳：莽遣中郎將平憲等持金幣誘塞外羌豪良願等，獻鮮水海、允谷鹽池，莽受所獻地爲西海郡。後漢書西羌傳：莽西海郡五縣。歷後漢、魏、晉，皆諸羌所居。後漢書西羌傳：自爰劍後，子孫支分，凡百五十種。其九種在賜支河首以西，及在蜀漢徼北〔一〕。其五十二種衰少，不能自立，其八十九種惟鍾最强盛，發羌、唐旄等絶遠，未嘗往來。氂牛、白馬羌在蜀漢，其種别名號，皆不可紀也。東晉以後，又爲吐谷渾所據。晉書西戎傳：吐谷渾，慕容廆之庶長兄也，父涉歸分部落一千七百家以隸之。涉歸卒，廆嗣，二部馬鬬，吐谷渾乃渡隴而西，其後子孫據有西零以西甘松之界，極乎白蘭數千里，以吐谷渾爲氏。周書異域傳：自吐谷渾至伏連籌一十四世。伏連子夸吕始自號爲可汗，治伏俟城，在青海西十五里。其地東西三千里，南北千餘里。隋大業五年，平吐谷渾，置西海、河源等郡。隋末，吐谷渾復據其地。隋書煬帝紀：大業五年，置西海、河源、鄯善、且末等四郡。又吐谷渾傳：煬帝令觀王雄、宇文述擊伏允，大破其衆。其故地皆空，自西平至臨羌城以西，且末以東，祈連以南，雪山以北，東西四千里，南北二千里，皆爲隋有，置郡縣鎮戍。大業末，伏允復其故地。唐初，擊破之。唐書吐谷渾傳：伏允相天柱王用事，拘天子行人。貞觀九年，詔李靖爲西海道行軍大總管，侯君集、李道宗、李道彦、李大亮、高甑生並爲總管，擊吐谷渾。分二軍：靖與大亮、薛萬均以一軍趣北出其右，君集、道宗以一軍趣南出其左。靖破天柱王部落於赤海，伏允走圖倫磧，萬均又追破之。君集、道宗行空荒之地二千里，盛夏降霜，乏水草，士糜冰，馬秣雪，閲月次星宿川，達柏海上，望積石山，覽觀河源，馳破虜車重。兩軍會於大非川〔二〕，破邏真谷、伏允子順，斬天柱王，舉國降，伏允懼，遁磧中自經。詔封順西平郡王，號趉胡吕烏甘足可汗。龍朔三年，吐蕃滅吐谷渾，盡有其地。唐書吐谷渾傳：吐谷渾居甘松山之陽，洮水之西。南抵白蘭，地數千里。自晉永嘉時有國，至龍朔三年，吐蕃取其地，凡三百五十年。及此封嗣絶矣。宋亦爲吐蕃地。元爲貴德州及吐蕃朵甘斯等處，屬吐蕃等處宣慰司。明爲西番地。明洪武十六年，青海酋長史剌巴等七人來歸，賜文綺寶鈔。青海又曰西海，水草豐美，番人環居之，專務畜牧，日益繁滋，素號樂土。「朵甘斯」舊作「朵甘思」，今改正。正德四年，始爲蒙古部酋所據，屢爲邊患，名曰海寇。蒙古額伯爾及阿爾秃厮獲罪其主，擁衆西奔，瞰知青海饒富，襲破之，大肆焚掠，番人多遠徙，其留者反爲所役屬。自是甘肅西寧始有海寇之患。正德九年，總制彭澤搗其巢，寇遁走烏斯藏。及大軍還，額伯爾仍返海上，惟阿爾秃厮遁去。嘉靖八年，洮、岷諸番數犯邊。九年，總制王瓊且撫且勦，洮、岷獲安，而西寧仍苦寇患，惟布爾罕一枝斂衆自保。後北部諳達又羨青海富饒，攜子賓兔、丙兔等數萬衆，襲據其地。布爾罕竄走，已而諳達引去，留丙兔據青海。隆慶中，諳達受封順義王，西寧亦安。自丙兔據青海後，諳達從孫切盡台吉和爾齊及兄子永邵卜同居青海。萬曆中，又時時寇邊爲患，勢亦寖衰。「額伯爾」舊作「亦不剌」，「布爾罕」舊作「卜兒孩」，「諳達」舊作「俺答」，「和爾齊」舊作「火落赤」，今俱改正。

國初有厄魯特顧實汗者，自西北侵有其地，遣使修貢。順治十年，詔封遵文行義敏慧顧實汗。後自分其地爲左右二境。左境東自西寧邊外董郭爾廟，西至肅州嘉峪關邊外洮來河，八百餘里；南自西寧邊外波洛冲克克河北岸，北至凉州邊外西拉塔拉，四百餘里；東南自西寧邊外拉喇山，西北至甘州邊外額濟餒，四百餘里；東北自永昌邊外，西南至嘉峪關邊外布隆吉爾河岸，三千餘里。右境東自西寧邊外董郭爾廟，西至噶斯池，二千五百餘里；南自四川松潘衛邊外漳臘嶺，北至波洛冲克克河南岸，一千五百餘里；東南自洮州邊外達爾吉嶺，西北至嘉峪關邊外塞爾騰西爾拉津，二千餘里；東北自西寧邊外克騰庫特兒，西南至木魯烏蘇河，一千五百餘里。部落散處其間，謂之西海諸台吉，爲四厄魯特之一。康熙三十六年，既平噶爾丹，台吉扎什巴圖爾等咸來朝内附，封爵世襲。親王一，貝勒七，貝子五，輔國公六，台吉十餘人。雍正元年，扎什巴圖爾之子羅卜藏丹津誘衆犯邊，世宗憲皇帝命官兵進勦。旬月間，殲除逆黨，平定其地。惟不從逆者，仍其封爵，定爲三年一貢，分爲三班，九年一周。置互市於西寧日月山，開拓新邊，增設安西鎮於布隆吉，闢地千餘里。餘衆畏服，朝貢惟謹。聖製平定青海告成太學碑文曰：我國家受天眷命，撫臨八極，日月所照，罔不臣順，遐邇乂安，兆人蒙福。乃有羅卜藏丹津者，其先世顧實汗，自國初稽首歸命，當時使臣建議，畀以駐牧之地，其居雜番羌，密近甘、涼。我皇考聖祖仁皇帝睿慮深遠，每廑於懷，既親御六師，平定朔漠。威靈所加，青海部落扎什巴圖爾等震讋承命，聖祖仁皇帝因沛殊恩，封爲親王，兄弟八人咸賜爵禄，羈縻包容，示以寬大。而狼心梟性，不可以德義化，三十年來，包藏異志。朕紹登寶位，優之賜賚，榮其封號，尚冀革心，輯寧部衆。而羅卜藏丹津昏謬狂悖，同黨吹拉克諾木齊、阿爾布坦温布、藏巴扎布等，實爲元惡，謂國家方宏浩蕩之恩，不設嚴密之備，誕敢首造逆謀，迫脅番羌，侵犯邊地，反狀彰露，用不可釋於天誅。遂命川陝總督太保公年羹堯爲撫遠大將軍，聲罪致討。以雍正元年十月，師始出塞，自冬涉春，屢破其衆。凡同叛之部落，戈鋋所指，應時摧敗。招降數十萬衆，又降其貝勒、貝子、台吉等二十餘人。朕猶憫其愚蠢，若悔禍思愆，束手來歸，尚可全宥。而怙惡不悛，負險抗違，乃決翦滅之計。以方略密付大將軍羹堯調度軍謀，簡稽將士，用四川提督岳鍾琪爲奮威將軍，於仲春初旬，禡牙徂征，分道深入，擣其窟穴，電掃風驅，搜剔巖阻。賊徒蒼黄糜潰，窮蹙失據，羅卜藏丹津之母及逆謀渠魁悉就俘執，擒獲賊衆累萬，牲畜軍械不可數計。賊首逃遁，我師踰險窮追，獲其輜重人口殆盡。羅卜藏丹津孑身易服，竄匿荒山，殘喘待斃。自二月八日至二十有二日，僅旬有五日，軍士無久役之勞，内地無轉輸之費，克奏膚功，永清西徼。三月之朔，奏凱旋旅，鐃鼓喧轟，士衆訢喜。四月十有二日，以倡逆之吹拉克諾木齊等三人獻俘廟社。受俘之日，臣民稱慶。伏念聖祖仁皇帝威靈震於遐方，福慶流於奕葉，用克張皇六師，殄滅狂賊。行間將士，亦由感激湛恩厚澤，爲朕踴躍用命。斯役也，芟夷凶悖，綏靖番羌，俾烽燧永息，中外人民胥享安阜，實成先志。以懋有丕績，廷臣上言，稽古典禮，出征而受成於學，所以定兵謀也；獻馘而釋奠於學，所以告凱捷也。宜刊諸珉石，揭於太學，用昭示於無極。遂爲之銘曰：天有雷霆，聖作弧矢。輔仁而行，威遠寧邇。維此青海，種類實繁。錫之茅土，列在藩垣。被我寵光，位崇禄富。負其阻遐，禍心潛搆。恭惟聖祖，慮遠智周。睠念荒服，綏撫懷柔。朔野既清，西陲攸震。爵號洊加，示之恩信。如何兇狡，造謀逆天。鼓動昏憝，寇侵於邊。惟彼有罪，自干天罰。桓桓虎貔，爰張九伐。王師即路，冬雪初零。日耀組練，雷響鼙鉦。蠢兹不順，敢逆戎旅。奮張螳臂，以當齊斧。止如山嶽，疾如雨風。我戰則克，賊壘其空。彼昏終迷，曾不悔戾。當翦而滅，斯焉決計。厲兵簡將，往擣其巢。踰歷嶔嶇，坦若坰郊。賊棄其家，我縶而獲。牛馬谷量，器仗山積。褰兔失窟，何所逋逃。枯魚遊釜，假息煎熬。師以順動，神明所福。旬日凱歸，不疾而速。殪彼逆謀，懸首藁街。獻俘成禮，金鼓調諧。西域所瞻，此惟雄特。天討既申，羣酋惕息。櫜戈偃革，告成辟雍。聲教遐暨，萬國來同。惟我聖祖，親平大漠。巍功焕文，邁桓軼酌。流光悠久，視此銘辭。繼志述事，念兹在兹。三年初，編青海各部落旗分佐領，爲旗二十有九。部落四：青海厄魯特二十一旗、回特三旗、土爾扈特四旗、喀爾喀一旗。又有大喇嘛察罕諾們汗所屬蒙古，分四佐領，不統於各旗，給印，令大喇嘛管轄。其貢道由西寧。乾隆二十四年，西域平，以安西鎮爲安西府。三十八年，裁府改安西州，隸甘肅省青海部，西北境與安西州隔山爲界。青海扎薩克，雍正三年定親王一、郡王二、貝勒一、貝子二、鎮國公一、輔國公八、台吉十四。乾隆間，以事升黜，共爲郡王三、貝勒二、貝子三、輔國公四、台吉十六。

扎薩克多羅郡王三。一旗。察罕丹津，本元裔青海顧實汗曾孫，康熙四十年來歸，封多羅貝勒。五十七年，晉多羅郡王。雍正元年，以西藏軍功，晉封和碩親王。十三年，族孫旺舒克襲。乾隆十四年，子旺丹多爾濟帕拉木襲。三十六年，卒，無嗣，以其從子納罕達爾濟降襲郡王。嘉慶十二年，子達什忠鼐襲。一旗。策旺喇布坦，親王察罕丹津從叔，康熙四十二年封多羅郡王。四十四年，子額爾克巴勒珠爾襲。四十五年，自盡，子朋素克旺扎勒降襲貝勒。雍正四年，復封郡王。十三年，子衮楚克達什襲。乾隆四十二年，子索諾木多爾濟襲。嘉慶十三年，子車琳端多布襲。一旗。衮布，親王察罕丹津從叔，康熙四十三年封多羅貝勒。四十四年，子額爾德尼額爾克托克托鼐襲。雍正元年，以西藏軍功，晉多羅郡王。乾隆十四年，子索諾木丹津襲。三十六年，孫衮楚克敦多布納木扎勒襲。四十年，子剛噶爾襲。嘉慶二年，叔依什達爾濟襲。十一年，族弟沙克都爾襲。扎薩克多羅貝勒二。一旗。色布騰扎勒，本準噶爾台吉，康熙四十二年來朝，封多羅貝勒。雍正二年，以軍功晉封郡王。九年，子車淩喇布坦襲。乾隆十三年，子索諾木多爾濟襲。二十三年，從弟色布騰多爾濟襲。三十年，卒，無嗣，以從祖車木伯勒降襲貝勒。三十九年，子吹忠扎布襲。五十三年，子德哩巴勒珠爾襲。一旗。達顏，郡王策旺喇布坦從子，康熙五十五年封多羅貝勒。五十八年，子旺舒克喇布坦襲。六十一年，卒，無嗣，以達顏弟諾爾布之子達什車淩降襲貝子。諾爾布於雍正二年討羅布藏丹津，奮勉敘功，封爲貝子，尋卒，以兩户祇有達什車淩一人，奉旨將兩貝子合封爲貝勒。乾隆二十二年，子丹巴車淩襲。三十九年，子濟克默特伊什襲。嘉慶十三年，子扎木巴勒多爾濟襲。

扎薩克固山貝子三。

一旗。車淩敦多布，親王察罕丹津從弟，雍正元年封多羅貝勒，二年以罪降貝子。三年，族叔丹巴襲。乾隆十七年，子沙克都爾扎布襲。四十八年，子車爾登多爾濟襲。嘉慶二十年，子拉特那錫第襲。一旗。阿喇布坦，郡王色布騰扎勒從子，康熙五十五年封公銜一等台吉，雍正三年晉輔國公。乾隆四年，子納木扎勒車淩襲，十五年晉固山貝子。三十五年，子齊默特丹巴襲。嘉慶十三年，子拉特納西第襲。一旗。索諾木達什，親王察罕丹津從弟，雍正元年封固山貝子。乾隆十四年，子噶勒丹旺扎勒襲。十五年，弟莽鼐襲。十八年，子羅卜藏色布騰襲。三十一年，以罪削扎薩克，爲閑散貝子。弟巴勒濟特襲扎薩克，授一等台吉。四十九年，子拉扎布襲。五十六年卒，仍以羅卜藏色布騰襲，尋以功賜貝勒品級，兼襲貝子。嘉慶三年，子旺沁丹津襲。十六年，子格勒克那木扎勒襲。

扎薩克輔國公四。

一旗。噶勒丹達什，親王察罕丹津從弟，康熙五十年封輔國公，雍正元年晉鎮國公。乾隆四年，子丹津納木扎勒襲。十三年，弟索諾木巴勒濟襲，尋卒無嗣，從子索諾木多爾濟降襲輔國公。五十四年，弟喇特納錫第襲。一旗。索諾木達什，鎮國公噶勒丹達什從祖，康熙五十年封輔國公。五十二年，子諾爾布朋素克襲。雍正五年，嗣子達什巴勒珠爾襲。八年，族叔車淩襲。乾隆九年，子達什扎布襲。三十一年，子根敦端多布襲。嘉慶元年，子依什達爾濟襲。一旗。車淩，鎮國公噶勒丹達什從叔，康熙五十年封輔國公。雍正七年，子色布騰達什襲。乾隆四年，弟衮楚克扎布襲。十八年，子吹忠扎布襲。嘉慶元年，子格埒克拉布齋襲。一旗。貢格，本輝特台吉，雍正三年授一等台吉，九年晉輔國公。乾隆二十年，子納罕塔爾巴襲。三十五年，子旺扎勒敦多布襲。四十七年，子達瑪璘襲。嘉慶二年，子琳沁旺舒克襲。

扎薩克一等台吉十六。

一旗。納木扎勒，親王察罕丹津從弟，康熙三十七年封多羅貝勒。五十年，子羅卜藏察罕襲，雍正二年以罪削爵，三年授一等台吉，六年晉輔國公。乾隆七年，子多爾濟色布騰降襲一等台吉。二十六年，子恭桑車淩襲。五十四年，嗣子旺舒克襲。　一旗。羅卜藏達爾扎，貝勒納木扎勒從弟，康熙五十年封固山貝子。六十一年，子濟克濟扎布降襲輔國公，雍正二年以罪削，三年授一等台吉。乾隆二十年，子車淩多爾濟襲。二十九年，子達克巴納木扎勒襲。四十四年，子諾爾布璘沁襲。嘉慶九年，子濟克默特襲。二十五年，族叔索諾木旺濟勒襲。　一旗。阿喇布坦扎木素，親王察罕丹津從子，康熙五十九年封輔國公。乾隆五年，從子達什納木扎勒襲。三十年，嗣子禮塔爾襲。四十一年，達什納木扎勒子隆賁降襲一等台吉。嘉慶三年，子旺濟勒多爾濟車布登襲。　一旗。達瑪琳色布騰，貝勒納木扎勒從子，雍正三年授一等台吉。乾隆十五年，弟博貝襲。二十年，從子旺扎勒襲。三十年，子根敦扎布襲。五十四年，子棍布扎布襲。「棍布扎布」舊作「固木扎布」，今改正。　一旗。阿喇布坦，貝勒納木扎勒弟，雍正三年授一等台吉。乾隆四年，子袞布喇布坦襲。四十一年，子班第襲。嘉慶十四年，子索諾木敏珠爾襲。　一旗。哈爾噶斯，顧實汗弟色棱哈坦巴圖爾之四世孫，雍正三年授一等台吉。乾隆十九年，子恭格車淩襲。三十一年，弟吹忠扎布襲。五十九年，子楞袞多爾濟襲。嘉慶十三年，子恩克巴雅爾襲。　一旗。扎布，親王察罕丹津從叔，雍正三年，授一等台吉。乾隆二年，子達奇襲。三十二年，子桑濟達什襲。四十九年，子車淩多爾濟襲。嘉慶二年，弟拉素龍襲。十三年，子端多布襲。　一旗。察罕拉布坦，親王旺舒克兄，雍正九年授一等台吉。乾隆二年，子多爾濟色布騰襲。四年，叔旺舒克喇布坦襲。三十三年，子納罕達爾濟襲。三十六年，弟羅卜藏丹津襲。五十二年，弟沙喇布提理襲。五十六年，子袞布多爾濟襲。　一旗。伊什多勒扎布，郡王額爾克巴勒珠爾次子，雍正三年授一等台吉。七年，子畢齊罕車淩襲。乾隆三十九年，以病罷，從子巴勒珠爾襲。五十三年，仍以畢齊罕車淩襲。五十四年，復以病罷，嗣子三都布襲。五十八年，從弟多爾濟襲。嘉慶二十二年，子旺沁端多布襲。　一旗。色布騰博碩克圖，貝子丹巴兄，雍正三年授一等台吉。乾隆三年，子車淩多爾濟襲。二十六年，孫巴勒珠爾襲。四十二年，子噶勒丹忠襲。嘉慶十四年，子格勒克拉布坦襲。　一旗。索諾木喇布坦多爾濟，本土爾扈特台吉，雍正三年授一等台吉。七年，以族曾孫棟襲。乾隆五年，子薩喇襲。三十七年，子達什喇布坦襲。四十五年，弟薩木都布扎木素襲。嘉慶五年，從弟多爾濟旺濟勒襲。　一旗。羅布桑察罕，台吉棟從弟，雍正三年授一等台吉。乾隆二十一年，子烏爾占襲。四十九年，從弟伊達木襲。五十年，族弟貢格襲。嘉慶七年，子旺舒克襲。「羅布桑察罕」舊作「色特爾木布」，今改正。　一旗。達爾扎，台吉索諾納木喇布坦多爾濟族子，雍正九年授一等台吉。乾隆十九年，子色布騰多爾濟襲。三十四年，從子衮楚克襲。嘉慶七年，子瑪濟克策楞襲。　一旗。丹忠，台吉達爾扎從子，雍正三年授一等台吉。乾隆十年，子納木錫哩策旺襲。十四年，族弟都勒瑪扎布襲。嘉慶三年，子羅布藏吹達爾襲。十八年，子喇布扎拉木楚克襲。　一旗。車淩納木扎勒，顧實汗兄哈納克土謝圖之四世孫，雍正三年，初編青海各部落旗分佐領，於和碩特族三十三台吉設公中扎薩克，一以車淩納木扎勒領之，授一等台吉。十一年，卒，無嗣，從弟巴勒丹襲。乾隆二十九年，子達什車木伯勒襲。嘉慶八年，子端珠布納木扎勒襲。十七年，子德沁襲。十九年，叔恭臧襲。　一旗。達什敦多布，喀爾喀祖格埒森扎扎賚爾琿台吉之五世孫。先是雍正三年，初編青海各部落旗分佐領，以在青海之喀爾喀台吉設公中扎薩克。一以達什敦多布族兄根敦領之，授一等台吉，未幾根敦嗜酒，且與諸台吉有隙，罷之。乾隆三年，以達什敦多布任公中扎薩克一等台吉。四十二年，孫車德爾襲。嘉慶十五年，子濟克濟扎布襲。

風俗

所居無常，依隨水草。地少五穀，以產牧爲業。堪耐寒苦，不避風雪。性堅剛勇猛，得西方金行之氣焉。後漢書西羌傳。　隨水草，帳室，肉糧。唐書吐谷渾傳。　按：今青海諸部種族本自西北，居毳帳，遊牧無定所，食肉飲酪，衣氊韋。其官曰寨桑，曰哈什漢，曰扎爾虎齊，曰夏，曰達爾虎。王以下部長，皆分班朝貢，斂牛、羊、馬、駝爲賦稅，名曰添巴。其刑重罪少，罰贖多，贖以牲畜。俗尚浮屠，性偏誇張。唐書謂其地有寒厲，中人輒痞，促而不害。蓋自寧夏以西至星宿海，天氣漸低，地勢益高，人氣閉塞，故多喘息也。

山川

枯爾坤山。在青海西境。書禹貢：崑崙、析支、渠搜。爾雅：三成爲崑崙丘。閻若璩書經地理今釋：山在今西番界。有三山：一名阿克坦齊欽，一名巴爾布哈，一名巴顏喀喇，總名枯爾坤，譯言崑崙也。在積石之西，河源所出。按漢書地理志：「金城郡臨羌縣，西北至塞外，有西王母石室，有弱水、崑崙山祠。」蔡傳所據以爲崑崙在臨羌者也。然漢志言西有崑崙山祠，非言山在縣界。漢臨羌縣在今陝西西寧衛西，崑崙山不當若是之近。杜佑通典云：吐蕃自云崑崙在國中西南，河之所出。唐書吐蕃傳云：劉元鼎使還，言自湟水入河處，西南行二千三百里，有紫山，三山中高而四下，直大羊同國，古所謂崑崙，蕃曰悶摩黎山，東距長安五千里，河源其間。蓋今之枯爾坤也。元史河源附録云：吐蕃朵甘思東北有「大雪山」，名伊拉瑪博囉。其山最高，譯言騰格哩哈達，即崑崙也。按此即今蕃語所稱阿木奈瑪勒占木遜也，在星宿海東。其山延亘三百有餘里，上有九峯，最爲高大。黄河經其南，又遶其東北，梁寅所謂河遶山之三面如玦然者。但如其言，則崑崙轉在河源下流，似未爲的。按今黄河發源之處，雖有三山，而其至西最大，爲真源所在者，巴顏喀喇也。東北去西寧邊外一千四百五十五里，延袤約千餘里，山不極峻，而地勢甚高。自查靈、鄂靈二海子之西，以漸而高，登至三百里，始抵其下。山脈西自金沙江發源之犂石山，蜿蜒東來，結爲此山。自此分支，東趨大雪山，至西寧邊，東北達甘肅涼州以南大小諸山，東南並黄河南岸至西傾山，抵陝西河、洮、階諸州，至四川松潘口諸山。河源其西，而其支幹盤繞黄河兩岸，勢相連屬。蒙古概名之爲枯爾坤。山之前後數十里，杳無人烟。七八月積雪至五六月未消，中有冷瘴，其土石黑色，多野獸，饒水草，又産金銀礦。蒙古謂黑爲喀喇，謂富貴爲巴顏，故名巴顏喀喇山。蓋即唐時吐蕃所稱崑崙也。元史所稱「大雪山」，乃禹貢之積石，在河源以東，當時實未嘗西窮真源所出之山也。今巴顏喀喇，實河源所出。山形廣大，迴越尋常。唐劉元鼎使吐蕃，過河源而西，又還記所見，語雖簡略，而其形勢尚與今合。曰紫山者，以色言之，猶今謂之黑耳。就河源所在求之，舍此無可爲崑崙者。方中履古今釋疑曰：「金沙江出犂石，即崑崙之南。河出朵甘思，即崑崙之西。蓋江、河二源，皆出崑崙。」此言甚核。但當云河出崑崙之東，今言西者，以元史而誤耳。按：舊志所言如此，其辨元史大雪山之非崑崙是也。至以枯爾坤山即爲黄河所出之崑崙山，則近似而未得其真。乾隆四十七年，特命侍衛阿彌達告祭河神，務窮真源。訖事，繪圖加說入奏，高宗純皇帝聖製河源詩，詳指原委，並聖製讀宋史河渠志文，并命館臣纂河源紀略一書，載其實蹟。蓋黄河重源，出於阿勒坦噶達素齊老，流爲阿勒坦郭勒，水色獨黄。穿入星宿海而東，其初源出於回部之喀什噶爾、和闐諸山，伏於羅布淖爾，至此重發。崑崙山實在回部黄河初發之地，昔人不察，遂以青海之枯爾坤即指爲崑崙耳。今改正崑崙之名爲枯爾坤，並存舊志原文，而駁正其說如此。「伊拉瑪博羅」舊作「亦耳麻不莫喇」，「騰格哩哈達」舊作「騰乞里塔」，今俱改正。

積石山。即今大雪山。番名阿木奈瑪勒占木遜山。在西寧邊外西南五百三十餘里，黄河北岸。其山延亘三百餘里，上有九峯，高入雲霧，爲青海諸山之冠。山脈自河源巴顏喀喇山東來，中峯亭然獨出，百里外即望見之。積雪成冰，歷年不消，峯巒皆白，形勢險峻。瘴氣甚重，人罕登陟。河流其南，至山之東，乃折而北，今土人以此山爲西海之望山，四時禱祀焉。其西海左右前後，山之高大者，共十三山，番俗皆分祭之，而以此爲最。蓋即禹貢之積石山，唐時名大積石山，元史所誤名爲崑崙者也。書禹貢：「導河積石，至於龍門。」胡渭禹貢錐指：「導者，循行之謂。先儒皆以爲施功，故其說多誤。」漢志金城郡河關縣下云：「積石在西南羌中，河水行塞外東北入塞内。」西域傳云：「鹽澤水潛行地下，南出於積石爲中國河。」後漢河關縣屬隴西郡，志云：「積石山在西南，河水出。」此禹貢之積石也。段熲傳：自張掖追西羌，「且鬭且行，四十餘日，至河首積石山，出塞二千餘里」。唐書：「侯君集等追吐谷渾王伏允至星宿川，又達柏海，北望積石山，觀河源之所出。」是皆河關縣西南羌中之積石。自隋大業五年平吐谷渾於赤水城，置河源郡，以境有積石山名。唐儀鳳二年，改置河源軍，在鄯州西百二十里〔三〕。又於澆河故城置積石軍，在廓州西南百五十里。而積石之名，遂移於塞内。杜佑通典云：「積石山，在今西平郡龍支縣南，即禹貢導河積石。」蔡傳承其誤曰：「地志積石，在金城郡河關縣西南羌中，今鄯州龍支縣界也。」閻百詩爲之辨曰：「漢河關縣，宣帝神爵二年置。後涼呂光龍飛二年〔四〕，克河關。凡四百五十七年爲郡縣，後没入吐谷渾，遂不復。况積石又在其西南羌中乎？當在漢西海郡之外，是真當日大禹導河處。龍支縣近在西寧衛東南八十里，本漢金城允吾縣地，後漢爲龍耆城。李吉甫元和志：「積石山，在龍支縣西九十八里，南與河州枹罕縣分界。」枹罕，今臨洮府之河州，積石山在州西北七十里。積石關，則又在西北百二十里。所謂兩山如削，河流經其中，是較禹所導之積石河隔千有餘里，豈在其縣界者乎？縣界之積石，乃小積石山，即水經注之唐述山耳。大、小積石之名，莫明辨於唐人。魏王泰曰：「大積石山，在吐谷渾界；小積石山，在枹罕縣西北。」張守節曰：「河自鹽澤潛行，入吐谷渾界大積石山，又東北流至小積石山。」李吉甫曰：「河出積石山西南羌中，今人目彼爲大積石，此爲小積石。」然則蔡傳當云何？曰：引地志下當云今鄯州西南塞外山也。漢在羌中，唐在吐谷渾界，今河州枹罕縣、鄯州龍支縣有積石山，雖河所經，非禹所導者。渭按：應劭云「析支東去河關千餘里，河上首積石，南枕析支」，則縣距此山亦千餘里可知矣。自東晉後，縣爲吐谷渾所據，遂以枹罕爲華戎之界。故唐初太子賢注後漢書，誤認龍支之積石爲禹貢之積石，而中葉已知其非，獨杜佑不審耳。宋咸平四年，真宗指甘、沙、伊、涼等州圖，謂輔臣曰：「此圖載黄河所出之山，乃在積石外，與禹貢所述異。」蓋亦以龍支之積石爲禹蹟也。蔡氏承誤以釋經，故元篤什窮河源，仍以廓州西南之積石州爲積石。而至正中修宋史河渠志亦云黄河自貴德、西寧之境至積石，經河州。昔郭景純注山海經曰：「名實相亂，莫矯其失，習非勝是，終古不悟。」此之謂矣。按：元史河源附録：「吐蕃朵甘斯東北有『大雪山』，其山最高，名伊拉瑪博囉，譯言騰格哩哈達，即崑崙也。山腹至頂皆雪，冬夏不消。土人言遠年成冰時，六月見之。」朱思本曰：「崑崙山，番名伊拉瑪博囉，其山高峻非常，山麓延亘五百餘里，河隨山足東流，過薩斯嘉庫濟、克特地。」梁寅河源記：「世多言河出崑崙者，蓋自積石而上，望之若源於是矣。」而不知星宿之源在崑崙之西北，東流過山之南，然後折而抵山東北，其繞山之三面如玦然，實非源於是也。以上所言崑崙，即今所謂大雪山也。自元人創爲此説，當時無復異議，後人遂皆信之。今以諸書細考之，乃知此山真古積石無疑也。水經注云：「河水重源，發於西塞之外，出於積石之山。屈而東北流，逕於析支之地，是爲河曲。」今星宿海之泉，本多伏流，故昔人疑爲潛行地下，至大雪山南，始會成河。由下流望之，若源於是，故謂之河首。又曰河水過山南，又遶山東折而北，與水經注歷歷相符。司馬彪云：「析支西濱河首。」今大雪山東南黄河旋繞之處，俗名出外河套，即古析支河曲地。此尤的然可據者。漢志河關縣下云：「積石山，在西南羌中。」漢河關縣在今西寧西南五百餘里，亦與漢志相合。後漢段熲自張掖追燒當羌至積石山，出塞二千餘里。今自甘州出口至大雪山，約二千里。唐侯君集等追吐谷渾至星宿川，達柏海，望積石山。今大雪山近星宿海東，高出餘山，望之可見，此又明證也。蓋自漢至唐初，積石所在，人皆知之。當時雖有誤認龍支縣界之小積石爲禹所導者，而大、小之分仍在。自唐以後，其地淪於吐蕃，人跡罕至，故後人但知有河州之積石，而真積石反晦。元篤什窮河源，訝其高大，遂以崑崙目之。潘昂霄、朱思本輩又不能考，從而傅會之，不獨崑崙無據，而積石之跡從此愈湮矣。禹貢錐指辨之極明，然尚未知元史之崑崙即積石也。今以禹跡導河所起，故詳考諸書改正之。　按舊志辨元史崑崙之爲積石山已爲詳核，至崑崙之所以誤稱則未有悉其由來者。恭讀高宗純皇帝聖製讀宋史河渠志文，始知貴德之西有三崑都倫河橫入於河。蒙古語崑都倫，橫也，即回部所謂崑崙，亦以横嶺得名。元人不察，遂以崑都倫之名誤會爲崑崙山耳。舊史沿訛，始洞抉其故也。考崑都倫河入河之處，正當大雪山之南。大雪山，舊名阿木儞麻禪母孫山，今譯爲阿木奈瑪勒占木遜山。番人謂「阿木奈」，古也；「瑪勒」，大黄河上之山也；「占木遜」，海也。謂古時黄河經此大匯，蓋與禹貢導河積石之義，實相符合。其不容以崑崙目之，審矣。　「伊拉瑪博囉」、「騰格哩哈達」，已見前。「薩斯嘉」舊作「撒思加」，「庫濟」舊作「闊即」，「克持」舊作「潤提」，今俱改正。

西頃山

一名西疆山，亦名強臺山，在洮州衛西南三百三十餘里。書禹貢「西傾因桓是來」，疏：「西傾在雍州。自西傾南行，因桓水是來浮於潛水也。」史記夏本紀「道九山」注：索隱曰：「九山，古分三條。馬融以西傾爲中條，鄭玄分四列，汧爲陰列，西傾次陰列。」漢書地理志：「隴西郡臨洮，禹貢西傾山在縣西。」注：師古曰：「頃，讀曰傾。」北史吐谷渾傳：「阿豺昇西疆山，觀墊江源。」水經注：「沙州記曰：洮水與墊江水，俱出嵹臺山，山南即墊江源，山東即洮水源。嵹臺，西傾之異名也。」括地志：「西傾山，今嵹臺山，在洮州臨潭縣西南三百六十六里。」元和志：「嵹臺山，即西傾山，在臨潭縣西南三百里。」洮州衛志：「西傾山，延袤千里，外跨諸羌。」　按：西傾山，番名羅插普喇山，近黄河自東折西北之東岸，緜亘千餘里。凡黄河以南諸山無大於此者。洮河發源於此。明統志謂在洮州衛西南二百五十里，誤。

熱水山。在西寧邊外西南。陳循寰宇通志：山南出暖水，流入青海，北出冷泉，即西寧河源也。

豐利山。在西寧邊外西北。隋書元諧傳：高祖受禪，吐谷渾寇涼州，招諧爲行軍元帥。諧率兵出鄯州趨青海，吐谷渾引兵拒諧，相遇於豐利山，諧擊走之。胡三省通鑑注：豐利山，在青海東。

曼頭山。在西寧邊外西北。通鑑：宋泰始六年，魏長孫觀與吐谷渾王拾寅戰於曼頭山〔五〕，拾寅敗走。又唐貞觀九年，李靖步將薛孤兒敗吐谷渾於曼頭山。胡三省注：「隋伐吐谷渾，置河源郡，有曼頭城，蓋因山得名也。」

車我真山。在西寧邊外西北。隋書煬帝紀：大業五年，帝至西平，吐谷渾率衆保覆袁川。帝分命元壽南屯金山，段文振北屯雪山，楊義臣東屯琵琶峽，張壽西屯泥嶺，四面圍之。其主伏允潛遁，遣其名王詐稱伏允，保車我真山。

蜀渾山。在西寧邊外西北。通鑑：唐貞觀九年，李大亮敗吐谷渾於蜀渾山。胡三省注：「山在赤海西。」按：自豐利山至此皆古名，今未詳。

耶噶爾山。在西寧邊外六十里。山脈自木崙山來，高大有積雪，俗名雪山。

達克珠爾山。在西寧西川邊外。山甚高大，由此南向，爲西川，南川諸邊山。

阿什根山。在西寧邊外西南一百十里。山不甚高，當東西往來孔道。

阿爾坦山。在西寧邊外東北九十里。山脈東趨北川，抵浩亹水。俗云此山出金，昔有番人於此山開取，故名。

阿木你木崙山。在青海東。亦十三山之一。

漢拖羅海山。在青海南二百餘里。山在曠野中。

阿木你那淩通布山。在青海西南。其峯尖直，故名。亦十三山之一。

烏克拖羅海山。在青海西南。高峯壁立。

插漢拖羅海烏爾圖山。在青海西南。烏爾圖，凡環繞青海之濱者亦有十三山，土人皆名烏爾圖，謂之十三角云。

阿木你巴爾布安山。在青海西。其峯高險，色黑，故名。亦十三山之一。

索克圖山。在青海西。其西南五十里又有一索克圖山，其地有瘴氣及毒草。

阿木你巴顏尊崔山。在青海西北。亦十三山之一。

阿木你天青插漢山。在青海西北。其峯甚峻，無雪而白，故名。亦十三山之一。

阿木你兀善通布山。在青海西北。亦十三山之一。

阿木你厄枯山。在青海西北二百餘里。其山甚大，亦十三山之一。

阿木你洞舒山。在青海西北。亦十三山之一。

阿木你岡噶爾山。在青海東北，近甘、涼二州之邊。又名龍壽山，亦十三山之一。

魁孫拖羅海山。在青海中。峯巒純白，上有小廟，廟内番僧於冰合時，出取一年之糧入居焉。按：魏書「青海内有小山，唐時名龍駒島」，即此。詳見後青海下。

阿木你巴顏哈拉山。在涼州邊外。又呼大荒山，亦十三山之一。

他蘇爾海山。在涼州保安堡邊外南六十餘里。

納山。在河州邊外西一百二十里。山亦高大。

素嶺山。在洮州衛邊外西南。元和志：在常芬縣東七十里。春夏常積雪，故名。

石鏡山。在洮州衛邊外西南。元和志：在合川縣西北四十五里。山石皎潔，臨照莫不見其形體，故以爲名。山有銅窟，隋代采鑄，今亦填塞。

朵噶爾山。在洮州衛邊外西北七十里。大夏河發源於此。

綽那蘇爾馬拉山。在洮州衛邊外洮河源北，西傾山東。其山高大，多野獸，亦西傾山之支山也。

圖爾根山。在洮州衛邊外洮河源之西北，近伊克哈柳圖河。

多克的山。在洮河源北，與綽那蘇爾馬拉山相近。

捏楚袞山。在洮州衛邊外，多克的山東。山高大，有積雪。

即克石特山。在洮州衛邊外，與西傾山相連。

馬里和爾和山。在洮州衛邊外西北三百餘里。即西傾之東北支山也。

密里克山。在黃河岸東八十里碧柳圖山東，阿木你麻纏母孫大雪山之西。上有峯，峻削如屏，故名。

布安山。在黃河岸東，密里克山之東。

阿喇克薩爾山。在黃河岸東，碧柳圖山之陽。山形如牛，故名。

哈爾吉山。在黃河岸東，大雪山西南。

阿木你轂肯古爾板山。在哈爾吉山東。山有二峯獨高，積雪不消，亦十三山之一。

烏藍芒柰山。在黃河自東折西北處。亦有積雪，自碧柳圖山至此，皆在黃河迴曲折旋之處。元史謂河行崑崙南，又轉西流過崑崙北，即此地也。

古爾板衣馬圖山。在黄河西岸，西海西南三百餘里。三山相接，皆名衣馬圖，繞獨羅池之西。

碧柳圖山。在黄河岸東北，馬尼圖山東。相近有三山，皆名碧柳圖。

蘇羅巴顔喀喇山。在衣馬圖山東北。山有石崖色黑，多冷瘴，故名。

布呼吉魯肯山。在黄河源鄂敦他拉，亦名枯爾坤。山脈自巴顔喀喇山東來，山之東麓即星宿海。有數峯，甚聳秀，故名。

阿克塔齊欽山。在黄河源，布呼吉魯肯山之東。上有兩峯，形如馬耳，故名。

烏藍得什山。在黄河源，查靈海北四十里，阿克塔齊欽山之東。其山高大，頂極平坦方正。

馬尼圖山。在黄河源，鄂靈海東北一百二十里，烏藍得什山東。其山甚大，石上有昔人鐫刻漢文。

查克喇峨山。在黄河源，鄂靈海西南一百三十里。山脈自巴顔喀喇山東南來，勢甚高大，多河，色納河俱發源於此。

雜普通古查哈蘇拖羅海山。在查克喇峨山東。上有一峯，圓大而高。齊齊哈納河發源於此。

查爾雜通布山。在雜普通古查哈蘇拖羅海山東南三百餘里。山有七峯，極高大，冬夏積雪不消。

巴爾布哈山。在黄河源，查靈海北一百里。山脈自巴顔喀喇山東北來，又北指爲柴打馬地諸山，上有二峯，甚險峻。

古爾板蒙衮拖羅海山。在黄河源之南岸。三峯相並，故名。

拉母拖羅海山。在黄河源，阿爾坦河南岸。自河源鄂敦他塔至巴顔喀喇一帶，絶無高大之山，惟此稍露崇隆。

承風嶺。在西寧邊外西南。唐書吐蕃傳：李敬玄率劉審禮擊吐蕃青海上，審禮戰没，敬玄頓承風嶺，礙險不得縱。通典：承風嶺，在廓州廣威縣西南，東北去鄯州三百一十三里。

納拉薩拉嶺。在西寧邊外西南八十七里。其西有齊布秦爾嶺，相近又有哈拉嶺。

赤嶺。在西寧邊外西。唐書地理志：石堡城西二十里至赤嶺，其西吐蕃有開元分界碑。又吐蕃傳：開元中，吐蕃請交馬於赤嶺，互市於甘松嶺。宰相裴光庭曰：「甘松中國之阻，不如許赤嶺。」乃聽以赤嶺爲界，表以大碑，刻約其上。帝又令金吾將軍李佺監赤嶺。樹碑後，崔希逸襲破吐蕃青海上，吐蕃恚，不朝，大入河西。蕭炅、杜希望、王昱分道經略，吐蕃碎赤嶺碑。又哥舒翰傳：天寶八載，翰攻吐蕃石堡城，下之，遂以赤嶺爲西塞。續通典：石堡城西三十里有山，土石皆赤，北接大雪山，南連小雪山，號曰赤嶺。去長安三千五百里，自鄯州鄯城縣西行二百里至赤嶺。

魯克喇嶺。在西寧邊外西北八十里。其西四十里有喇喇嶺。

白草嶺。在西寧邊外之北。通鑑：宋元嘉元年，秦王熾盤遣太子慕末出貂渠谷，攻河西白草嶺、臨松郡，皆破之。

按：水經注「鮮谷塞東南有白嶺，湛水出焉」，蓋即白草嶺也。

海努克嶺。在青海東南。

巴漢哈圖嶺。近青海南岸。

伊克哈圖嶺。在巴漢哈圖嶺東。

察察嶺。在巴漢哈圖嶺西南。

納布楚爾嶺。在察察嶺東。

蘇羅嶺。在青海南少西二百餘里，即蘇羅巴顏喀喇山之東嶺。

殷德爾碧柳圖嶺。在青海西南。相近又有好來嶺。

烏藍布拉克嶺。在青海西南二百餘里。
烏蘇圖叟濟嶺。在青海西北百餘里。
布呼圖嶺。在青海東北。
西喇庫忒爾嶺。在鹽池北。又敖蘇博嶺，在鹽池東。好來叟濟嶺，在鹽池東北。
忒門呼朱嶺。在拖孫池東南。東北去蘇羅嶺百餘里。
多穆地碧柳圖嶺。在碧柳圖山之陰。
登諾兒台嶺。在黄河西岸，蘇羅嶺東。
大成嶺。在河州保安堡邊外南一百二十里。其東南一百五十里有班陳庫忒爾嶺，又東南六十里有呼呼庫忒爾嶺。
碧柳圖嶺。在洮州衛邊外西北一百二十里。
塞爾隆嶺。在洮州衛西北三百餘里。西傾山之支嶺也。
托禮嶺。在洮州衛邊外洮河發源處，即西傾山之脊。嶺最高大，其上平坦，草木茂盛。
哈爾吉嶺。在黄河自東轉西流之南岸，即大雪山之支嶺。盛夏積雪，多瘴氣。其東南三十里又有索諾穆達西嶺，皆在河曲之地。
牟布拉克嶺。在黄河源，查靈海東北五十里。嶺最險，多瘴氣。其東三十里有寒多嶺。
阿拉爾巴顔喀喇嶺。在黄河源西南，木魯烏蘇河之東，即巴顔喀喇山之嶺也。其間又有名匝福爾巴顔喀喇嶺、匝呼爾巴顔喀喇嶺、克勒巴顔喀喇嶺、麻木公圖忒巴顔喀喇嶺，皆一山而隨地立名者也。

阿勒坦噶達素齊老峯。在青海西境。黃河之真源，於此重發。乾隆四十七年，侍衛阿彌達奉命尋訪河源，得阿勒坦郭勒於星宿海之西三百里。又其西有巨石，高數丈，亭亭獨立，名阿勒坦噶達素齊老。蒙古語「噶達素」，北極星也；「齊老」，石也。唯此一石峯，其崖壁皆土，作黃赤色，更無草木。壁上爲天池，池中流泉瀆涌，釃爲百道，皆作金色。入阿勒坦郭勒，實黃河真源也。

插漢峯。在青海中，近西岸，與魁孫拖羅海山東西對峙。其峯卑小，多土少石。

都崙巴圖爾峯。近洮河源，共有七峯。

榆谷。在西寧邊外西南。後漢書西羌傳：元帝時，研種孫燒當立，更以燒當爲種號。自燒當至玄孫滇良，世居河北大允谷。種小人貧，先零、卑湳數侵犯之，奪居其地大榆中，由是始强。永元十四年，隃糜相曹鳳上言：「西戎爲害，常從燒當種起。所以然者，以其居大、小榆谷，土地肥美，南得鍾存以廣其衆，北阻大河，因以爲固。又有西海魚鹽之利，緣山濱水，以廣田畜，故能强大，常雄諸種。今者衰困，亡逃棲竄，宜及此時建復西海郡，規固二榆，廣設屯田，隔塞羌胡交關之路。」於是拜鳳爲金城西部都尉。後金城長史上官鴻又開置歸義、建威屯田二十七部，侯霸復上置東、西邯屯田五部，增留、逢二部，帝皆從之。列屯夾河，合三十四部，其功垂立。至永初中，諸羌叛，乃罷。水經注：河水自西海郡，東逕允州，而歷大榆、小榆谷北注，羌迷唐、鍾存所居也。行都司志：榆谷在金城西二百里。漢西羌居此，緣山濱水，以廣田畜。胡三省通鑑注：「唐九曲，即漢大、小榆谷之地。」按：榆谷在河南，九曲在河西，境雖相近，實非一地。

破邏真谷。在西寧邊外西南。唐貞觀九年，討吐谷渾，侯君集與任城王道宗引兵行無人之境二千餘里，經破邏真谷，追及伏允於烏海，大破之。

大嶺谷。在西寧邊外西。通鑑：唐武后延載元年，武威道總管王孝傑破吐蕃於大嶺谷。又天寶元年，隴右節度使皇甫唯明奏破大嶺等軍。胡三省注：「大嶺，谷名。」

涅剛洞。在河州老鵶關邊外西南八十里。土人云入其中行七八日尚未盡。洞内有池，洞外有一泉，即藥水也。

插漢拖羅海岡。在西寧邊外西南一百三十里，地頗平曠。其西北三十里又有一岡，名呼呼拖羅海岡。

巴爾拖羅海岡。在青海南百里黄河北岸，岡甚高大。

黄河。源出青海之極西境，自西域回部羅布淖爾伏流重發，名阿爾坦河。流入鄂敦他臘，挾扎楞、鄂楞兩淖爾水東南流，折西北，又轉東北，歷二千七百餘里，至積石關，入甘肅河州界。漢書地理志：金城郡河關，積石山在西南羌中，河水行塞外，東北入塞内，至章武入海。過郡十六，行九千四百里。水經注：河水重源，發於西塞之外，出於積石之山，屈而東北流，逕於析支之地，是爲河曲。東北歷燉煌、酒泉、張掖南。又水經：河水又自東河曲，逕西海郡南，又東逕允川，而歷大榆、小榆谷北，又東過隴西河關縣北，洮水從東南來流注之。唐書吐谷渾傳：貞觀九年，擊吐谷渾，侯君集、任城王道宗行空荒二千里，閱月次星宿川，達柏海上，望積石山，覽觀河源。又吐蕃傳：長慶元年，大理卿劉元鼎爲會盟使，踰湟水，出蒙谷，抵龍泉河之上流，由洪濟梁西南行二千里，水益狹，春可涉，秋夏乃勝舟。其南三百里三山，中高而四下，曰紫山，直大羊同國，古所謂崑崙者也。蕃曰悶摩黎山。東距長安五千里，河源其間，流澄緩下，稍合衆流，色赤，行益遠，他水並注則濁，故世舉謂西戎地曰河湟。河源東北直莫賀延磧尾，殆五百里，隱測其地，蓋劍南之西。元史地理志河源附録：「河源古無所見，禹貢導河，止自積石。漢使張騫持節到西域，度玉門，見二水交流，發葱嶺趨于闐，匯鹽澤，伏流千里，至積石而再出。唐劉元鼎使吐蕃，訪河源，得之於悶摩黎山，然皆經歲月，涉艱難，而其所得不過如此。世之論河源者，又皆推本二家，其説怪迂，總其實，皆非本真。元至元十七年，命篤什爲招討使，佩金虎符，往求河源。篤什既受命，是歲至河州，州之東六十里，至寧河驛。驛西南六十里有山曰殺馬關，林麓穹隘，舉足浸高，行一日至顛。西去愈高，四閱月始抵河源。是冬還報，并圖其城傳位置以聞。其後翰林學士潘昂霄從篤什之弟庫庫楚得其説，撰爲河源志。按河源在吐蕃朵甘斯西鄙，有泉百餘泓，沮洳散涣，弗可逼視，方可七八十里。履高山下瞰，燦若列星，以故名鄂端諾爾，譯言星宿海也。

羣流奔輳，五七里匯二巨澤，名鄂楞諾爾。自西而東，連屬吞噬，行一日，迤邐東騖成川，號齊必勒河。又二三日，水西南來，名伊爾齊，與齊必勒河合。又三四日，水南來，名呼蘭。又水東南來，名伊拉齊，合流入齊必勒。其流浸大，始名黄河。然水猶清，人可涉。又一二日，歧爲八九股，名伊遜鄂羅木，譯言九渡，通廣五七里，可渡馬。又四五日，水混濁，土人抱革囊騎過之，聚落糾木幹象舟，傅毛革以濟，僅容兩人。自是兩山夾束，廣可一里、二里，或半里，其深叵測。朵甘斯東北有大雪山，即崑崙也。自八九股水至崑崙，行二十日，河行崑崙半日，又四五日至地名庫濟及克特，二地相屬。又三日，地名哈喇伯勒齊爾，四達之衝也。近北二日，河水過之。崑崙以西，人簡少，多處山南，山皆不穹峻，水亦散漫。其東山益高，地益漸下，岸狹隘。行五六日，有水西南來，名納琳哈喇，譯言細黄河也。又兩日，水南來，名奇爾穆蘇，二水合流入河。河水北行，轉西流，過崑崙北。一向東北流，約行半月，至貴德州，地名必齊勒，始有州治官府。州隸吐蕃等處宣慰司，司治河州。又四五日，至積石州，即禹貢積石。五日至河州安鄉關。一日至打羅坑，東北行一日，洮河水南來入河。又一日至蘭州，過北卜渡，至鳴沙河〔六〕，過應吉里州。正東行，至寧夏府南，東行即東勝州，隸大同路。自發源至漢地，南北澗溪，細流旁貫，莫知紀極。山皆草石，至積石方林木暢茂，世言河九折，彼地有二折，蓋奇爾穆蘇及貴德州必齊勒也。」朱思本河源説：「河源在中州西南，直四川馬湖蠻部之正西三千餘里，雲南麗江宣撫司之西北一千五百餘里，帝師薩斯嘉地之西南二千餘里。水從地湧出如井，其井百餘，東北流百餘里，匯爲大澤，曰鄂端諾爾。又自渾水東北流二百餘里與和囉海圖河合，又東北流一百餘里，過瑪拉哈地，又正北流一百餘里，乃折而西北流二百餘里。又折而正北流一百餘里，又折而東流，過崑崙山下。隨山足東流，過薩斯嘉庫濟、克特地，與伊實巴薩沁河合。又自哈喇河與黄河合，正北流二百餘里，過鄂勒博站，折而西北流，經崑崙之北二百餘里，與奇爾穆蘇河合。又自奇爾穆蘇河與黄河合，又西北流，與彭贊河合，折而西北流三百餘里，又折而東北流，過西寧州、貴德州、馬嶺，凡八百餘里，與邈水合。又東北流，過土橋站古積石州來羌城、廓州果密站界羌城，凡五百餘里，過河州與頁彭河合。又東北流一百餘里，與洮河合。又東北流，過達勒達地，凡八百餘里。過豐州西受降城，折而正東流，過達勒達地，古天德軍中受降城、東受降城，凡七百餘里。折而正南流，過大同路雲内州、東勝州，與黑河合。又正南流，過保德州、葭州及興州境。又過臨州，凡一千餘里，與察納河合。又南流三百里，與延安河合。又南流三百里，與汾河合。

又南流二百里，過河中府，過潼關、太華，大山綿亘，水勢不可復南，乃折而東流。大概河源東北流，所歷皆西蕃地至蘭州凡四千五百餘里，始入中國。又東北流，過達勒達地，凡二千五百餘里，始入河東境内。又南流至河中，凡一千八百餘里。通計九千餘里。」

書經地理今釋：「按地圖，河出今西蕃巴顔喀喇山東，名阿爾坦河。東北流三百餘里，合鄂敦他臘諸泉源，匯爲查靈、鄂靈二海子。折而北，經蒙古托羅海山之南，轉東南流千餘里。南北受數十小水，經烏藍莽乃山下，有都木達都昆都倫河、多拉昆都倫河、得特昆都倫河自東南來入之。自此折而西北流三百餘里，前後小水奔注，不可勝計。繞阿木你馬勒産母孫山之東，流百五十餘里，有齊普河、呼呼烏蘇河自西來入之。又迤邐東北流三百餘里，會跲克圖、衮俄爾濟諸水，歷歸德堡，經積石山，至陝西臨洮府河州入中國界。」按：元篤什窮河源，至鄂端諾爾而止。今考河源，實始於阿爾坦河，又在星宿海之西，自巴顔喀喇山東麓，流出二泉，行數里遂合，名爲阿爾坦河。蒙古呼金爲阿爾坦，言水色微黄而溜急也。阿爾坦河之南有烏喀納峯，拉母拖羅海山之泉，北有西拉薩拖羅海山泉及七根池諸水，俱匯於阿爾坦河。東北流三百餘里，乃至鄂敦他拉，其地在西寧邊外西南一千一百十四里。南有都爾伯津、哈喇阿荅爾罕、巴顔和碩諸山，北有烏藍得什、阿克塔齊欽、布呼吉魯肯諸山。衆山環繞，中間地可三百餘里，有泉千百泓，大小錯列。登高眺望，歷歷如星，名曰鄂敦他拉。蒙古謂星爲「鄂敦」，水灘曰「他拉」，即星宿海，元史所稱鄂端諾爾也。「火敦」、「鄂敦」，音之轉耳。諸泉皆會於阿爾坦河，東北流百餘里，北有巴爾布哈山，南流出之一河，南有喀喇荅爾罕山，北流出之一河，合於阿爾坦河。土人名此三河，曰古爾板索爾馬。匯爲一道，東南流注於查靈海。由查靈海東南流五十餘里入鄂靈海，即元史所謂匯二巨澤，名鄂楞諾爾也。查靈、鄂靈二澤之間有三水南來，一爲色納楚河，一爲多河，一爲苦克查池之水，合流入黄河。其東流又有喀喇河入焉，由鄂靈海流出，轉東北流五十餘里，又折東南流百餘里。至巴顔圖渾嶺下，復正南流一百餘里，其前水皆緑色，至此漸變而黄。又東南流繞阿木奈瑪勒占木遜山之南，受數十小水，歷七百餘里。至烏藍芒奈山北，又折而西北。烏藍芒奈山之南有三水，名古爾板崑多崙，俱北流數百里入黄河，即元史所謂納琳哈喇、奇爾穆蘇二水也。自烏藍芒奈山北轉西流，前後小水奔注，遶大雪山之東，北流一百五十餘里，有呼呼烏蘇及齊普二河，俱東北流，會數水入於河。自呼呼烏蘇入河之處，仍轉東北流三百餘里，受數十小水，入貴德堡邊，始名黄河。其自鄂靈海流至貴德堡，蒙古名喀屯河。由貴德堡東流四百餘里，經積石關，入河州界，爲中國黄河。自巴顔喀喇山東之阿爾坦河發源，流至貴德堡，迴環屈曲，通計二千三百餘里。自星宿海至京師，共七千六百餘里。本朝威德遠布，幅員廣大，邊徼荒服皆隸版圖。我聖祖仁皇帝屢遣使臣往窮河源，測量地度，繪入輿圖。凡河源左右，一山一水，與黄河之形勢曲折，道里遠近，靡不悉載，較之元人所志又加詳焉。今依地理今釋，參考輿圖及青海山川册説，著其大略如此。　按：舊志序述河源，以阿勒坦河在鄂敦他臘之上，與今日考訂情形頗相吻合。惟未著阿勒坦噶達素齊老及天池上之黄水，又未悉回部和闐、葉爾羌初發之源伏於蒲昌海，重發於阿勒坦河。蓋其時回部未定，考驗靡因。今日西域青海徧隸版章，大河真源近在户闥。高宗純皇帝命使窮考，聖製詩文詳晰指示，漢張騫所云二水交流，發葱嶺于闐，伏鹽澤而重發積石者，爲説是而其文太略。元篤什所窮鄂敦他臘以下，地位近是，而未悉黄水真源及西域之伏流。蓋大河源委至今日而始備其實焉。今並存元史及舊志原文，而考定其説如此。　「庫庫楚」舊作「闊闊出」，「鄂端諾爾」舊作「火敦腦兒」，「鄂楞諾爾」舊作「阿刺腦兒」，「齊必勒」舊作「赤賓河」，「伊爾齊」舊作「亦里出」，「呼蘭」舊作「忽蘭」，「伊拉齊」舊作「也里朮」，「伊遜鄂羅木」舊作「也孫斡論」，「哈喇伯勒齊爾」舊作「哈喇別里赤兒」，「納琳哈喇」舊作「納隣哈喇」，「奇爾穆蘇」舊作「乞兒馬出」，「必齊勒」舊作「必赤里」，「和囉海圖」舊作「懷里火禿」，「瑪拉哈」舊作「郎麻哈」，「伊實巴薩沁」舊作「亦西八思」，「鄂勒博」舊作「阿以伯」，「彭贊」舊作「鵬拶」，「達勒達」舊作「達達」，「察納」舊作「吃納」，「奈瑪勒占木遜」舊作「你麻纏母孫」，今俱改正。

南川河。番名西喇苦特河。源出西寧邊外西南五十餘里西喇苦特山，東北流四十餘里入西寧南川邊内，爲南川水。又六十餘里至西寧城西北入湟河。

喀喇河。在西寧邊外西北湟河之東。源出插漢鄂波圖嶺，合二小水，東南流八十餘里入西寧邊内，又流五十餘里入湟河。

湟河。番名波洛沖克克河。在西寧邊外西北，青海之東。源出噶爾藏嶺，有二泉，一名伊克烏拉古台兒，一名土爾根烏拉古台兒，一名查哈烏拉古台兒，南流二十餘里匯爲一水，名波洛沖克克河。其東有布虎圖嶺所出二泉，南流三十餘里相合，名崑都崙河。東南流三十餘里，又與毛哈圖河相合。流六十餘里，入波洛沖克克河。又東南流七十餘里，至董郭爾廟南，有土爾根插漢河自西南來。流五十餘里，入波洛沖克河，其水始大。乃轉東流四十餘里，入西寧西川邊内，是爲西寧河，即湟水也。又東南流三百餘里，至莊浪衛降唐堡，入大通河。漢書地理志：金城郡臨羌，西北至塞外，有仙海、鹽池，北則湟水所出，東至允吾入河。水經注：湟水出塞外，東逕西王母石室、石釜、西海鹽池北。又東南流逕龍夷城，又東南逕卑禾羌海，東流逕湟中城北。又東，右控四水，道源四谿，東北流注於湟。又東逕赤城北，而東入經戎峽口，右合羌水。又東逕臨羌縣舊城北，又東，盧溪水注之。又東逕臨羌新縣舊城南，又東，右合溜溪、伏溜、石杜、蠡四川，左會臨羌溪水。又東，龍駒川水注之，又東，長寧川水注之〔七〕。又東，牛心川水注之。又東逕西平城北，又東逕土樓南，右則五泉注之。又東，右合葱谷水，又東逕東亭北，東出漆峽東流，右則漆谷常溪注之，左則甘夷川水入焉〔八〕。又東，安夷川水注之，又東逕安夷縣舊城，又東，左合宜春水。又東，勒且谿水注之。又東，左則承流谷水南入，右會達扶東、西二溪水，東流，期頓、雞谷二水北流注之，吐那孤、長門兩川南流入之。又東逕樂都城南，東流，右合來谷、乞斤二水，左會陽非、流溪、細谷三水，東逕破羌縣舊城南，六谷水自南，破羌川自北，左右翼注之。又東逕小晉興城北，又東與閤門河合，即浩亹河也。又東逕允吾縣北，爲鄭伯津，與澗水合。又東逕允街縣舊城南，又東逕枝陽縣，逆水注之。後漢書注：湟水一名洛都水，西自吐谷渾界入，在今湟水縣。元和志：湟水一名湟河，亦謂之樂都水。出青海東北亂山中，東南流至蘭州西南入黄河。唐吐蕃傳：湟水至濛谷抵龍泉，與黄河合。元史河源附録：朱思本曰：「湟水源自祁連山下，正東流一千餘里，注浩亹河，與黄河合。」按：明統志有西寧河，在西寧衛城北，源出熱水山，北流五百里，經伯顔川，又合那海川，流五百里入黄河，即湟水也。册説西川河源出西塞外海夷部落，東流由石峽入境，至衛西北，受北川河。又東合南川河而經城北，名西寧河。又至衛東北，受沙塘川水，又東南經碾伯堡，名湟河。又東南接莊浪所界，合西大通河。又東合莊浪河，又東南至蘭州西南入黄河。

北川河。番名阿爾坦河。源出西寧邊外北五十餘里阿爾坦山，南流一百五十餘里，有布呼克河自西北來。流一百五十餘里，會二小水，入北川河。又南流五十餘里，入西寧北川邊内。又東南流八十餘里，至西寧城南入湟河。

烏藍布拉克河。在青海東南一百餘里。有泉百餘泓，會爲一河，東南流三十餘里，有二小水北來，合流七十餘里入黃河。

和爾河。在青海東南。源出納拉薩拉嶺，西北流一百餘里入青海。

滚俄爾吉河。在青海西南一百餘里。源出即里山，東南流七十餘里，有魁屯西里克地所出一河合數水東流，匯於此河。又東南流百餘里入黃河。

布喀河。在青海西。源出青海西北三百餘里阿母尼額枯山南，名喀喇細納河。南流一百餘里，與殷格池水會。池周一百五十餘里，其水東南流一百餘里，會於喀喇細納河。復東南流六十餘里，至天青插漢峯北，與善池之水會。池周六十餘里，其水東流，至天青插漢峯前，亦入喀喇細納河。又東流七十餘里，受北來之羅子河、西爾哈河。又東五十餘里，受北來之濟拉馬爾台河，乃名布喀河。又東流七十餘里注青海。其河受六大水，岸濶流深，夏月人不可渡。青海左右諸水無大於此者。按：唐書吐蕃傳開元十四年，吐蕃大將悉諾邏攻甘州，會大雪，乃踰積石軍，趨西道以歸。隴右節度使王君㚟預遣諜出塞，燒野草皆盡。悉諾邏頓大非川，無所牧馬。君㚟率秦川都督張景順窮躡，出青海西，方冰合，師乘而渡，於時虜已踰大非川，留輜重疲弱，君㚟縱兵俘以旋。據此則大非川濱青海西，即今之布喀河也。唐時爲入蕃西道。胡三省通鑑注云「在鄯州西三百餘里」，道里太近。又引十道圖「在青海南」，疑非是。

伊克烏藍和邵河。在青海北。源出巴顔山，南流六十餘里入青海。其西七十餘里又有一河，名巴漢烏藍和邵河，南流六十餘里入青海。

哈爾濟河。在青海北少東。源出青海北岸哈爾濟山。東南流八十餘里入西海。

烏藍河。在河州保安堡東南六十餘里〔九〕。源出他蘇爾海山。其南百餘里有大成嶺，兩傍流出二水，俱西北流八十餘里，匯爲一水。又西北流二百餘里入黃河。

洮河。在洮州衛西三百餘里。源出西傾山東麓，有泉十餘，匯爲一道，東南流，番名巴拉巴河。轉東流，南北受十餘小水，至洮州衛西南入塞，是爲洮河。餘詳見鞏昌、臨洮二府。漢書地理志：隴西郡臨洮，洮水出西羌中，北至枹罕東入河。水經注：洮水出强臺山，東北流，在吐谷渾中〔一〇〕。又東北逕陽曾城北〔一一〕，又東逕共和山南，又東逕迷和城北，又東逕甘枳亭，歷望曲，又東逕臨洮縣舊城北。李吉甫元和志：洮水出臨潭縣西三百里强臺山。元史河源附録：朱思本曰：「洮河，源自羊撒嶺北，東北流，過臨洮府，凡八百餘里與黄河合。」陝西通志：洮水源出西傾山柏木溝。

巴漢哈柳圖河。在洮州衛西五百餘里黄河北岸。源出伊克沙喇圖嶺及西喇嶺，二水西南流八十餘里合流，又西流一百餘里入黄河。

伊克哈柳圖河。在洮州衛西六百餘里黄河北岸。自納莫哈山烏藍俄爾吉嶺，當布庫忒兒地，所出三水東流百餘里，折而西南合流，又西北流二百餘里入黄河。

跆克圖河。在洮州衛西六百餘里黄河東岸。源出伊克圖爾根山，東北流會巴漢圖爾根山之水，折而西北流百餘里，又會伊西克山之水入黄河。

碩爾渾河。在跆克圖河之北。源出古爾板圖爾哈山，會三小水，西北流入黄河。

古爾板崑都崙河。在四川松潘邊外西北二百餘里。有三河，出賴杵山及納克多母喇二山之北，相距各百里。在西者名德特查哈崑都崙，在東者名都木達都崑都崙，又東名道喇崑都崙，俱西北流三百餘里入黄河。其水溜急而深，總名古爾板崑都崙河。按：此即元史所名納琳哈喇、奇爾穆蘇及彭贊三河也。黄河自西來，三河自南横入之。「崑都崙」，蒙古語，謂「横」也；「德特」，謂「上」也；「都木達都」，謂「中道」也；「道喇」，謂「下」也。三河皆横入，而以上、中、下名之。其地適當大雪山之南，崑都倫與崑崙音相近，元篤什遂誤指大雪山爲崑崙山。伏讀高宗純皇帝聖製讀宋史河渠志文，始曉然於舊史之誤矣。「納琳哈喇」、

「奇爾穆蘇」、「彭贊」，譯改已見前。

哈爾吉河。在黃河東岸。源出哈爾吉嶺，有大小二河，西南流六十餘里合流，又南流五十餘里入黃河。

齊齊爾哈納河。在黃河西岸。源出齊齊爾哈納嶺，東北流一百餘里，會四小水入黃河。

齊普河。在黃河西岸。發源自滂馬山，相近諸山所出四水合流，名圖聲圖河。西北流六十餘里，有喀爾吉嶺及相近諸山流出七水，滙流，名得爾多河。東北行百餘里，與圖聲圖河會，北流繞阿木奈瑪勒占木遜山東，又合四小水，始名齊普河。西北流七十餘里入黃河。此河受十餘水，極爲深闊。「柰瑪勒占木遜」，譯改已見前。

呼呼烏蘇河。在黃河西大雪山北。源出索諾木達西嶺，北流四十餘里，折東北一百餘里，又合南來之密喇河，北來之薩爾哈卜齊海、阿爾昂諸水，東流三十餘里入黃河。

呼藍河。在鄂靈海東岸，黃河南岸。有池名魁屯，周四十餘里。其水西北流五十餘里，東有吉得兒古河，旋流迴繞山之四面，與此水會流，名呼藍河。又東流百餘里入黃河。

西白土河。在鄂靈海東南，黃河西岸。大小五十餘泉，亂流東北入於黃河。

多河。在鄂靈海西南一百三十餘里。有二源出查克喇山，一名多河，一名色納楚河，俱東北流五十餘里合爲一水。其東南又有苦克查池所出之水，西北流一百五十餘里，合於此河。復東北流四十餘里，入鄂靈海。

青海。在西寧府西五百餘里。一名西海，又名卑禾羌海，即古鮮水也。漢書地理志：金城郡臨羌，西北至塞外，有仙海、鹽池。又趙充國傳：酒泉太守辛武賢奏言可分兵出張掖、酒泉，合擊罕、幵在鮮水上者。又上以書敕讓充國曰：「鮮水北去酒泉八百里。」又充國上屯田奏曰：「治湟陿以西道橋七十所，令可至鮮水。」又王莽傳：中郎將平憲等奏言：「羌豪良願等願爲內臣，獻鮮水海、允谷鹽池，平地美草皆予漢民。」後漢書西羌傳：武帝時，先零羌與匈奴通，合兵攻令居、安故，遂圍枹罕，遣將軍李息擊平之。羌乃去湟中，依西海鹽池左右。水經注：湟水東逕西海鹽池北，又東南逕龍夷城，又東逕卑禾羌海北，有鹽池。闞駰曰：「臨羌縣西有卑禾羌海，世謂之青海。東去西平二百五十里。」魏書吐谷渾傳：青海周圍千餘里，海内有小山，每冬冰合後，以良牧馬置此山，至來春收之，馬皆有孕。所生之駒，號爲龍種，必多駿異。吐谷渾嘗得波斯草馬放入海，因生驄駒，能日行千里，世傳青海驄者是也。隋書煬帝紀：大業五年，置馬牧於青海渚中，以求龍種。無效而止。又地理志：西海郡有青海鹽池。舊唐書吐谷渾傳：青海周迴八百里。明通志〔一二〕：青海在西寧衛城西三百餘里，海方數百里，有魚無鱗，背負黑點。西遊荄七十二道水〔一三〕，匯爲西海。冬夏不溢不乾，自日月山望之，如黑雲冉冉而來。按：西海周迴七百五十餘里，中有山名魁遜拖羅海，有峯名插漢，東西對峙。水色青緑，中流高起。本朝雍正二年，大兵征賊黨阿喇蒲坦温布等，追至西海北岸伊克哈爾吉河。其時人馬渴甚，求水不得，忽有泉從營前湧出成溪，士馬就飲，得不困乏，衆歡呼奮勇，遂獲賊首。督臣以青海效靈奏聞，詔封青海之神，立碑致祭。

烏海。在西寧府西。隋書地理志：河源有烏海。通鑑：唐貞觀九年討吐谷渾，侯君集、任城王道宗由南道經破邏真谷，追及伏允於烏海，大破之。胡三省注：「烏海，在漢哭山西。」通典：吐蕃國出鄯城五百里過烏海，暮春之月，山有積雪，地有冷瘴，令人氣急，不甚爲害。

星宿海。即鄂敦他拉。元史名鄂端諾爾，詳見黄河下。按：通鑑：「唐貞觀九年，討吐谷渾，侯君集等進逾星宿川，至柏海，還與李靖軍合。」胡三省注：「按十道圖〔一四〕：星宿海、柏海，並在大非川西。」唐時柏海近河源，而星宿川尚在其東。所謂星宿川自是柏海東黄河之別名，非即今之鄂敦他拉也。其柏海似即今之查靈、鄂靈澤耳。又有星宿川，在鄯州西二百四十里，則又別是一水也。「鄂端諾爾」，譯改已見前。

查靈海。在黄河源鄂敦他拉之東。廣二百餘里，東西長，南北狹，黄河亘其中而流，湖水色白而形長。

鄂靈海。在查靈海東五十餘里。周三百餘里，其形自東北趨西南，東北狹，西南廣。黄河經其中，自東北流出，湖水色青而形長。　按：查靈、鄂靈二澤，即元史所謂匯二巨澤，名鄂楞諾爾也。「鄂楞諾爾」，譯改已見前。

藥水。在洮州衛西南。元和志：藥水，源出合川縣東北平地。人有患冷者，煎水服之多愈。　按：今有藥水在西寧邊外阿拉善廟後。

昂川。在西寧府西南。通鑑：宋元嘉三年，吐谷渾握達等帥部落叛秦，奔昂川，附於吐谷渾王慕璝。

大非川。在西寧邊外西南。唐書地理志「鄯州鄯城」注：「自振武軍經尉遲川、苦拔海、王孝傑米柵，九十里至莫離驛，又經公主佛堂、大非川，二百八十里至那録驛，吐谷渾界也。」十道山川圖：大非川，在青海南。通鑑：唐咸亨元年，薛仁貴、郭待封討吐蕃軍至大非川，仁貴率所部前行，進屯烏海，以俟待封。待封不用仁貴策，軍大敗。仁貴退屯大非川。胡三省注：「自鄯城縣西行三百餘里至大非川。」　按：大非川疑即今布喀河，辨見前。

良非川。在西寧邊外西。唐實録：永隆元年，吐蕃寇河源，屯兵良非川。李敬玄與戰湟川，敗績。通鑑：唐開耀元年，黑齒常之擊吐蕃於良非川，破之。

覆袁川。在西寧邊外西北。隋大業五年，伐吐谷渾，渡浩亹河。吐谷渾王伏允走保覆袁川。

度周川。在洮州衛西。通鑑：晉隆安二年，西秦乞伏益州，與吐谷渾王視羆戰於度周川。胡三省注：「度周川，在臨洮塞外龍涸之西。」

莫何川。在洮州衛西。通鑑：晉義熙元年，乞伏乾歸擊吐谷渾，大破之。視羆世子樹洛干帥衆奔莫何川。胡三省注：「莫何川，在西傾山東北。」

長柳川。在洮州衛西。通鑑：晉義熙九年，河南王熾磐擊吐谷渾支旁於長柳川，虜旁而還。又擊破吐谷渾別統於渴渾川。又義熙十三年，西秦安東將軍木奕干擊吐谷渾樹洛干，破其弟阿柴於堯杆川。　按：度周以下諸川，皆洮水支流，隨地易名者。

巴漢池。在西寧邊外西北一百八十里，近青海東北。池周一百餘里。

殷得爾圖池。在青海南。周二十餘里。

鹽池。在青海西海，周一百餘里，産青鹽。其水自西拉庫特兒山之莫和爾河與布拉克地之插漢烏蘇河西來匯爲此池，又自池東南流出，經百餘里，會西南來之巴爾虎河。又七十餘里，合東南來之柴積河，名曰鹽河。復東南流六十餘里，淪於功額池。凡青海、蒙古與西寧一郡軍民並各種蕃、回所食之鹽皆取給於此。餘詳見前青海下。

功額池。在殷德爾圖池東，周五十餘里。其北有細納池，周四十餘里。西有奇爾多克池，周二十餘里。地皆沙鹵，鹽池之水淪入其内。

巴顔池。在西海東南，周四十餘里。

多羅池。在西海西南三百五十餘里，周一百五十餘里。

湫池。在洮州衛西南。元和志：在丹嶺縣西八十里通彌山中，周迴一百餘里。蓋古之天池大澤，白水之源出此。

古爾板噶順池。在黄河上流，鄂靈海東北，古爾板蒙滚拖羅海山東南六十餘里。有三池，一名鄂博圖噶順池，周二十五里。一名多母達噶順池，周十五里。一名插漢噶順池，周十餘里。俱在黄河鄂博池之東。又有一池，其水甚臭，不入黄河。

古蹟

西海舊郡。有二：一爲王莽置，在青海東。漢書王莽傳：元始五年，羌豪良願獻鮮水海、允谷鹽池，爲西海郡。後漢書西羌傳：王莽諷諸羌使其獻西海之地，初開以爲郡，築五縣，邊海亭燧相望。及莽敗，衆羌遂還據西海。永元時，西海及大、小榆谷左右無復羌寇。隃糜相曹鳳上言：「宜及此時建復西海郡。」於是拜鳳爲金城西部都尉，將徙士屯龍耆。永初中，諸羌叛，乃罷。魏志郭淮傳：正始九年，涼州名胡治無戴圍武威，淮進軍趨西海與戰於龍夷之北，破走之。水經：河水又東自河曲，逕西海郡南。又水經注：湟水東南流逕龍夷城，故西零之地也。十三州志曰：「城在臨羌新縣西三百一十里。王莽納西零之獻，以爲西海郡，治北城。」一爲隋置，在青海西十五里，即吐谷渾之伏俟城。魏書：吐谷渾自正光後，關徼不通，伏連籌子夸呂立，始自號爲可汗，居伏俟城，在青海西十五里。雖有城郭而不居，恒處穹廬。隋書地理志：大業五年，平吐谷渾，置鄯善郡，并置且末、西海、河源，總四郡。西海郡置在古伏俟城，即吐谷渾國都，統縣二：宣德、威定。唐書吐谷渾傳：隋煬帝破其衆，置郡縣鎮戍。隋亂，因得復故地。李靖傳：軍次伏俟城，吐谷渾退保大非川。

河源舊郡。在青海南。本吐谷渾赤水城，隋大業五年置，唐初廢。隋書宇文述傳：述以兵屯西平臨羌城，吐谷渾西遁，追至曼頭城，攻拔之。至赤水城，復拔之。地理志：河源郡，置在古赤水城。有曼頭城，統縣二：遠化〔一五〕、赤水。

澆河舊城。在河州積石關外，古西羌所居。南凉置澆河郡，後周改置廓州，隋復爲澆河郡，唐時没於吐蕃。晉書禿髮烏孤載記：隆安元年，烏孤攻破金城，呂光遣將軍竇苟來伐〔一六〕，大破之，降光樂都、湟河、澆河三郡。水經：河水又逕澆河舊城北注，有二城東西角犄。東北去西平二百二十里，宋少帝拜吐谷渾阿豺爲澆河公，即此城也。隋書地理志：澆河郡，後周逐吐谷渾，以置廓州總管。開皇初，府廢。統縣二：河津、達化。又河津，後周置洮河郡，領洮河、廣威、安戎三縣，開皇初郡廢，并三縣入焉，大業初置澆河郡。達化，後周置達化郡，開皇初郡廢，併綏遠縣入焉。元和志：南凉禿髮烏孤以河南地爲澆河郡。周建德五年，於今州理西南達化縣界澆河舊城置廓州，蓋以開廓邊境爲義。大業三年，罷州，復爲澆河郡。武德二年，改置廓州。又積石軍，在州西南一百五十里，儀鳳五年置。西臨大澗，北枕黄河，即隋澆河郡舊理。舊唐書地理志：澆河城，在達化縣西一百二十里。樂史太平寰宇記：澆河城，亦謂之舊廓州城，相傳趙充國所築。即阿豺舊理。周於此置廓州，取廓清之義。

舊疊城。在洮州衛邊外南二百里。後周置疊州，隋廢爲縣，屬臨洮郡。唐復置，後廢。隋書地理志：臨洮郡疊川。後周置疊州。開皇四年，置總管府。大業元年，府廢。又合川，後周置，仍立西疆郡。開皇初，郡廢。樂川，後周置。元和志：疊州，禹貢梁州之域。歷秦、漢、魏、晉，諸羌常據焉。後魏時，其地入吐谷渾。周建德六年，西逐諸戎，始置疊州〔一七〕，取山川重疊爲義。大業初，州廢，屬洮州。武德二年，西土内附，於今州西二十九里合川舊城置疊州。五年，陷吐谷渾。七年，討平之，復置州。今州城在獨山上，西臨絶澗，南枕羌水。十三年，置都督府。永徽元年罷。天寶元年，改合川郡。乾元元年，復爲疊州。東南沿流至宕州二百五十里〔一八〕。西至黄河上黨項岸二百八十里，東南至舊芳州百四十里，東北至洮州一百八十里。合川縣，郭下，周武成二年置。有三谷水至縣東合流，因名。通典：疊州，周置五香郡。舊唐書地理志：疊州，隋臨洮郡之合川縣，舊治吐谷渾馬牧城，武德三年移於交戍城。按：今此城番名接禮那城，在山谷中。番人居其地者，至今猶號疊番。

舊芳州。在洮州衛西南，古甘松之地。魏景元四年伐蜀，鄧艾使金城太守楊欣等詣甘松，以綴姜維於沓水，即此。晉咸和中，張駿置甘松護軍。太元中，乞伏國仁又置甘松郡。後周建德六年，於甘松防置芳州。隋廢，屬同昌郡。唐復置，尋没於西番。隋書地理志：同昌郡封德，後魏置〔一九〕。又立芳州及深泉郡。開皇初，郡廢。大業初，州廢。又常芬，後周置恒香郡〔二〇〕。開皇初，郡廢。元和志：芳州，禹貢梁州之域。秦、漢至魏，皆諸羌所居。後魏吐谷渾入據焉。周武成中，西逐諸戎，始有其地。乃於三交口築城，置甘松防。建德中，改爲芳州，以地多甘松芳草爲名，領恒香、深泉二郡。大業二年，州郡俱廢，以縣屬扶州。隋氏喪亂，陷於寇賊。武德元年，西邊平定，復於常芳縣置芳州〔二一〕。上元二年，陷於西番。東南至扶州三百里，西南至羌直州一百六十里。管縣三：常芬縣，郭下；恒香縣，東北至州十五里，貞觀二年置，寄理恒香戍；丹嶺縣，東南至州二十里，本隋舊縣，開皇十九年置，所管皆黨項諸羌，界内雖立縣名，無城郭居處。高宗上元二年，州陷吐蕃，廢。

舊貴德州。在河州西八百二十里〔二二〕，即今貴德堡。元置，屬吐蕃等處宣慰司。明爲歸德所。元史河源附録：至元十七年，篤什往來河源，過崑崙北，約行半月，至貴德州，地名必齊勒，始有州治官府。河州志：地多水田，花果蔬禾，鳥獸魚畜，不異中華。明洪武初，沐英平納琳七站。二年，鄧愈克河州。吐蕃烏斯藏等部來歸者甚衆。四年，指揮寧正撥官兵預備。九年，沐英窮追蕃部至崑崙山。道路疏通，奏設必里一衛，分二十一族。每年各族易馬，俱聽河州守備改調。後改參將領之。永樂四年，都指揮劉釗奏調中左千户一所，於歸德居住，守備仍隸河州衛。今設有守備，屬河州總兵管轄，其必里衛久廢。「必齊勒」、「納琳」，譯改已見前。

洮源舊縣。在洮州衛西南。周書武帝紀：建德六年，於河州雞鳴坊置旭州〔二三〕。隋書地理志：臨洮郡洮源，後周置曰金城，並立旭州，又置通義郡。開皇初，郡廢。十八年，縣改爲美俗。大業初，州廢，縣改名焉。

密恭舊縣。在洮州西南。舊唐書地理志：洮州管密恭縣，黨項部落也，寄治州界。寰宇記：上元二年，吐蕃攻疊州，破密恭、丹嶺二縣。

常芬舊縣。在洮州衛西南。唐置，本隋同昌郡常芬縣故名。唐初爲芳州治，神龍初移治於此，屬疊州。後亦廢。元和志：疊州常芬縣，西北至州一百二十里〔二四〕。本周武成中所置恒香郡，屬芳州郭下。前上元中，芳州没吐蕃。神龍元年，移縣名於天法山東蘇董谷西，即今縣理也。

洮陽舊縣。在洮州衛西。隋置，屬臨洮郡。唐初廢。隋書地理志：臨洮郡洮陽，後周置，曰廣恩，並置廣恩郡。開皇初，郡廢。仁壽元年，改縣爲洮河。大業初，改曰洮陽。元和志：廣恩鎮，在臨潭縣西一百八十里。

歸政舊縣。在洮州衛西。隋置，屬臨洮郡。唐初廢。隋書地理志：臨洮郡歸政，開皇二年置，仍立疆澤郡，三年廢。又周立弘州及開遠、河濱二郡。開皇初，州郡並廢。

石堡城。在西寧邊外西南。通鑑：唐開元十七年，信安王禕攻石堡，拔之，分兵據守要隘，自是河隴諸軍拓境千餘里。上大悦，更名石堡城曰振武軍。二十九年，吐蕃陷石堡城，蓋嘉運不能禦。天寶八載，隴右節度使哥舒翰攻石堡城。其城三面險絶，惟一徑可上，翰進攻數日，不拔，召裨將高秀巖、張守瑜欲斬之，二人請三日期可克，如期拔之。以石堡城爲神武軍。唐書地理志：定戎城南隔澗七里有天威軍，故石堡城〔二五〕。開元十七年置，初曰振武軍。二十九年，没吐蕃。天寶八載，克之，更名。又吐蕃傳：長慶二年，劉元鼎使吐蕃，過石堡城，巖壁峭豎，道回屈，虜曰鐵刀城。元和志：振武軍〔二六〕，在鄯州西三百里。續通典：石堡城，在龍支縣西。四面懸崖數千仞，石路盤屈，長三四里，西至赤嶺三十里。

大莫門城。在西寧西南河曲之地。唐吐蕃所築。通鑑：唐開元十六年，河西節度使蕭嵩、隴右節度使張忠亮，大破吐蕃於渴波谷。忠亮追之，拔其大莫門城，焚其駱駝橋而還。胡三省注：「大莫門城在九曲。」唐書吐蕃傳：天寶十二載，哥舒翰破洪濟、大莫門諸城，收九曲故地。

樹敦城。在西寧邊外西。周書史永和傳：寧爲涼州刺史，魏廢帝二年，突厥木汗可汗襲吐渾，永和率騎隨之，謂木汗曰：「樹敦、賀真二城，是吐渾巢穴，若拔其本根，餘衆自然離散。」木汗從之。永和踰山履險，遂至樹敦。樹敦是吐谷渾之舊都也。

合川城。在西寧邊外西。唐書地理志：鄯州南北八十里，有合川守捉城。又州西南二百五十里有綏和守捉城。元和志：合川守捉，貞觀中，侯君集置。綏和守捉，開元二年郭知運置。

臨番城。在西寧邊外西。唐書地理志：鄯城，河源軍西六十里有臨番城，又西六十里有白水軍、綏戎城，又西南六十里有定戎城。

神威城。在西寧邊外西。通鑑：唐天寶七載，哥舒翰築神威軍於青海上。吐蕃至，翰擊破之，又築城於海中龍駒島，謂之應龍城。唐書哥舒翰傳：有白龍見，因號應龍城。翰相其川原宜畜牧，謫罪人二千戍之。由此吐蕃不敢近青海。

湟中城。在西寧邊外西北。後漢書西羌傳：羌無弋爰劍者，秦厲公時亡入三河間，諸羌推以爲豪。河、湟間少五穀，多禽獸，以射獵爲事。爰劍教以田畜，種人依之者日衆。至爰劍曾孫忍時，秦獻公初立，兵臨渭首，滅狄豲戎。忍季父卬，將種人南出賜支河曲西數千里，忍及弟舞獨留湟中，並多娶婦。忍生九子爲九種，舞生十七子爲十七種，羌之盛從此起。又湟中月氏胡，其先大月氏之別也。舊在張掖、酒泉地，月氏王爲匈奴冒頓所殺，餘種分散，西踰葱嶺。其羸弱者南入山阻，依諸羌居止。及霍去病取西河地，開湟中〔二七〕，月氏來降，與漢人錯居。魏志夏侯淵傳：建安十九年，淵討宋建，圍枹罕，別遣張郃等渡河入小湟中，河西諸羌盡降。水經注：湟水東流逕湟中城北，舊小月氏之地。胡三省通鑑注：「夾湟兩岸之地，通謂之湟中。又有湟中城，在西平、張掖之間，小月氏之地也，故謂之小湟中。」

漒川城。在洮州衛西南。魏志鄧艾傳：景元四年，姜維保沓中，金城太守楊欣詣甘松，維退還。欣等追躡於漒川口，大戰，維敗走。晉書張駿傳：石勒殺劉曜，駿復收河南地，置武威〔二八〕、石門、候和、漒川、甘松五屯護軍。又乞伏國仁載記：太元十年，置漒川郡。義熙十一年，熾磐攻漒川，沮渠蒙遜攻石泉以救之，熾磐引還。通鑑：晉元熙元年，秦左衛將軍匹達等討彭利和於漒川。宋元嘉四年，秦以吴漢爲梁州刺史，鎮南漒。舊志：洮水出漒臺山，兼漒川之名，其地亦謂之洮漒。其西接黄沙，亦謂之沙漒。

安人軍。在西寧邊外西。元和志：在河源軍西一百二十里星宿川。開元七年，郭知運置。通典：軍在星宿川西。

白泉軍〔二九〕。在西寧邊外西北。元和志：在鄯州西北二百三十里。唐開元五年，郭知運置。

威戎軍。在西寧邊外西北。元和志：在鄯州西北三百五十里。開元二十六年，杜希望置。

九曲軍。在河州邊外西北。唐書吐蕃傳：金城公主至吐蕃，吐蕃即厚餉鄯州都督楊矩，請河西九曲爲公主湯沐，矩表與其地。九曲者，水甘草良，宜畜牧，近與唐接，自是虜益張。天寶十二載，哥舒翰破洪濟、大莫門諸城，收九曲舊地，列郡縣。於是置神策軍於臨洮西，澆河郡於積石西，及宛秀軍，以實河曲。元和志：寧邊軍，在積石軍西、黄河北。又威勝軍，在積石軍西八十里宛肅城。金天軍，在積石軍西南一百四十里洪濟橋。武寧軍，在洪濟橋東北八十里百谷域。曜武軍，在廓州南二百里黑硤州。並天寶十三年哥舒翰置。

析支。在河州邊外河曲之地。書禹貢：雍州昆侖、析支、渠搜。後漢書西羌傳〔三〇〕：自河關西南羌地，濱於賜支，至於河首，綿地千里。賜支者，禹貢所謂析支者也。水經注：應劭曰：「禹貢析支屬雍州，在河關之東，去河關千餘里，羌人所居，謂之河曲羌也。」唐書西域傳：黨項古析支也，東距松州，西葉護，南舂桑〔三一〕、迷桑等羌，北吐谷渾。

沓中。在洮州衛西南。蜀志姜維傳：景耀五年，維率衆出漢、候和，爲鄧艾所破，還住沓中。晉書載記：義熙十一年，乞伏熾磐攻溼川，師次沓中。胡三省通鑑注：「沓中在諸羌中，即沙溼之地。」

津梁

洪濟橋。在西寧西南河曲之地。唐初置金天軍，後入吐蕃。元和志：金天軍，在積石軍西南二百四十里洪濟橋。

河厲。在西寧邊外西南，古大、小榆谷之地。水經注：按段國沙州記：「吐谷渾於河上作橋，謂之『河厲』。長一百五十步，兩岸纍石作基陛，節節相次，大木縱横更鎮壓。兩邊俱平，相去三丈，並大材，以板横次之，施鉤欄甚嚴飾。橋在清水川東也。」

呼達圖渡。在西寧邊外西南三百六十里。

阿拉爾查渡。在黄河西流折西北之處。已上二渡，皆用牛革裹木爲船，以二馬牽之而渡。元史云「糾木幹象舟，傅毛革以濟，僅容兩人」是也。

松噶爾渡。在黄河自東折西流之處。兩岸石崖掩日，河行其中。十月初旱凍，至三月尚未解，土人俟冰堅時從此渡。

噶哈渡。在黄河折西流之處。亦冰渡也。

烏藍芒奈河。在黄河折西流之處。兩岸高峯夾聳，河流其間，故水淺，可以馬渡。

拜都河。在黄河源。水淺，馬可渡。又有額爾蘇台鄂鄂水渡、噶順渡、查克渡，並在河源之地，河流甚淺，人馬皆可越過。

此數處即巴顔喀喇山往喀木裏塘之路也。

土産

青鹽。鹽池内産。

小麥。青稞麥。槖駝。犛牛。野牛。羱羊。狼。狍。已上見唐書及元史河源附録，今皆有之。

猞猁猻。山中皆有。

鵰。有林木處有之。

無鱗魚。生青海及湟水中。頭鋭身圓，無鱗，背負黑點，自二三寸至四五寸。土人名小者爲拏虎，大者爲布哈。

校勘記

〔一〕及在蜀漢徼北　「蜀」，原作「屬」，據乾隆志卷四一二青海建置沿革（下同卷簡稱乾隆志）及後漢書卷八七西羌傳改。

〔二〕兩軍會於大非川　「大非川」，原作「大非山」，乾隆志同，據新唐書卷二二一西域傳改。

〔三〕在鄯州西百二十里　「百」，原作「北」，乾隆志同，據舊唐書卷三八地理志及杜佑通典卷一七二州郡（作「西平郡西百二十里」，西平郡舊爲鄯州，天寶元年所改）改。

〔四〕後涼呂光龍飛二年　「涼」，原作「梁」，乾隆志同，誤。呂光於魏皇始元年（當晉太元二十一年）稱天王，國號涼。此「梁」顯係音同而誤。晉書卷一二二呂光載記載，龍飛初，「攻臨洮、武始、河關，皆克之」，即本志所敘之事也。因據改。

〔五〕魏長孫觀與吐谷渾王拾寅戰於曼頭山　「拾寅」，原作「捨寅」，乾隆志同，據資治通鑑卷一三二宋紀改。下文同改。

〔六〕至鳴沙河　「河」，乾隆志作「州」，是。按，元史卷六三地理志附河源附録亦作「河」，此本志所本。然輟耕録卷二二黄河源、説郛卷三七河源志皆作「鳴沙州」，據元史卷六〇地理志，寧夏府路領州三，其中有鳴沙州。當以「州」爲是。

〔七〕又東長寧川水注之　「寧」，原脱，乾隆志同，據水經注卷二河水補。

〔八〕左則甘夷川水入焉　「左」，原作「右」，乾隆志同，據水經注卷二河水改。

〔九〕在河州保安堡東南六十餘里　「河州」，原作「和州」，乾隆志同。考本志卷二五三蘭州府古蹟：「保安堡，在河州西三百五十里。」則保安堡屬甘肅河州，非「和州」，和、河音同而誤也，因據改。

〔一〇〕在吐谷渾中　乾隆志同。按，戴震校水經注作「逕吐谷渾中」，校語云：「案近刻脱『逕』字。」乾隆志所據水經注蓋別本。

〔一一〕又東北逕陽曾城北　「陽曾城」，乾隆志同。按，戴震校水經注，謂「陽」上脱「洮」字，當作「洮陽曾城」，是。

〔一二〕明通志　乾隆志同。按，欽定河源紀略卷三五雜録引作明統志，當是。

〔一三〕西遊芨七十二道水　乾隆志同。按，欽定河源紀略卷三五雜録引作「西有二十七道水」，疑是。

〔一四〕按十道圖　「十道」，原作「十三道」，乾隆志同，據資治通鑑卷一九四唐紀十胡三省注删「三」字。

〔一五〕遠化　「遠」，原作「達」，乾隆志同，據隋書卷二九地理志改。

〔一六〕呂光遣將軍竇苟來伐　「竇苟」，原作「竇句」，乾隆志同，據晉書卷一二六秃髮烏孤載記改。

〔一七〕始置疊州　「州」，原作「川」，據乾隆志及元和郡縣志卷三九隴右道疊州改。

〔一八〕東南沿流至宕州二百五十里　「宕州」，原作「巖州」，乾隆志同，據元和郡縣志卷三九隴右道疊州改。按，蓋乾隆志誤「宕」爲「岩」，又改作「巖」，本志承訛未察也。

〔一九〕後魏置　「後魏」，原作「後周」，乾隆志同，據隋書卷二九地理志改。

〔二〇〕又常芬後周置恒香郡　乾隆志同。按，隋書卷二九地理志「同昌郡常芬」下云「後周置，及立恒香郡」。此引略去「及立」二字，未可。

〔二一〕復於常芳縣置芳州　「常」，原作「上」，乾隆志同。考元和郡縣志卷三九隴右道芳州云：「武德元年，『復於常芳縣置芳州』。」新唐書卷四〇地理志常芬縣下云：「武德元年以縣置芳州。」「常芳」、「常芬」，二書略異，但作「常」則同，作「上」乃音近致訛，因改。

〔二二〕在河州西八百二十里　「河州」，原作「和州」，乾隆志同。考元史卷六三地理志載河源附録云：「河水北行，至貴德州，『始有州治官府，州隸吐蕃等處宣慰司，司治河州。』」可證此「和州」爲「河州」之誤。本志下文引河州志云云，亦同證。本志沿乾隆志訛謬，多誤「河州」爲「和州」，前校勘記〔九〕已先揭，下文亦多有，今皆改正。

〔二三〕於河州雞鳴坊置旭州　「河」，原作「和」，乾隆志同，據周書卷六武帝紀改。「坊」，武帝紀作「防」，意同。

〔二四〕西北至州一百二十里　「二」，原作「三」，據乾隆志及元和郡縣志卷三九隴右道、太平寰宇記卷一五五隴右道改。

〔二五〕定戎城南隔澗七里有天威軍故石堡城　「故」，原脱，據乾隆志及新唐書卷四〇地理志補。

〔二六〕振武軍　乾隆志同，元和郡縣志卷三九隴右道作「振威軍」。

〔二七〕及霍去病取西河地開湟中　「西河」原作「河西」，「湟」原作「皇」，乾隆志同，據後漢書卷八七西羌傳乙、改。

〔二八〕置武威　「武威」，乾隆志同，晉書卷八六張駿傳作「武衛」。按，吴仕鑑晉書斠注謂「武衛」爲「武街」之訛。資治通鑑卷九七晉紀胡三省注云：「張駿置五屯護軍，武街其一也，在隴西。」然則「武威」當作「武街」，晉書亦誤。

〔二九〕白泉軍　乾隆志同。按，據下文此本之元和志，查元和郡縣志卷三九隴右道，乃作「白水軍」，非「白泉軍」，此當舛誤。

〔三〇〕後漢書西羌傳　「後」，原脱，乾隆志同，按所引文字爲後漢書西羌傳，故補。按，漢書有西域傳，無西羌傳。

〔三一〕南春桑　「春」，原作「舂」，乾隆志同，據新唐書卷二二一西域傳改。

西藏

目録

西藏圖

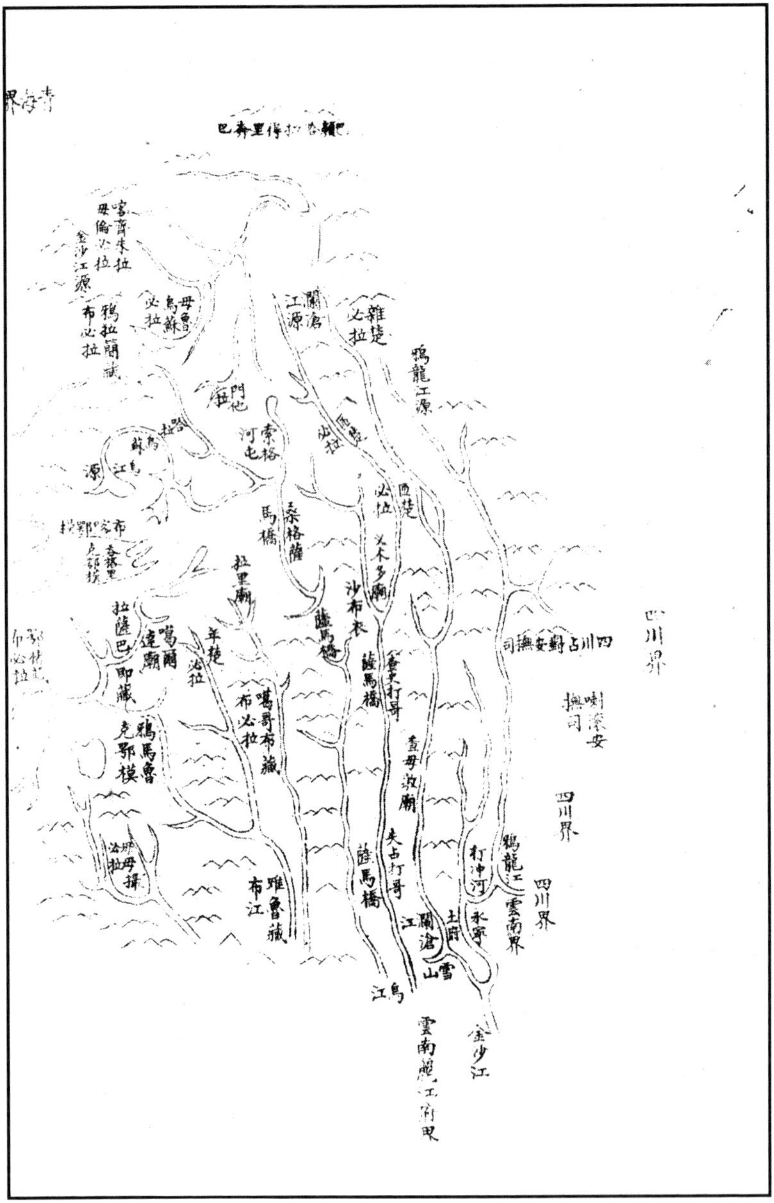
青海界
金沙江源
母倫必拉
鴉拉簡藏
布必拉
瀾滄江源
雜楚必拉
鴉龍江源
索格河屯
桑格薩馬橋
匝楚
必拉
拉里廟
沙布衣
薩馬橋
拉薩巴即藏
噶爾達廟
鴉馬魯
克鄂模
噶哥布藏
布必拉
雅魯藏布江
查母汝廟
打沖河
鴉龍江
四川界
喇滾安
撫司
四川界
四川界
雲南界
永寧
土府
瀾滄江
雪山
烏江
金沙江
雲南麗江府界

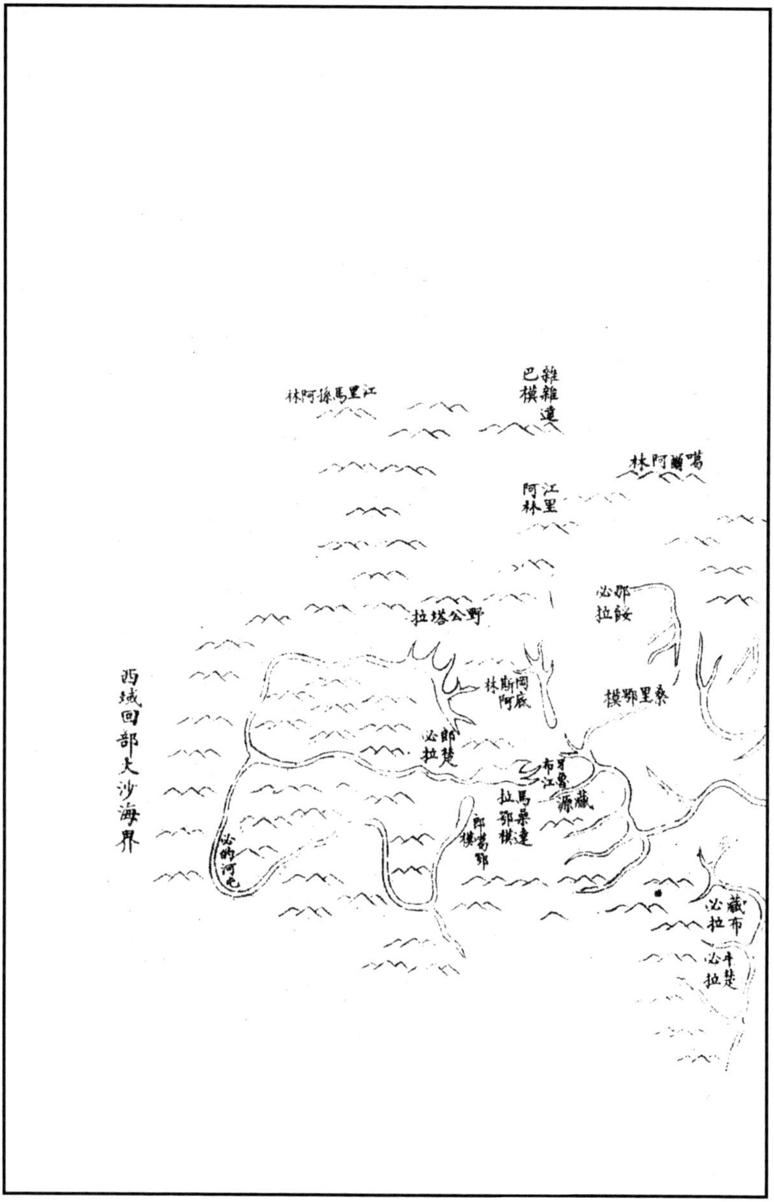
江里馬孫阿林
雜雜達巴模
江里阿林
野公塔拉
桑里鄂模
岡底斯阿林
郎楚必拉
牙魯藏布江源
馬桑達拉鄂模
郎嵩鄂模
西域回部大沙海界
藏布必拉

西藏表

	西藏
秦	
兩漢	
三國	
晉	
南北朝	
隋	
唐	吐蕃地。
五代	
宋	
元	憲宗於河州置吐蕃宣慰司、都元帥府，又於四川徼外置碉門等處宣撫司。世祖置烏斯藏。
明	洪武六年置烏斯藏、朵卡木二指揮司。永樂中封番僧爲王，凡八。宣德、成化間又累加封號，分其地爲前藏、後藏。

大清一統志卷五百四十七

西藏

在四川、雲南徼外。東西六千四百餘里，南北六千五百餘里。東至四川界，東南至雲南界，西至西域回部大沙海界，北至青海及回部界。其貢道由西寧以達於京師，一萬四千餘里。

建置沿革

古西南徼外諸羌戎地。兩漢、魏、晉種落無聞。自吐蕃始祖鶻丹木巴「鶻丹木巴」舊作「鶻提勃窣野」，今改正。居析支水西，并諸羌據其地。歷後周及隋，猶未通中國，其君長稱爲贊普。唐貞觀八年，始遣使者來朝。十五年，妻以宗室女文成公主。既而滅吐谷渾，盡臣羊同、黨項諸羌，幅員萬餘里。唐末衰弱，宋時亦號吐蕃，朝貢不絕。元憲宗始於河州置吐蕃宣慰司都元帥府，又於四川徼外置碉門、魚通、黎雅、長河、西寧等處宣撫司。世祖時，復置烏斯藏，「烏斯藏」舊作「烏思藏」，今改正。郡縣其地，以吐蕃僧帕克斯巴，「帕克斯巴」舊作「八思巴」，今改正。爲大寶法王，帝師領之，嗣者數世。弟子號司空、司徒、國公，佩金玉印。明洪武六年，以攝帝師納木嘉勒藏博「納木嘉勒藏博」舊作「喃加巴藏卜」，今改正。爲熾盛佛寶國師，給玉印。置烏斯藏、朶卡木二指揮司及宣慰司、招討司、萬户府、千户所，以元國公納木喀斯丹拜嘉木燦「納木喀斯丹拜嘉木燦」舊作「南哥思丹八亦監藏」，今改正。等領之。永樂中，復封番僧爲大寶法王、大乘法王、大慈法王、闡教王、闡化王、輔教王、贊善王、護教王，凡八王，並給印誥，比歲或間歲朝貢。宣德、成化間，又累加封號。其地有僧號達賴喇嘛，居拉薩之布達拉廟，主前藏。班禪喇嘛，居日喀則城之扎什倫布廟，「扎什倫布」舊作「拉式魯木布」，今改正。主後藏。番俗崇奉，又在諸番王之上。

本朝崇德七年，達賴喇嘛即遣使歸誠。至順治九年來朝，世祖章皇帝賜以金册金印，授爲西天大善自在佛領天下釋教普通瓦赤喇怛喇達賴喇嘛。嗣後與班禪喇嘛各遣使貢獻不絶。其部落號圖伯特，又曰唐古特。最尊者曰達賴喇嘛，曰班禪額爾德尼，其代喇嘛理事者曰第巴。又有汗則蒙古部長爲之。其俗相傳有宗喀巴者居喇薩，始興黄教，後世曰根敦佳木左，立第巴以治國事。索諾木佳木左始稱達賴喇嘛。又傳雲旦佳木左、阿旺羅卜藏佳木左，時藏之藏巴汗，威虐部下，毁棄佛教，第巴乞師於厄魯特顧實汗，擊滅藏巴汗。遂留其長子達顔爲汗，及孫拉藏亦爲汗云。「阿旺」舊作「阿王」，今改正。康熙三十二年，封第巴爲圖伯特國王，賜金印。時達賴喇嘛示寂，第巴匿不以聞，潛與厄魯特噶爾丹相爲表裏。及召喇嘛班禪呼圖克圖來京，第巴又阻之不至。四十四年，達賴汗拉藏誅第巴以聞。聖祖嘉之，賜金册印，封爲輔教恭順汗，遣侍郎赫壽等安撫其地。又允拉藏所請，復立阿旺伊什嘉穆錯爲達賴喇嘛。五十二年，封班禪呼圖克圖爲班禪額爾德尼，依達賴喇嘛之例，錫以册印。其後準噶爾策妄阿喇布坦興師侵藏，害拉藏汗，焚毁寺廟，迫逐僧衆，禁阿旺伊什嘉穆錯於扎克畢喇廟。五十八年，遣兵進藏，立即討平之。廢阿旺伊什嘉穆錯，封羅卜藏噶勒藏嘉穆錯爲達賴喇嘛，送歸布達拉廟，掌興法教。番衆皆嚮風附化。康熙六十年，聖祖仁皇帝御製平定西藏碑文曰：「昔者太宗文皇帝之崇德七年，班禪額爾德尼、達賴喇嘛、顧實汗謂東土有聖人出，特遣使自人跡不至之區，經讐敵之國，閱數年始達於盛京，至今八十載。同行善事，俱爲施主，頗極安寧。後達賴喇嘛之殁，第巴隱匿不奏者十有六年，任意妄行，拉藏滅之，復興其法。因而允從拉藏苦苦腦兒羣衆公同之請，中間策妄阿喇布坦妄生事端，動準噶爾之衆，肆行奸詐，滅壞達賴喇嘛，並廢第五輩達賴之塔，辱巇班禪，毁壞寺廟，殺戮喇嘛，名爲興法，而實滅之。且欲竊據圖伯特國。朕以其所爲非法，爰命皇子爲大將軍王，又遣朕子孫等，調發滿洲、蒙古綠旗兵各數萬，歷烟瘴之地，士馬安然而至。賊衆三次乘夜盜營，我兵奮勇擊殺，賊皆喪膽遠遁。一矢不發，平定西藏，振興法教，賜今呼畢爾罕册印，封爲第六輩達賴喇嘛，安置禪榻，撫綏圖伯特僧俗人衆，各復生業。於是文武臣工，咸謂王師西討，歷瘴癘險遠之區，曾未半載，輒建殊勳，實從古所未有。而諸蒙古部落及圖伯特酋長亦合詞奏曰：「皇帝勇略神武，超越往代。天兵所臨，邪魔掃蕩。復興蒙古向所尊奉法教，喀木、藏、衛等部人衆咸得拔離湯火，樂土安居。如此盛德大業，非臣下頌揚所能宣罄，請賜御製碑文，鐫勒招提，以垂永久。」爰紀斯文，立石西藏，俾中外知達賴喇嘛等三朝恭順之誠，諸部落累世崇奉法教之意。朕之此舉，所以除逆撫順，綏衆興教云爾。」

世宗憲皇帝嗣位，撤回官兵，以貝子康濟鼐總理其地，仍特簡大臣駐藏管轄。雍正五年，西藏噶隆阿爾布巴等叛，殺康濟鼐。後藏辦理噶隆事務之札薩克台吉頗羅鼐走避以聞，遣兵進勦。明年，頗羅鼐率衆部落入藏，阿爾布巴等伏誅，安輯如故。封頗羅鼐爲固山貝子。九年，晉封多羅貝勒，辦理衛、藏噶隆事務。乾隆四年，晉封多羅郡王，給印，轄衛、藏等處。十二年，以其次子珠爾默特納穆扎爾襲封。十五年，以謀逆伏誅。今設扎薩克輔國公一，珠爾默特策布登，貝勒頗羅鼐之長子，雍正八年授一等台吉，九年晉封輔國公，十一年晉鎮國公。乾隆十六年，子珠爾默特旺扎納降襲輔國公。四十三年，子諾爾布朋素克襲。五十九年，子額琳沁彭楚克襲。嘉慶二十年，子車旺珠美襲。扎薩克一等台吉三。一諾顏和碩齊，貝勒頗羅鼐之弟，雍正六年授一等台吉。乾隆元年，弟車臣哈什哈襲。五年，弟齊旺多爾濟襲。十年，兄子旺對襲。三十一年，子索諾木喇什襲。四十八年，詔世襲。五十七年，子策凌旺楚克多爾濟襲。一索諾木達爾扎，雍正七年封輔國公。乾隆九年，子恭格丹津襲。三十八年，子納木扎勒襲。四十八年，改世襲一等台吉。五十七年，子奇雅多爾旺瞿襲。嘉慶十二年，子色綸彭蘇襲。一喀錫鼐色布登喇什，本阿里總管。雍正五年，擊賊陣殁，追授一等台吉。六年，子噶錫巴納木扎勒色布騰襲。九年，晉輔國公，世襲。乾隆五年，弟班第達襲。五十四年，子丹津班珠爾襲。五十七年，子敏珠爾索諾木班珠勒，降襲一等台吉。四十四年，班禪額爾德尼來朝，欽賜玉寶、玉册及珠幣等物。示寂於京邸，並賜金塔護送回藏。其地有四，曰衛，曰藏，其東境曰喀木，其西境曰阿里，共轄城六十餘，一切賦税俱獻之達賴喇嘛等。其進貢二年一次，貢道由西寧入。其互市在四川西徼打箭鑪之地。

衛。在四川打箭鑪西北三千餘里，即烏斯藏也。番字烏加斯字，切音作「衛」。蓋彼時尚有微識西番字者，而不知切音之爲衛也。居諸藏之中，故亦名中藏。東自木魯烏蘇西岸西海部落界，西至噶木巴拉嶺藏界，一千五百三十三里；南自鄂木拉岡沖嶺，北至牙爾佳藏布河，二千二百餘里。

藏。在衛西南五百餘里。東自噶穆巴拉嶺衛界，西至麻爾岳木嶺阿里界，一千八百八十二里；南自帕里宗城之畢木拉嶺，北至者巴部落之北打魯克雨木撮池，一千三百餘里。

喀木。在衛東南八百三十二里，近雲南麗江府之北。東自鴉龍江西岸，西至努卜公拉嶺衛界，一千四百里；南自噶克拉岡里山，北至木魯烏蘇南岸，一千七百里。東南自雲南塔城關，西北至索克宗城西海部落界，一千八百五十里；東北自西海部落界阿克多穆拉山，西南至塞勒麻岡里山，一千五百里。

阿里。爲西藏之極西邊境。東自藏界麻爾岳木嶺，西至巴第和木布嶺，二千一百餘里；南自匝木薩喇嶺，北至烏巴拉嶺，一千三百餘里。

衛地諸城。首曰喇薩。在四川打箭鑪西北三千四百八十里。本無城，有大廟，土人共傳唐文成公主所建。今達賴喇嘛居此。有五千餘户，所居多二三層樓，遇有事即保守此地。其餘凡有官舍民居之處，於山上造樓居，依山爲塹，即謂之城。曰得秦城，在喇薩東南三十八里。奈布東城，在喇薩東南二百二十里。桑里城，在喇薩東南二百五十一里。垂佳普郎城，在喇薩東南二百六十里。野而古城，在喇薩東南三百十里。達克匝城，在喇薩東南三百三十七里。則庫城，在喇薩東南三百四十里。滿撮納城，在喇薩東南四百四十里。拉巴隨城，在喇薩東南四百四十里。扎木達城，在喇薩東南五百四十四里。達喇馬宗城，在喇薩東南五百六十里。古魯納木吉牙城，在喇薩東南六百二十里。碩噶城，在喇薩東南六百四十里。朱木宗城，在喇薩東南七百五十里。東順城，在喇薩東南七百七十里。則布拉岡城，在喇薩東南八百七十里。納城，在喇薩東南九百六十里。吉尼城，在喇薩東南九百八十里。日噶牛城，在喇薩西南三十里。楚舒爾城，在喇薩西南一百十五里。日喀爾公喀爾城，在喇薩西南一百四十里。有番民二萬餘家，爲衛地最大之城。岳吉牙來雜城，在喇薩西南三百三十里。多宗城，在喇薩西南四百二十里。僧格宗城，在喇薩西南四百三十里。董郭爾城，在喇薩西二十五里。第巴達克匝城，在喇薩東北九十二里。倫朱布宗城，在喇薩東北一百二十里。墨魯恭噶城，在喇薩東北一百五十里。蓬多城，在喇薩東北一百七十里。已上凡三十城，量地大小、人之多寡，各設宗布木一二人管理民事。凡五户出一兵，每馬兵二十五名，步兵二十五名，設一丁布木轄之。其兵多之地，丁布木一城有至數十人者。凡人馬糗糧器械，皆按户均派。有用時傳集，事畢仍爲民。又衛地東北與青海諸部接界處，哈喇烏蘇設一堪布喇嘛，木魯烏蘇設一蒙古寨桑，以供應往來使者馬匹、鄉導及文移郵遞之處。

藏地諸城。首曰日喀則城，在喇薩西南五百三十三里。其先藏巴汗居此，今爲班禪喇嘛所居。户二萬三千餘，兵五千三百餘。其餘曰林奔城，在日喀則城東一百九十一里。納噶拉則城，在日喀則城東二百五十里。拜的城，在日喀則城東三百三十二里。拜納木城，在日喀則城東南七十里。季陽則城，在日喀則城東南一百二十里。户三萬餘，兵七千五百餘。烏雨克靈喀城，在日喀則城東南三百七十里。丁吉牙城，在日喀則城西南四百十里。羅西噶爾城，在日喀則城西南五百四十里。帕爾宗城，在日喀則城西南六百四十里。岔蘇克靈城，在日喀則城西南七百二十三里。濟隆城，在日喀則城西南七百四十里。阿里宗城，在日喀則城西南七百六十里。尼牙拉木宗城，在日喀則城西南七百八十里。尚納木林城，在日喀則城西北一百十里。章拉則城，在日喀則城西北八百十里。章阿布林城，在日喀則城西北九百七里。已上凡十七城，惟日喀則、季陽則二城最大，其俗制與衛略同。

喀木諸城。首曰巴塘城，在喇薩東南二千五百里。又節達穆城，在巴塘城東南五百八十里，其地舊名中甸。桑阿充宗城，在巴塘城西南六百里。匝坐里岡城，在巴塘城西北三百五十里。薄宗城，在巴塘城西北六百里。蘇爾莽城，在巴塘城西北八百里。羅隆宗城，在巴塘城西北八百五十里。解凍城，在巴塘城西北九百五十里。舒班多城，在巴塘城西北一千一百五十五里。達爾宗城、索克宗城，俱在巴塘城西北一千二百二十里。滚卓克宗城，在巴塘城北二百八十里。裏塘城，在巴塘城東北三百里。

本朝康熙五十年，以巴塘、裏塘隸四川，中甸隸雲南，並設官兵駐防。

阿里諸城。布拉木達克喇城，在布拉木之地，距喇薩西南二千五百餘里。其所屬有喀爾多、木日底二城。又古格扎什魯木布則城，在喇薩西南二千四百九十餘里。其所屬有沖龍則、布龍楚、木爾的三城。拉達克城，在喇薩西南三千七百五十餘里。其所屬有扎石剛、丁木剛、喀式三城。畢底城，在喇薩西南三千八百餘里。魯多克城，在喇薩西北二千九百三十餘里。已上諸城，每户出兵一名，但設宗布木，無丁布木官。

附屬部落。噶克卜部落，在喇薩東南八百四十里，衛、喀木邊界之間，與羅克卜扎國接界。其相近有恭布部落，番夷三千餘户，每歲進馬二匹於達賴喇嘛。薩噶部落，在日喀則城西南八百三里。其西四百二十里，有卓書特部落，乃藏之西界，阿里之東界。者巴部落，在日喀則城西四百二十里。已上三部落，皆設喇嘛一人、頭目一人以統之。羅部落，在日喀則城西南一千一百十里。噶爾道營，在喇薩西北二千五百餘里。達克喇、古格諸城及者巴部落，各遣兵一百，設蒙古、土番頭目各一名，防禦於此，乃阿里之北界也。其在喀木西北界者，有拉佗部落、舒布倫巴部落、格爾濟部落、塞爾匝納爾噶魯部落、瓦舒部落，或屬西海台吉，亦附達賴喇嘛。

風俗

有城郭廬舍不肯處，聯毳帳以居。衣率氈韋，以赭塗面，酪食漿飲。章飾上瑟瑟，吏治無文字。喜浮屠法，習咒詛。唐書吐蕃傳。地廣而險遠，民獷而好鬭。元史釋老傳。按：今西藏達賴喇嘛、班禪額爾德尼等，俱仰慕聖化，誠心歸順。每歲遣使進貢，所貢物有金佛、銅佛、珊瑚、琥珀、數珠、氆氌、諸香、刀劍之屬。約束番夷，不敢爲寇，有事必請旨而後行。其官之貴者，曰噶隆六人，總理國事；代布木六人，總理兵丁；謝爾布木三人，總理刑名；常左、忒巴二人總理財庫。各城分設之官，治民者曰宗布木，領兵者曰丁布木。其下喇嘛多，平人少，男少女多。番民居卑地者，結屋山巔，耕田而食。處高寒者，用黑氈爲帷帳，遊牧爲業。其服飾，噶隆諸官，綰髮戴白帽，右耳垂寶石，以氈褐爲袍，外加紅罽長衫。賤者不戴白帽，不加外衫爲別。婦人髮垂兩旁，冬戴黄絨帽，夏戴斗笠，以木爲之，蒙以赤皮，滿綴珍珠其上。老者不用珠，嵌一寶石。衣小袖短，衣裙而無袴。婦人每以乳酥和餳塗於面，男女微有疾病，即塗酥油遍身，曝日下。平日飲酪食麨，宴賓客，始飲青稞麥酒，食牛羊生肉。男女四五人，攜手踏歌。貿易皆婦人爲之，市物用大小銀錢。其刑罰甚酷，有各種死罪。人死，誦經懺悔畢，則以其尸飼鳥獸。俗最重佛，以喇嘛爲貴。喇嘛中，又以黄帽爲貴，紅帽爲賤。性多貪，頗畏法度。

山川

岡底斯山。在阿里之達克喇城東北三百十里，直陝西西寧府西南五千五百九十餘里。其山高五百五十餘丈，周一百四十餘里，四面峰巒陡絶，高出乎衆山者百餘丈。積雪如懸崖，皓然潔白。頂上百泉流注，至山麓，即伏流地下。前後環繞諸山，皆巉巖峭峻，奇峰拱列。按其地勢，由西南徼外，以漸而高，至此而極。山脈蜿蜒，分幹向西北者，爲僧格喀巴布、岡里木孫諸山，繞阿里而北二千五百餘里，入西域之和闐南山及葱嶺諸山。向東北者，爲札布列斜爾沖、角烏爾沖、年前唐拉、薩木坦岡、扎諾莫渾烏巴什、巴顔哈喇諸山，環衛地，竟青海，連延而下六千餘里，至陝西西寧等處邊界。向西南者爲悶那克尼兒、薩木泰岡諸山，亘阿里之南二千餘里，入厄納特克國。向東南者，爲達木楚克喀巴布岡、噶爾沙彌、努金岡蒼諸山，歷藏、衛達喀木七千餘里，至雲南、四川之境。本朝康熙五十六年，遣喇嘛楚兒沁藏布蘭木占巴、理藩院主事勝住等，繪畫西海、西藏輿圖，測量地形，以此處爲天下之脊，衆山之脈，皆由此起云。按：水經注：「阿耨達山西南有水名遥奴，山西南少東有水名薩罕，少東有水名恒伽，此三水同出一山，俱入恒水。康泰扶南傳曰：『恒水之源，乃極西北，出崑崙山中，有五大源。枝扈黎大江，出山西北流，東南注大海。枝扈黎，即恒水也。』」今阿里爲藏中極西南地，近古天竺境。此山西出狼楚、拉楚、麻楚三大水，皆西流轉東而南，合爲岡噶江，入南海。疑此即阿耨達山也。自佛書言阿耨達山，而釋氏西域記、酈道元水經注、蕭德言括地志咸謂阿耨達即崑崙，然以地遠莫考，轉相附會，荒怪不經。我聖祖威德廣被，薄海内外，罔不臣服。西南徼外，窮荒不毛之土，盡隸版圖。使臣測量地形，踰河源，涉萬里，如履階闥，一山一水，悉入圖誌。四十九年，諭大學士、九卿等曰：「梵書言四大水出於阿耨達山下，有阿耨達池，以今考之，意即岡底斯是。唐古特言岡底斯者，猶言衆山水之根，與釋典之言相合。」聖言煌煌，始知宇内衆山水皆導源於岡底斯山，自是而載籍所傳，或有或無，皆可按圖以辨。猗與盛已！

札布列佳爾布達克那山。近岡底斯山東北。高大次於岡底斯。

狼千喀巴布山。在達克喇城東北二百五十里，即岡底斯山南幹所始也。爲岡底斯相近四大山之一，土人以其形似象，故名。狼楚河發源於此。

悶那克尼兒山。在達克喇城東北二百五十里。與狼千喀巴布山相連，山亦高大，臨馬品木達喇池西岸。

馬布加喀巴布山。在達克喇城西北一百四十里。山脈自悶那克尼兒山來，爲岡底斯相近四大山之一。土人以其形似孔雀，故名。麻楚河發源此山之南，自此西向，亘狼楚河之南二千餘里，盡於拉楚、狼楚兩河交會之所。

遮達布里山。在古格札什魯木布則城東北二百四十里，與僧格喀巴布山相接，亦阿里之大雪山也。

僧格喀巴布山。在古格札什魯木布則城東北三百六十里，近岡底斯山北。爲岡底斯相近四大山之一，土人以其形如獅子，故名。拉楚河源出此山之南，其西北斜趨，接於和闐之尼蟒依山及葱嶺諸山，爲西域諸山之祖。

薩木泰岡山。在畢底城西南二百二十里。山脈自東北悶那克尼兒山綿亘二千餘里至此，爲阿里之西南界。已上諸山皆在阿里地。

岡里木孫山。在魯多克城西北三百八十里。山甚高險，自遮達布里山綿亘而北，至此爲阿里之北界，其西即喀齊國。

凡木蘇木岡古木山。在卓書特部落南二百二十里。上有二峰並立。

巴爾中岡前山。在卓書特部落西南二百三十里。山脈自西北枯木岡前山迤邐而來，一大雪峰亭然獨立。

枯木岡前山。在卓書特部落西南二百五十里，與達木楚克喀巴布山相連。山亦高大，雪峰疊聳。

達木楚克喀巴布山。在卓書特部落西南三百四十里，近悶那克尼兒山東南。爲岡底斯相近四大山之一，土人以其形似馬，故名。雅魯藏布江發源此山之東，爲藏之西南界。

上古牙拉克馬拉克山。在卓書特部落西北二百八十里，與札布列山相連。又東南有沙夾爾尼夾爾山。沙夾爾山之東南有隆夾爾隆馬爾山，皆連屬之大雪山也。

舒爾木藏拉山。在薩噶東南二百五十里。山脈自岡噶爾沙彌諸山繞雅魯藏布江之南而來，甚高大。朋出藏布河發源於此。

角烏爾中山。在薩噶東北三十八里。最爲高險。

斜爾沖山。在薩噶西北一百十里。上有一峰高聳，百里外望之，如插霄漢。

揭木拉舒爾木山。在薩噶西北一百九十里。

策林吉納山。在羅西噶爾城西南一百九十里。上有五峰高聳。

朱木五馬山。在羅西噶爾城西北一百八十里。

草索克博山。在尚納木林城西北九十里。

郎布山。在藏之北界，近郎布池北岸。

達爾古山。在藏之北界郎布山東。山長百里餘，上有七大峰，巉巖峙立。

岡噶爾沙彌山。在阿里宗城東南七十里。勢極高大，積雪其上，土石皆白。

弩金岡蒼山。在納噶拉則城南二百里。山極高大，多積雪，自達木楚克喀巴布山至此，皆在藏地。

楚五里山。在日喀爾公喀爾城西三十里。

公拉岡里山。在烏雨克靈喀城東南九十里，近牙母魯克池。自西北努金岡蒼山聯延至此，山甚高大，有積雪。

牙拉尚布山。在垂佳普郎城東南三十里。大小雪峰，參差聳峙。

匝里山。在東順城西南九十里，衛之南界。山頂平敞，有大小百餘池。

達克卜悉立岡前山。在納城西南一百八十里，西北與匝里山接。

魯木前噶爾瓦噶爾布山。在吉尼城東南一百三十里，爲衛之東南界，自此入喀木境。

獨龍岡里山。在董郭爾城西北五十里。

薩木坦岡札山。在蓬多城東北一百八十里。

年前唐拉山。在蓬多城西北一百三十里，近騰噶里池東。山甚高大，積雪四時不消。

公噶巴喀馬山。在哈喇烏蘇河源之南岸。

布喀山。在喀喇烏蘇上流北岸。布喀，譯言野牛。山高大，狀如野牛，故名。

尼庫里山。在公噶巴喀山西南，爲衛之東界，喀木之西界。

都克立山。在則布拉剛城東南二百四十里。山勢自尼庫里山向東南，繞雅魯藏布江東岸而來。大石縱横，無路可行，江流亂石中，惟聞水聲。

諾莫渾烏巴什山。在喇薩東北八百九十里，近布喀山東。山之西南爲怒江源，山之西北近金沙江源。遠近大山，連延不斷，自此界兩江而東南，直抵雲南之境。

巴薩通拉木山。在喇薩北八百餘里，即金沙江發源之山也。山勢高大，狀如乳牛，故名。木魯烏蘇由山之東流出，入雲南界，爲金沙江。山西流出之水，名牙爾加藏布河。按：明統志金沙江源出吐蕃界犂石山，名犂水。「犂石」者，亦以其形如犂牛也。

格爾吉匝噶那山。在諾莫渾烏巴什山東北三百餘里，衛之東界，喀木之西北界，即瀾滄江發源之山也。山甚高大，滇志謂「瀾滄源出鹿石山」，即此。

薩音苦布渾山。在匝噶那山北。

洞布倫山。在薩音苦布渾山北。

蘇克布蘇克木山。在瀾滄江源東，金沙江南岸。共有七山，齊齊爾喀納苦苦烏蘇七水發源於此。

郭章魯苦噶爾牙山。在蘇克布蘇克木山之南，衛之東南界，喀木之北界。

硇什達爾烏蘭落布遜山。在巴薩通拉木山西北四百餘里，其北即回部達里木河境。山高大，石多赤色，兩旁産紫色鹽，喀七烏蘭木倫河發源於此。

錫津烏蘭拖羅海山。在烏蘭達布遜山東。托克托乃烏蘭木倫河發源於此。自此山延亘而東，繞木魯烏蘇之北千餘里，皆名巴顔喀喇山。山之陽即西海部落之界，黄河之重源也。自楚五里山至此，皆在衛地。

牧童山。在舒班多城東北一百里。

東喇岡里山。在舒班多城南九十七里。

畢拉克喇丹速克山。在索克宗城東南九十里。

喇岡木克馬山。在索克宗城東南一百四十里。

秦布麻爾查布馬素穆山。在索克宗城東北九十里。
索克山。在索克宗城東北一百十九里。
那克碩忒山。在索克宗城西南一百六十五里。
匝納克山。在索克宗城北一百四十里。
布穆禮山。在羅隆宗城東六十里。
麻穆佳木岡里山。在羅隆宗城西南五十里。
尼木布春木布立岡里山。在薄宗城南七十里。
塞喇馬岡里山。在薄宗城西南一百二十里。
家馬隆立山。在薄宗城西北一百五十里。
達牙里山。在薄宗城西北二百里。
察喇岡里山。在桑阿充宗城東南八十三里。
噶爾布岡里山。在桑阿充宗城東南二百三十里。
公喇岡里山。在桑阿充宗城西南二百三十五里。
達木永隆山。在匝坐里岡城東南六十里。
多爾濟雨兒珠母山。在匝坐里岡城東北一百六十五里。
卓摩山。在滚卓克宗城西北四十五里。

巴特馬郭出山。在節達木城之東噶里宗城東北三十里。

巴爾丹嵬柱山。在節達木城東南一百六十里。

郭拉將噶爾鼎山。在裏塘城東北九十五里。

噶穆布鼐山。在裏塘城西南一百六十里。

喇母立岡里山。在裏塘城西南一百八十里。

阿母尼甘薩穆山。在蘇爾莽城西北三十里。自牧童山至此，皆在喀木地。

鶴秦嶺。在木魯烏蘇上流南岸。由甘肅西寧、洮州諸處至藏、衛者，此爲要路。其相近有庫庫賽爾嶺、哲林嶺、班穆布拉嶺，皆在木魯烏蘇南。其南又有洞布倫嶺。

伊克諾莫渾烏巴西嶺。在洞布倫嶺南，東北距西寧二千四十餘里，西距喇薩千里。又南有巴漢諾莫渾烏巴西嶺。

拜都嶺。在木魯烏蘇南。其西有噶爾占古叉嶺，近木魯烏蘇之源。又南有阿布喇剛蘇穆嶺、布木市西里嶺。又西南踰哈喇烏蘇，有西勒圖嶺。

陽噶拉嶺。在蓬多城西北五十五里。又城西北一百四十里有拉爾金嶺，城西南二十七里有查克拉嶺。又踰此嶺至倫朱布宗城西南，有郭拉嶺。

拉中拉干嶺。在董郭爾城西南二十二里，噶爾招木倫江邊。

噶穆巴拉嶺。在楚舒爾城西南三十五里，爲衛之西界，藏之東界。

桂冷嶺。在喇薩西北二百十里。

郭噶拉嶺。在得秦城東南八十八里。

岡噶拉嶺。在墨魯恭噶城東北一百二十里。

百爾根拉嶺。在拉里廟東北一百二十里。又廟西南一百七十二里有平達拉嶺，廟東七十二里有努普公拉嶺。爲衛之東界，喀木之西界。

巴拉嶺。在達克帀城東北九十五里。

楚拉嶺。在札木達城北一百六里。

色穆隆喇嶺。在朱木宗城東一百八十里。又明璧拉嶺，在東順城西南六十里。馬木拉嶺、冲嶺，在滿撮納城西南一百五十里。竹木拉嶺，在多宗城南六十里。已上四嶺，皆爲衛之南界。自鶴秦嶺至此，皆爲衛地。

龍前嶺。在羅西噶爾城西北二百六十六里。

邦拉嶺。在章阿布林城西一百六十里。

狼拉嶺。在盆蘇克靈城西北六十里。

查拉克浪萬嶺。在藏之北境，近鹽池。

芝麻拉嶺。在帕里宗城西南二十里。又布拉馬蘇木嶺，在濟隆城西南一百四十里。沙盤嶺，在阿里宗城西南二十里。昂帀嶺，在卓書特部落西南二百二十里。已上四嶺，爲藏之南界。

麻爾岳木嶺。在卓書特部落西二百八十九里，即岡底斯山向南之支幹。嶺南爲藏之西界，嶺北爲阿里之東界。自龍前嶺至此，皆爲藏地。

弩卜公拉嶺。在達爾宗城西北三百里。爲喀木、衛地之交界。

沙魯拉嶺。在索克宗城東六十里。

噶克岡里嶺。在桑阿充宗城東北三百里。

疆固拉嶺。在舒班多城南一百五十里。自弩卜公拉嶺至此，皆在喀木地。

郎拉嶺。在達克喇城東北三百四十里，即岡底斯北分之幹。又城南一百四十餘里有佳拉嶺。

察察嶺。在魯多克城東北四百五十里。其相近有克爾野嶺。又魯多克城西北三百里有拉布齊嶺，拉達克城東南三百八十餘里有弩普拉嶺，皆阿里北鄙之雪嶺也。

巴第和木布嶺。在拉達克城西南三百餘里，爲阿里之西界。

帀穆薩拉嶺。在古格扎什魯木布則城西南七百餘里。自郎拉嶺至此，皆在阿里地。按：西藏諸嶺皆番人往來所經之路，多險阻，少平坦。其高處積雪甚深，中多瘴癘。又有蔥名塔爾頭草墩，人馬踐之輒蹶，行者多忌之。

帀噶里嘛尼圖崖。在裏塘城西北四十里。山皆黑石，上有梵宇及佛像。

岡噶江。源出岡底斯山。山南馬品木達賴池及郎噶池自池西流出，名狼楚河。西流二百餘里，折而北，繞古格札什魯木布則城西，仍轉南，又西流一千五百餘里，至阿里西鄙桑納蘇木多之地，會拉楚河。其水發源古格札什魯木布則城東北三百六十餘里僧格喀巴布山，西流一千六百餘里，轉南流三百五十餘里，入狼楚河。狼楚河又轉南流二百五十餘里，經畢底城之西二百餘里，折東流一千七百餘里，至那克拉蘇木多北鄙，又與麻楚河會。其水發源達克喇城西北一百四十里麻布佳喀巴布山，南流四百餘里，入狼楚河。三水合而爲一，始名岡噶江。轉東南經馬木巴柞木郎部落，至厄訥特克國，入南海。其下流不可考。

雅魯藏布江。源出藏之西界卓書特部落西北三百四十餘里達木楚克喀巴布山，會諸水東流二千五百餘里，從噶木巴拉嶺北入衛地，至日喀爾公喀爾城東北，喀爾招木倫江自北來會，合而爲一。復東南流一千二百餘里，經衛之南界，過羅喀布占國，轉西南流，入厄訥特克國，會諸水注於南海。此水源流甚遠，不入中國。按：唐書「吐蕃贊普居跋布川，或邏娑川」，地理志「跋布川，在邏娑川西南〔二〕，渡藏河乃至其地」，疑此即跋布川也。滇人謂之大金沙江。張機、黄貞元俱謂此真禹貢之黑水。張機曰：「大金沙江，發源崑崙山西北吐蕃地，即禹所導黑水也。雖與雲南小金沙江及瀾滄、潞江皆發源吐蕃，然大金沙江之源，較三江最荒遠。且其源於三江源，邈不相近。其下流亦十倍小金沙江及瀾、潞三江之水。」按禹貢「華陽黑水惟梁州」，「黑水西河惟雍州」。周文安辨疑録云：「甘州志甘州之西十里有黑水流入居延海，肅州之西北有黑水，東流遐遠，莫窮所之。是其源入雍州之西，流入梁州之西南也。雲南志載金沙江出西蕃流入緬甸，其廣五里，徑趨南海，得非黑水源出張掖流入南海者乎？」黄貞元曰：「大金沙江、瀾、潞三水雖皆入南海，大小遠近迥不同。瀾僅潞四分之一，大金沙江十倍於瀾、潞，瀾、潞所出地名在鹿石山，在雍望，俱可窮源，上源亦狹。大金沙江上源相傳近大宛國，自里麻茶山至孟養極北，不聞有所往，號赤髮野人境，峭壁不可梯繩，弱水不任舟楫。土人惟遠見川外隱隱有人馬形，殆似西羌之域也。今姑畧其源，惟自經流、支流、入海可見者言之。水流至孟養陸阻地，有二大水自西北來，一名大居江，或云大車江，一名檳榔江。二水至此合流，又名大盈江。今騰越人總甸内諸水亦曰大盈江，殆竊侈其名也。江流至此，夷人方名爲金沙江。江中産緑玉、黄金鉤子、金精石、墨玉、水晶，間出白玉，濱江山下出琥珀。滇人相傳名大金沙江，若以別麗江、北勝、武定、馬湖之小金沙江耳。自此南流，經宧猛、莫嗽、莫即，至猛掌，有一江西來，入大金沙江。又南下昔朴怕、蚱猛、莫猛，外經蠻莫，有一江源自騰越大盈，經鎮夷、南甸、干崖，受展西、茶山、古湧諸水，伏流南牙山麓，出經蠻莫，入大金沙江。江又經蠻法魯勒、孟拱、遮鼈管屯、大菖蒲山峽、小菖蒲山峽、課馬、孟養、怕奔山峽、户董、鬼哭山、戛撤。昔年緬人攻孟養以船運餉到戛撤爲孟養所敗者，此江也。正統中，蔣雄率兵追思機發爲緬人所壓，殺於江中，亦此江也。大約江自蠻莫以上，山聳水陡。正統中，郭登自貢章順流，不十日至緬甸者，亦此江也。下流經温板，有一江源，自騰越龍川江，經界尾、高黎共山、隴川、猛乃猛密所部莫勒江，至太公城、江頭城，入於金沙江。下流又經猛吉、準古、温板，又名温板江，又名流沙河，皆金沙江也。猛戛、馬噠喇至江頭，江中有大山，極秀聳，山有大寺。又有一江源自猛辨洗戛母南來，入大金沙江。又經止即龍、大馬革底、馬撒躋馬入南海。其江至蠻莫以下，地勢平衍，潤可十五餘里。舊云五里者，非也。經南江益寬，流益緩，緬人善舟，如涉平地。至是江海之水，瀦爲一色矣。」按以上二説所指大金沙江，其上流即今雅魯藏布江也。此水雖大，但遠在西南荒徼外，去禹貢雍、梁二州之境甚遠，謂爲黑水，其説難信。

噶爾招木倫江。在喇薩地。自衛之蓬多城東北一百十里査里克圖發源，名達穆河，會諸小水，西南流一百四十餘里，轉東南流百里，繞蓬多城西流，與米的克藏布河會。米的克藏布河源出衛之墨魯公噶城東北二百七十餘里米的克池，南流三百二十餘里，與達穆河會於蓬多城南。二水合而爲一，乃名噶爾招木倫江。南流三十餘里，折東流一百四十餘里，轉西南流繞第巴達克帀城，得秦城。至喇薩之南，又經董郭爾、日噶牛、楚舒爾、日喀爾公喀爾諸城，流三百餘里，與雅魯藏布江合。按：唐時吐蕃牙帳近藏河，疑即此水。舊唐書吐蕃傳：悶懼盧川，在邏娑川南百里，臧河之所流也。唐書地理志：渡臧河，經佛堂，至贊普牙帳，其西南跋布海。

潞江。在羅隆宗城東北六十里。蒙古名喀喇烏蘇，番名鄂宜爾楚。源出衛之喇薩北二百八十里，有澤名布喀，廣四百五十餘里，其水西北流百餘里，入厄爾几根池，池廣一百三十餘里。又東北流五十餘里，入衣達池，池廣一百餘里。從此池轉東南流一百五十餘里，入喀喇池，池廣一百二十餘里。從南流出，名喀喇烏蘇，稍東北流四百五十餘里，至索克宗城南百餘里，出衛地，入喀木境，名鄂爾宜楚。轉東南二百餘里，又稍東過羅隆宗城北流三百餘里，折南流八百餘里，經米喇隆地。又二百餘里，入怒夷界，名怒江。自怒夷界南流三百餘里，入雲南麗江府界，名潞江。經野人界，又南經永昌府及潞江安撫司境，流至緬甸入南海。明統志：「潞江舊名怒江，源出雍望，經潞江安撫司之北，蒙氏封爲四瀆之一。」按：舊輿圖「西番之西，大流沙之南，湧出一澤，名曰嘉湖，南流爲潞江」，以今考之，嘉湖即喀喇池也。蒙古名黑爲「喀喇」，水爲「烏蘇」，此水大於瀾滄、葉榆而色深黑，故名。其上源出於衛地之布哈大澤，淵澄黝黑，又多伏流。以此爲禹貢之黑水，則名稱猶舊，較之指瀾滄、葉榆爲黑水者，猶爲略有依據也。

龍川江。番名薄藏布河。在薄宗城南二里。有二源：一源發於薄宗城東北三百餘里春多嶺，名鴨龍河，合六水西南流。

一源發於薄宗城西北五百餘里東拉嶺，名厄楚河，合十餘水東南流。至薄宗城前，二水合流，名薄藏布河。西南流經噶克卜部落及羅克卜札所屬之們布部落，入雲南騰越州界，爲龍川江。明統志：「龍川江，源出娥昌蠻地七藏甸傍高黎共山北，渡口有古藤索橋，下流至太公城，合大盈江。」雲南通志：「其源有三：一出明光山，一出阿幸山，一出南香甸山，三水合流，名龍川江。下流至虎踞關入緬。」

瀾滄江。在帀坐里岡城東一百里。番名拉楚河。有二源：一源發於帀坐里岡城西北一千餘里格爾吉帀噶那山，名帀楚河。一源發於帀坐里岡城西北八百餘里巴喇克拉丹蘇克山，名鄂穆楚河。俱東南流，折而南，至帀坐里岡城東北三百餘里叉木多廟前，二水合流，名拉楚河。又南流九百餘里，至雲南塔城關西，入雲南麗江府界，爲瀾滄江。又流經永昌、順寧、蒙化、景東諸府，歷阿瓦國老撾地，入交阯界，注於南海。按：後漢書顯宗始通博南山，度蘭倉水。蘭倉之名始於此。華陽國志、水經注皆不能考其源。滇志：「瀾滄江源出吐番嵯和歌甸之鹿石山。一名鹿滄江，亦曰浪滄江，亦作蘭滄水。南入大理府雲龍州界。」其説得之。蓋嵯和歌甸，即今帀坐里岡城地也。番名拉楚，亦瀾滄聲之轉也。明人李元陽著黑水辨，史秉信著岡脊黑水辨，俱以此爲禹貢之黑水。元陽云：「瀾滄江、潞江，皆由吐番北來，蓋與雍州相連，水勢並洶湧，皆入南海。然潞江西南趨緬中，内外皆夷，其於梁州之境若不相屬。惟瀾滄由西北向東南，徘徊雲南郡縣之間，至交阯入海。今水内皆爲漢人，水外皆爲夷緬，則禹之所導，於分别梁州界者，惟瀾滄足以當之。元史：『至元二年〔二〕，大理勸農官張立道使交阯，並黑水跨雲南，以至其國。』觀此則瀾滄江之爲黑水，益彰彰明矣。」元陽之論雖詳，今考瀾滄、潞江上流相近，皆發源番地入南海，然瀾滄源近，未必即雍州，又絶無黑水之名，不如潞江之源遠而水深黑也。若以潞江皆經夷地，不屬梁州，異於瀾滄之綿歷雲南郡縣，則禹貢之流沙三危，在前代時，豈亦皆内地乎？邊裔郡縣之界，兩漢以來，已多變遷，豈可執今之輿地，定禹貢之疆域乎？且交阯自唐以前，皆隸中國，未聞言黑水經其地。元史所謂黑水，蓋亦後人强名，未可據以爲證。

金沙江。古名麗水，一名神川，一名犂牛河。今番名木魯烏蘇，一名布賴楚河，又名巴楚河。源出衛之喇薩西北八百餘里，至那木唐龍山北，轉東南流八百餘里，入喀木境，名布拉楚河。又南流少西八百餘里，至巴塘西六十里，名巴楚河。又轉東南流六百餘里，至雲南麗江府界，爲金沙江。自麗江府雪山之北，折而東南，經永北、武定二府，至四川會川衛西南入四川界，與打沖河合，折東北經東川府西、馬湖府南，至敘州府與川江合。自發源處至入內地，流四千餘里，受大水數十，小水無數，水深流急，沿江烟瘴最多。以江出沙金，故名。唐書南蠻傳：貞元五年，南詔異牟尋大破吐蕃於神川，遂斷鐵橋，溺死以萬計。又西域傳：多彌，亦西羌屬〔三〕，吐蕃號難磨，濱犁牛河，土多黄金。又地理志：渡西月河，二百一十里至多彌國西界，又經犁牛河，渡藤橋，百里至列驛。明統志：金沙江，古名麗水，源出吐蕃界犁石下，名犁水，訛「犁」爲「麗」，流經巨津、通安、寶山三州。按：「犁石」者，以其石如牛也，其水因之得名，故有「犂牛」之稱。舊志謂此即古若水，不知若水即今鴉龍江，其下流名打沖河，非金沙江也。或謂此即繩水。按水經注：「若水逕越巂大莋縣入繩。繩水出徼外。山海經曰：『巴遂之山，繩水出焉。東南流分爲二水，其一水枝流東出，逕廣柔縣，東流注於江。其一水南逕旄牛道，至大莋，與若水合，自下亦通謂之繩水矣。』」今金沙江下流正與打沖河合，其說似之。唐樊綽以麗水爲禹貢之黑水，云與瀰渃江合，經驃國東入南海。程大昌疑其源流狹小，不足以合雍、梁二州疆境。然今金沙江自與大江合，不入南海，非黑水也。明僧宗泐望河源詩自記云：「河源出自抹必力赤巴山。番人呼黄河爲抹處，犂牛河爲必力處。赤巴者，分界也。其山西南所出之水，則流入犂牛河東北之水，是爲河源。」今自黄河源至金沙江源，僅三百六十餘里，中隔巴顔喀喇山。河源在山之東，金沙江源在山之西南。宗泐之言，與今頗合。必力處，即布賴楚，聲相近也。又徐弘祖溯江記源云：「禹貢言岷山導江，乃汎濫中國之始，非發源也。中國入河之水，爲省五；入江之水，爲省十一。計其吐納，江倍於河。按其發源，河自崑崙之北，江亦自崑崙之西，非江源短而河源長也。」弘祖蓋以金沙江爲大江之正源，前人已有言之者，第非出於周覽，故其言雖是，而未能條析。凡水之源，必以遠且大者爲主，而近者小者附之。金沙江自發源歷雲南至敘州府，行七千里始與岷江合，較岷江之源遠三四倍，大亦倍之。昔人守禹貢岷山導江之文，不敢別有異辭，然岷山特導江所始，非即江源。猶導河積石，非即河源也。以今考之，江凡三源，最遠而大者，莫如金沙。其次則鴉龍，又其次則岷江。三源金沙最西，中爲鴉龍，東爲岷江。鴉龍江流至四川會川衛西，先合金沙江。金沙江流至敘州府，又與岷江合，斯爲大江也。按徐弘祖所言江源，考之輿圖，頗得源委。至云河自崑崙之北，江自崑崙之西，則以巴顔喀喇山爲崑崙，以星宿海即爲河源。不知崑崙在回部極西，河源初發，在葱嶺、和闐諸山，其南境與阿里地之岡底斯山相接。計其道里，在金沙江源之西尚四千餘里，巴顔喀喇山正當大河伏流重發之地。故所云非江源短而河源長者，未及見今日輿圖，沿舊説而云然也。明僧宗泐所言，亦同此誤。今辨正其説如此。

鴉龍江。在裏塘城東二百四十里。源出裏塘城西北八百餘里巴顔喀喇山，番名齊齊爾哈納河。東南流五百餘里，兩旁十餘水注之。至麻穆巴顔喀喇山下，有水名麻穆齊齊爾哈納河西南流與此水會。又流百餘里，東有年尼茫起山所出之謝楚河，西有澤塞岡嶺所出之鄂宜楚爾古河，二水分流入此，名尼雅克楚河。又南流三百餘里，至四川打箭鑪占對安撫司西，名鴉龍江。又三百餘里，至四川鹽井衛西北界，名打沖河。折東流一百五十餘里，又折而南二百餘里，會金沙江。今以此江爲邊界，江之東屬四川打箭鑪地，江之西爲番地。按：此即古若水，一名瀘水，亦大江之一源也。史紀五帝紀：「黄帝子昌意降居若水。」山海經：「南海之内，黑水、青水之間，有木名曰若木，若水出焉。」漢書地理志：「若水出旄牛縣徼外，南至大莋入繩水。」明統志：「打沖河，蠻名黑惠江，又名納夷江。源出吐蕃，下流合金沙江。」

孟格插素阿爾坦河。源出岡底斯山。雪消時，衆水分流，南注二十餘里，會於岡底斯山之南，西南流四十餘里入郎噶池。

郭永河。在卓書特部落東南。源有四：一出昂則嶺北，名龍列河；一出蓋楚岡前山，名蓋楚河；一出塞丹山，名朱克河；一出拉魯岡前山，名拉出河。俱東北流二三百里，合爲一水。又東北流六十餘里入雅魯藏布江。

甕出河。在藏之薩噶西南二百餘里。源有四：一出西南查木東他拉泉，一出圖克馬爾他拉泉，一出正南那木噶山之北，一出東南他克拉他拉泉。俱北流百餘里，合爲甕出河。又北流二十餘里入雅魯藏布江。

式爾的河。在薩噶西南一百餘里。源有三：一出西南沙盤嶺，一出正南舒拉嶺，一出岡拉窪干山。俱北流百餘里，合爲式爾的河。又北流九十餘里入雅魯藏布江。

薩布楚河。在日喀則城西北八十里。源出城南楚拉、米洪羅、綽爾莫三山流出三泉，北流百餘里，合爲拉楚河。又北流百餘里，旁有二水，一自西南來名桀河，一自東南來名當出河，合爲薩布楚河，北流一百二十餘里入雅魯藏布江。

年楚河。在日喀則城北十里。源出城南朱母拉母山及順拉嶺，西北流三百餘里，合爲一水，名章魯河。又流八十餘里，至娘娘廟東，有八小水從東北來，合流入此河。轉西北流，過將則城、白滿城之西一百餘里，又有二水從西南來，亦入此河，始名年楚河。北流繞日喀則城東四十餘里，入雅魯藏布江。

龍前江。在林奔城北二里。源出城東朱木哈拉山，西流百餘里，與城西南努金岡藏山所出之水會。又西北經林奔城東，入雅魯藏布江。

那烏克藏布河。在卓書特部落西南三十里。源出東北桑里池，西流二百五十餘里，北受尚里噶巴嶺、木克龍山流出之二水，南受拉主客山、祖倫山、羊巴木山流出之三水。由羊巴木嶺西轉南流八十餘里，又受西北牙拉嶺、達克龍山流出之二水。又南流六十餘里入雅魯藏布江。

江加蘇木拉河。在卓書特部落西。源出西北沙苦牙拉麻拉山、渣克佳拉山、湼立嶺流出四水，俱東流百餘里，匯爲一。又南流五十餘里，有查爾河自西來會。東流六十餘里入雅魯藏布江。

朋出藏布河。在薩噶東南二百五十餘里。西有書爾木藏拉山，東有西爾中馬山、瓜查嶺流出三水，合爲一道。東南流二百五十餘里，又合四小水。東流一百四十餘里，至羅西噶爾城，折而東北旋流五十餘里，繞岡龍前山北轉南流二百餘里，出藏之南境，過朱拉拉依部落，入厄納特克國界。

薩爾格藏布河。在薩噶東南。其水出於東北拉布池〔四〕。西南流四百餘里，東有拉布岡充山流出一水，西有拉冲温、必普達克拉克諸山所出八水，分流與拉布水會，名帀達克河。又南流三十餘里，東有薩出河，西有魯河俱匯於此。西南流三十餘里，轉東南流一百二十餘里，入雅魯藏布江。

薩楚藏布河。在薩噶西南一百餘里。源出岳洛岡千諸山流出六水，俱南流百餘里，會爲加巴蘭河。又流五十餘里，其西北有拉祖克祖楞羊巴木山流出之三河，西南有昂色昂勒宗山流出之二河，俱流入加巴蘭河。東南流，又折西南，與東北查薩公噶爾他拉山流出之二水，西南捏木山、六色立羊古山流出之二水，會爲薩楚藏布河。又西南流七十餘里，入雅魯藏布江。

滿楚藏布河。在薩噶西南。北有斜爾充山、撒龍山流出二水。南流二百餘里，東有岡充查達克山流出三水，西有拉克藏卓立山流出一水，六水合流，爲滿楚藏布河。又東南流四十餘里，入雅魯藏布江。

鄂宜楚藏布河。源出章阿布林城西北一百八十里扎木楚克池，南流百餘里，入龍岡浦池。又有三水西來，會流爲達克楚河。又東流一百八十餘里，至穆克布查克薩木馬橋北，受北來之鄂宜楚河，爲鄂宜楚藏布河。又東南流六十餘里，入雅魯藏布江。

尚河。在尚納木林城東南。源出城西北絳查拉及達索克布二山流出二水。東南流二百四十餘里，會東北佐山之水，南流五十餘里，入雅魯藏布江。

羊巴尖河。在董郭爾城西。源出城西諸山嶺中，有五水東南流一百八十餘里，東合秦雲山之麻木楚河，西合拖木巴山之楚浦河，會爲羊巴尖河。東流四十餘里，入噶爾招木楞江。

巴布龍河。在蓬多城西北。源出城西北薩木坦山，有三水南流，合數水，轉東南流，入米的克藏布河。

年褚河。在公布則布拉岡城東。源出城西北沙羽克岡拉山，有水名馬母楚河，東流二百四十餘里，南有巴拉嶺流出之巴龍楚河、哈齊朱苦山流出之布賴楚河，北有烏山流出之烏楚河，俱流入此河。東流六十餘里，至公布扎木達城南，有水北來，名佳囊河，繞扎木城東，與此河會爲一。復東南流三百餘里，至公布碩格城南，有水東北自巴宗祖池流出，名巴楚河，亦流入此河。至公布朱木城東，其西北有查布山流出之牛楚河，亦東流入此河。乃南流繞則布拉岡城東流二百餘里，入雅魯藏布江。

岡布藏布河。在公布扎木達城東北。源出城東一百十六里綽拉嶺，有水名楚克河，北流三十餘里，入查木那岳牧作池。又東南流二百五十餘里，北有章阿爾松山流出之章魯河，桑前桑充山流出之桑楚河，又東有喀布地之祭布公拉、沙爾公拉諸山嶺流出四水，名危楚河，俱南流匯入，名岡布藏布河。東南流一百四十餘里，經的牙爾山西，入岡布部落。至撇皮唐他拉東喀木境内，有藏布河自北來流入此。又經塞母龍拉嶺東，出岡布境，入羅喀布占國，東南流入雅魯藏布江。

羅楚藏布河。在羅西噶爾城西。源出城西北二百三十餘里卓朱岡千山及主爾布尚岡里山，流出二水，北流五十餘里合流，又南四十餘里，入朋出藏布河。

羅藏布河。在羅西噶爾城東北。源出城東北諸山中，東流六十餘里，合爲羅楚河。轉東南流一百八十餘里，至羅西噶爾城東北。其西北有拉爾噶爾布山流出二水，東南流八十餘里，合爲佳楚河。又東南流一百三十餘里，至羅西噶爾城北，會羅楚河，名羅藏布河。又十餘里，入朋出藏布河。

帕里藏布河。在帕里宗城西南。源出城東北一百二十餘里噶爾撮池，西南流四十餘里，入查木蘇池。由查木蘇池西南流，經帕里宗城西北二百餘里，有四水東北來合流。又西八十餘里，入朋出藏布河。

牛藏布河。在帕里宗城西。源出城西一百三十餘里綽拉嶺及訥色爾山、阿巴拉山流出三水，北流六七十里，匯爲一水。又流三十餘里，西南有丁拉廟、測林布山、朱木拉馬山流出三水，東流九十餘里合流。又東流六十餘里，與此水會。又東七十餘里，入朋出藏布河。

長楚河。在丁吉牙城西。源出城西北一百十餘里林佛拉嶺、龍岡千山、蘇庫岡前山流出三水，東南流七八十里合流，至丁吉牙城西，轉南流九十餘里，有二水西北來，匯成一池，名爲吉楚河。流三百二十餘里，亦入此河。又二十餘里，入朋出藏布河。

牙爾佳藏布河。在喇薩北七百餘里。源出巴薩通拉木山，西流入喀齊國，爲衛地之北界。

布倫河。在喀拉池南一百五十餘里。東有公噶巴噶馬山之哈拉河、魚克山之魚克河，俱西北流百餘里，與西南來之説木池水合。又東北流五十餘里，入喀喇烏蘇。

布克沙克河。源出喇薩北七百餘里喀爾占古察嶺，南流三百餘里，西合都回山之水，名沙克河。又東南流二百四十餘里，西受枯藍河，北受布克河。又東南流百餘里，入喀喇烏蘇。

索克占旦滾河。源出伊克諾莫渾烏巴什嶺，數水合流，繞諾莫渾烏巴什山東南流二百餘里，西南有巴漢諾莫渾烏巴什嶺、布喀山、插漢峰流出之四水，與此相會，歷兩山間，入喀木地。又流二百餘里，入喀喇烏蘇。

阿克打木河。源出伊克諾莫渾烏巴什嶺北忒門、他拉二池，東北流百餘里，有二水，一自東來，名伊克阿克打木，一自西來，名巴漢阿克打木，合爲一水。西北流三百餘里，入木魯烏蘇。

土虎爾河。在金沙江上流折南流處。源出伊克苦苦賽爾渡口西二十里厄爾濟根嶺，名烏捏河。北流八十餘里，至土虎爾拖羅海岡。東有二水西南來，一名空楚河，一名和秦河，流至岡東合流。又北流一百二十餘里，至薩爾龍他拉，入木魯烏蘇。

七七爾哈納苦苦烏蘇河。源出伊克苦苦賽爾渡口東南三百里蘇克布蘇克穆、雜噶、唐奴克、吾七木、喀大多、雜等諸山中，流出七大水。又有二池流出二水，俱東北流，近者五六十里，遠者一百餘里，會於一處，名七七爾哈納苦苦烏蘇。又流三十餘里，入木魯烏蘇。此河頗大，無船可渡。

忒墨圖苦苦烏蘇河。在七七爾哈納苦苦烏蘇河東五十里。源出打克木、喀木雜噶山二水，西北流六十餘里合流，七十餘里入木魯烏蘇。

喀七烏蘭木倫河。源出巴薩通拉木山西北四百餘里碙什達爾烏蘭達布遜山，東南流五百餘里，入木魯烏蘇。

托克托乃烏蘭木倫河。源出碙什達爾山東北三百餘里錫津烏蘭拖羅海山，東流四百五十餘里，入木魯烏蘇。

那木七圖烏蘭木倫河。源出錫津烏蘭拖羅海山東北三百餘里巴顔喀喇得爾奔山，東南流六百餘里，入木魯烏蘇。以上三水，皆在金沙江源之北岸，甚深闊難渡。

圖哈爾圖喀喇烏蘇河。在金沙江上流折而南之東岸。源出古爾板圖爾哈圖山，西流一百五十餘里，南有可蘇七老河、毛仲和爾和河，北有噶布勒河、莫和爾喀喇烏蘇河，俱流會於此。又流二十餘里，入木魯烏蘇。

帀楚河。在羅隆宗城東北一百六十里。源出羅隆宗城東北楚克、楚千二池。二水合向東南流，五百餘里入瀾滄江。

多克楚河。在節達穆城東八十里。源出節達穆城北二百餘里沙魯楚諾爾池，東南流三百餘里，至米黎拉岡入雲南界，名無量河。又流二百餘里，入金沙江。

碩楚河。在裏塘城西南一百五十里。源出岡里拉麻爾山東之噶布乃岡里山，西南流三百里，合敦楚河。

敦楚河。在裏塘城西南一百八十里。源出城西南岡里拉麻爾山，西南流一百六十餘里，其東北有扎木喀達山流出之麻楚河，至此合流。又百餘里，入金沙江。

里楚河。在裏塘城北三里。源出裏塘城西北一百五十餘里母山沙魯齊山，二水合而東南流，至塘裏城東南，有二水自東北合流注之。轉西南流三百餘里，至米黎拉岡地，會無量河，入雲南界。

鄂宜楚河。在帀坐里岡城西。源出城北三百里納蘭嶺，南流四百餘里，至家拉穆池入潞江。

馬品木達賴池。在阿里之達克喇城東北二百里，岡底斯山東南六十五里。發源自狼干喀巴布山下，西流匯爲此池，即岡噶江源也。池周一百八十餘里，水色緑，味清甘，午後五色浮面，爛如電光。四面有山如門，俗傳取水者必從門中入。

郎噶池。在達克喇城北一百七十里，岡底斯山西南三十四里。池廣三百餘里，從馬品木達賴池水西流，匯爲此池。又自池西流出，爲狼楚河。水色稍黑，味亦遜。

牙母魯克于木卒池。在納噶拉則城東。池廣四百六十餘里，中有三山，一名米納巴，一名鴉博土，一名桑里。山下溪流甚多，時白時黑，或成五彩，中多魚。附近居人及居山内者皆藉魚爲生。

加木卒吉木卒池。在章阿布林城西北。池廣六十餘里，本二池，東名吉木卒，西名加木卒，合成一池，故名。中多魚。

拉木卒西木卒池。在阿里宗城東北一百二十里。池廣二百二十里，其形南北長，南受四水，北受一水。

打魯克雨木撮池。在藏之者巴部落西北五百五十里。池廣二百八十餘里，東有水名那綏，行五百餘里。南有諸中所出十餘水〔五〕，皆匯流入於此池。

查布也薩噶鹽池。在打魯克雨木撮池北二十餘里。池廣一百五十餘里，内産白鹽，附近居人，皆食此鹽。

郎布池。近查布也薩噶池之北。池廣二百二十餘里。

扎母撮疊訥克池。在卓書特部落西北四百十餘里。池廣十餘里，中産硼砂。

公努木擦噶等十一鹽池。在喇薩西北七百餘里。一名公努木擦噶，一名里牙爾擦噶，一名吕布擦噶，一名牙根擦噶，一名那木鄂岳爾擦噶，一名苦公擦噶，一名必老擦噶，一名加木撮木擦噶，一名馬里擦噶，俱在牙爾佳藏布河之兩岸。大者廣一百九十里，小者廣五六十里，俱産鹽。其苦公擦噶、那木鄂岳爾擦噶二池，産紫鹽，餘俱産白鹽，喇薩居人俱食此鹽。

滕噶里池。在喇薩西北二百二十餘里。池廣六百餘里，周一千餘里。東西甚長，南北稍狹。蒙古呼天爲滕噶里，言水色如天青也。在藏地之池，無大如此者。其東有三水流入，皆名查哈蘇太河。西有二水流入，一名羅薩河，一名打爾古藏布河，流數百里入此池。

古蹟

吐蕃國。即今衛地。杜佑通典：吐蕃在吐谷渾西南。唐書：吐蕃本西羌屬，蓋百有五十種，散處河、湟、江、岷間，有發羌、唐旄等，然未始與中國通。居析支水西。祖曰鶻提勃窣野，稍并諸羌，據其地。蕃、發聲相近，故其子孫曰吐蕃，而姓勃窣野。或曰南涼禿髮利鹿孤之後，二子，曰樊尼，曰傉檀。傉檀爲乞伏熾盤所滅，樊尼挈殘部臣沮渠蒙遜，以爲臨松太守。蒙遜滅，樊尼率兵西濟河，逾積石，遂撫有羣羌云。其俗謂强雄曰贊，丈夫曰普，故號君長曰贊普。地直京師西八千里，距鄯善五百里。其贊普居跋布川，或邏娑川。地理志：天威軍初曰振武軍。又西二十里至赤嶺，其西吐蕃，有開元中分界碑。自振武經尉遲川〔六〕、苦拔海、王孝傑米栅，九十里至莫離驛。又經公主佛堂、大非川二百八十里至那録驛，吐蕃界也。又經暖泉、烈謨海，四百四十里渡黄河。又四百七十里至衆龍驛。又渡西月河，二百一十里至多彌國西界。又經犂牛河，渡藤橋百里，至列驛。又經食堂、吐蕃村、截支橋，兩石南北相當。又經截支川，四百四十里至婆驛，乃渡大月河羅橋。經潭池、魚池，五百二十里至悉諾羅驛。又經乞量寧水橋，又經大速水橋，三百二十里至鶻奔驛。唐使入蕃，公主每使人迎勞於此。又經鶻奔峽十餘里，兩山相崟，上有小橋，三瀑水注如瀉缶，其下如烟霧。百里至野馬驛，經吐蕃墾田。又經樂橋湯〔七〕，四百里至閣川驛。又經恕諶海，一百二十里至蛤不爛驛，旁有三羅骨山，積雪不消。又六十里至突録濟驛。唐使至，贊普每遣使慰勞於此。又經柳谷莽布支莊，有温湯，涌高二丈，氣如烟雲，可以熟米。又經湯羅葉遺山及贊普祭神所，二百五十里至農歌驛。邏些在東南，距農歌二百里，唐使至，吐蕃宰相每遣使迎候於此。又經鹽池、暖泉、江布靈河，一百十里渡姜濟河，經吐蕃墾田，二百六十里至卒歌驛。乃渡臧河，經佛堂，一百八十里至勃令驛鴻臚館〔八〕，至贊普牙帳。其西南拔布海。按：今土人相傳達賴喇嘛所居喇薩之地，即唐時吐蕃建牙之所，且有古碑可證。以唐書考之，亦當在此。

唐碑。在衛之伊克招廟大門右。上刻長慶初唐與吐蕃會盟之文，至今碑猶完好。其文曰：「大唐文武孝德皇帝、大蕃聖神贊普，舅甥二主，商議社稷如一，結立大和盟約，永無淪替，神人俱以證之，世世代代，使其稱贊，是以勒石留傳之於後也。文武孝德皇帝與聖神贊普，二聖濬哲鴻被，曉久永之化，垂矜愍之情，恩覆並無內外，商議協同，務令萬姓安泰，施恩如一，成久遠大治之績，兹者同心以申鄰好之義，共成厥美。今漢蕃二國所守見管封疆，洮、岷之東，屬大唐國界；其塞之西，盡是大蕃地土。彼此不爲殺敵，不舉兵革，不相侵謀封境。或有積阻，捉生問事，給以衣糧放歸。今社稷山川無擾，各敬人神。然舅甥相好之義，苦難每須通傳，彼此相倚。二國常相往來，兩路所遣，唐差蕃使，並於將軍谷交馬。其洮、岷之東，大唐供應；清水縣以西，大蕃供應。須令舅甥親近之禮，使其兩界烟塵不揚，同聞頌德之名，永無驚恐之慮。行人撤備，鄉土俱安，並無相擾之犯。垂恩萬代，則稱美之聲，遍於日月所照矣。蕃於蕃國受安，漢亦漢國受樂〔九〕，各依此盟誓，永不移易。當三寶及諸賢、日月星辰之下，刑牲設誓，如有不依此言，背約破盟者，受其殃禍也〔一〇〕。蕃漢君臣，並稽首告立，周細爲文。二君之德，萬載稱揚，內外蒙庥，人民咸頌矣。」

按：舊唐書長慶元年九月，吐蕃遣使請盟，許之，乃命大理卿兼御史大夫劉元鼎充西蕃會盟使，兵部郎中兼御史中丞劉師老爲副，元鼎等與論訥羅同赴吐蕃本國就盟。此碑即當時所置也。

津梁

衛地諸橋。蓬多鐵索橋，在蓬多城西達穆河旁。庫庫石橋，在喇薩西北。魯衣鐵索橋，在達克卜吉尼城南三十里雅魯藏布江岸。鄂納鐵索橋，在墨爾恭噶城北二十里噶爾招木倫江岸。池薩母木橋，在董郭爾城西南七里羊巴尖河岸。楚烏里鐵索橋，在楚舒爾城西南十四里雅魯藏布江岸。

藏地諸橋。董噶爾木橋，在納噶拉則城東南四十里牙母魯克池旁。薩喇朱噶鐵索橋，在林奔城西北二十里雅魯藏布江岸。查喀爾扎什載鐵索橋，在岔蘇克靈城東六十里雅魯藏布江岸。蘇木佳石橋，在日喀則城東南四里年楚河岸，橋長七十餘丈，有十九洞。桑噶爾扎克薩穆鐵索橋，在岔蘇克靈城西北一百餘里鄂宜楚河岸。穆克布扎克薩木鐵索橋，在桑噶爾扎克薩木橋旁。

喀木諸橋。索克薩母木橋，在索克宗城七十餘里喀喇烏蘇岸。扎木牙薩母巴橋，在羅隆宗城東北八十里喀喇烏蘇岸。扎史達克市穆橋，在市坐里岡城東北一百二十里瀾滄江上流處。

衛地諸渡。由西寧往西藏之路，過西海部落界巴顏喀喇嶺，入衛地。東北所經諸渡口，馬渡五：曰喀喇烏朱爾渡，在阿克打木河源；呼爾哈渡，在木魯烏蘇源，水皆淺，人馬可涉；拜都渡，在呼爾哈渡東北；多倫鄂羅穆渡，在木魯烏蘇自西折南流之處，其水至此，分爲七歧，故名，水小易涉，水發難行；巴母布勒渡，在多倫鄂羅穆渡東。船渡四：曰伊克苦苦賽爾渡，在巴母布勒渡南百餘里，冬春用馬，夏秋用皮船；又南曰巴漢苦苦賽爾渡；又有白塔渡、達爾汗庫布渡，與西海部落接界，皆金沙江上流水深難涉處，用皮船可渡。

藏地諸渡。達克朱喀渡，在日喀則城東北四十里。拉側渡，在章拉側城西南。賈家朱喀渡，在薩噶東南八十里。三渡皆用船。

喀木諸渡。畢爾麻諸速穆渡，在打箭鑪西南二百七里鴉龍江岸，番人往打箭鑪販茶者由此。達顏崇古爾渡，在滚卓克城北三百八十里金沙江岸，喀木番人往西海者由此。則朱速渡，在巴塘西南七十里金沙江岸，番人往打箭鑪者由此。墨普卓克渡，在雲南麗江府西北六十里金沙江岸，自喀木入内地者由此。皆用皮船。

祠廟

噶爾丹廟。在喇薩東南八十里。相傳宗喀巴所建，廟内有宗喀巴之塔及所遺坐床，有喇嘛五千餘居此。雍正十一年，御賜廟名曰永泰寺。

伊克招廟。在喇薩中。相傳唐文成公主所建，今唐時佛像猶存。番語謂大爲「伊克」，廟爲「招」，猶言大廟也。乾隆二十五年，御賜額曰「西竺正宗」。

布達拉廟。在喇薩西北四里馬爾布里小山上。殿高三十六丈七尺四寸，頂皆塗金，樓房萬餘間，金銀塔、金銀銅玉佛像無數。相傳唐太宗時，吐蕃贊普創造爲建牙之所，至五世達賴喇嘛與第巴重建。今達賴喇嘛居此，衛地之首廟也。乾隆二十五年，御賜廟額曰「湧蓮初地」。

布雷峰廟。在喇薩西北十六里。相傳宗喀巴弟子所建。有喇嘛五千餘。

巴漢招廟。在喇薩北。相傳唐時吐蕃贊普所娶巴勒布國女子所建。「巴漢」，譯言小也。乾隆二十五年，御賜廟額曰「耆闍真境」。

色喇廟。在喇薩北八里。亦宗喀巴弟子所建，有喇嘛三千餘。又帕龍喀瓦廟，在喇薩北十二里。扎克布里廟，在喇薩西北五里。噶東廟，在喇薩西北十八里。

拉里廟。在扎木達城東北二百二十八里，衛之東鄙，與喀木接界，爲往來要路。其餘所屬諸城尚有三十餘廟，喇嘛多者七八百人。

闡宗寺。在衛地。番名地穆胡圖克圖廟。乾隆四十二年新修，御賜今名，四體書額。

扎什倫布廟。在日喀則城西二里都布山前。相傳昔宗喀巴大弟子根敦卓巴所建。至今班禪喇嘛居此。康熙五十二年，敕封爲班禪額爾得尼，賜金册印。廟内樓房三千餘間，金銀塔、金銀銅玉佛像無數，有喇嘛五千餘人。所屬小廟五十一處，共喇嘛四千餘人。莊屯十六處，部落十餘處，爲藏地之首廟。乾隆四十五年，御賜扁額曰「福緣恒護」。乾隆四十六年，御賜扁額曰

「壽相禪宗」，曰「寶地祥輪」。四十八年，額爾德尼於寺内新蓋寺一所，御賜名曰「壽寧」，四體書額，佛殿扁額曰「祥輪普護」。其餘境内有名之廟共十九處，皆有喇嘛數百人。

普恩寺。在後藏地。番名納爾塘寺。雍正五年，御賜今名。

喀木諸廟。淳化寺、崇化寺，俱在羅隆宗城東南一百里。持戒寺、静修寺，俱在羅隆宗城南五十里。清浄寺，在羅隆宗城西六十里。五寺俱本朝康熙四十二年賜名。叉木多廟，在帀坐里岡城北三百八十里，所屬小廟十三處。扎牙查史垂宗廟，在扎坐里岡城東北二百二十里，所屬黄帽喇嘛三十六處，紅帽喇嘛十八處。圖斯丹扎穆禪林廟，在裏塘城内，所屬小廟十七處。拉岡鼎廟，在裏塘城南三百五十里，所屬小廟六處。其餘境内有名之廟尚有二十一處，皆近時所建。

阿里諸廟。托木廟，在古格扎什魯木布側城北五十里。喀查爾廟，在達克喇城東南九十里。巴爾旦赤克色廟，在拉達克城東四十里。畢圖克廟，在拉達克城西南六十里。米喇廟，在畢底城西一百一十里。

土産

金。出金沙江。

銀。銅。鉛。已上皆出喀木。

石青。硼砂。馬品木達賴池旁出者最佳。有紫、黑二色。

氆氌。其類不一，各處皆有。

鹽。有紅、白、紫三種。

犛牛。馬。羱羊。天鼠。俗名猞猁。已上各處皆有。

青稞麥。大麥。莞豆。豋豆。已上各處皆有。

校勘記

〔一〕在邏娑川西南　「邏」，原作「通」，據乾隆志卷四一三西藏山川（下同卷簡稱乾隆志）及上文改。

〔二〕至元二年　乾隆志同。按，元史卷一六七張立道傳載，至元八年張立道奉詔使安南，「並黑水，跨雲南，以至其國」。其事在至元八年，此云二年，誤。

〔三〕多彌亦西羌屬　「亦」，原作「木」，乾隆志同，據新唐書卷二二一下西域傳改。

〔四〕其水出於東北拉布池　「北」，原作「布」，乾隆志同，據水道提綱卷二二西藏諸水及嘉慶衛藏通志卷三山川改。

〔五〕南有諸中所出十餘水　按，「諸」字下疑脱「山」字。乾隆志作「南有諸中山出十餘水」，「山」字錯於「中」字下，但亦可證此脱「山」字。

〔六〕自振武經尉遲川　「川」，原作「山」，乾隆志同，據新唐書卷四〇地理志改。

〔七〕又經樂橋湯　「樂」，原作「東」，乾隆志同，據新唐書卷四〇地理志改。

〔八〕一百八十里至勃令驛鴻臚館　「令」，原作「合」，乾隆志同，據新唐書卷四〇地理志改。

〔九〕漢亦漢國受樂　按，西藏志考西藏碑記此句下有「茲合其大業耳」六字。乾隆志與本志皆脱。

〔一〇〕受其殃禍也　按，西藏志考載唐碑此文下有「倘傾覆以及動陰謀者，不在破盟之限」十五字。乾隆志與本志皆脱略。

歸化城土默特　牧廠

目録

歸化城土默特表

	歸化城土默特
秦	
兩漢	定襄、雲中二郡地。後漢屬雲中郡。
三國	
晉	
南北朝	後魏初建都於此，號盛樂城。後置雲州，領盛樂、雲中等郡。
隋	置定襄郡。
唐	置單于大都護府。
五代	後唐時入遼，置豐州天德軍，屬西京道。
宋	金屬西京路。
元	屬大同路。
明	宣德初築玉林、雲州等城，設兵戍守。後爲蒙古所據。嘉靖間諳達居此，是爲西土默特。隆慶間封爲順義王，名其城曰歸化。

大清一統志卷五百四十八之一

歸化城土默特

左、右二旗，俱駐歸化城，在殺虎口北二百里。東西距四百零三里，南北距三百七十里。東至四子部落界一百三十八里，西至鄂爾多斯左翼前旗界二百六十五里，南至山西邊城界二百十里，北至喀爾喀右翼界一百六十里。東南至鑲藍旗察哈爾界一百一十里，西南至鄂爾多斯左翼前旗界一百八十里，東北至四子部落界一百一十里，西北至茂明安界一百七十里。至京師一千一百六十里。

建置沿革

漢定襄、雲中二郡地。後漢屬雲中郡。後魏初，建都於此，號盛樂城，後置雲州，領盛樂、雲中等郡。隋復置定襄郡。唐置單于大都護府。五代後唐時入遼，置豐州天德軍，屬西京道。金屬西京路。元屬大同路。明宣德初，築玉林、雲川等城，設兵戍守。後爲蒙古所據。嘉靖間，諳達駐牧豐州灘，築城架屋以居，謂之「拜甡」，「拜甡」，漢言屋也。「諳達」舊作「俺答」，「拜甡」舊作「板升」，今改正。是爲西土默特。隆慶間，封諳達爲順義王，名其城曰歸化。諳達，察哈爾小王子近支也。初，瑪古里海弑小王子，西北諸部們都爾、嘉勒斯賚等互相仇殺，其餘衆立小王子之支子爲迪延可汗，仍服屬於察哈爾。迪延死，傳其次子賽音納繭，部衆浸强。有子七人，長吉納，駐牧河套，即鄂爾多斯。次曰諳達，狡黠多智，駐牧開元、上都，迫附宣、大，自稱都哩木可汗。旋爲察克爾汗所逐，乃移駐豐州灘。嘉靖十九年，分道入寇，越大同，度雁門，入寧武、嵐、静等處，殺人畜萬計。二十年，復入太原，屠石州。二十一年，糾諸酋入掠太原，破州縣三十八、衛十，殺二十餘萬人。二十九年，入古北口，薄京師，掠郊關近郭，意欲滿始去。開拓疆土，南至大同山西邊，北至永邵卜，東至喀喇沁，西至鄂爾多斯。有衆四十萬，富甲於邊境。把罕鼐濟者，諳達第三子鐵背台吉子也。幼失父，諳達妻實鞠之，爲娶烏新部女，曰大成妣姬。鼐濟又自聘呼圖克沙津女，未及婚。會諳達有外孫女已聘鄂爾多斯矣，諳達聞其美，自娶之，號曰三娘子。鄂爾多斯怒，起兵相攻。諳達懼，奪鼐濟所聘女與之。鼐濟恚恨，扣敗胡堡來降，詔授指揮使。是時諳達老，傷孫突南走，計中國恚其數入邊，必甘心焉。及款塞聞無恙，乃大喜，使使來定約稱臣，貢方物開市。已詔鼐濟歸，諳達迎之河上，使使入謝。隆慶五年，詔封諳達爲順義王，套酋吉納子齊農等皆爲諳達姪，婁巴圖昆都楞汗，諳達親弟，而烏新巴延、永協布、多羅、圖們等皆其支庶。諳達於諸部爲尊行，力能合之。凡六十五人，各授都督、指揮、千百户等官有差。每年貢馬開市，凡十一處。在大同者三，曰得勝口，曰新平，曰守口。在宣府者一，曰張家口。在山西者一，曰水泉營。在延綏者一，曰紅山寺堡。在寧夏者三，曰清水營，曰中衛，曰平魯衛。在甘肅者二，曰紅水偏頭口，曰萬溝塞。萬曆九年，諳達死，子鴻台吉襲王。十三年，鴻台吉死，子格根襲王。三世皆以三娘子爲妻，詔封忠順夫人，以其經事三王，約束諸部，奉約惟謹故也。三十二年，格根死，其長子和克圖台吉已先故，孫博碩克圖應嗣。而三娘子所生布特達實哩之子索特納木者，狡黠多智，言於祖母欲襲封。摩明安者，格根次子，亦百計媚忠順，欲襲王，部落無定主。明年正月，喀爾喀五路台吉者，鴻台吉之次子糾集七十三部落，聚豐州灘，與索特納木爲難。至九月，博碩克圖始遣使噶爾台巴圖爾濟噶等請封。三十四年，始受封如故事。其後五六年間，部落自相仇殺，盜賊並興，水草枯落，遂至衰弱。察哈爾復侵擾之，及其子額默布濟吉爾嗣立，國遂破滅。「瑪古里海」舊作「毛里孩」，「們都爾」舊作「滿魯都」，「嘉勒斯賚」舊作「乩加思藍」，「迪延」舊作「歹顔」，「賽音納蘭」舊作「賽音那蘭」，「吉納」舊作「吉囊」，「都哩木」舊作「都隆」，「把罕鼐濟」舊作「把漢那吉」，「烏新」舊作「兀慎」，「呼圖克沙津」舊作「胡兔撦金」，「濟農」舊作「吉能」，「婁巴圖昆都楞汗」舊作「老把都昆都力汗」，「烏新巴延」舊作「兀慎擺腰」，「永協布」舊作「永邵卜」，「圖們」舊作「土蠻」，「鴻台吉」舊作「黄台吉」，「和克圖」舊作「晃兔」，「布特達實哩」舊作「不他失禮」，「索特納木」舊作「鎖諾木」，「摩明安」舊作「毛明安」，「噶爾台巴圖爾濟噶」舊作「敢台巴都兒計虎」，「額默布濟吉爾」舊作「俄木布楚虎爾」，今俱改正。

本朝天聰六年，太宗文皇帝親征察哈爾，駐蹕歸化城，土默特部落悉降。九年，大軍滅察哈爾，命貝勒岳脫駐守歸化城。格根汗之孫俄木布乳母之夫曰茂罕，潛與阿禄哈爾噶通，僞稱俄木布爲西土根汗，謀叛。事覺，誅茂罕，執俄木布以還。崇德元年，其酋古禄格、杭高、託博克來朝，命偕俄木布返，并還其世所守順義王印。編爲二旗，以古禄格爲左翼都統，杭高爲右翼都統。尋杭高子巴桑以罪削職。順治四年，授託博克爲右翼都統，並世襲，設佐領、協領等員，皆駐城中。康熙三十五年，聖祖仁皇帝自白塔駐蹕於此，其官制並同内地。雍正元年，增設同知等官。乾隆四年，於歸化城之東北築綏遠城，移鎮守將軍駐劄城中。二十八年，以兩翼旗都統事務改歸將軍管轄。二十九年，分設清水河、薩拉齊、和林格爾、托克托城通判〔二〕，與歸化、綏遠二同知共屬歸綏道，隸山西省。其土默特編分旗地如故。又有輔國公一，乾隆二十一年封，世襲。貢道由殺虎口。「茂罕」舊作「毛罕」，今改正。

城池

歸化城。在殺虎口北二百里。明代所築，蒙古名庫庫河屯。周圍二里，高三丈，南、北門各一，外郭東、西、南三面三門。

諳達歸順，改稱今名。

綏遠城。在歸化城東北五里。周圍二千丈，高二丈四尺，門四。乾隆四年建，移右衛建威將軍駐其地。

托克托城。舊城在黄河東岸，歸化城之西一百四十里，即湖灘河朔也。

山川

陰山。在城北三十五里，即翁公山。西自河套之北，起烏喇特西境，延亘而東至歸化城東北。層巒峻嶺，共五百餘里。其間土名不一，如白雲、哲特虎、太白、拜洪戈爾、牛心諸山，以至蟠羊山，五達蘇爾哲、哈朗烏諸谷，皆陰山支體。崔巍屏踞，勢最高峻。

黄河。在城西南一百六十里。自烏喇特境東南流入，又折而南，黑河水自東來注之。又東南經湖灘河朔，紫河水自東來注之。又西南流入山西偏頭關界。凡境内之水入黑河者，有納扎海河、安達河、朱喇馬台河、德布色黑河、哲爾德河、巴漢土爾根河、西喇烏素河、呼圖克圖河、哈爾几河、黑勒庫河，凡匯十餘水，由沙陵湖以入於黄河。其入紫河者，有察漢音圖河、努衡格爾河、兔毛河，並匯流入於黄河。按：西土默特駐歸化城，其牧地東西四百里，南北三百七十里。自雍正間設立同知，乾隆四年築綏遠城，增設同知、通判，列爲六廳，以屬於山西省，其版籍遂同内地。故部内所有山川、古蹟、祠廟、物産，皆與六廳卷相同。兹類聚山川之大者以存其概，餘並見六廳卷内，不復具列。

校勘記

〔一〕分設清水河薩拉齊和林格爾托克托城通判　「清水河」，原脱「清」字，乾隆志卷四〇八歸化城土默特同，據清朝通典卷九一州郡二山西省補。

牧廠表

	養息牧牧廠	御馬廠	禮部牧廠	太僕寺左翼牧廠
秦				
兩漢	遼東郡地。	上谷郡北境。	代郡北境。	上谷郡地。
三國				
晉				
南北朝				
隋				
唐		奚、契丹地。		
五代	遼懿州地。			
宋	金懿州地。	桓州金置。		
元	懿州地。	世祖初置開平府，號上都。後升上都路留守司。		雲州地及興和路東境。
明	初置廣寧後屯衛，永樂八年徙治義州，遂廢爲邊外地。	初置開平衛，宣德五年徙治獨石，遂廢爲邊外地。	天成衛邊外地。	宣德後爲宣府邊外。

續表

太僕寺右翼牧廠	鑲黃等四旗牧廠	正黃等四旗牧廠
雁門郡彊陰縣地。	上谷郡地。	代郡北境。
	新州地。	
	撫州 金置，治柔遠縣，屬西京路。	金撫州集寧縣地。
	興和路 中統三年升興隆路，皇慶元年改名。	集寧路
大同府邊外。	初置興和守禦千户所，永樂二十年徙治宣府，遂廢爲邊外地。	天成衛邊外。

大清一統志卷五百四十八之二

牧廠

本朝於沿邊口外置設牧場，有總管等官管轄，曰養息牧牧廠，盛京邊外。曰御馬廠，獨石口外。曰禮部牧廠，曰太僕寺左翼牧廠，曰太僕寺右翼牧廠，曰鑲黄等旗牧廠，曰正黄等旗牧廠。俱張家口外。

養息牧牧廠

在盛京錦州府廣寧縣北二百一十里彰武臺邊門外。東西距一百五十里，南北距二百五十里。東至科爾沁左翼前旗界九十里，西至土默特左翼界六十里，南至彰武臺邊門五十里，北至科爾沁左翼前旗界二百里。東南至邊界一百里，西南至邊界八十里，東北至科爾沁左翼前旗界一百十里，西北至西勒圖庫倫界一百五十里。由喜峯口至京師一千二百五十里。

建置沿革

漢遼東郡地。遼、金、元爲懿州地。明初，置廣寧後屯衛。永樂八年，徙衛治義州，遂廢爲邊外地。

本朝置養息牧牧廠。乾隆十九年，議準養息牧騸馬一羣，分在大凌河騸馬羣内。騍馬六羣，改爲四羣，亦移大凌河牧放。乾隆四十三年，高宗純皇帝東巡盛京，有聖製觀大凌河養息牧詩。四十八年，有聖製觀大凌河養息牧馬羣詩。謹按國初置養息牧牧廠，在盛京錦州府廣寧縣北邊門之外，乾隆間移歸大凌河牧養，在錦州府屬錦縣東北境。考養息牧舊志稱楊檉木，亦稱養什木、養什牧，蓋語音之轉，今並遵聖製詩題改正。大凌河游牧，已載錦州府卷内，兹不重述。惟載養息牧舊境，附於牧廠之首焉。

山川

杜爾筆山。牧廠即設其下。

大藍拖羅海山。在牧廠西南四十里。

納喇蘇台山。在牧廠西北八十里。

噶克叉木多山。在牧廠西一百里。

包爾古冷拖羅海山。在牧廠西北一百五十里。

伊克西魯蘇忒山。在牧廠北一百八十里。

巴漢西魯蘇忒山。在牧廠東北一百六十里。

烏蘭喀喇岡。在牧廠東北一百十里。蒙古語以紅爲烏蘭，黑爲喀喇。

齊老圖花坡。在牧廠南五十里。

俄倫拖羅海坡。在牧廠西北九十里。

拜圖花坡。在牧廠西北一百里。

養息牧河。在牧廠東一里。舊名楊檉木河，亦名養什木河，音之轉也。其別稱爲虎爾几河，源出喀爾喀左翼之查漢和邵岡南，東南流會庫崑河，經西勒圖庫倫之北，又東南經廠東，又南流入彰武臺邊門西，又南至廣寧，合遼河。

蘇巴爾哈河。在牧廠西北六十里。源出納喇蘇台山、噶克叉木多山間平地，南流入邊。

樂洋河。在牧廠西北九十里。自土默特左翼流入境，東流會蘇巴爾哈河。

烏克爾齊老河。在牧廠西北一百里。自西勒圖庫倫流入境，東南流會庫崑河。

庫崑河。在牧廠西北一百十里。源出喀爾喀左翼南烏泥蘇台山，東流經土默特左翼北，自西勒圖庫倫流入境，又東北流會養息牧河。輿圖作呼渾河。

冲古爾河。在牧廠東北一百餘里。自科爾沁左翼前旗流入境，西南流會養息牧河。

古蹟

杜爾筆城。在牧廠東南五里。周一里一百七十步有奇，高三丈，東西門各一。

插漢城。在牧廠西南七十里。周一里二百六十步有奇，高三丈，南、北門各一。按：二城俱未詳建自何時。

御馬廠

亦名上都牧廠。在獨石口東北一百四十五里博羅城。東西距一百三十里，南北距一百九十七里。東至古爾板庫德八十里，西至鑲白旗察哈爾界五十里，南至插漢噶爾特七十里，至邊城一百四十里，北至鑲白旗察哈爾界五十七里。東南至鄂博圖五十里，西南至木魯爾圖魯五十里，東北至阿齊圖喀拉八十里，西北至鑲藍旗察哈爾界四十七里。由獨石口至京師六百七十五里。

建置沿革

漢上谷郡北境。唐爲奚、契丹地。金置桓州。元世祖初置開平府，號上都，後升上都路留守司。明初，置開平衛。宣德五年，徙衛治獨石，遂廢爲邊外地。

本朝置牧廠，隸上駟院。

山川

萬歲山。在牧廠東，土人名爾几圖阿爾賓俄藍山，直獨石口東北一百五十里。

盤羊山。在牧廠東，土人名烏虎爾几圖，直獨石口東北一百里。

富谷山。在牧廠東南，土人名巴顏崑兑，直獨石口東北一百三十三里。

賀洛圖山。在牧廠東，直獨石口東北五十一里。

白鹿山。在牧廠南少西，蒙古名蒙虎圖山，直獨石口北一百里。

方山。在牧廠西南，土人名賀爾賀山，直獨石口西北一百十九里。

他賁駱駝海山。在牧廠西南，直獨石口西北一百十五里。

野狐山。在牧廠西南，土人名烏納格忒，直獨石口西北九十五里。

狗牙山。在牧廠西南，土人名多克新喀喇諾海山，直獨石口西北二十七里。

馬魯爾圖山。在牧廠西，直獨石口北一百三十八里。

寬山。在牧廠西，土人名斗爾格，直獨石口北一百四十五里。

五蘭哈爾哈山。在牧廠西，直獨石口北一百五十五里。按：此即紅螺山，明洪武三年，李文忠敗元兵於駱駝山，進克紅螺山，當即此也。

榆木山。在牧廠西北，土人名烏里雅蘇台山，直獨石口北一百六十里。

大呼爾虎山。在牧廠北，直獨石口東北二百三十里。

小呼爾虎山。在牧廠北少東，直獨石口東北二百二十五里。按：小呼爾虎山當兆奈曼蘇默城之北，大呼爾虎山在其西北，疑即古卧龍山，在獨石口外，舊開平城北三里。元上都北枕龍岡，即此山。以道里計之，二山當即卧龍山也。

獨石山。在牧廠東北，直獨石口東北二百三十里。

布虎圖爾山。在牧廠東北，直獨石口東北二百三十里。

牛心山。在牧廠東北，土人名巴顏朱爾克山，直獨石口東北二百四十里。舊志：牛心山在舊開平城東四十里。

白廟兒山。在牧廠東北，土人名布珠山。舊志：白廟兒山在舊開平城東北，邊人謂之三間房，土名插漢根兒，乃薊、宣通路，灤河經其北，東去密雲縣白馬關四百里。

巴漢五藍峯。在牧廠東，直獨石口東北一百八十里。

伊克五藍峯。在牧廠東南，直獨石口東北一百五十里。二山山色紅紫，故土人呼五藍。

烏雅峯。在牧廠南，土人名克勒峯，直獨石口東北六十六里。

哈納峯。在牧廠東北，直獨石口東北一百八十里。

格勒莫多嶺。在牧廠東南，直獨石口東北一百二十三里。

伊克嶺。在牧廠東南，直獨石口東北九十五里。

鐵幡竿嶺。在牧廠南界，直獨石口北十三里，土人名麻尼圖嶺。

永安岡。在牧廠東，蒙古名哈達馬爾嶺，直獨石口東北一百四十里。榆河出焉。

巴漢多用岡。在牧廠北，直獨石口北二百四十里。

伊克多用岡。在牧廠北，直獨石口北二百四十七里。

額爾通河。在牧廠東，直獨石口東北一百五十里。源出萬歲山，東北流至查漢城東南入上都河。

榆河。在牧廠東界，蒙古名海拉蘇台，直獨石口東北一百四十里。源出永安岡東，流入上都河。

外遂黑河。在牧廠東南界，土人名阿祿遂黑河，在獨石口東南四十五里。源出興安山，北流經齊倫巴爾哈孫城，涸。

裏遂黑河。在牧廠東南界，土人名額伯里遂黑河，在獨石口東南五十里。源出興安山，東南流至龍潭會白河。

白河。在牧廠東南界。自獨石口東南冬河口流出邊，又東南流入石湯嶺。

撻魯渾河。在牧廠南，直獨石口東北一百二十里。源出興安山，西流入上都河。

提頭河。在牧廠南界，土名大藍兔禄河，在獨石口西北二十七里。源出狗牙山，東南流入獨石口。

灤河。在牧廠西。俗名上都河，即古濡水也。源出獨石口東南山中，西北流至烏藍城東，折而東北，經舊開平城南，東流折而南，至郭家屯，入承德州界。復東南流，至喀喇河屯，合宜孫河、熱河諸水，流入邊城。至永平府遷安縣界，始名灤河。水經注：濡水，出禦夷鎮東南。其水二源雙引，夾山西北流，出山合成一川，又西北逕禦夷故城東，鎮北一百四十里北流，左道則連泉注之〔一〕。出故城東，西北流逕故城南，又西屈而北流，逕故城北，連結兩池沼，謂之連泉浦〔二〕。又東北注難河，難河右則汗水入焉〔三〕。濡、難聲相近，俗語譌耳。濡水又北逕沙野西，又北逕箕安山東，屈而東北流，逕沙野北，東北流逕林山北。又東北逕孤山南，東北流，吕泉水注之。又東，盤泉入焉。又東南，水流迴曲，謂之曲河。鎮東北三百里，又東出峽入安州界，東南流逕漁陽白檀縣故城。又東南流，右與要水合。又東而南，索頭水注之。又東南，武列水入焉。唐書地理志：薊州東北渡灤河，有古盧龍鎮。遼史地理志：中京澤州有灤河。元史地理志：世祖命劉秉忠相宅於桓州東、灤水北之龍岡。又河渠志：灤河源出金蓮川中，至灤州入海。至元二十八年，疏浚灤河，漕運上都。明李實奉使録：灤水闊不盈丈，而中甚深，土人以河水青緑急流，呼曰商都。兩岸柳條叢生，秋時採爲箭桿。薊門考：灤河舊名曰商都，源頭遠在西北地。自插漢根河向東南流，來至近邊，與流河、白河、暴河、清河合正兒河之水交會，其勢始大。明統志：灤河在雲州堡北六十里，發源炭山。冰井亂泉，合爲此河。北流逕古桓州南，下流入開平界。按：今灤河即古濡水。漢書、水經注皆作「濡」，音乃官反。自唐以來變文爲「灤」，其音則同。或謂即古漯水者，誤也。又按土人呼上都河，以元時上都在水北岸，故名。後又以音同，訛爲商都河耳。

克蚌河。在牧廠東北。亦作克衣綳河。南流入上都河。

金蓮川。在獨石口北，舊桓州地。金史世宗紀：大定八年，如涼陘，改和爾和東川曰金蓮川。地理志：桓州有和爾和東川，更名金蓮川。世宗曰：「蓮者，連也，取其金枝玉葉相連之義。」明統志：金蓮川，在雲州堡北，金世宗納涼之地。產黃花，狀若芙蓉而小，俗呼金蓮川，以此花得名。　按：元史「灤河源出金蓮川中」，然則上都河之上流即此水也。「和爾和」舊作「曷里許」〔四〕，今改正。

布珠泊。在牧廠東界，即白廟兒泊也。直獨石口東北二百二十七里。

鯀泊。在牧廠東界，直獨石口東北二百五十一里。

庫勒泊。在牧廠南五藍城西北，直獨石口北八十里。

博碩岱泊。在牧廠西北，直獨石口北二百五十里。

烏默黑泊。在牧廠北界，直獨石口北二百八十里。

魁蘇泊。在牧廠東北，直獨石口東北二百四十里。

多倫泊。在牧廠東北，土人名多倫諾羅。本朝康熙三十年，喀爾喀為噶爾丹所破，七旗皆潰，抵塞來降。聖祖仁皇帝親巡塞外，鎮撫之，駐蹕是地，各蒙古部長畢至，喀爾喀土謝圖汗、哲卜布尊丹巴胡土克圖等，率台吉、諾顏等朝見，令與四十九旗同列，賜宴，授封爵有差。各蒙古共請於是地建寺。

呼黑烏素泊。在牧廠東北界。此泊水流出為木虎爾衣扎河，西南流會克蚌河，注上都河。

烏爾圖布泉。在牧廠東，直獨石口東北二百里。

烏孫土禄泉。在牧廠東南，直獨石口東北一百五十里。

獨石泉。在牧廠東南，土人名烏可爾七老泉，直獨石口東北九十里。

伊黑大灞泉。在牧廠東南，直獨石口東北八十里。

噶爾達蘇台泉。在牧廠東南，直獨石口東北七十里。

訥黑雷泉。在牧廠東南，直獨石口東北六十五里。

納林泉。在牧廠東南界，直獨石口東北四十里。

哈柳圖泉。在牧廠東北，直獨石口東北二百二十里。

古蹟

桓州舊城。在牧廠北，舊開平城之西南。土人呼爲庫爾圖巴爾哈孫城，直獨石口東北一百八十六里。金史地理志：西京路桓州〔五〕，威遠軍節度使，明昌七年改置刺史。北至舊界一里半，縣一，清塞。元史地理志：上都路桓州，本上谷郡地，金置桓州，元初廢，至元二年復置。明統志：桓州城在雲州堡北三百六十里。宣府舊志：州本烏桓所居，故名。有二城，南爲新城，北爲舊城，相去三十里。按：桓州城，即今庫爾圖巴爾哈孫城。城址周八里，已毀。灤水經其南，又東北流經兆奈曼蘇默城之南。城北有土岡，岡北又有大呼爾虎山，正與小呼爾虎山連接。此城蓋即元時所名新城，明初於此置桓州驛，所謂開平西南之第一驛也。

開平舊城。在牧廠東北，灤河北岸，巴哈呼爾虎之麓。土人呼爲兆奈曼蘇默城，直獨石口東北二百二十五里。元史地理志：上都路，唐爲奚、契丹地。憲宗五年，置桓州。元初爲扎拉爾部烏嚕郡王營幕地。憲宗五年，命世祖居其地，爲巨鎮。明年，世祖命劉秉忠相宅於桓州東、灤水北之龍岡。中統元年，爲開平府。五年，以闕廷所在，加號上都，歲一幸焉。至元二年，置留守司。五年，升上都路總管府。十八年，升上都路留守司，並行本路總管府事。邊防考：洪武二年，常遇春取開平，建衛於此。二十七年，置馬驛八，東曰涼亭、沈河、賽峯、黄崖四驛，接大寧；西曰桓州、威虜、明安、隰寧四驛，接獨石。宣德五年，總兵薛禄上言，自大寧棄後，開平孤懸寡援，敵兵出没，餉道艱阻，乃移開平衛治獨石，舊城遂廢，棄地蓋三百餘里。宣鎮舊志：元上都城，在鎮城東北七百里。城周四十里，内有大明殿，殿門左曰星拱，右曰雲從。儀天殿門，左曰日精，右曰月華。寶雲殿側有東、西暖閣，宸慶殿側有東、西香殿。玉德殿後有壽昌堂，慈福殿有紫檀閣、連香閣、延春閣。其前拱宸堂，爲百官議政之所。後御膳亭，凝暉樓側有綠珠、瀛洲二亭。有金露臺，又有留守司，凡省院官署七十餘，俱至元中所建。明時俱廢。按：兆奈曼蘇默城，在灤水北。有重城，外城方十餘里，東、西各二門，南、北各一門。内城方五里，東、西、南三門。其外城東北隅有元至元中石碑。城址猶存，而宮闕舊蹟俱已湮没。「扎拉爾」舊作「扎喇兒」，「烏嚕」舊作「兀魯」，今俱改正。

涼亭舊驛。在開平舊城南，有東、西二涼亭，爲元時巡幸駐蹕處。明洪武中，置驛於東涼亭。山水記：開平南五十里曰東涼亭，又四十里曰沈河，五十里曰扒八，六十里曰黄崖，五十里曰灤河，又五十里曰灰嶺，六十里曰古城，又五十里曰青松，又南五十六里即古北口矣。此洪武二十七年所置驛路也。

威虜舊驛。今牧廠地。土人呼爲博羅城，在獨石口東北一百四十里，亦名李陵臺。明初置驛於此，爲開平西南第一驛。博羅城址周一里二百八十餘步。

隰寧舊驛。在牧廠南界，麻里圖嶺之北。土人呼爲齊龍巴爾哈孫城，周一里半，門四。明初，爲開平西南第四驛，在獨石口北三十七里。

明安舊驛。在牧廠南少西。土人呼爲五藍城。城址周二里二百步有奇，門二。明初爲開平西南第三驛，城西有西涼亭舊址，又西即白海子也。

寺觀

彙宗寺。在多倫泊。康熙三十年，外藩各蒙古請建寺，後賜額曰「彙宗」。聖祖仁皇帝御製碑文曰：我國家承天順人，統一寰宇，薄海内外，悉賓悉臣。自太祖、太宗握樞秉軸，駕馭風雲，蒙古都部相繼效順。暨於朕躬，克受厥成，前所未格，罔不思服。惟喀爾喀分部最多，而又强盛，朕綏德輯威，薰陶漸格，二十餘載。七家之衆，既震且豫，咸來受吏。乃除其頑梗，扶其良弱，錫之封爵，畀以土疆。朕親北巡，以鎮撫之，於康熙庚午之秋，大宴賚於多倫諾羅。四十八家名王君長，世官貴族，靡不畢集，拜觴起舞，稽首踴躍。蓋至是而要荒混同，中外一家矣。酺賜既畢，合辭請曰：「斯地川源平衍，水泉清溢，去天閑芻牧之場甚近，而諸部在瀚海龍堆之東西北者，道里至此亦適相中。而今日之筵賞敷錫，令萬國以事一人，又從古所無也，願建寺以彰盛典。」朕爲之立廟一區，令各部落居一僧以主持。朕或間歲一巡，諸部長於此會同述職焉。至於今又二十餘年矣，殿宇廊廡，鐘臺鼓閣，日就新整。而居民鱗比，屋廬望接，儼然一大都會也。先是寺未有額，兹特允寺僧之請，賜名曰「彙宗」。蓋四十八家，家各一僧，佛法無二，統之一宗。而會其有極，歸其有極，諸蒙古恪守侯度，奔走來同，猶江漢朝宗於海，其亦有宗之義也夫。是爲之記，以垂永久云。

善因寺。在多倫泊彙宗寺西南里許。雍正年間賜額名。世宗憲皇帝御製碑文曰：洪惟我皇考聖祖仁皇帝恩被九有，威加八紘。曩歲額魯特噶爾丹跳梁朔漠，擾亂喀爾喀諸部，喀爾喀七旗數十萬衆，懷德慕義，稽首内附。皇考躬率六軍，遠行天討，駐蹕多倫諾爾之地，受喀爾喀諸部君長朝謁，錫之封爵，爲我屏垣。既翦兇渠，蕩定朔漠，撫安藩服，允從諸部所請，爰於斯地建創彙宗寺，俾大喇嘛章嘉胡圖克圖居之。章嘉胡圖克圖道行高超，證最上果，博通經品，克臻其奥，有大名於西域，諸部蒙古咸所尊仰。今其後身秉質靈異，符驗顯然，且其教法流行，徒衆日廣。朕特行遣官發帑金十萬兩，於彙宗寺之西南里許復建寺宇，賜額曰「善因」，俾章嘉胡圖克圖畢爾汗主持兹寺，會集喇嘛，講習經典，廣行妙法。蒙古汗王、貝勒、貝子、公、台吉等，俱同爲檀越主人，前身後身，敬信無二。自必率其部衆，聽從誨導，胥登善域。稽古聖王之治天下，因其教不易其俗，使人易知易從，此朕纘承先志，護持黄教之意也。況此地爲我皇考駐蹕之地，靈蹟斯存。惟兹兩寺當與漠野山川並垂無極，諸部蒙古台吉屬下永遠宗奉，歡喜信受，薰蒸導化，以享我國家億萬年太平之福，朕深有望焉。

禮部牧廠

在張家口西北二百二十二里查喜爾圖插漢池。東西距四十六里，南北距六十五里。東至鑲黄旗牧廠界五十二里，西至正黄旗察哈爾界四十里，南至正黄旗牧廠界四十里，北至正黄旗察哈爾界六十里。由張家口至京師六百四十里。

建置沿革

漢代郡北境。明天成衛邊外地。本朝置禮部牧廠。牧廠地與正黄旗牧廠地相接。

山川

查喜爾圖插漢池。在牧廠東。池南至正黄旗牧廠四十里，希巴爾台河、布敦河二水俱注其中。

布敦河。源出牧廠西北。東南流至牧廠東北注插漢池。

太僕寺左翼牧廠

在張家口東北一百四十里喀喇尼墩井。東西距一百三十里，南北距五十里。東至宣化府邊界七十里，西至鑲黄旗牧廠界六十里，南至鑲藍旗牧廠界三十里，北至鑲黄旗察哈爾界二十里。東南至鑲藍旗牧廠界九十里，西南至鑲黄旗牧廠界六十里，東北至正白旗察哈爾界七十里，西北至鑲黄旗察哈爾界七十里。由張家口至京師五百五十里。

建置沿革

漢上谷郡地。元爲雲州地及興和路東境。明宣德後，爲宣府邊外。本朝置太僕寺左翼牧廠。

山川

烏納根山。在牧廠東南九十里，與鑲藍旗牧廠接界。

大烏鴉山。在牧廠南三十里，土人名伊克克勤山。其西南有巴哈克勤山，小烏鴉山也。

哈爾哈納台山。在牧廠西三十里。

哈特虎蘭台山。在牧廠東北八十里。

西喇峯。在牧廠東七十里邊界。

拉麻馬拉哈岡。在牧廠東南六十里。

小紅池。在牧廠東二十五里，土人名巴哈五藍池。

太僕寺右翼牧廠

在張家口西北三百十里齊齊爾漢河。東西距一百五十里，南北距六十五里。東至正黄旗察哈爾界六十里，西至鑲紅旗察哈爾界九十里，南至大同府邊界三十五里，北至正紅旗察哈爾界三十里。東南至邊界四十里，西南至邊界八十里，東北至正黄旗察哈爾界四十里，西北至鑲紅旗察哈爾界七十里。由張家口至京師七百二十里。

建置沿革

漢雁門郡彊陰縣地，明爲大同府邊外，本朝置太僕寺右翼牧廠。

山川

和爾和山。在牧廠西南四十里。

古爾板拖羅海山。在牧廠西南八十里。

方山。在牧廠西二十里，土人名敦爾白金喀喇山。

希巴爾台喀喇和邵山。在牧廠西九十里。

色爾蚌山。在牧廠西北二十里。

插漢峯。在牧廠西北四十里。

齊納爾嶺。在牧廠東六十里。

席喇鄂波岡。在牧廠東南四十里。

齊齊爾漢河。即牧廠地，在張家口西北三百十里，古如渾水也，今名御河。源出色爾蚌山東南平地，經和爾和山南流，會和爾和河入邊城，經得勝堡東、弘賜堡西，是爲御河。至大同縣東南注桑乾河。

色爾蚌河。在牧廠西十里。源出色爾蚌山，南流與齊齊爾漢河合。經和爾和山，又名和爾和河，西南流入邊城。

科克烏素泊。在牧廠北三十里。

他拉泉。在牧廠南三十五里。

額布爾希巴爾台泉。在牧廠西南四十五里。

古蹟

彊陰舊城。在牧廠地。漢置彊陰縣，屬雁門郡。後漢因之，後廢。舊志：在大同縣邊外。

鑲黄等四旗牧廠

在張家口北一百里控果羅鄂博岡。東西距一百四十里，南北距一百五十里。東至鑲藍旗牧廠界九十里，西至正黄旗牧廠界五十里，南至宣化府邊界四十里，北至鑲黄旗察哈爾界一百十里。東南至鑲藍旗牧廠界九十五里，西南至邊界五十里，東北至太僕寺左翼牧廠界六十里，西北至鑲黄旗察哈爾界一百九十里。由張家口至京師四百一十里。

建置沿革

漢上谷郡地，唐新州地。金置撫州，治柔遠縣，屬西京路。元爲興隆路，皇慶元年改爲興和路。明初置興和守禦千户所於此，永樂二十年，徙所治宣府，遂廢爲邊外地。本朝置鑲黄等四旗牧廠。

山川

七鷹山。在牧廠東七十里。蒙古名額倫拖羅海山。額倫猶言鷹也。又牧廠北一百四十里有額倫山，蓋亦七鷹之一。

哈伯他海山。在牧廠東九十里。

虎巴海山。在牧廠東南七十里。

登拖羅海山。在牧廠東南九十五里。

雅岱山。在牧廠西五十里。

阿會圖拖羅海山。在牧廠西北八十里。

額古德山。在牧廠西北一百十里。

伊克哈達圖山。在牧廠北九十里。

伊克鄂西希山。在牧廠東北四十里。

巴哈哈達圖山。在牧廠東北五十里。

魚兒泊。在舊興和城西。按：金史地理志柔遠縣有大魚濼〔六〕，即此。宋嘉定八年，蒙古特穆津屯撫州，既而駐軍魚兒泊，遣僧格巴圖率萬騎自西夏趨京兆攻金潼關是也。「特穆津」舊作「鐵木真」，「僧格巴圖」舊作「三哥拔都」，今俱改正。

科克布禄都池。在牧廠西北一百四十里。

鹽池。在牧廠北四十里。

獨石泉。在牧廠東南五十里，蒙古名烏黑爾齊老泉。

博羅柴汲泉。在牧廠南四十里。其東又有阿禄十八兒台泉。

布林泉。在牧廠西南四十里。又西南十里有布爾哈蘇台泉。

哈畢爾漢泉。在牧廠西北六十里。

古蹟

興和舊城。在牧廠西南二十里，南至張家口百里。本金時撫州。金史地理志：西京路撫州，鎮寧軍節度使，遼秦國大長公主建爲州。章宗明昌三年，復置刺史，爲桓州支郡，治柔遠。明昌四年，置司候司。承安二年，升爲節鎮，軍名鎮寧。元史地理志：興和路，唐屬新州。金置柔遠鎮，後升爲縣，又升撫州，屬西京。元中統三年以郡爲内輔，升興隆路總管府，建行宫，治高原縣。宣鎮志：高原縣城，在懷安衛北一百六十里。舊志：興和城，在開平西南四百餘里，宣府北三百餘里，膳房堡邊外。開平之通道，宣府之外藩也。明洪武初，置守禦千户所。永樂中，移千户所於宣府，其地遂廢。按：此城土人名喀喇巴爾哈孫城，周六里餘，門四，舊址猶存，即興和城也。又按金史，撫州有旺國崖，大定八年五月更名静寧山。有瑪達格山，大定二十九年更名呼圖哩巴。有冰井。倚郭柔遠縣，大定十年置於燕子城〔七〕，隸宣德州。明昌三年來屬。有燕子城，國言曰古勒達爾罕。北羊城，國言曰和寧榷場〔八〕。扎拉嶺，沔山〔九〕，大魚濼行宫有樞光殿。有雙山、七里河、石井、蝦蟆山。得勝口舊名北望淀，大定二十年更，今皆不可考。又按金史柔遠縣有燕子城，趙秉文撫州詩：「燕賜城邊春草生，野狐嶺上斷人行。沙平草遠望不盡，日暮惟有牛羊聲。」蓋本名燕賜，後人以音相近，訛爲燕子城耳。「瑪達格山」舊作「麻達葛山」，「呼圖哩巴」舊作「胡土白山」，「古勒達爾罕」舊作「吉甫魯山苑」，「和寧」舊作「火唵」，「扎拉」舊作「查喇」，今俱改正。

沙城。在牧廠西北二十里，舊興和城北十里。元時所建。楊榮北征録：沙城即元中都，此處最宜牧馬。按：此城土人名插漢巴爾哈孫城，周七里，門四，舊址猶存。

正黄等四旗牧廠

在張家口西北二百里諾莫渾博羅山。東西距一百三十里，南北距二百五十里。東至鑲黄旗牧廠界六十里，西至正黄旗察哈爾界七十里，南至邊界一百三十里，北至正黄旗察哈爾界一百二十里。東南至鑲黄旗牧廠界八十里，西南至正黄旗察哈爾界九十里，東北至鑲黄旗察哈爾界一百十里，西北至正黄旗察哈爾界一百里。由張家口至京師六百一十里。

建置沿革

漢代郡北境，金撫州集寧縣地，元爲集寧路，明天成衛邊外，本朝置正黄等四旗牧廠。

山川

諾莫渾博羅山。在張家口西北二百里，牧廠所在。

七鷹山。在牧廠南九十里，土人名伊克西喇西寶台山。「西寶」，亦蒙古鷹名，猶言大黃鷹山也。又南十里有努楚渾西喇西寶台山，猶言退翎黃鷹山也。皆七鷹山之支峯。

諾海拖羅海山。在牧廠西南五十里。

虎拖羅海山。在牧廠西南八十里。

呼弩克拖羅海山。在牧廠西南九十里。

烏納根山。在牧廠西六十里。

黑山。在牧廠西七十里，土人名喀喇圖。

漢會圖拖羅海山。在牧廠西北一百里。

英圖山。在牧廠北九十里。

布當圖山。在牧廠北一百二十里。

滚金喀喇山。在牧廠東北八十里。

拜圖喀喇山。在牧廠東北一百十里。

得爾峯。在牧廠北一百里。猶言馬鬣峯也。

布魯齊老圖坡。在牧廠西四十里。

希伯黑坡。在牧廠西北八十里。

哈柳台河。在牧廠東南八十里。源出弩楚渾西喇西寶台山，東北流入昂古里池。

蘭爾札河。在牧廠南六十里。源出伊克西喇西寶台山東北平地，南流與烏爾虎拖羅海山所出之水會入邊城。

希巴爾台河。在牧廠西七里。源出諾漠渾博羅山西平地，北流入查喜爾圖插漢池。

布敦河。在牧廠西北九十里。源出漢會圖拖羅海山南平地，東流入查喜爾圖插漢池。

集寧海子。在牧廠東六十里。土人名昂古里淖爾。哈柳台河、喀喇烏蘇數水注其中。元置集寧路於此，舊有集寧城在其西。按：宣府志鴛鴦泊，在雲州堡西北一百餘里境外。周八十里，其水停積不流，自遼、金以來，爲飛放之所。據此則鴛鴦泊當在赤城縣西北邊外。今考其地實無此水。考朔漠圖，鴛鴦泊在興和北。金史地理志撫州柔遠縣有昂吉濼〔一〇〕，又名鴛鴦濼。疑明時所稱集寧海，今呼昂古里腦兒者，即今之鴛鴦泊也。蒙古言「昂古里」，猶漢言「鴻雁」，義頗相類。「昂古」與「昂吉」字畫亦相近。

鹽池。在牧廠東四十里。

查喜爾圖插漢池。在牧廠北四十里。池西即禮部牧廠地。布敦河自西北來注之，希巴爾台河自西南來注之。又有他爾朗泉，自東南來注於池。

他爾朗泉。在牧廠東南二十里。西北流入查喜爾圖插漢池。

搜几泉。在牧廠南三十里。

古蹟

集寧舊縣。在牧廠地。金史地理志：撫州集寧縣，明昌三年以春市場置。北至界二百七十里。元史：集寧路，領集寧一縣。舊志：集寧城，在興和西一百五十里。

豐利舊縣。在牧廠界。金史地理志：撫州豐利縣，明昌四年以泥濼置，有蓋里泊。舊志：金豐和縣，元廢。在興和西，大同天成衛邊界。

校勘記

〔一〕左道則連泉注之　乾隆志卷四〇九牧廠御馬廠山川（下同卷簡稱乾隆志）同。按，戴震校水經注謂「道」字衍，「泉」當作「淵」，是。

〔二〕謂之連泉浦　「泉」，乾隆志同，今通行本水經注卷一四濡水作「淵」。按，戴震校水經注，謂近刻訛「淵」作「泉」。

〔三〕難河右則汗水入焉　「汗水」，乾隆志同，今通行本水經注卷一四濡水作「汙水」。按，戴震校水經注，謂「近刻訛『汙』爲『汗』」。

〔四〕和爾和舊作曷里許　乾隆志同。按，金史卷二四地理志作「曷里滸」，此「許」爲「滸」之誤。

〔五〕西京路桓州　「京」，原作「涼」，乾隆志同，據金史卷二四地理志改。

〔六〕金史地理志柔遠縣有大魚濼　「濼」，原作「灤」，據乾隆志及金史卷二四地理志改。按，「魚」，金史地理志作「漁」。

〔七〕大定十年置於燕子城　「十年」，原作「二年」，乾隆志同，據金史卷二四地理志改。

〔八〕國言曰和寧榷場　「榷」，原作「權」，乾隆志同，據金史卷二四地理志改。

〔九〕扎拉嶺沔山　「嶺沔」，原倒作「沔嶺」，乾隆志同，據金史卷二四地理志乙。

〔一〇〕金史地理志撫州柔遠縣有昂吉濼　「濼」，原作「灤」，據乾隆志及金史卷二四地理志改。下文鴛鴦濼之「濼」原亦訛作「灤」，同據改。

察哈爾

目録

察哈爾圖

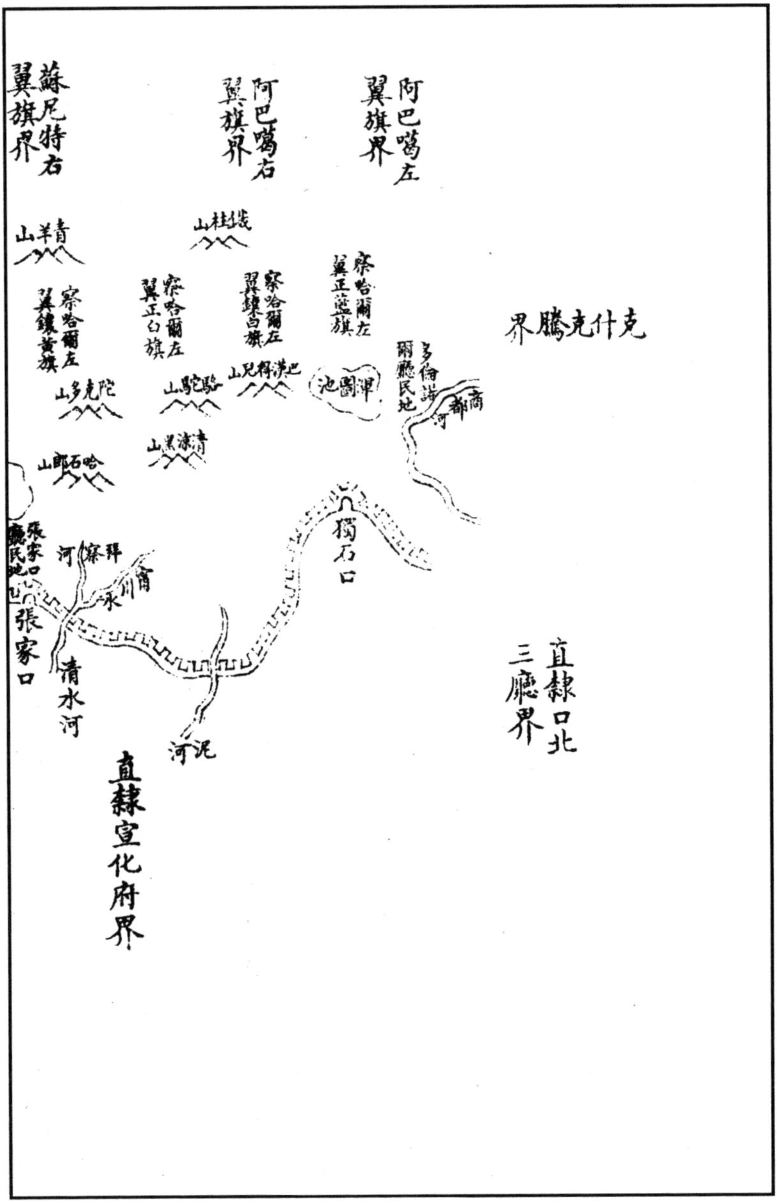
蘇尼特右翼旗界
阿巴噶右翼旗界
阿巴噶左翼旗界
青羊山
察哈爾左翼鑲黃旗
察哈爾左翼正白旗
察哈爾左翼鑲白旗
察哈爾左翼正藍旗
克什克騰界
陀克多山
駱駝山
巴漢得兒山
渾圖池
多倫諾爾廳民地
商都河
清涼黑山
哈石郎山
獨石口
張家口廳民地
拜察河
張家口
清水河
泥河
直隸宣化府界
直隸口北三廳界

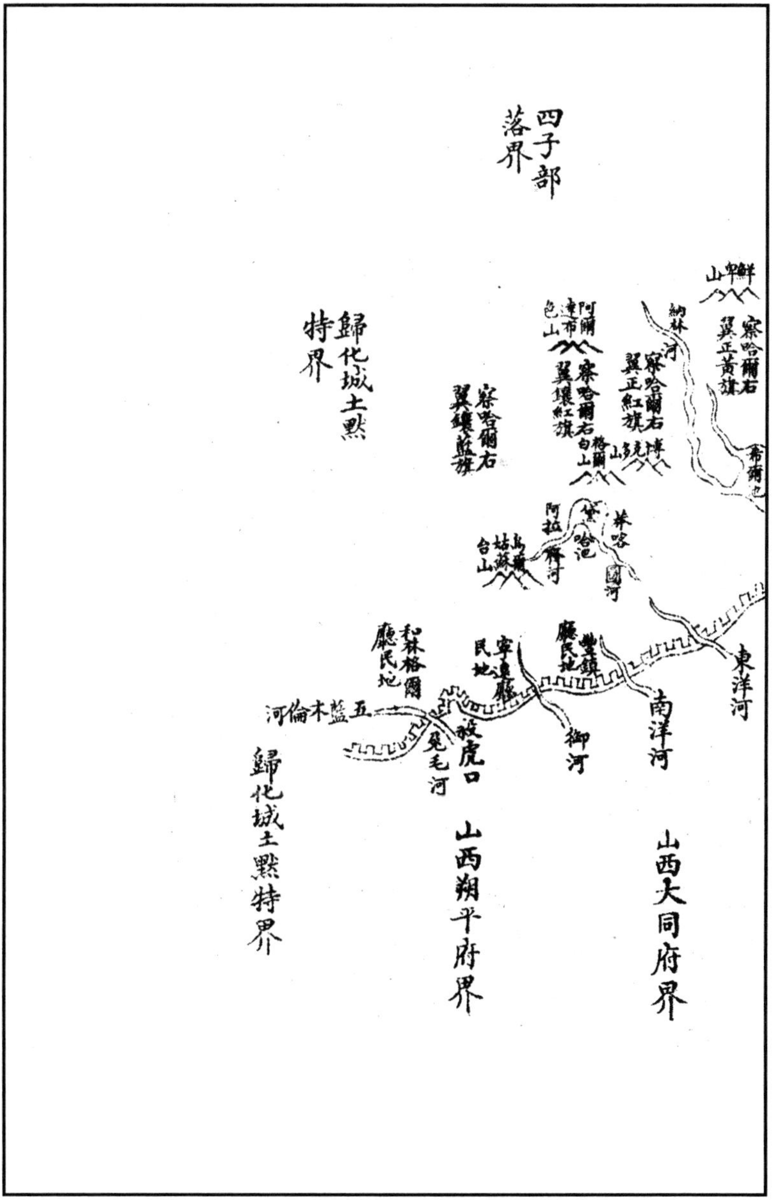
四子部落界
歸化城土默特界
鮮卑山
察哈爾右翼正黃旗
納林河
察哈爾右翼正紅旗
察哈爾右翼鑲紅旗
察哈爾右翼鑲藍旗
東洋河
豐鎮廳民地
寧遠廳民地
和林格爾廳民地
五藍木倫河
兔毛河
殺虎口
御河
南洋河
歸化城土默特界
山西朔平府界
山西大同府界

察哈爾表

	察哈爾	鑲黃旗察哈爾	正黃旗察哈爾
秦			
兩漢		上谷郡北境。	且如縣屬代郡。後漢省。
三國			
晉			
南北朝			後魏置柔玄鎮。
隋			
唐			
五代			
宋			金爲撫州威寧縣地。
元			
明	初曰插漢，本元裔小王子，後嘉靖間布希駐牧察哈爾之地，因以名部。	萬全右衛邊外。	天成衛邊外。

續表

正紅旗察哈爾	鑲紅旗察哈爾	正白旗察哈爾	鑲白旗察哈爾
雁門郡北境。	雁門郡北境。	上谷郡北境。	上谷郡北境。
大同府邊外。	大同府邊外。	龍門衛邊外。	初爲開平衛西北邊。

續表

正藍旗察哈爾	鑲藍旗察哈爾
	雁門郡沃陽縣地。
	後魏梁城郡參合縣地。
金桓州地。	
開平府地，屬上都路。	
初爲開平衛北境。	大同府西北邊外。

大清一統志卷五百四十九

察哈爾

八旗。東至克什克騰界，西至歸化城土默特界，南至太僕寺左右翼、鑲黄旗、正黄旗各牧廠及山西大同府、朔平府邊界，北至蘇尼特及四子部落界，袤延千餘里。

建置沿革

察哈爾，明時曰插漢，本元裔小王子後。嘉靖間，布希駐牧察哈爾之地，因以名部。後徙帳於遼東邊外，四傳至林丹汗，侵暴諸部。本朝天聰八年，太宗文皇帝統大軍親征，林丹走死。其子孔果爾額哲來降，即其部編旗，駐義州。康熙十四年，布爾呢兄弟叛，討誅之，遷部衆駐牧宣化、大同邊城外，有前鋒、佐領等員管轄。後從征噶爾丹有功，聖祖仁皇帝詔增給其軍餉，復以來降之喀爾喀、厄魯特部落編爲佐領隸焉。其鑲黄、正黄、正紅、鑲紅四旗駐張家口外，正白、鑲白、正藍三旗駐獨石口外，鑲藍一旗駐殺虎口外。「布希」舊作「卜赤」，今改正。

鑲黄旗察哈爾

駐蘇門峯，在張家口北三百四十里。東西距一百六十里，南北距一百九十里。東至正白旗察哈爾界九十里，西至正黄旗察哈爾界七十里，南至鑲黄旗牧廠界七十里，北至蘇尼特右翼界一百二十里。東南至正白旗察哈爾界一百六十里，西南至正黄旗牧廠界五十里，東北至蘇尼特左翼界一百二十里，西北至蘇尼特右翼界一百三十里。由張家口至京師七百五十里。

建置沿革

漢上谷郡北境，明萬全右衛邊外，本朝爲鑲黄旗察哈爾駐牧。

山川

漠爾圖山。在旗東二十里。

朵多山。在旗東九十里，與正白旗察哈爾接界。

陀克多山。在旗東南四十里。

喀楚爾山。在旗東南七十里。相近有杜藍喀喇山。

阿哈魯虎山。在旗東南九十里。

駱駝山。在旗東南九十里。蒙古名黑伯忒特門。明李文忠敗元兵於駱駝山，即此。
古楚古訥特山。在旗東南一百十里。
胡喇忒山。在旗東南一百二十里。
巴顏拖羅海山。在旗東南一百六十里，與正白旗察哈爾接界。
哈石郎山。在旗南七十里。
伊克哈達圖山。在旗南一百里。
額類山。在旗西南五十里，與正黃旗牧廠接界。
柴爾圖山。在旗西十五里。
黑羊山。在旗西北三十里。蒙古名喀喇虎叉。
駁羊山。在旗西北九十里。蒙古名布禄兒虎叉。
衣爾哈圖山。在旗西北一百十里。
青羊山。在旗北四十里。蒙古名博羅虎叉。
紅羊山。在旗北一百二十里。蒙古名五藍虎叉。
白鹿山。在旗東北七十里。蒙古名布虎圖。
哈納峯。在旗東五十里。
紅峯。在旗西北一百里。蒙古名五藍峯。

插漢峩博岡。在旗西北一百三十里，與蘇尼特右翼接界。

大紅泉。在旗東南一百三十里。蒙古名伊克烏藍。

滚布拉克泉。在旗西南一百二十里。

苦水泉。在旗西七十里。蒙古名噶順。

小紅泉。在旗北一百二十里。蒙古名正藍泉，與蘇尼特右翼接界。

鹽泉。在旗東北一百二十里。蒙古名達拍孫，與蘇尼特左翼接界。

正黄旗察哈爾

駐木孫忒克山，在張家口西北三百二十里。東西距一百十里，南北距二百八十里。東至鑲黄旗察哈爾界五十里，西至正紅旗察哈爾界六十里，南至太僕寺右翼牧廠界一百里，北至喀喇烏納根山一百八十里。東南至正黄旗牧廠界九十里，西南至正紅旗察哈爾界一百里，東北至蛇井二百五十里，西北至伊克扎喇和邵山一百九十里。由張家口至京師七百三十里。

建置沿革

漢置且如縣，屬代郡，後漢省，後魏置柔玄鎮，金爲撫州威寧縣地，明爲天成衛邊外。本朝爲正黄旗察哈爾駐牧。

山川

木孫忒克山。本旗所駐。

額爾吉納克山。在旗東三十里。

木根山。在旗東南三十五里。蒙古名西北黑忒克。

烏爾虎拖羅海山。在旗南九十里。

插漢和邵山。在旗西南六十里。

七金山。在旗西四十里。蒙古名賀爾博金。

小鮮卑山。在旗西北四十五里。蒙古名巴哈阿勒特。

漢兒山。在旗西北七十里。蒙古名喀喇奇他特。又五里有西喇奇他特山。

砮黑特山。在旗西北一百二里。

大鮮卑山。在旗北二十五里。蒙古名伊克阿勒特。

和岳爾德碩山。在旗北七十六里。

興安山。在旗北一百六十里。山頗高大。

巴哈扎喇山。在旗北一百六十五里。

索拜山。在旗北一百八十里。

榆樹山。在旗東北七十里。蒙古名烏里雅蘇台山，頗高大。

老鴉山。在旗東北二百里。蒙古名克勒。

兆哈河。在旗東南六十里。源出平地，南流會烏爾古河。又南，蒙古几河自西來注之。又南，蘇爾札河自東北來注之。又南流，從大同天鎮縣新平堡入邊，經柴溝堡，西北入懷安縣界，爲東洋河，即古于延水也。漢書地理志：代郡且如。顏師古注〔一〕：于延水出塞外，東至寧入沽。酈道元水經注：于延水出塞外柔遠鎮西、長川城南小山。山海經曰：「梁渠之山，無草木，多金玉，修水出焉。」東南流逕且如縣舊城南。地理志曰：「于延水出縣北塞外，即修水也。」修水又東南逕馬城縣舊城北，俗謂是水爲河頭。又東逕零丁城南〔二〕，右合延鄉水。延鄉水出延陵縣西山，東逕延陵舊城北，俗謂之琦城川〔三〕。又東逕羅亭，又東逕馬城北，又東注修水。按：延鄉水今曰西洋河。

蒙古几河。在旗東南一百里。源出平地，東流會兆哈河，南入邊城。

弩里河。在旗東南一百十里。源出平地，南流入邊城。

七金河。在旗西二十里。蒙古名賀爾博金，源出賀爾博金山，南流入希爾池。

納林河。在旗西北六十里。源出正紅旗察哈爾界内，南流入希爾池。

威寧海子。在旗南八十里。蒙古名希爾池。納林河、七金河並注其中。舊有威寧城在其西南，榆林城在其東南。

牛川。司馬光通鑑：晉太元十一年，拓跋珪大會於牛川，即代王位。胡三省注：「自武周塞西行至牛川，牛川以北，皆大漠也。據魏紀，窟咄之來寇也，珪乞師於燕，自弩川至牛川，屯于延水南〔四〕，出代谷，以臨燕師。」班志：「于延水出且如塞外。」則牛川亦在且如塞外也。按：牛川亦無確證，以于延水推之，當在本旗南界。

庫爾木池。在旗北五十里。

塔喇泉。在旗西南五十里。源出平地，東南流入希爾池。

古蹟

延陵舊城。在旗地。漢置縣，屬代郡，後漢省。水經注：延鄉水，東逕延陵縣故城北。地理風俗記曰：「當城西北有延陵鄉，故縣也。」舊志：在天鎮縣西北。

且如舊城。在旗東南。漢置縣，屬代郡，爲中部都尉治，後漢省。魏書太宗紀：神瑞二年，幸沮洳城。水經注：于延水東南逕且如縣故城南。應劭曰：「當城西北四十里有且如城，故縣也。」代稱不拘，名號變改，較其城郭相去遠矣。舊志：舊城在張家口西北。按：于延水，今名兆哈河，亦曰昭哈河，則舊城在水旁明矣。

柔玄鎮城。在旗東南。後魏太和中置，爲六鎮之一。魏書高祖紀：太和十八年，幸撫冥鎮，又幸柔玄鎮。水經注：于延水，出柔玄鎮西、長川城南。通鑑胡三省注：「柔玄鎮在于延水東，漢且如縣西北塞外。又撫冥鎮，在武川、柔玄之間〔五〕。」

長川城。在旗東南。魏書：始祖率所部北居長川。天興二年，分命諸將襲高車，常山王遵從東道出長川。水經注：于延水，出柔玄鎮西、長川城南小山。通鑑胡三省注：「長川，在禦夷鎮西北，大漠之東垂也。」

威寧舊縣。在旗西南八十餘里。金史地理志：撫州威寧縣，承安二年以撫州新城鎮置。元史地理志：興和路威寧縣，元初隸宣德府，中統三年來屬。李賢明統志：在懷安衛東北二百一十里。

正紅旗察哈爾

駐古爾板拖羅海山，在張家口外西北三百七十里。東西距五十五里，南北距二百八十里。東至正黄旗察哈爾界三十五里，西至鑲紅旗察哈爾界二十里，南至太僕寺右翼牧廠界一百里，北至四子部落界一百八十里。東南至正黄旗察哈爾界一百十里，西南至鑲紅旗察哈爾界一百里，東北至四子部落界一百七十里，西北至鑲紅旗察哈爾界一百六十里。由張家口至京師八百里。

建置沿革

漢雁門郡北境，明大同府邊外，本朝爲正紅旗察哈爾駐牧。

山川

古爾板拖羅海山。本旗所駐。

阿拍撻蘭台山。在旗東三十五里。

博克多山。在旗西南三十里。

半頂山。在旗西北一百六十里。蒙古名都爾哈拖羅海。

伊克和洛圖山。在旗北二十里。

額古德山。在旗北六十里。相近有小額古德山。

哈喇克沁山。在旗北一百十里。

巴漢札喇和卲山。在旗北一百四十里。

哈撤克圖山。在旗東北六十里。

朔隆峯。在旗西二十里，與鑲紅旗察哈爾接界。

插漢峯。在旗西北九十里。山最高峻。

崑都倫泉。在旗南十里。

葫蘆蘇台泉。在旗南一百里。

沙泉。在旗西南一百里。蒙古名莽喀圖。

諾爾孫泉。在旗北四十里。東南流入正黄旗察哈爾界，爲納林河，又東南注希爾池。

獅子泉。在旗東北五十里。蒙古名阿爾撤朗圖。

鑲紅旗察哈爾

駐布林泉，在張家口西北四百二十里。東西距五十里，南北距二百九十里。東至正紅旗察哈爾界二十里，西至鑲藍旗察哈爾界三十里，南至大同府邊外一百二十里，北至四子部落界一百七十里。東南至邊界一百里，西南至鑲藍旗察哈爾界一百十里，東北至四子部落界一百七十里，西北至鑲藍旗察哈爾界一百八十里。由張家口至京師八百三十里。

建置沿革

漢雁門郡北境，明大同府邊外，本朝爲鑲紅旗察哈爾駐牧。

山川

格爾白山。在旗東南三十里。

鴨兒山。在旗南一百二十里。

烏爾姑蘇台山。在旗西南一百十里。

阿爾達布色山。在旗北二十五里。

察奇爾台山。在旗北一百三十里。

鄂博圖山。在旗東北九十里。

阿禄克勒峯。在旗南八十里。

博托柯谷。在旗北七十里。

莽喀圖河。在旗東南五十里。源出正紅旗察哈爾界内，西北流入黛哈池。

阿拉齊河。在旗西南七十里。源出鑲藍旗察哈爾界内，東北流入黛哈池。

漠惠圖河。在旗北十里。源出敖托海泉，西流入鑲藍旗察哈爾界，會安達河。

博托柯和類河。在旗北七十里。源出博托柯谷，經鄂博圖山，向東流。

奄遏下水海。在旗南四十里。蒙古名黛哈池。明統志：在大同府城西北二百里。水潮無常，納大㵎、小㵎、大匯、小匯四河及銀海水諸細流。按：黛哈池頗爲巨浸，莽喀圖、阿拉齊、巴爾哈孫共匯其中。又路直大同境，與殺虎口接壤，其爲奄遏下水海無疑。

九十九泉泊。在旗西北五十里。蒙古名伊倫伊孫泊。

敖托海泉。在旗東三十里。西北流，會漠惠圖河。

柳泉。在旗東南一百里。蒙古名布爾哈蘇台。

黑水泉。在旗西三十里。蒙古名喀喇烏蘇。

郭岳惠泉。在旗北一百七十里。

正白旗察哈爾

駐布爾噶台，在獨石口西北二百九十里。東西距七十八里，南北距二百九十五里。東至鑲白旗察哈爾界五十八里，西至鑲黄旗察哈爾界二十里，南至鑲黄旗察哈爾界一百四十里，北至鑲白旗察哈爾界一百五十里。東南至鑲白旗察哈爾界一百九十里，西南至鑲黄旗察哈爾界六十里，東北至鑲白旗察哈爾界七十五里，西北至鑲黄旗察哈爾界一百五十里。由獨石口至京師八百二十里。

建置沿革

漢上谷郡北境，明龍門衛邊外，本朝爲正白旗察哈爾駐牧。

山川

駱駝山。在旗東南四十六里。蒙古名博索特門。

伊克得兒山。在旗東南九十三里。漢言大馬鬣山。

清涼黑山。在旗南五十里。蒙古名魁屯喀喇。

杜蘭喀喇山。在旗南七十里。

椎髻山。在旗南一百四十里。蒙古名哈特哈蘭台。

黑山。在旗西四十里。蒙古名喀喇峩博圖。

翁翁泊。在旗西北一百四十里。此池出鹽。

黑水濼。在旗西北一百四十里。蒙古名喀喇烏蘇。

鑲白旗察哈爾

駐布雅阿海蘇默，在獨石口北二百四十五里。東西距五十六里，南北距一百九十七里。東至太僕寺牧廠界八里，西至正白旗察哈爾界四十八里，南至太僕寺牧廠界六十六里，北至正藍旗察哈爾界一百三十一里。東南至太僕寺牧廠界八十二里，西南至正白旗察哈爾界九十里，東北至正藍旗察哈爾界四十里，西北至正藍旗察哈爾界四十里。由獨石口至京師七百七十里。

建置沿革

漢上谷郡北境，明初爲開平衛西北邊，本朝爲鑲白旗察哈爾駐牧。

山川

巴漢得兒山。在旗南六十四里。

鐵柱山。在旗西北七十里。蒙古名阿爾坦噶達蘇。其西北即紅鹽池。

紅鹽池。在旗西北七十五里。蒙古名五藍池。

魁素池。在旗西北一百二十里。

西爾哈池。在旗北一百九十里。

賀爾圖泉。在旗西北五十五里。

正藍旗察哈爾

駐扎哈蘇台泊，在獨石口東北三百六十里。東西距二百六十五里，南北距九十五里。東至克什克騰界一百九十里，西至鑲白旗察哈爾界七十五里，南至御馬廠官羊羣界三十五里，北至阿巴噶左翼界六十里。東南至御馬廠界四十里，西南至鑲白旗察哈爾界五十里，東北至阿巴噶左翼界一百二里，西北至阿巴噶右翼界五十五里。由獨石口至京師八百九十里。

建置沿革

金桓州地，元開平府地，屬上都路。明初爲開平衛北境，本朝爲正藍旗察哈爾駐牧。

山川

戈賀蘇台河。在旗東五十三里。源出額默黑特站西，北流入阿巴噶界。

察察爾台河。在旗東八十三里。源出永安岡西，北流會戈賀蘇台河。

奴黑特河。在旗西北六十一里。源出朱馬台泊西，北流入阿巴噶右翼界。

賀倫木索和池。在旗東四十里。

西勒圖池。在旗東南十二里。

渾圖池。在旗南三十五里。

賀席磨克池。在旗西南十五里。

古爾板烏默黑池。在旗東北二十里。

黑倫木圖池。在旗東北一百里。

鑲藍旗察哈爾

駐阿巴漢喀喇山，在殺虎口東北九十里。東西距一百十五里，南北距一百六十里。東至鑲紅旗察哈爾界六十里，西至歸化城土默特界五十五里，南至山西大同府邊界九十里，北至四子部落界七十里。東南至邊界七十里，西南至歸化城土默特界四十里，東北至鑲紅旗察哈爾界一百二十里，西北至歸化城土默特界五十里。由殺虎口至京師一千里。

建置沿革

漢雁門郡沃陽縣地，後魏梁城郡參合縣地，明大同府西北邊外，本朝爲鑲藍旗察哈爾駐牧。

山川

阿巴漢喀喇山。本旗所駐。

克醜山。在旗東五十里。

烏鴉山。在旗東南七十里。蒙古名克勒山。其北二里有小克勒山。

鴉兒山。在旗東南八十里。

五藍叉伯山。在旗西五十五里。

折爾得未墩山。在旗東北四十里。

衣馬圖山。在旗東北七十里。

石碌山。金史地理志：大同府宣寧有石碌山。明統志：石碌山，在大同府西北，舊平地縣東四十里，小石如石碌。

官山。金史地理志：宣寧有官山。明統志：官山，在大同府西北五百餘里古豐州境。山上有九十九泉，流爲黑河。按：金志，山在宣寧縣，蓋近大同邊外，且即黑河發源之山，當在今察哈爾地。明統志謂五百餘里，誤矣。

朔隆峯。在旗東南四十里，與鑲紅旗察哈爾接界。

漠惠朔隆峯。在旗西三十五里。

吉爾巴谷。在旗東六十里。

阿拉齊谷。在旗東南四十里。

阿拉齊河。在旗東南四十里。源出朔隆峯，東流至鑲紅旗察哈爾界，入黛哈池。

巴爾哈孫河。在旗東南五十里。源出鴉兒山，東北流入黛哈池。

察哈音圖河。在旗南七十五里。源出阿爾站嶺，西南流會五藍木倫河。

弩衡格爾河。在旗南八十里。源出弩衡格爾泉，西流會五藍木倫河。

虎虎烏蘇河。在旗西南四十里。源出賀洛圖谷，西南流會五藍木倫河。

五藍木倫河。源出旗西南境插漢音圖、弩衡格爾二河，會流爲一，西流至殺虎口北歸化城界，合邊内之兔毛河。兔毛河，即古中陵、樹頽二水。水經注：樹頽水出東山，西南流，右會中陵川水。

安達河。在旗東北八十里。自鑲紅旗察哈爾界流入境，西流會朱喇馬台河。

朱喇馬台河。在旗東北八十五里。源出席喇峯，西南流會安達河、喀喇烏蘇河、納札海河，爲土爾根河，即黑河之上源也。

黑河。源出旗東北七十里海拉蘇台坡，與鑲紅旗察哈爾接界。西北流有納札海河、安達河、朱喇馬台河，皆自東北來，與黑水河會。又西流，受北來之德布色黑河，折而西南，合東來之哲爾德河，始名伊克土爾根河。又西流入歸化城界，即古白渠水及荒千水。隋、唐時，名爲金河。

沃水。在旗界。中陵川分流也。水經注：中陵川水經善無西，北流會吐文水，又北分爲二水。一水東北流，謂之沃水，又東逕沃陽縣舊城南，又東北逕沃陽縣東，又東合可不泥水，又東逕參合縣南，又東合災豆渾水，又東北流注鹽池。

古鹽澤。漢書地理志：雁門郡沃陽，鹽澤在東北。有長丞。水經注：沃水東北流，注鹽池，地理志曰鹽澤在東北者也〔六〕。今鹽池西南去沃陽舊城六十五里，池水澂渟，淵而不流，東西三十里，南北二十里。

察木哈克泉。在旗所駐阿巴漢喀喇山之陽。

古蹟

沃陽舊城。在旗界。漢置，屬雁門郡，爲西部都尉治。後漢省。後魏復置，屬善無郡。北齊省。水經注：沃水逕沃陽縣舊城南，北俗謂之可不泥城。

梁城舊郡。在旗界。後魏置，北齊省。魏書地形志：恒州梁城郡，天平二年置，領縣二：參合、裋鴻。水經注：沃陽縣鹽池北十里即凉城，郡取名焉。地理志曰：澤有長丞，此城即長丞所治也。大同舊志：凉城舊城，在助馬堡北邊牆外。舊志：在殺虎口東北。

參合舊縣。在旗界。後魏分沃陽縣置，屬梁城郡。北齊省。魏書地形志：梁城郡參合，前漢屬代。水經注：沃水東逕參合縣南，魏因參合陘以名也。北俗謂之倉鶴陘，道出其中，亦謂之參合口。陘在縣之西北，魏立縣以隸凉城郡也，西去沃陽舊城二十里。縣北十里有都尉城。地理志曰沃陽縣西部都尉治者也，北俗謂之阿養城。按：漢參合縣屬代郡，在平城之東。此乃後魏分沃陽縣置，非漢舊縣也。地形志謂即漢縣，水經注又謂即慕容寶軍潰處，俱誤。詳見大同府。

宣寧舊縣。在旗界。遼置宣德縣，屬德州。金大定八年，改宣寧屬大同府。元因之。明廢。明統志：在大同府北八十里。

平地舊縣。在旗界。元史地理志：大同路平地，本號平地裊，至元二年省入豐州。三年，置縣，曰平地。明初廢。

校勘記

〔一〕顏師古注　乾隆志卷四一〇察哈爾正黄旗察哈爾山川（下同卷簡稱乾隆志）同。按，此四字誤出。下引「于延水出塞外，東至寧出沽」，非顏師古注語，實爲漢書地理志自注，此四字當删。

〔二〕又東逕零丁城南　「零丁」，原倒作「丁零」，乾隆志同，據水經注卷一三灅水乙。

〔三〕俗謂之琦城川　乾隆志同，今通行本水經注卷一三灅水作「俗指爲琦城」。按，戴震校水經注，謂「近刻訛作『舊指謂之琦城川』」。

〔四〕屯于延水南　「于」，原作「於」，乾隆志同，據資治通鑑卷一〇六晉紀胡三省注改。

〔五〕又撫冥鎮在武川柔玄之間　「撫」，原作「武」，乾隆志同，據資治通鑑卷一三九齊紀胡三省注改。

〔六〕地理志曰鹽澤在東北者也　「澤」，原作「山」，乾隆志同，據水經注卷三河水改。

朝貢各國

目録

大清一統志卷五百五十

朝鮮

在盛京東一千八百里。東西距二千里，南北距四千里。東至海七百七十里，南至海一千三百里，西南至海八百里，西北至鴨綠江七百五十里，北至九連城一千一百十五里。其貢道自鳳凰城至京師三千九十六里。

分野

天文箕星分野，析津之次。

建置沿革

古營州外域，周封箕子於此。戰國時屬燕。秦爲遼東外徼。漢初仍屬燕國。燕王盧綰叛入匈奴，燕人衛滿亡命聚此，逐箕準自王，都王險。史記索隱：遼東有險瀆縣，即朝鮮王舊都。惠帝時，兼有獩貊與高句驪、沃沮地，凡數千里，傳子及孫右渠。武帝元封三年，遣樓船將軍楊僕等擊滅之，因分置樂浪、臨屯、玄菟、真番四郡。昭帝時省臨屯、真番二郡入玄菟，徙居高句驪西北。其沃沮、濊貊分七縣，置樂浪東部都尉轄之。光武建武六年，省都尉，棄七縣地。順帝陽嘉元年，置玄菟郡屯田六部。漢末，有扶餘人高姓者據其地，改國號曰高驪，又曰高句驪。通典：高句驪本出於夫餘，先祖朱蒙。朱蒙母，河伯女，爲夫餘王妻，日所照遂有孕而生。及長，名曰朱蒙，俗言善射也。國人欲殺之，朱蒙棄夫餘東南走，渡普述水，至紇升國城〔一〕，遂居焉，號曰句驪，以高爲氏。

三國魏正始五年，幽州刺史毌丘儉討破之，尋復據其地。晉咸康八年，其王高釗爲慕容皝所破，至曾孫璉益强〔二〕，并有朝鮮諸地，都平壤城，即朝鮮國王險城也。國内分八道。中曰京畿；東曰江源，本濊貊地；西曰黄海，古朝鮮、馬韓舊地；南曰全羅，本弁韓地；東南曰慶尚，本辰韓地；西南曰忠清，古馬韓地；東北曰咸鏡，本高句驪〔三〕；西北曰平安，本朝鮮故地。義熙九年，遣使表獻，以璉爲使持節、都督營州諸軍事、征東將軍、高句驪王、樂浪公。劉宋初加璉征東大將軍、都督平州諸軍事。元嘉十二年，璉遣使入貢於魏，魏封爲高句驪王。齊永明九年，璉卒，子雲嗣，請命於魏。明年，魏主宏册雲督遼海諸軍事、遼東公、高句驪王。梁天監十八年，雲卒，子安立，遣使入貢於梁。梁以安爲安東將軍、高句驪王。後亦臣附於東魏、高齊。齊亡，益并有遼東地。隋開皇中，高麗王元帥靺鞨之衆寇遼西，隋遣漢王諒總兵討之，次遼水，元遣使謝罪，乃罷兵。大業中，屢出師征高麗，俱不能克。

唐武德四年，高句驪王建武遣使入貢。建武即元之弟。七年，册爲遼東郡王。貞觀十六年，高麗西部大人蓋蘇文弒其王建武，改立其弟子臧。十八年，伐高麗。明年親征，諸軍分道並進，克遼東等數城而還。自是數遣軍伐高麗。高宗顯慶五年，滅百濟，以其地置熊津、馬韓、東明、金漣、德安五都督府。總章元年，李勣征高麗，拔平壤，置安東都護府，由此高氏遂滅。儀鳳初，新羅據其地。開元以後，并於渤海大氏。五代史：渤海本號靺鞨，高麗之別種也。唐高宗滅高麗，徙其人散處中國，置安東都護府於平壤以統治之。武后時，契丹攻北邊，高麗別種大乞乞仲象與靺鞨酋長乞四比羽走遼東，分王高麗故地，武后遣將擊殺乞四比羽，而乞乞仲象亦病亡。仲象子祚榮立，因并有比羽之衆。其衆四十萬人，據挹婁，臣於唐。中宗時，置忽汗州，以祚榮爲都督，封渤海郡王，其後世遂號渤海。文獻通考：初，渤海王數遣諸生詣京師太學習識古今制度，至爲海東盛國。地有五京、十五府、六十二州。以肅慎故地爲上京，曰龍泉府，領龍、湖、渤三州。其南爲中京，曰顯德府，領盧、顯、鐵、湯、榮、興六州。濊貊故地爲東京，曰龍原府，亦曰栅城府，領慶、鹽、穆、賀四州。沃沮故地爲南京，曰南海府，領沃、晴、椒三州〔四〕。高麗故地爲西京，曰鴨緑府〔五〕，領神、垣、豐、正四州。曰長領府〔六〕，領瑕、河二州。夫餘故地爲夫餘府，常屯勁兵捍契丹，領扶、仙二州。鄚頡府，領鄚、高二州。挹婁故地爲定理府〔七〕，領定、潘二州。安邊府，領安、瓊二州。率賓故地爲率賓府，領華、益、建三州。拂涅故地爲東平府，領伊、蒙、沱、黑、比五州。鐵利故地爲鐵利府，領廣、汾、蒲、海、義、歸六州。越喜故地爲懷遠府，領達、越、懷、紀、富、美、福、邪、芝九州。安遠府領寧、郿、慕、常四州〔八〕。又郢、銅、涑三州爲獨奏州。涑州以其近涑沫江，蓋所謂粟末水也。龍原東南濱海，日本道也。南海，新羅道也。鴨緑，朝鮮道也。長領，營州道也。夫餘，契丹道也。天祐初，大氏衰，有眇僧躬乂者，聚衆據開州稱王，號大封國，遂有高麗故地。五代梁龍德二年，高麗人王建者，起兵爲海軍統帥，襲殺躬乂，自稱高麗王。後唐清泰末，建引兵擊破新羅、百濟而并其地，於是東夷之地皆附之，地益拓。其國北鄰契丹，西則女直，南曰日本。建都於松岳，即開州也，謂之東京，而以平壤爲西京。又置六府九節度、百二十郡以理其地。晉開運二年，建卒，子武代立。自後子孫遣使貢於宋，亦朝於遼、金。宋嘉定十二年，高麗王暾附於蒙古，既而中絶。紹定五年，蒙古主諤格台「諤格台」舊作「窩闊台」，今改正。遣兵伐高麗，其王瞰復請降，因置京府縣，達嚕噶齊「達嚕噶齊」舊作「達魯花赤」，今改正。七十二人監其國。端平初，悉爲高麗所殺。自是四遣兵攻之，拔其城十有四，大要旋服旋叛。

元至元中，其西京内屬，因置東安路總管府，畫慈悲嶺爲界。大德三年，又置征東等處行中書省，尋罷。至治三年復置，命其王爲左丞相。至正之季，始貳於元。明洪武二年，高麗王顓表賀貢方物，且請封。詔封爲高麗國王。五年，顓爲權相李仁人所弑。顓無子，以寵臣辛肫之子禑爲子，於是仁人立禑。二十一年，禑遜位於子昌。二十二年，其門下侍中李成桂廢昌，而復立王氏裔定昌國君瑶。二十五年，成桂徙瑶出居原州而自立，更名旦，遣使請改國號。帝命仍古號曰朝鮮，至是王氏始絶。萬曆二十年，爲日本關白平秀吉所侵掠。朝鮮王李昖奔平壤，已復走義州，八道幾盡没。遣使求援中國，乃以宋應昌爲經畧，李如松爲提督，分布諸將攻戰，終莫能勝。二十六年，平秀吉死，諸倭徹兵歸，朝鮮之禍始息。

本朝天聰元年，太宗文皇帝命大貝勒阿敏、貝勒濟爾哈朗等征朝鮮，屢戰皆捷，遂克義州。分兵搗鐵山，又克安州，至平壤城。朝鮮國王李倧懼，攜妻子遁江華島，遣其弟李覺來貢獻求和。許之。以李覺還，尋遣歸。七年，朝鮮復背盟，遣英俄爾岱等齎書往責之。崇德元年，復遣朝鮮使臣羅德憲、李廓歸國〔九〕，遺書國王，不報。是年，上親率和碩禮親王代善、睿親王多爾衮等，征高麗。渡鎮江，至郭山城，及定州、安州，進圍朝鮮王都。李倧遣妻子入島，而自遁入南漢山城，就圍之，分兵敗其諸道援師。李倧哀詞求和，始許其出城歸命，然倧猶疑懼不敢出。未幾，睿親王多爾袞破江華島，獲倧妻子及羣臣妻子，令其内侍護至軍，并遣以書。倧乃率其長子溰及羣臣朝服出降，伏地請罪。上慰諭，賜坐宴之，還其妻子及羣臣眷屬。封其國王爲朝鮮國王，賜誥命，給龜紐金印。封王妻爲妃，王子爲世子，賜裘帽貂皮鞍馬，遣人送入王都。至是朝鮮遂服。慶賀大典俱行貢獻禮，於太宗文皇帝駐軍之地豎立石碑，備書其事云。碑文曰：大清崇德元年冬十有二月，寬温仁聖皇帝以敗和自我始赫然怒，以武臨之，直搗而東，莫敢有抗者。時我寡君棲於南漢，凛凛若履春冰而待白日者，殆五旬。東南諸道兵相繼奔潰，西北師逗撓峽内，不能進一步。城中食且盡。當此之時，以大兵薄城，如霜風之捲秋籜，鑪火之燎鴻毛。而皇帝以不殺爲武，惟布德是先。乃降敕諭之曰：「來，朕全爾。否則屠之。」有若英馬諸大將承皇命，相屬於道，於是我寡君集文武諸臣謂曰：「予托和好於大邦，十年於兹矣。由予惽惑，自速天討。萬姓魚肉，罪在予一人。皇帝猶不忍屠戮，諭之如此，予何敢不欽承，以上全我宗社，下保我生靈乎？」大臣協贊之，遂從數十騎詣軍前請罪。皇帝乃優之以恩，一見而推心腹，錫賚之恩，徧及從臣。禮罷，即還我寡君於都城，立招兵之南下者，振旅而西，撫民勸農。遠近之雉舉鳥散者，咸復厥居，詎非天幸歟？小邦之獲罪上國久矣，己未之役，都元帥姜宏立助兵明朝，兵敗被擒。太祖武皇帝止留宏立等數人，餘悉放回，恩莫大焉。而小邦迷不知悟，丁卯歲，今皇帝命將東征，本國君臣避入海島，遣使請成。皇帝允之，視爲兄弟國，疆土復完，宏立亦還矣。自兹以往，禮遇不替，冠蓋交跡。不幸浮議煽動，搆成亂梯，小邦申飭邊臣，言涉不遜，而其文爲使臣所得。皇帝猶寬貸之，不即加兵，乃先降明旨，諭以師期，剴切訓示，不翅耳提面命，而終未免焉。則小邦羣臣之罪，益無所逃矣。皇帝既以大兵圍南漢，而又命偏師先陷江都，宫嬪、皇子暨卿士眷屬，俱被俘獲。皇帝誡諸將不得擾害，令從官及内侍看護。既而大沛恩典，小邦君臣及被獲眷屬，復歸於舊。霜雪變而爲陽春，枯旱轉而爲時雨。區宇既亡而復存，宗社已絶而還續。東土數千里，咸囿於生成之澤，此實古昔簡册所罕覯也。於戲盛哉！漢水上游三田渡之南，即皇帝駐蹕之所也，壇場在焉。我寡君爰命水部，就其所增而高大之，又伐石以碑之，垂諸永久，以彰夫皇帝之功之德，直與造化而同流也。豈特我小邦世世永賴，抑亦大朝之仁聲武誼，無遠不服者，未始不基於兹也。顧摹天地之大，日月之明，不足以彷彿於萬一，謹載其大略。銘曰：天降霜露，載肅載育。惟帝則之，并布威德。皇帝東征，十萬其師。殷殷轟轟，如虎如貔。西番窮髮，暨夫北貉。執殳前驅，厥靈赫濯。皇帝孔仁，誕降恩言。十行昭回，既嚴且温。始迷不知，伊感自貽。帝有明命，如寐覺之。我君祇服，相率而歸。匪惟怛威〔一〇〕，惟德之依。皇帝嘉之，澤洽禮優。載色載笑，爰束干矛。何以錫之，駿馬輕裘。都人士女，乃歌乃謳。我君言旋，皇帝之賜。皇帝班師，活我赤子。哀我蕩析，勸我穡事。金甌依舊，翠壇維新。枯骨再肉，寒荄復春。有石巍然，大江之頭。萬載三韓，皇帝之庥。自後每年恭進萬壽聖節、冬至、元旦、年貢等四貢，俱於年終彙進。遣正、副使各一員，以其國吏曹、户曹、禮曹等判書，或以判中樞府事等官充之；書狀官一員，大通官三員，押物官二十四員。乾隆八年，高宗純皇帝詣盛京，國王李昑遣官接駕，特賜「式表東藩」扁額。十九年，遣陪臣於盛京接駕，賞賜如例。四十一年，李昑薨，世孫李祘承襲。四十三年，上詣盛京，遣官齎表迎駕，特賜「東藩濟美」扁額。四十八年八月，上詣盛京，值萬壽節，賜國王扁額、詩章及古稀説。五十年，舉行千叟宴，命朝鮮酌派年六十以上者二三員，充正、副使，豫兹盛典，比於内臣。上聞國王好學能詩，賞内務府倣宋板五經全部，並筆墨等物。五十五年，上八旬萬壽，頒恩詔於朝鮮，國王表賀貢方物。

嘉慶四年，上高宗純皇帝尊謚，國王遣使進表文方物。仁宗睿皇帝嘉其恭謹，准作年貢，以示體卹。五年，李祘薨，子玜立。六年，以本國辦理邪匪顛末，臚章入告，並稱餘孽未靖，恐其潛入邊門。上諭其嚴飭臣民，敦崇正道，飭沿邊大吏一體嚴查，以示撫輯懷柔之意。八年，國王咨稱盛京高麗溝偷砍木植，奸民劉文喜六名竄入其國，緝獲劉青山、蔡法二名。劉文喜乘間復竄，已將龍川府使等拏勘。上嘉其恭謹，以首犯已獲，諭將勘處之員寬免。十年，上詣盛京，遣官接駕，特賜「禮教綏藩」扁額。十二年，以其國義州商人與邊民私市，自將商人監禁，並繳進銅鐵等物。上奬其恭順，厚賚之。二十三年，上詣盛京，遣陪臣跪迎瞻覲，賜御製詩章、御書「福」字。

其國八道，分統郡凡四十一，府凡三十三，州凡三十八，縣凡七十。

京畿道。治國城，朝鮮都也，亦曰漢城。明初，高麗王旦自開州徙此，居七道之中，稱爲四塞。領郡三，曰楊根、豐德、水城。府三，曰漢城、開城、長湍。州七，曰楊、廣、潤、驪、果、谷、波。縣三，曰交河、三登、土山。

江原道。治江陵府。在國城東面，本濊貊地。漢爲臨屯境。領郡七，曰忤城、平海、通川、寧越〔一〕、松岳、旌善、高城。府五，曰江陵、淮陽、山陟、襄陽、鐵原。州四，曰原、江、槐、冥。縣十，曰平康、安昌、烈山、騏麟、酒泉、丹城、蹄麟、蔚珍、瑞和、歙各。

黄海道。治黄州。在國城西面，古高麗、馬韓舊地。領郡三，曰遂安、延安、平邮。府三，曰平山、瑞興、承天。州五，曰黄、白、海、愛、仁。縣八，曰安岳、三和、龍岡、咸從、江西、牛峯、文化、長淵。

全羅道。治全州。在國城南面。本弁韓地，後爲百濟國。唐顯慶五年，蘇定方伐百濟，擒其王，置熊津等五都督府，後并於新羅。五代時，高麗兼有其地。圖經：朝鮮地界，正北從長白山發脈，南跨全羅界，西南盡於海。日本對馬諸島，偏在朝鮮海洋之東南，與慶尚之釜山相對。倭船止抵釜山，不能越全羅至西海，故八道之中，惟全羅一道直北正南，其迤西則與遼東對峙。日本所以隔絶遼薊，不通海道者，恃有朝鮮。而朝鮮所以保固邊陲，控禦諸島者，恃有全羅也。志云：全羅之地，南濱大海，東接慶尚，爲朝鮮門户。倭犯朝鮮，此其必由之道也。領郡三，曰靈巖、古阜、珍島。府二，曰全州、南原。州四，曰羅、濟、光、昂。縣二十三，曰萬頃、茂長、鎮安、扶安、全渠、康津、興德、黄成、樂安、昌平、濟南、會寧、大江、臨波、古阜、南陽、富順、扶寧、麻仁、緒城、海南、神靈、移安。

慶尚道。治慶州。在國城東南面。本辰韓地，後爲新羅國。濱海，與日本相對，爲朝鮮之屏蔽。領郡七，曰蔚山、咸陽、熊川、陝川、永川、梁山、清道。府六，曰金海、善山、寧海、密陽、安東、昌原。州五，曰慶、泗、尚、晉、蔚。縣十二，曰東萊、清河、義興、聞慶、巨濟、昌寧、三嘉、安陰、義城、山陰、高靈、守城。

忠清道。治忠州。在國城西南面。本馬韓地。王京居八道之中，東隘爲烏嶺、忠州，西隘爲南原、全州。志云：王京爲朝鮮都會，咸鏡、忠清爲犄角，並稱天險。領郡四，曰清風、温陽、天安、臨川。州九，曰忠、清、公、矜、靖、幸、興、禮、洪。縣七，曰永春、報恩、連山、扶餘、石城、燕岐、保寧。

咸鏡道。治咸興府。在國城東北面。本高句驪地。領郡三，曰端川〔一二〕、蜀莫、寧遠。府五，曰咸興、鏡城、會寧、永興、安邊。州八，曰延、德、開、惠、蘇、合、燕、隋。縣一，曰利城。

平安道。治平壤府，朝鮮西境也〔一三〕。東南去國城五百餘里，漢曰樂浪郡，後爲高句驪王所都，亦曰長安城，一名王險城。唐平高麗，置安東都護府於此，後没於渤海。五代時，高麗復取之爲西京。元至元六年，其臣李延齡等以西京府州縣六十餘城來屬，因改西京爲東寧府，升東寧路，割静、義、麟三州，威遠一鎮，屬婆娑府，餘俱領於東寧。其城治類皆廢毁，僅存空名耳。元末復歸於朝鮮，領郡十一，曰嘉山、价川、郭山、雲興、熙川、宣川、江東、慈山、龍川、順川、博川。府九，曰平壤、成川、定遠、昌城、合蘭、廣利、見仁、寧邊、江界。州十六，曰安、定、平〔一四〕、義、鋼、鐵、靈、朔、撫、宿、渭〔一五〕、買、青、昇、常、銀。縣六，曰土山、德川、陽德、江東、中和、泰川。

含資城。在國城南境。漢樂浪郡屬縣也。後漢因之。晉改屬帶方郡。漢書地理志：「縣有帶水〔一六〕，西至帶方入海。」隋大業中，伐高麗，分軍出含資道，蓋以漢縣爲名耳。

豐德城。在國城南。朝鮮置豐德郡於此。明萬曆二十年，倭自釜山潛渡臨津，分兵陷豐德諸郡。朝鮮王李昖倉卒棄國城，奔平壤，即此。

孟州城。在國城西。唐置孟州。領三登一縣，椒島、椵島、寧德三鎮。今州廢縣存。

呑列城。在國城東南。漢縣，屬樂浪郡。後漢省。漢志注：「列水出分黎山，西至黏蟬入海，行八百二十里。」又有列口城，亦在國城西南，漢縣，屬樂浪郡。後漢省。晉復置，屬帶方郡。胡三省曰：「洌水入海之口也。」漢元封二年，楊僕擊朝鮮，先至洌口。張晏曰「朝鮮有濕水、洌水、汕水，三水合流爲洌水」是也〔一七〕。

丸都城。在國城東北。昔時高句驪依險爲城，謂之丸都〔一八〕。旁多大山深谷。通典：漢建安中，高麗王伊夷模更作新都於丸都山下，在沸流水之東。魏正始五年，幽州刺史毌丘儉以高句驪數侵叛，督諸軍出玄菟討之，高句驪王位宫敗走，儉追至赬峴，懸車束馬以上丸都，屠其城。既而復都於此。晉咸康八年，高句驪與慕容皝接境，皝謀擊之，高麗以重兵備北道，皝潛將勁兵四萬趣南道，出其不意，高麗王釗敗遁，遂入丸都，毁其城，大掠而還。唐書地理志：自鴨緑江口舟行百餘里，以小舫泝流，東北行凡五百二十里而至丸都城。

臨屯城。在國城西南。漢元封二年置臨屯郡，治東暆縣。去長安六千一百三十八里，領縣十五。昭帝時郡廢。漢志東暆縣屬樂浪郡是也。後漢并廢縣。又真番城，在國城西北。漢元封二年置真番郡，治霅，去長安六千六百四十里，領縣十五。昭帝時，亦并入樂浪郡。按：霅縣漢志不載。徐廣曰遼東郡有番汗縣，疑即真番。

開州城。在國城西南二百里。高麗所置州也。左溪右山，稱爲險固。亦曰松岳。唐天祐初，眇僧躬乂據此。五代朱梁貞明五年，入貢於淮南楊隆演。後唐清泰末，王建殺躬乂而代之，仍都於此，謂之東京，亦曰開京。宋大中祥符三年，高麗臣康肇戕其主誦，立誦兄詢而相之。遼主隆緒討高麗，渡鴨緑江，康肇戰敗，退保鋼州。遼人進擒肇等，追亡數十里，鋼、霍、貴、寧等州皆降。進攻開京，詢棄城走平州，遼人遂焚開京，宫室、府庫、民廬俱盡。兵還，詢復葺開京而居之，諸城亦復歸高麗。今曰開城府。

平山城。在黄州東北百里。或曰舊名甑山府。西接黄州，東連平壤。其相近者有瓊山，今爲平山府。

海州城。在黄州西南二百餘里。以濱海而名。又東北即安岳縣也。志云：境内有安岳、三和、龍岡、咸從〔一九〕、江西五縣，長命一鎮，今俱屬黄州，皆唐置。元因而不改。

南原城。在全州東南，與全州相犄角，爲國城要隘。明萬曆中，倭陷南原，遂犯全羅，進逼國城。李如松謂「全羅饒沃，南原尤其咽喉」是也。其相近者有雲峯城，亦爲衝要。

濟州城。在南原府南海島中。亦曰濟州島，朝鮮置州於此。志云：朝鮮之濟州，猶中國之瓊州。或曰即故躭羅也。元大德五年，置躭羅軍總管府，又沿海立水驛，自躭羅至鴨緑江并楊村梅口，凡三十所。今仍曰濟州。又珍島城，在濟州西海中珍島上，亦曰珍島郡。宋咸淳六年，高麗叛人裴仲孫立高麗王植庶族子承化侯爲王，竄入珍島，蒙古討平之。

大江城。在南原府東南。朝鮮所置縣也。又東接慶尚之晉州。明萬曆中，倭屯釜山浦，李如松分遣諸將屯大江、忠州以扼之。既而倭從釜山移西生浦，劉綎留鎮朝鮮，分屯慶尚及大江，蓋扼要處也。

南陽城。在南原府西北。朝鮮之南陽縣也。明萬曆二十二年，李如松命將守南原，分兵屯禦於此。

俱拔城。在全州南。北史：百濟都俱拔城，亦曰固麻城。其外更有五方，中方曰古沙城，東方曰得安城，南方曰久知下城，西方曰刀光城，北方曰熊津城是也。唐顯慶五年，蘇定方下百濟，留劉仁願守百濟府城，即俱拔城也。

處仁城。在全州西。宋紹定六年，蒙古主諤格台遣將薩里台攻高麗，至國城南，攻其處仁城，即此。又黨項城，在全州東北。唐貞觀十二年，百濟與高麗連和，伐新羅，取四十餘城，又謀取黨項城，絶其貢道。「薩里台」舊作「撒禮塔」，今改正。

任存城。在全州西。古百濟所置城也。唐龍朔初，百濟餘衆叛，劉仁軌破之於熊津江口。其衆釋百濟府城之圍，退保任存城。任存，百濟西部也，依任存山而名。三年，仁軌遣兵攻任存城，拔之。又真峴城，在全州北。唐龍朔二年，劉仁軌既解百濟府城之圍，還軍熊津城。有詔班師，仁軌曰：「今以一城之地居敵中央，動足輒爲擒擄，正宜堅守觀變，乘便取之，不可動也。」於是出兵掩其支羅城，拔之，并拔其尹城、大山、沙井等栅。時敵以真峴險要，加兵守之。仁軌復伺其懈，引兵襲據之，遂通新羅運糧之路。唐書百濟傳：支羅、真峴諸城，俱在熊津之東。

周留城。在全州西。又西北有加林城。唐龍朔三年，百濟故將福信等據周留城，劉仁軌既拔真峴，諸將以加林水陸之衝，欲先攻之，仁軌曰：「加林險固，攻之不易。周留，虜之巢穴，宜先取之。」遂定計自熊津進破百濟之衆於白江口，趨周留城，拔之。

熊津城。在全州西北。即熊津江口，百濟之險要也。唐顯慶五年，蘇定方討百濟，自成山濟海，百濟據守熊津江口。定方擊破之，直趨其都城，遂克之，置熊津都督府以守其地。龍朔初年，百濟復叛，圍百濟府城。詔劉仁軌赴援，仁軌轉鬭而前，所向皆下。百濟立兩栅於熊津江口，仁軌擊破之，府城之圍遂解。仁軌因駐守於此。既而再破百濟餘衆於熊津之東，復平百濟。或曰今漢江口，即古置城處也。

蔚山城。在慶州西北。即蔚山郡也。南有島山，不甚高，而城皆依山險。中有江通釜山寨，陸路則由彦陽監通釜山。明萬曆二十五年，倭屯蔚山，大帥麻貴攻之不克。既而倭益築城寨，據守於此，謂之東路。麻貴遂進師逼之，據險收其禾稼，倭詭却以誘之，貴爲所敗。

順天城。在慶州西南。明萬曆二十六年，倭酋據此，謂之西路。朝鮮紀事：倭酋行長據粟林、曳橋〔二〇〕，建寨數重，憑順天城，與南海營相望。負山襟水，最爲扼隘。大帥劉綎攻之不能克。

泗州城。在慶州西。或曰即古泗城也。唐龍朔初，百濟復叛，與劉仁願等相持，詔新羅應援。新羅將金欽將兵至古泗，爲百濟所邀敗，自葛嶺遁還。今泗州相近有葛嶺道云。明萬曆中，倭據泗州，謂之中路。北倚晉江，南通大海，爲東西聲援。大帥董一元克之，尋復敗還。

晉州城。在慶州西南。明萬曆二十六年，大帥董一元擊泗州倭，進取晉州，乘勝渡江南，燬永春、昆陽二寨，倭退保泗州老營。一元奪其城，進逼新寨。寨一面臨江，一面逼陸，引海爲濠，海艘泊寨下千計。又築金海、固城二寨，爲左右翼，中通海陽倉。一元攻之不克，敗還晉州。又有咸陽城，在晉州西北。朝鮮之咸陽縣也。萬曆中，倭犯咸陽、晉州，即此。

梁山城。在蔚山城東南〔二一〕。朝鮮之梁山郡也。明萬曆中，麻貴攻蔚山，遣別將屯此，以絶釜山、彦陽之援〔二二〕。又有永川郡，在梁山東南。又東與慶州接境。

昌寧城。在晉州東。朝鮮所置縣也。南濱晉江，江之南爲固城縣，縣南有唐浦，爲海濱津要處。

安東城。在慶州西。朝鮮之安東府也。志云：府當烏嶺之南〔二三〕，爲東出慶州之道。又義城，在安東城西，朝鮮之義城縣也。亦曰宜城。明萬曆二十五年，督臣邢玠等議攻倭酋青正於慶州，分兵屯義城，東接慶尚，西阨全羅云。

七重城。在慶州北境。境内又有買肖城〔二四〕。唐上元二年，新羅拒命，遣劉仁軌討之，大破之於七重城。詔以李謹行爲安東鎮撫大使，屯新羅之買肖城以經略之。新羅屢敗，乃遣使入貢，且謝得罪。

陜川城。在慶州東北。朝鮮之陜川郡也。明萬曆二十二年，李如松復王京，分兵屯禦於此。又東南曰熊川郡，東濱大海。

公州城。在忠州西南境。其東南近全羅道之南原府〔二五〕。明萬曆二十五年，倭入南原，麻貴發兵屯公州以拒之，即此。又清州城，在忠州西。其東接天安郡，郡西南接公州界。

開州城。在咸興府西北。遼史地理志：本獩貊地。高麗置慶州。渤海爲東京龍原府，都督慶、鹽、穆、賀四州〔二六〕。疊石爲城，周二十里。遼太祖平渤海，城廢。宣帝伐新羅還，復加完葺，置開封府開遠軍。又改爲開州鎮國軍。遼末入於高麗。或謂之蜀莫郡。圖經：郡在開州之東。又開遠廢縣，故開州治也。遼史地理志：本栅城地。高麗爲龍原縣，慶州治焉。渤海因之。

遼初廢，後復置。

熊山城。在開州西。遼史地理志：唐薛仁貴征高麗，與其大將溫沙門戰熊山，擒善射者於石城。石城，即開州城也。渤海時龍原府統縣六，曰龍原、永安、烏山、壁谷、熊山、白楊。遼初廢。

鹽州城。在開州西北。遼史地理志：州去開州百四十里。本渤海置，亦曰龍河郡。統海陽、接海、格川、龍河四縣。遼初皆廢，而鹽州仍舊。又穆州城，在開州西南一百二十里。渤海置，亦曰會農郡。領會農、水岐、順化、美四縣。遼仍曰穆州，治會農縣。又賀州城，亦渤海置，亦曰吉理郡。領洪賀、送誠、吉理、石山四縣。遼皆廢，仍曰賀州，與鹽、穆二州俱隸於開州。後入於高麗。

不耐城。在咸興府北。漢縣，屬樂浪郡，東部都尉治此。後漢廢。魏正始中，幽州刺史毌丘儉擊高句驪，刊丸都山，銘不耐城而還，即此。晉陳壽曰：漢武置樂浪郡，自單單大嶺以西爲樂浪〔二七〕，自嶺以東七縣，都尉主之，皆以濊爲氏，即所謂不耐濊也。

高句驪城。在咸興府東北。漢縣，爲玄菟郡治。後漢因之。志云：縣本高句驪國地。漢滅朝鮮，以高句驪爲縣，仍封其種人爲高句驪侯。和帝元興以後，屢犯遼東玄菟塞〔二八〕。延光中，稍輯服。曹魏時，高句驪王位宮强盛，寇西安平。正始五年，幽州刺史毌丘儉破走之。後復熾。晉初高句驪亦曰句麗。陳壽曰：玄菟郡，初治沃沮，後爲彝貊所侵，徙郡句驪西北。公孫氏據遼東，置玄菟郡於遼東東北二百里，蓋因舊名，非復故治也。晉玄菟郡仍置高句驪縣，蓋因公孫度所置耳。

德州城。在咸興府西南。唐置，後因之。元仍置德州，領江東、永清、通海、順化四縣，寧遠、柔遠、安戎三鎮。後入於高麗，仍曰德州。又延州城，在咸興府西北，亦唐置，今仍舊。

大行城。在咸興府西南。唐乾封三年，李勣等敗高麗於薛賀水，進拔大行城。於是諸軍皆會，又進至鴨緑柵云。

王險城。即平壤城。漢應劭曰：「箕子故都也。」薛瓚曰：「王險在樂浪郡浿水之東。」漢初，燕人衛滿渡浿水，居上下障，都王險。武帝元封元年，其孫右渠拒命，遣樓船將軍楊僕自齊浮渤海，左將軍荀彘出遼東，誅之，取其地，改置朝鮮縣，樂浪郡治焉。晉永嘉以後，没於高麗。義熙末，其主高璉居平壤城，亦曰長安城。隋大業八年，伐高麗，分兵出朝鮮道，即此。隋書高麗傳：平壤城東西六里，隨山屈曲，南臨浿水。開皇十八年，伐高麗，命周羅睺將水軍自東萊泛海，趨平壤，不能達而還。大業八年，詔左右各十二軍分道伐高麗，總集平壤。明年，復遣宇文述等趨平壤，述不克至。唐書太宗本紀：貞觀十八年，伐高麗，命張亮以舟師自海道趨平壤。明年，拔遼東諸城，攻安市未下。江夏王道宗請以精卒乘虚取平壤。既而降將高延壽亦請自烏骨城直取平壤，不果。龍朔初，命蘇定方等討高麗，進圍平壤，不能拔。總章二年，李勣征高麗，拔其平壤，而高麗亡。唐杜佑曰：「平壤即王險城也。」五代時，王建據高麗，始謂之西京云。有潼關堡，在平壤西境〔二九〕，亦朝鮮所置戍守處也。

成州城。在平壤東。唐置，元因之。領樹德一鎮。今曰成州府。又北曰順川郡，順州之西曰价州，今曰价川郡〔三〇〕，皆唐舊名，元因之。

江東城。在平壤東。高麗所置。今曰江東郡。志云：郡逼臨大同江東岸。渡江而南，即中和縣。宋嘉定九年，契丹部長六哥竄入高麗，據江東城。金主阿固達遣兵攻滅之。又里道記〔三一〕：自黄海道之黄州、鳳州至中和，去國城不過三百六十里。自中和縣而東，即土山縣也。二縣亦唐所置，元因之，屬東寧路。今仍舊。「阿固達」舊作「阿骨打」，今改正。

渌州城。在平壤西。遼史地理志：高麗故道也。渤海置爲西京鴨渌府。城高三丈，廣輪二十里。領神、桓、豐、正四州，神鹿、神化、劍門三縣。遼改置渌州鴨渌軍，統弘聞、神鄉二縣，後廢。又桓州城，在渌州西南二百里，高麗謂之中都城。領桓都、神鄉、浿水三縣。遼廢縣存州，仍隸渌州。遼志：晉時高麗創立宫闕於此，國人謂之新國。五世孫釗當晉康帝建元初，爲慕容皝所敗，公室焚蕩，蓋此處云。遼末州廢。

郭州城。在平壤西北。唐置。渤海因之。後屬於遼。載記：「初，契丹以鴨渌江北予高麗，高麗築興、鐵、通、龍、龜、郭等州，凡六城。」宋大中祥符五年，契丹怒高麗擅弑立，又不入朝，議復取六州地。或謂自開京東馬行七日有大寨，廣若開京，凡旁邑所貢珍異皆在焉。其勝、羅等州之南亦有二寨，所積如之。若大軍自鴨渌江並大河而上，至郭州與大路會，高麗可取也。七年，契丹遣耶律世良、蕭屈烈與高麗戰於郭州，破之。元亦置郭州於此。今曰郭山府。

鋼州城。在平壤西北。宋大中祥符中，契丹擊高麗，其將康肇敗保鋼州，爲契丹所擒，即此。其相近又有費、貴等州。或曰費州，今買州之訛也；貴州，今渭州之訛也。又嘉州城，亦在平壤西北。唐置，元因之。今曰嘉山郡，西接義州境，東接安州境。

保州城。在平壤西北百餘里。遼開泰三年，以高麗王詢擅立，問罪不服，取其保、定二州，仍置保州，治來遠縣，亦曰宣義軍。金初以高麗臣附，割保州與之，即今安州也。其相近者有懷化軍，亦遼開泰三年置，隸保州。金初亦入於高麗。

定州城。在平壤西北三百餘里。高麗置。治定東縣。遼取之，仍曰定州，亦曰保寧軍，後入於高麗。今仍爲定州。西南與義州接界。

義州城。在平壤西北四百二十里。其西南爲龍川郡，皆濱鴨綠江。明萬曆二十年，朝鮮王李昖以關白之亂走義州，請内屬，即此。又有晏家關，在義州西南，當鴨緑水東岸，舊爲津要。又鐵州城，亦在平壤西北，唐所置州也。元亦置鐵州，領定戎一鎮。今仍曰鐵州。又西北曰靈州，亦唐置，元因之，今仍舊。又熙州城，在鐵州東北。唐置，元因之，今曰熙川郡。又東曰撫州，亦唐置，元因之，今仍舊。

定遠城。在平壤北。唐置，屬安東都護府，其後廢置不一。元仍曰定遠府，今因之。其南曰慈州城，亦唐置，元因之，今爲慈山郡。

朔州城。在平壤北。唐置，元因之，今亦曰朔州。又東北有昌州城，亦唐時故名也。元因之。今曰昌城府。

宣州城。在平壤東北二百餘里。唐置，屬安東都護府。遼仍曰宣州，亦曰定遠軍。遼志：開泰三年置，隸保州〔三二〕。蓋渤海廢，遼復置也。元亦曰宣州，屬東寧路，領寧朔、羣島二鎮，即今之宣川郡〔三三〕。

宿州城。在平壤東北百餘里。又東北曰殷州城，皆唐置。元因之。今仍舊。

雲州城。在平壤東北。唐置，元因之，今曰雲興郡。又東北有博川城，高麗所置也。今仍曰博川郡。西南與慈山郡接界，東與价川郡接界。志云：郡城西有大定江，或謂之大寧江，江之西岸有凌漢山。

嘉州城。在今安州之西。唐置。元仍曰嘉州。今爲嘉山郡。又有泰州城，在定遠府西。亦唐置。元因之。今曰泰山縣。

慕州城。在淥州西二百里〔三四〕。本渤海安遠府地，領慕化、崇平二縣。遼改置慕州，屬淥州。後廢。

豐州城。在淥州東北二百一十里。渤海置，亦曰盤安郡，領安豐、渤恪、隰壤、硤石四縣。遼廢縣存州，仍隸淥州。後廢。

正州城。在淥州西北三百八十里。本沸流國故地。後漢建安中，爲公孫康所併。渤海置正州於此，亦曰沸流郡，以沸流水而名。遼因之，仍隸淥州。後廢。又東那城，在正州西七十里。渤海置。遼因之，仍屬正州。後廢。

帶方城。在平壤南。漢縣，屬樂浪郡。公孫康置帶方郡於此。晉因之。後没於高麗。通典：後漢建安中，公孫康分屯有、昭明二縣〔三五〕，以南荒地置帶方郡。前漢書地理志「樂浪郡」，昭明註：「南部都尉治是也。」隋大業中，伐高麗，分兵出帶方郡，即此。又增地廢縣，亦在平壤南境，漢置，屬樂浪郡。後漢因之。晉省。隋伐高麗，分軍出增地道，即此。

積利城。在平壤西。唐貞觀二十一年，遣牛進達自海道入高麗，拔其石城，進至積利城下，敗其兵。其相近者又有泊灼城。貞觀二十二年，薛萬徹等伐高麗，圍泊灼城而還。唐書地理志：自鴨緑江口舟行百餘里，又小舫泝流東北三十里，至泊灼口，即泊灼城矣。石城見定遠衛。

黏蟬城。在平壤西南。漢縣，屬樂浪郡。後漢曰黏蟬。晉省。隋大業八年，伐高麗，分軍出黏蟬道，蓋以漢縣名也。又遂成廢縣，在平壤南。漢置，屬樂浪郡。後漢、魏、晉皆因之。通典：碣石山在漢遂成縣。秦築長城，起於碣石，今遺址東截遼水而入高麗，蓋本太康地志之説，其實誤也。

加尸城。在平壤西南〔三六〕。高麗置。唐貞觀十八年，伐高麗，蓋蘇文遣加尸城七百人戍蓋牟城是也。

辱彝城。在平壤西北。唐總章元年，李勣等敗高麗於鴨緑栅，追奔二百餘里，拔辱彝城，遂進圍平壤是也。又伐奴城，亦在平壤西北，唐咸亨二年，行軍總管李謹行破高麗於瓠蘆河西〔三七〕，其妻劉氏屯伐奴城，高麗引靺鞨來攻，劉氏拒却之。或曰城在營州境内。

風俗

俗知文字，喜讀書。五代史高麗傳。飲食以籩豆，官吏閑威儀。宋徐兢圖經：飲食用俎豆，文字合楷隸。上而朝列官吏閑威儀而足辭采，下而閭胥陋巷經館書社，三兩相望。子弟未婚者則羣聚從師，稍長則擇友講習。喜飲酒歌舞，或冠弁衣錦。寰宇記。修宫室，祀靈星。後漢書高句驪傳：俗節於飲食，而好修宫室。又云：好祀鬼神、社稷、靈星。以十月祭天大會，名曰東盟。其國東有大穴，號繸神，亦以十月迎而祭之。按：「東盟」亦作「東明」，「靈」亦作「零」。戴折風巾，服大袖衫。北史高句驪傳：人戴折風巾，形如弁，士加插二羽，貴者紫羅爲之。服大袖衫、大口袴、素皮帶、黄革履。婦人裙襦加襈。公會衣服，皆錦繡金銀爲飾。按：皇清職貢圖，其民人戴黑白氊帽，衣袴皆白布爲之。民婦辮髮盤頂，衣用青藍色，外繫長裙，布襪花履。柔仁惡殺，崇釋信鬼。文獻通考：堂上設席，升必脱履。性柔仁惡殺，崇釋教，信鬼，拘陰陽。病不服藥，惟呪詛厭勝。至親有病，不相視斂。俗不知醫，後中國有往者，始通其術。俸皆給田，刑無慘酷。文獻通考：三歲一試，有進士諸科，士尚聲律。百官以米爲俸，皆給田，國無私田，計口授業。兵器疏簡，刑無慘酷之科，惟元惡及罵父母者斬。餘皆杖肋，死罪貸流諸島，累赦視輕重原之。京畿江源，地本獩貊。其人謹愿，少嗜欲，有廉恥。同姓不婚，多所忌諱。寰宇記：其人性謹愿，少嗜欲，有廉恥。男女衣皆著曲領，男子繫銀花，廣數寸以爲飾。知種麻養蠶作綿布，又頗曉候星宿，先知年歲豐約，不以殊玉爲寶。忠清、黄海，地本馬韓。其人知田蠶，作綿布，少綱紀，不知騎乘，不貴金寶，大率皆魁頭露髻，布袍草履，信鬼神，聚歌舞。寰宇記：馬韓人知田蠶，作綿布。出大栗如梨。有細尾雞，尾長五尺。邑落雜居，亦無城郭。作土室，形如冢，開户在上。不知跪拜，無長幼、男女之别，少綱紀。國邑雖有主帥，不能相制御。其葬有棺無槨。不知騎乘牛馬，不貴金寶錦罽，惟重瓔珠，以綴衣爲飾及懸頸垂耳，大率皆魁頭露髻，布袍草履。其人勇壯，少年有築室作力者，輒以繩貫脊皮，以杖垂繩，歡呼爲健，終日力作，不以爲疲〔三八〕。善用弓楯矛櫓，雖有鬬争攻戰，而貴相屈服。俗信鬼神，以五月耕種畢，祭鬼神，晝夜酒會，羣聚歌舞，舞輒數十人相隨，踏地爲節。十月農工畢，亦復如之。諸國邑各以一人主祭天地，號「天君」〔三九〕。又立蘇塗，建大木以懸鈴鼓，事鬼神。全羅地本弁韓，亦作卞韓。言語風俗與辰韓相似。寰宇記。慶尚地本辰韓，人皆扁頭，男女近倭。寰宇記。平安、咸鏡俗尚弓馬〔四〇〕，咸鏡地本高麗，黄海、平安地本朝鮮。忠清、慶尚、全羅，地廣物衆，最爲富廣，俗尚詩書，人才之出，倍於諸道。續文獻通考。

山川

北岳山。在國城北。明初朝鮮國王李旦依此爲都。萬曆中，倭據王城，背岳山，面漢水爲營，即此。明統志：在漢城府境。

丸都山。在國城東北。明統志：漢時高句驪王伊夷模都此。晉時爲慕容皝所據。

天寶山。在國城西。明萬曆中，李如松遣將屯寶山以拒倭，即此。

龍山。在國城南，漢江東南。明萬曆中，倭敗於平壤，遁還龍山，即此。

神嵩山。在開城府北。五代時，王建依此山爲都，因名其城爲松岳。志云：朝鮮有三都，謂平壤、漢城及松岳也。又有平山嶺，在開城府西一里。其土色皆赤。

金堂山。在黄州三和縣之西北。州屬東寧路，領安岳、三和、龍岡、咸從、江西五縣。志云：三和在黄州西南一百里。又州境有政方山。

白山。在全州南海中。或以爲即白水山。唐咸亨三年，高侃擊高麗餘衆於白水山，是也。又有黑山，在白山東南。勢甚高峻，其下有澳，可以藏舟。

島山。在蔚山郡南。明萬曆十五年，麻貴等攻蔚山倭，倭悉走島山，於山前連築三寨拒守。島山視蔚山城高，倭又於上新築石城堅甚，官軍攻之不克，尋潰還。

釜山。在東萊縣南二十一里，西北去國城千四百里，濱大海，與日本對馬島相望，揚帆半日可至。其東有東來、機張、西生、林瑯、五浦爲左臂，西有安骨、安窟、嘉德、熊川、森浦、巨濟、間山、德橋、金海、竹島、龍堂爲右臂，聯絡犄角，可攻可守。明萬曆二十年，倭酋平秀吉遣其黨行長等擁舟師，逼釜山鎮，陷慶尚道。尋入王京，既而棄王京，還屯據釜山，增築西生、機張等處，分兵拒守，而以釜山爲根本。官兵攻之不能克，久之始解去。續文獻通考：釜山地方，去日本對馬島僅一日程。相傳舊屬日本，爲大海限隔，棄於朝鮮。先是，日本以歲祲，借朝鮮穀萬斛，朝鮮令人往索，日本乃以釜山地爲言，朝鮮使臣不許。萬曆辛卯，日本關白平秀吉遣將行長、清正率師至朝鮮，未及至京，王昖遁去，一國爲墟。遂遣人上表請援，上命重臣提兵往救，踰年相持不退。兵部尚書石星聽流人沈惟敬言，加遊擊銜，往諭日本罷兵。惟敬陰許議和，且許復沿海貢道，事泄，下惟敬獄，與星偕擬重典。愈益調兵增餉，費至百萬，彼此互相勝負。敵衆共處釜山，蓋屋治田，爲久留計。戊戌七月，平秀言病卒，始撤歸。圖經：釜山去南原府七百里。

稷山。在忠州西稷山監。明萬曆二十五年，倭陷全羅，引而北，麻貴發兵守稷山，以遏其鋒。又有青山，與稷山相近。志曰：稷山之南，即天安郡城南下全州要道也。

洪州山。在忠州西南境海中。明統志：洪州建於山下，稍東有東源山，産金。

富用山。在洪州海中。上有倉穀，故名。俗謂爲芙蓉山。

九頭山。在廣州海中。山有九峯，林木甚茂。

蘭秀山。在開州西。明洪武五年，高麗國王請征蘭秀山逋寇，詔止之。

蓋馬大山。在平壤城西。後漢書郡國志：玄菟郡有西蓋馬縣，因山以名。

魯陽山。在平壤城東北。上有魯城。

馬邑山。在平壤城西南。唐顯慶五年，蘇定方破高麗軍於浿江，奪馬邑山，遂圍平壤，即此。

葦山。在平壤城西南二十里，南臨浿水。

觀門山。在土山縣北。元屬東寧路。

花山。在土山縣東南。皆縣境之大山也。

屈巖山。在定遠府城東。以巖岫屈曲而名。又雲山，在朔州西南。

馬頭山。在靈州之東。又長花山，在鐵州西南。

天聖山。在殷州東北。

靈山。在宣州西南。

熊花山。在郭州郡東北。又育靈山，在宣州郡東南。龍骨山，在龍川郡城東。又小鐵山，在鴨緑江東岸義州境，渡江處也。又西南爲遼東境内之僧福島及皮島云。

青丘。在高麗境。子虛賦「秋獵於青丘」，蓋謂此。服虔曰：「青丘國在海東三百里。」晉書天文志：有青丘七星，在軫東南，蠻夷之國也。唐討高麗，置青丘道行軍總管云。

江華島。在開州城南海中。元時高麗王植庶族承化侯居此。圖經：今有江華府，蓋以島名。

紫燕島。在廣州海中。上有客館，曰慶源亭，居民甚衆。以嶼多飛燕故名。

和尚島。在廣州海中。山勢重疊，林壑深茂，上有棄老寺。

大青島。在廣州海中。一名大青嶼。元文宗徙其兄子托歡特穆爾於高麗，使居大青島，尋徙於廣西静江是也。其相近又有小青嶼。「托歡特穆爾」舊作「妥歡帖木兒」，今改正。

排島。在全州南海中。遠望三山並列，中一山如垛，亦曰排垛山。

羣山島。在全州南海中。遠望十二峯連絡如城，其南有官嶼，亦謂之案苫。

白衣島。在全州南海中。前有小焦附之，偃檜積蘇，蒼潤可愛。

天仙島。在全州南海中。又名闌山島。

平湖島。在慶州南海中。元至元十八年，遣范文虎帥兵擊日本，道出高麗，航海至平湖島，颶風敗舟，遂還。

竹島。在慶州境西南，濱海。明萬曆二十五年，倭泊於釜山，往來竹島，漸逼梁山、熊川。既而奪梁山，遂入慶州。又巨濟島，在竹島東，濱海，朝鮮置巨濟縣，兼置水軍營於此，衝險次於釜山。

閑山島。在慶州西南境。朝鮮西海水口也。右障全羅道之南原府，爲全羅外藩，一失守則沿海無備。天津、登、萊皆可揚帆而至。其相近者又有浾山島，明萬曆二十五年，倭入慶州，侵閑山，夜襲浾山島，官軍潰走，遂失閑山。倭進圍南原，陷之。

唐人島。在青州海中，與九頭山相近。又有馬島，亦在青州海中，國中牧馬地也。舊有客館，曰安興亭。

牛心嶼。在青州海中。一峯特起，狀類覆盂，而中稍鋭。其相近又有雞心嶼。

大月嶼。在全州南海中，回抱如月。其後又有小月嶼，對峙如門，可以通舟。

菩薩苫。在全州南海中。圖經：小於嶼而有草木曰苫。其相近者爲紫雲苫、春草苫、苦苫、跪苫。又有檳榔焦，亦在全州南海中。圖經：如苫嶼而其質純石者曰焦。

軋子苫。在清州南海中。土人謂笠爲軋，其山如之，故名。

雙女焦。在清州海中。

蛤窟。在廣州海中。山不甚高，而居民甚衆。山之脊有龍祠，海中往來者皆祀之。

烏嶺。在慶州西北境，西接尚州界，廣亘七十餘里。懸崖巉削，中通一道如綫。灌木叢雜，騎不得成列，朝鮮指爲南道雄關。明萬曆二十一年，倭棄王京遁，別將劉綎自尚州追至烏嶺。倭方拒險，别將查大受自忠州踰槐山監，出烏嶺後，倭大驚，前移釜山浦，爲久駐計。

竹嶺。在忠州東。羊腸繞曲，頗爲險峻。明萬曆中，倭棄王京，踰竹嶺，走慶尚，即此。

摩天嶺。在咸興府東北。朝鮮謂之東北雄關。

慈悲嶺。在平壤城東一百六十里。宋淳熙二年，高麗西京留守趙位寵以慈悲嶺至鴨緑江四十餘城附金，金人不納。元至元六年，高麗臣李延齡等以西京以下六十城來歸，元因改置東寧路，以慈悲嶺爲界云。

嘉山嶺。在嘉山郡西。郡以此名。圖經：朔州西北有狄踰嶺，朝鮮謂之西北雄關。

大海。明統志：朝鮮之境，東、西、南三面皆濱海，其東水澹清澈，下視十丈餘。又舊志：西大海在黄州長命鎮東，入大通江。又白州、海州之西，皆逼近海濱。本朝康熙五十年以朝鮮國島夢金、鼎足、島沙、乜叱、九味等處，俱與奉天府金州、復州、蓋州、海州相近，移咨奉天府將軍及府尹，嚴禁沿海居民，不許往朝鮮近洋漁採。

漢江。又名熊津江，在國城南十里。源出金剛、五台二山，合流入海。王城恃以爲險。江之南，即古百濟國地也。明萬曆中李如松拔朝鮮，倭棄王城遁，如松入城，以兵臨漢江，尾倭後，欲乘其惰歸擊之，不果。

白江。在熊津東南，亦接大海，達全州西界。唐龍朔三年，劉仁軌引舟師自熊津趣周留城。時百濟請援於倭，至白江口，遇倭兵，仁軌四戰皆捷，焚其舟四百餘，進拔周留，遂平百濟，是也。

三浪江。在梁山郡南。舊志：梁山西北有峻嶺，上容雙馬，路險絶。南有三浪大江，直通金海竹島。萬曆中，倭奪梁山三浪，遂入慶州。

晉江。在慶州西南泗州城北。或謂之西江。東南注於海。明萬曆中，麻貴攻蔚山，遣兵屯西江口，防倭水路援兵，即此。

白馬江。在清州南。圖經：矜州南有白馬江，南流入清州界，折而東，又東北經天安郡界，折而北，其下流合於漢江。

大通江。在平壤城東。亦曰大同江，舊名浿水。史記：秦修遼東故塞，至浿水爲界。漢初燕人衛滿亡命，東走出塞，渡浿水，居秦故空地上下障，稍役屬其真番、朝鮮蠻夷及燕、齊亡命者王之。元封三年，荀彘自遼東擊朝鮮，破其浿水上軍，乃至王險城下。漢書地理志：樂浪有浿水縣。浿水西至增地縣入海，王險城蓋在浿水之南。水經浿水出樂浪鏤方縣，東南過臨浿縣東入海，誤矣。隋大業八年，伐高麗，來護兒率江淮水軍，自東萊浮海先進，入自浿水，去平壤六十里。尋爲高麗所敗，還屯海浦。唐龍朔元年，蘇定方伐高麗，敗其兵於浿水江，遂趨平壤。明萬曆二十一年，李如松援朝鮮，至平壤，倭悉力拒守。如松度地形，東南並臨江，西枕山陡立，惟迤北牡丹峯高聳最要害，如松乃遣將攻牡丹峯，督兵四面登城，遂克之。既而如松駐開城，別將楊元軍平壤，扼大同江，以通餉饋，是也。

清川江。在安州城東，西南流入海。亦名薩水。隋大業八年，宇文述等擊高麗，渡鴨緑水，追擊其大臣乙支文德，東濟薩水，去平壤城三十里，因山爲營。平壤險固，不能猝拔，引還。至薩水，軍半濟，爲高麗所擊，諸軍皆潰。將士奔還，一日夜至鴨緑水，行四百五十里。今亦謂之大寧江。舊志：平壤、黄州西隔大寧江，東阻大通江，所謂兩江之中也。本朝康熙三十七年，朝鮮歲饑，表請中江開市，奉旨許以積貯米穀，水陸共運四萬石，至中江平糶云。

沸流江。在江東郡南。自漢江分流，西合於大同江。明統志：靈州東有大同江，西北入於大通江。

鴨緑江。在國東北界。源發長白山西麓，西南流入海。通典：在平壤西北四百五十里，漢志所謂馬訾水也。高麗每恃爲天險。詳盛京奉天府部。

土門江。在國西北界。源發長白山東南麓，東南流入海。本朝康熙五十四年，以渾春之庫爾喀齊等處與朝鮮止隔土門江，恐居人往來生事，令將安都立、他木弩房屋、窩鋪即行拆毀，與寧古塔那去官兵之屯莊，俱令離江稍遠居住。嗣後沿江近處，蓋屋種地，俱嚴行禁止云。

月不唐江。在黄州安岳縣東。其水西流入海。舊志安岳在黄州南一百五十里是也。

發盧河。在慶州西界。舊志：在高麗南界，新羅七重城之北。唐咸亨四年，李謹行破高麗於瓠蘆河之西〔四二〕。咸亨五年，劉仁軌東伐新羅，率兵絶瓠蘆河，攻其大鎮七重城破之，即此。

西生浦。在蔚山郡南五十三里。其相近者曰機張監。又有開雲浦，在蔚山郡南五十二里。

甘浦。在慶州東二十里。圖經：甘浦相近者有長鬐浦。

安骨浦。在熊川郡南二十里。其相近者又有天成浦〔四二〕。

金浦。圖經：在晉州南，即晉江南入大海處也。元至元二十二年〔四三〕，議征日本，敕漕江淮米數百萬石，貯於高麗之金浦，仍令東京及高麗各貯米萬石，備征日本。期明年八月悉會金浦，不果行。元史作「合浦」，誤也〔四四〕。

薩賀水。在開州西南。一作薛賀水。唐乾封三年，李勣等伐高麗，別將薛仁貴克扶餘城，高麗趨救，與李勣遇於薛賀水，合戰，勣大破之，追拔大行城，是也。舊志：薛賀水出北山中，東南流入鴨緑江。

虵水。在平壤西境。唐龍朔初，龐孝恭等擊高麗，以嶺南兵壁於虵水，爲蓋蘇文所攻，一軍盡没。又一水謂之陀水〔四五〕。宋天禧二年，契丹伐高麗，戰於蛇、陀二水，敗還。舊志：二水俱在平壤西北。

楊花渡。在國城西南，漢江之濱，朝鮮各道餽餉皆聚於此。或曰即臨津渡也。明萬曆中，倭渡臨津，掠開城，既而李如松駐開城，遣別將查大受據臨津爲東西策應，即此。

禮成港。在開城府南。下流入於海。又有急水門。明統志：在開城府南海中，宛如巫峽。又有蛤窟，亦在開城南海中，山頂有龍祠。

古蹟

箕子故都。即平壤，今王險城是也。漢書地理志：樂浪郡朝鮮。應劭曰：「武王封箕子於朝鮮。」按天文，箕子都朝鮮於分野爲箕星，在析津之次，故以氏國云。晉張華曰：「朝鮮有泉水、洌水、汕水，三水合爲洌水，疑樂浪、朝鮮取名於此也。」〔四六〕昔武王釋箕子之囚，箕子不忍周之釋，走之朝鮮。武王聞之，因以朝鮮封之。箕子教以禮義田蠶，作八條之教，無門户之閉，而人不爲盜。其後四十餘代，至戰國時，屬於燕，爲置吏，作障塞。其後燕王盧綰反入匈奴，燕人衛滿亡命，聚黨千餘人，椎結蠻服，東走出塞，渡浿水，擊破朝鮮王準，居秦故空地上下障，稍役屬真番、朝鮮諸夷及故燕、齊亡命者王之，都王險，在浿水東。會孝惠、高后時，天下初定，遼東太守即約滿爲外臣，保塞外蠻夷。是故滿得以威力侵其傍小邑，真番、臨屯皆來服屬，地方數千里。傳子至孫右渠，誘漢亡人滋多。武帝元封二年，遣樓船將軍楊僕從齊浮渤海，左將軍荀彘出遼東討之。三年，朝鮮人殺右渠來降，遂定其地。因立爲真番、臨屯、樂浪、玄菟四郡。昭帝時，罷臨屯、真番，以并樂浪、玄菟云。

古沃沮地。

今朝鮮之東北境。文獻通考：沃沮在高句驪蓋馬大山之東，濱大海而居，可千里。北與挹婁、扶餘，南與濊貊接。户五千，無大君王，邑落各有長帥，其言語與句驪小異。衛滿王朝鮮時，沃沮皆屬焉。漢武帝元封三年，以沃沮城爲四郡，後爲夷貊所侵，徙郡句驪西北，今所謂玄菟故府是也。沃沮還屬樂浪。漢以土地廣遠，在單大嶺之東〔四七〕，分置東部都尉，治不耐城，別主嶺東七縣，時沃沮亦皆爲縣。漢光武六年，省邊郡，都尉由此罷。其後皆以爲縣。中渠帥皆自稱三老〔四八〕，則故縣國之制也。魏毌丘儉討句麗，句驪王位宫走沃沮，遂進師擊之，沃沮邑落皆破，位宫走北沃沮。北沃沮一名置隔婁，去南沃沮八百餘里，其俗南北皆同，與挹婁接。挹婁喜乘船侵掠，北沃沮畏之，夏月恒在山巖深穴中爲守備。冬月冰凍，船道不通，乃下居村落。王頎別遣追討位宫，盡其東界，問其耆老：「海東復有人否？」耆老言：國人嘗乘船捕魚遭風，見吹數十日，得一島。上有人言語不通，其俗常以七月取童女沉海。又言：有一國亦在海中，純女無男。又説得一布衣，從海中浮出，其身如中國人衣，其兩袖長三丈，其域在沃沮大海中。

古扶餘國。

今朝鮮東北境。通典：扶餘國，後漢通焉。初槀離國王有子曰東明，長而善射，王忌其猛，欲殺之。東明奔走，南渡掩滬水，因至扶餘而王之。順帝永和初，其王始來朝。至晉太康六年，爲慕容廆所襲破，其王依慮自殺，子弟走保沃沮。自後扶餘國名不列史傳。

古高句驪國。

今咸興府東北之高句驪城。按：古朝鮮與高句驪爲二，朝鮮乃箕子所封，漢書地理志樂浪郡朝鮮是也。高句驪亦曰高麗，漢書地理志玄菟郡高句驪是也。後漢書高句驪在遼東之東千里，南與朝鮮、濊貊，東與沃沮，北與扶餘接。地方二千里，多大山深谷，人隨而爲居。相傳以爲扶餘別種，後始并爲一云。

古三韓地。

今朝鮮之黄海道、忠清道，本古馬韓舊地。全羅道，本弁韓地。慶尚道，本辰韓地。書序：成王既伐東彛。傳云：「海東諸國句驪、扶餘、馯、貊之屬。」正義曰：「漢書有高句驪、扶餘、韓，無此『馯』。馯即韓也，音同而字異耳。」後漢書：韓有三種，一曰馬韓，二曰辰韓，三曰弁韓。馬韓在西，五十有四國，其北與樂浪接，南與倭接。辰韓在東，十有二國，其北與濊貊接。弁韓在辰韓之南，亦十有二國，其南與倭接。凡七十八國。或云百濟是其一國焉。大者萬餘户，小者數千家，各主山海間，地方四千餘里，東西以海爲限，皆古之辰國也。馬韓最大，共立其種爲辰王，都目支國，盡王三韓之地。寰宇記：辰韓耆老自言秦之亡人，避苦役來適韓國，馬韓割其東界地與之。有城柵，其言語有類秦人，由是或謂之秦韓。其王常用馬韓人作之，代相系襲。辰韓不得自立爲王，明其爲流移之人故也。其俗名國爲邦，弓爲弧，賊爲寇，行酒爲行觴，相呼皆爲徒。諸小邑各有渠帥，大者名臣智，次有險側，次有樊濊，次有殺奚，次有邑借，皆其官名。其人皆文身，便步戰，兵仗與馬韓同。弁韓與辰韓雜居，言語風俗亦相似，惟祠祭鬼神有異，施竈皆在户西。初，朝鮮王準爲衛滿所破，乃將其餘種數千人入海，攻馬韓破之，自立爲韓王。準後滅絶，馬韓人復自立爲辰王。後漢光武時，馬韓廉斯人蘇馬諟等詣樂浪貢獻，帝封蘇馬諟爲漢廉斯邑君，使屬樂浪郡。靈帝末，韓、濊並盛，郡縣不能制，百姓苦亂，多流亡入韓者。建安中，公孫康以南荒郡爲帶方郡，因收遺民伐韓、濊，舊民稍出。是後倭、韓遂屬帶方郡。魏明帝初，遣帶方太守劉昕、樂浪太守鮮于嗣越海定二郡，以樂浪本統韓國，分割辰韓八國以屬樂浪。晉武帝咸安中，馬韓王來朝，自後無聞。按：三韓，尋爲百濟、新羅所併。

古百濟國。

今朝鮮之全羅道。三國魏東夷志：三韓凡七十八國，百濟其一也。後漸强大，兼諸小國，與高句驪相匹，俱在遼東之東千餘里。北史百濟傳「百濟都俱拔城，亦曰固麻城」是也。通典：百濟即後漢末夫餘王尉仇台之後，初以百家濟海，因號百濟。唐武德四年，册王扶餘璋爲帶方郡王。後王義慈，與高麗取新羅三十城，又不朝貢。顯慶五年，遣蘇定方討平之。舊有五部，分統三十七郡，二百城，七十六萬户。至是以其地分置熊津、馬韓、東明、金漣〔四九〕、德安等五都督府，仍以其酋渠爲都督府刺史。舊唐書百濟傳：麟德二年，百濟王扶餘隆與新羅王金法敏會熊津城，刑白馬而盟。尋懼新羅，歸於京師。儀鳳二年，拜熊津都督、帶方郡王，令歸本蕃，安輯餘衆。時百濟本地荒毀，漸爲新羅所據，隆不敢還舊國而卒。其孫敬，則天朝襲封帶方郡王，授衛尉卿。其地自此爲新羅及渤海靺鞨所分，百濟之種遂絶。

古新羅國。今朝鮮之慶尚道。新羅地在高麗東南。通典：新羅國，魏時新盧國，其先本辰韓種也。辰韓始有六國，稍分爲十二，新羅則其一也。其國在百濟東南五百餘里，東濱大海。魏將毌丘儉討高麗破之，高麗人奔沃沮，其後復歸故國，留者遂爲新羅焉。隋書新羅傳〔五〇〕：其人雜有華夏、高麗、百濟之屬，兼有沃沮、不耐、韓、濊之地。其王本百濟人，自海逃入新羅，遂王其國。傳祚至金真平，開皇十四年遣使貢方物，因拜爲樂浪郡公、新羅王。舊唐書新羅傳：貞觀中，新羅王真平卒，無子，立女善德爲王，國人號聖神皇姑。善德卒，立其妹真德爲王，真德遣其子金春秋來朝，請詣國學觀釋奠及講論。太宗因賜以所製温湯及晉祠碑，並新撰晉書〔五一〕。將歸國，令三品以上宴餞之，優禮甚稱。永徽元年，真德大破百濟，遣春秋子法敏以聞。又織錦作五言太平頌以獻。帝嘉之，拜法敏爲太府卿。龍朔二年〔五二〕，詔以新羅國爲雞林州都督府，授法敏爲雞林州都督。開元二十五年，遣左贊善大夫邢璹攝鴻臚少卿，往册封新羅王。璹將發，上製詩序，太子以下及百僚咸賦詩以送之。上謂璹曰：「新羅號爲君子之國，頗知書記，有類中華。以卿學術善於講論，故選使充此。到彼宜闡揚經典，使知大國儒教之盛。」又聞其人多善棊，因令善棊人率府兵曹楊季鷹爲璹之副。璹等至彼，大爲番人所敬，其國棊者皆季鷹之下，於是厚賂璹等金寶及藥物等。續文獻通考：遼太祖九年，新羅遣使貢方物。天贊四年，新羅國來貢。

古休忍國。在新羅東，亦三韓之屬。東晉時，有休忍國，服屬於燕。苻秦滅燕，遂屬秦。及苻洛以龍城叛，徵兵於鮮卑、烏桓、高句驪、百濟、新羅、休忍諸國，其後并於百濟。

古獩貊國。今朝鮮之江原道。遼史地理志：本獩貊地。不耐城，古獩貊所居也。文獻通考：獩亦朝鮮之地。南與辰韓，北與高句驪、沃沮接，東窮大海，西至樂浪。漢武帝元朔元年，濊君南閭等叛朝鮮，率二十八萬口詣遼東内屬。帝以其地爲滄海郡，數年乃罷。元封三年，滅朝鮮，分置四郡。昭帝時，并二郡入樂浪、玄菟，復徙玄菟居句驪，自單大嶺以東，沃沮、濊貊并屬樂浪。後以境土廣遠，復分嶺東七縣置樂浪東部都尉。光武建武六年，省都尉官，遂棄嶺東地，悉封其渠帥爲縣侯，皆歲時朝賀，無大君長。自漢以來，其官有侯、邑君、三老，統主下户。其耆舊自謂與高麗同種，言語大抵相類。俗多忌諱，疾病死亡，即棄舊宅。常以十月祭天，晝夜飲酒歌舞，名曰舞天。又祭虎以爲神，其邑落有侵犯者，輒相責罰牛馬，名曰責禍。地多文豹。有果下馬，高三尺，乘之可於果樹下行。其海出班魚皮，漢時常獻之。魏齊王正始六年，不耐、濊侯等舉邑降，四時詣樂浪、帶方二郡朝謁，有軍政賦調，如中華人焉。續文獻通考：遼太祖天顯元年，渤海既平，濊貊來貢。

古躭羅國。今朝鮮之慶尚道境，亦曰流鬼國。唐書：居新羅武州南島上，初附百濟，後附新羅。麟德二年，遣使入朝，後爲新羅所併。圖經：今濟州，即古躭羅國也。元大德五年，置躭羅軍總管府。續文獻通考：躭羅，高麗與國也。元世祖既臣高麗，以躭羅爲南宋、日本衝要，乃於至元十年命將平之，即其地立躭羅國招討司，屯鎮邊軍千七百人。後改爲軍民府、達嚕噶齊總管府，又改爲軍民安撫司，其貢賦進毛施布百匹。至元三十一年，高麗王以爲言，遂復隷高麗。「達嚕噶齊」舊作「達魯花赤」，今改正。

古沸流國。今正州城，古沸流國地。遼史地理志：正州本沸流王國故地，爲公孫康所併。渤海置沸流郡，有沸流水户五百，隸渌州。在西北三百八十里，統東那縣，本漢東耐縣地，在州西七十里。

井邑鎮。在全州東北。或曰即百濟之故沙井寨也。明萬曆中，倭行長犯王京，退屯井邑，去王京六百餘里。

碧蹄館。在國城西三十里。其東有橋曰大石橋，明萬曆中，李如松與倭戰處。

肅寧館。在平壤西北。圖經：肅寧館之西曰定州，東曰安州。明萬曆二十年，李如松援朝鮮，逾鴨緑江，至肅寧館，越二日抵平壤，即此。

箕子墓。在平壤城西北三里。小山環繞，其前爲箕子祠，有參奉二人，世守祭祀，即箕子裔。又大同江岸有柴樹林，可十里許，榦似松，葉似榆，土人常藉以療饑。相傳其始即箕子所植云。

名宦

漢

耿臨。順帝時爲玄菟太守。句驪犯遼東，殺帶方令，掠得樂浪太守妻子。建安二年，臨討之，斬首數百級，其王降服，乞屬玄菟。

公孫域。桓帝時爲玄菟太守。永康元年，扶餘國王將二萬人來寇，域擊破之，斬首數千級。

唐

李勣。曹州人。乾封間，爲遼東道行軍大總管，率諸將征高麗，連拔其城，遂圍平壤，執其君臣，收凡五部百七十六城，户六十九萬。詔勣便道獻俘昭陵。凱還，割其地爲都督府者九，州四十二，縣百。復置安東都護府，擢酋豪有功者授都督、刺史，令與華官參治。

蘇定方。冀州人。顯慶間，爲神丘道行軍大總管，率諸將討百濟，自成山濟海，百濟守熊津口，定方擊敗之，直趨都城，拔之，執其王父子及酋長送京師，平其國五部三十七郡二百城，户七十六萬，乃析置熊津、馬韓、東明、金漣、德安五都督府。

人物

劉仁軌。尉氏人。初，蘇定方平百濟，留劉仁愿守其城。百濟叛，圍仁愿，詔仁軌檢校帶方州刺史，發兵援之，解仁愿圍。合兵再定百濟，仁愿等振旅還，詔仁軌鎮守。百濟再被亂，僵屍如莽，仁軌瘞埋弔祭，葺復户版，署官吏，開道路，營聚落，復防堰，賑貧貸乏，勸課耕種，爲立官社，民皆安其所。遂營屯田以經略高麗。後爲熊津道安撫大使，兼浿江道總管，副李勣討高麗，平之。

漢

王閎。樂浪人。更始時，爲郡三老。更始敗，土人王調殺郡守，自稱大將軍、樂浪太守。建武六年，光武遣太守王遵將兵擊之。至遼東，閎與決曹史楊邑等共殺調迎遵，皆封爲列侯，閎獨讓爵。

王景。字仲通，閎子。辟司空伏恭府。有薦景能理水者，顯宗詔與將作謁者王吳共修作浚儀渠，吳用景墕流法，水不復爲害。永平十二年，議修汴渠，引見景，問以理水形便。景陳其利害，帝善之。遂遣景與王吳修渠築隄，自滎陽東至千乘海口千餘里，景乃商度地勢，鑿山阜，破砥磧，直截溝澗，防遏衝要，疏決壅積，十里立一水門，令更相洄注，無復潰漏之患。遷侍御史，從駕東巡狩，至無鹽，帝美其功績，拜河隄謁者。尋遷徐州刺史，又遷廬江太守。廬江民不知牛耕，食常不足，景驅率吏民，修起孫叔敖芍陂稻田，教用犁耕，墾辟倍多，境内豐給。銘石刻誓，令民知常禁。又訓令蠶織，爲作法制。卒於官。

西魏

王盟。樂浪人，家於武川。以積射將軍從蕭寶夤西征〔五三〕，寶夤僭逆，盟遂逃匿。及尒朱天光入關，盟從之。隨賀拔岳禽万俟醜奴，平秦隴，常先登力戰。及宇文泰平侯莫陳悦，除盟原州刺史。孝武至長安，封魏昌縣公，歷拜司空、司徒、侍中、太尉。趙青雀之亂，輔太子出頓渭北。事平，進長樂郡公，遷太保，進太傅。姿度宏雅，仁而汎愛。雖位居師傅，禮冠羣臣，而謙恭自處，未嘗以富貴驕人。卒，謚孝定。

北周

高琳。字季珉，高麗人。從魏孝武西遷，封鉅鹿縣子。河橋之役，琳勇冠諸軍，太祖謂之曰：「公即我之韓、白也。」復從戰芒山，除正平郡中正。齊將東方老來寇，琳擊退之，除鄜州刺史，加侍中。孝閔踐阼，進犍爲郡公。武成二年，討平文州氐。天和三年，爲江陵副總管。陳將吴明徹來寇，琳固守江陵以抗之，晝夜拒戰，凡經十旬，明徹退走。進位柱國。卒，謚曰襄。

唐

黑齒常之。百濟西部人。降唐，累遷左領軍員外將軍。儀鳳三年，從擊吐蕃，敗之。調露中，吐蕃使贊婆等入寇，又敗之。永隆二年，贊婆營青海，常之馳掩其屯，破之，悉燒其糧儥，所獲不貲。凡莅軍七年，吐蕃憺畏，不敢盜邊。封燕國公。垂拱中，突厥復犯塞，常之追擊之，賊遯去。後爲燕然道大總管，與李多祚等擊突厥骨咄禄元珍於黄花堆，破之。賊潰歸磧北。

高仙芝。高麗人。開元末，爲安西副都護、四鎮都知兵馬使。小勃律王爲吐蕃所誘，故西北二十餘國皆羈屬吐蕃。天寶六年，詔仙芝討之。乃分軍爲三，而自率一軍，越險深入。至阿弩越城，城中大酋長皆吐蕃腹心，仙芝遣將悉縛斬之，王出降，因平其國。急斷娑夷橋〔五四〕，吐蕃至不克渡。於是拂菻、大食諸胡七十二國皆震懾降附。擢爲四鎮節度使，尋加左金吾衛大將軍。九載，討石國，降其王車鼻施。更拜右羽林軍大將軍，封密雲郡公。

王思禮。高麗人。以功授右衛將軍、關西兵馬使。安禄山反，哥舒翰爲元帥，奏思禮赴軍，委以軍事。密勸翰表誅楊國忠，不聽。潼關失守，思禮走行在，更爲關内行營節度、河西隴右伊西行營兵馬使，守武功。賊將來戰，退保扶風。長安平，思禮先入清宫，收東京。戰數有功，遷兵部尚書，封霍國公，兼潞、沁等州節度。乾元元年，與郭子儀圍相州，軍潰，惟李光弼、思禮完軍還。尋破史思明别將萬餘衆於直千嶺。代光弼爲河東節度副大使，加司空。卒，謚武烈。

張保皐。鄭年。新羅人。皆善鬬戰，工用槍。年復能没海，履其地五十里不噎。二人常不相下，自其國皆來，爲武寧軍小將。後保皐歸新羅，謁其王曰：「遍中國以新羅人爲奴婢，願得鎮清海〔五五〕，使賊不得掠人西去。」王與萬人守之。自太和後，海上無鬻新羅人者。保皐既貴於其國，年饑寒客漣水。一日辭戍主東歸，謁保皐，飲之極歡。聞大臣殺其王，國亂，保皐分兵五千，持年泣曰：「非子不能平禍難。」年至，誅反者，立王以報。王召保皐爲相，以年代守清海。

土産

白苧布。綿紬。木棉布。五爪龍席。雜彩花席。白硾紙。米。有江米、稻米二種。鹿皮。獺皮。刀。以上俱入貢。金。銀。鐵。石鐙盞。有紅、白二色。水晶。鹽。狼尾筆。油。煤。墨。摺扇。編竹爲骨，以多爲貴。黄漆。樹似棕，六月取汁，漆物如金。果下馬。後漢書：濊國有果下馬。注云：高三尺，乘之可以果樹下行。長尾雞。後漢書：馬韓國長尾雞，尾長五尺。蜂蜜。貂豽。紅豹皮。後漢書：濊國多文豹。八梢魚。班魚。後漢書：濊國海出班魚，使來皆獻之。蠣房。鼂脚。竹蛤。海藻。昆布。秔。可爲酒。黍。麻。麥。松。有二種。惟五葉者結子。人參。茯苓。硫黄。白附子。榛子。梨。栗。

校勘記

〔一〕至紇升國城　「國」，乾隆志卷四二一朝鮮(下同卷簡稱乾隆志)同，通典卷一八六邊防、文獻通考卷三二五四裔考等作「骨」。

〔二〕至曾孫璉益强　「璉」，原作「連」，據乾隆志及梁書卷五四東夷傳改。按，本志蓋避乾隆皇太子永璉諱改字。下文同回改，不出校。

〔三〕本高句驪　乾隆志同，疑句末脱「地」字。按，乾隆志卷上即云咸鏡本高句麗之地。

〔四〕領沃晴椒三州　「晴」，乾隆志同。按，「晴州」或作「晴州」，新唐書卷二一九北狄即作「晴州」。

〔五〕曰鴨緑府　「緑」，乾隆志及文獻通考卷三二六四裔、新唐書卷二一九北狄皆作「渌」，下文同。

〔六〕曰長領府　「領」，乾隆志及文獻通考卷三二六四裔同，新唐書卷二一九北狄作「嶺」。

〔七〕挹婁故地爲定理府　「理」，原作「藩」，乾隆志同，據新唐書卷二一九北狄及文獻通考卷三二六四裔考改。

〔八〕安遠府領寧郿慕常四州　「寧」，原作「安」，據乾隆志及文獻通考卷三二六四裔考改。按，本志避清宣宗諱改字也。

〔九〕復遣朝鮮使臣羅德憲李廓歸國　「李廓」，原作「季廓」，據乾隆志及太宗文皇帝聖訓卷三改。

〔一〇〕匪惟怛威　「怛」，乾隆志作「憚」。

〔一一〕寧越　「寧」，原作「安」，據乾隆志改。按，本志避清宣宗諱改字也。下文同改不出校。

〔一二〕曰端川　「川」，原作「州」，乾隆志同，據讀史方輿紀要卷三八外國考改。

〔一三〕治平壤府朝鮮西境也　「境」，乾隆志同，讀史方輿紀要卷三八外國考作「京」。按，上文「京畿道」下云「治國城，朝鮮都也」，此條同例，似作「京」字爲是。

〔一四〕平　原作「買」，據乾隆志及讀史方輿紀要卷三八外國考改。按，下文另有買州，此重，顯誤。

〔一五〕渭　原作「滑」，乾隆志同，據讀書方輿紀要卷三八外國考改。

〔一六〕縣有帶水　「帶」，原脱，乾隆志同，據讀史方輿紀要卷三八外國考及漢書卷二八下地理志補。

〔一七〕張晏曰朝鮮有濕水洌水汕水三水合流爲洌水是也　下「洌水」，原作「洌口」，乾隆志同，據讀史方輿紀要卷三八外國考及史記卷一一五朝鮮列傳集解引張晏注改。「晏」，原作「宴」，亦據改。

〔一八〕昔時高句驪依險爲城謂之丸都　「昔」，原作「晉」，乾隆志同，據讀史方輿紀要卷三八外國考改。按，三國志毌丘儉傳已有毌丘儉討高句驪，至肅慎氏南界，刻石紀功，刊丸都之山之記載，可見丸都之名非始於晉時。「晉」蓋「昔」之形似而誤。

〔一九〕咸從　「咸」，原作「成」，乾隆志同，據讀史方輿紀要卷三八外國考及元史卷五九地理志改。

〔二〇〕倭酋行長據粟林曳橋　「曳」，原作「臾」，乾隆志同，據明史卷三二〇朝鮮傳及讀史方輿紀要卷三八外國考改。

〔二一〕在蔚山城東南　「南」，原作「北」，據乾隆志及讀史方輿紀要卷三八外國考改。

〔二二〕以絶釜山彦陽之援　「陽」，原作「楊」，乾隆志同，據明史卷三二〇朝鮮傳及讀史方輿紀要卷三八外國考改。

〔二三〕府當烏嶺之南　「烏」，原作「馬」，乾隆志同，據讀史方輿紀要卷三八外國考改。

〔二四〕境内又有買肖城　「境」，原無，乾隆志同，據讀史方輿紀要卷三八外國考補。

〔二五〕其東南近全羅道之南原府　「東南」，原脱「南」字，乾隆志同，據讀史方輿紀要卷三八外國考補。

〔二六〕都督慶鹽穆賀四州　「賀」，原作「和」，乾隆志同，據讀史方輿紀要卷三八外國考及遼史卷三八地理志改。

〔二七〕自單單大嶺以西爲樂浪　「單單」，原不重，乾隆志同，據讀史方輿紀要卷三八外國考及三國志卷三〇烏丸鮮卑東夷傳補。

〔二八〕屢犯遼東玄菟塞　「塞」，原作「寨」，乾隆志同，據讀史方輿紀要卷三八外國考改。

〔二九〕有潼關堡在平壤西境　「有」，乾隆志同，據文例，似當作「又」字。

〔三〇〕又北曰順川郡順州之西曰价州今曰价川郡　兩「州」字，原均作「川」，乾隆志同，據讀史方輿紀要卷三八外國考改。按，此節録紀要文不當，致古今名無別，遂失其意。原文作「又北曰順州，今曰順川郡。順州之西曰价州，今曰价川郡」。

〔三一〕又里道記　「里」，原作「理」，乾隆志同，據讀史方輿紀要卷三八外國考改。按，顧祖禹屢引里道記，蓋前人地理之作。

〔三二〕隸保州　「隸」，原作「治」，乾隆志同，據讀史方輿紀要卷三八外國考及遼史卷三八地理志改。

〔三三〕即今之宣川郡　「川」，原作「州」，乾隆志同，據讀史方輿紀要卷三八外國考改。

〔三四〕在淥州西二百里　「淥」，原作「綠」，據乾隆志及讀史方輿紀要卷三八外國考改。按，本志上文亦作「淥州」。下文同改，不出校。

〔三五〕公孫康分屯有昭明二縣　「屯有」，原作「臨屯」，乾隆志同，據讀史方輿紀要卷三八外國考改。按，後漢書郡國志樂浪郡下有屯有、昭明二城，無所謂「臨屯」。

〔三六〕加尸城在平壤西南　「平壤」，原作「平城」，據乾隆志及讀史方輿紀要卷三八外國考改。

〔三七〕行軍總管李謹行破高麗於瓠蘆河西　「瓠」，原作「匏」，據乾隆志及讀史方輿紀要卷三八外國考改。

〔三八〕不以爲疲　「疲」，乾隆志及太平寰宇記卷一七二三韓國皆作「痛」。

〔三九〕諸國邑各以一人主祭天地號天君　「天地」，乾隆志及太平寰宇記卷一七二三韓國（舊刻通行本）同，後漢書東夷傳、太平御覽四夷部一作「天神」。按，既號「天君」，當以「天神」爲是。

〔四〇〕平安咸鏡俗尚弓馬　「平安」，原倒作「安平」，乾隆志同，據本志上文乙正。下注文「平安」原亦誤倒，今亦乙正。

〔四一〕李謹行破高麗於瓠蘆河之西　「瓠」，原作「匏」，乾隆志同，據讀史方輿紀要卷三八外國考及資治通鑑卷二〇二唐紀一八改。下文同改。

〔四二〕其相近者又有天成浦　「成」，乾隆志同，讀史方輿紀要卷三八外國考作「城」。

〔四三〕元至元二十二年　「至元」，原作「至正」，乾隆志同，據讀史方輿紀要卷三八外國考及元史卷一三元世祖本紀改。

〔四四〕元史作合浦誤也　「合浦」，原作「月浦」，乾隆志同，據讀史方輿紀要卷三八外國考及元史卷一三元世祖本紀改。

〔四五〕又一水謂之陀水　乾隆志同。按，讀史方輿紀要卷三八外國考作「或謂之陀水」。蓋一統志史臣惑於下文「戰於蛇、陀二水」，故改之也。實則此「蛇」乃「茶」之誤，遼史卷七二、卷七三、卷八〇、卷八一皆敘征高麗事，並作「茶」，讀史方輿紀要外國考亦作「茶」。當是一統志録紀要之文時有訛誤也。

〔四六〕晉張華曰朝鮮有泉水云云　乾隆志同。按，據史記集解，所引文字乃張晏注史記朝鮮列傳文，非張華。「泉水」亦當作「濕水」。

〔四七〕在單大嶺之東　「單大嶺」，乾隆志及讀史方輿紀要卷三八外國考、後漢書卷八五東夷列傳皆作「單單大嶺」。

〔四八〕其後皆以爲縣中渠帥皆自稱三老　乾隆志同。按，「中」上似當重「縣」字。三國志魏書東夷傳言「其後皆以其縣中渠帥爲縣侯」，「沃沮諸邑落渠帥皆自稱『三老』」。此節略失當。

〔四九〕金漣　「漣」，原作「湕」，乾隆志同，據讀史方輿紀要卷三八外國考及新唐書卷二二〇東夷傳改。

〔五〇〕隋書新羅傳　「新羅」，原作「百濟」，據隋書卷八一新羅傳改。

〔五一〕並新撰晉書　「新」，原作「親」，據乾隆志及舊唐書卷一九九上東夷傳改。

〔五二〕龍朔二年　乾隆志同，舊唐書卷一九九上東夷傳作「龍朔三年」。

〔五三〕以積射將軍從蕭寶夤西征　「夤」，原作「寅」，乾隆志同，據北史卷六一王羆傳改。下文同改。按，蕭寶夤，北史卷二九有傳。

〔五四〕急斷娑夷橋　「娑」，原作「婆」，乾隆志同，據新唐書卷一三五高仙芝傳改。

〔五五〕願得鎮清海　「清海」，原作「青海」，乾隆志作「西海」，據新唐書卷二二〇東夷傳改。下文同改。

大清一統志卷五百五十一之一

琉球

在福建泉州府東海島中，接漳、泉、興、福四州界，其貢道由福建以達於京師。

分野

天文牛、女分野。

建置沿革

古史不載。漢魏以來，不通中國。相傳在海島之中，當建安郡東，水行五日而至。在外國爲最小而險。其國有大琉球、小琉球。隋大業中，令羽騎尉朱寬訪求異俗，始至其國，言語不通，掠一人以返。後遣武賁郎將陳稜率兵至其都，掠男女五千人還。唐宋時未嘗朝貢。寰宇記：隋煬帝大業初，海帥何蠻等云：「每春秋之時，天清風静，東望依稀，似有煙霧之氣，亦不知有幾千里。」三年，帝命羽騎尉朱寬入海，訪求異俗，遂與何蠻俱往，因到琉球國，言語不相通，因掠一人，并取其布甲而還。帝復遣武賁郎將陳稜、朝請大夫張鎮州率兵自義安浮海擊之，至琉球。初，稜將南方諸國人從軍，有崑崙人頗解其語〔一〕，遣人慰諭之，琉球不從，拒逆官軍。稜擊走之，進至其都，頻戰皆敗，焚其宫室，擄其男女數千人而還。自是而絶。元世祖至元二十八年，沿海副萬户楊祥使往招諭，不從。成宗元貞三年，福建省平章政事高興，遣都鎮撫張浩等赴琉球國，擒生口而還。元史作「瑠求」。又曰：高興言「今立省泉州，距瑠求爲近，可伺其消息，或宜招宜伐，不必他調兵力」。九月，高興遣都鎮撫張浩、福州新軍萬户張進赴瑠求國，擒生口一百三十餘人。

其國始建自天孫氏，傳二十五代，爲逆臣利勇所篡。浦添按司舜天者，日本人，討殺利勇，衆推爲王，遂代天孫氏。舜天之孫義本，禪位於天孫氏後英祖，而自隱於北山。英祖三傳至玉成〔二〕，荒淫無度，諸司不朝。大里按司稱山南王，歸仁按司稱山北王，玉成遂自稱中山王，國分爲三。玉成傳子西威，西威薨，國人廢其子而立浦添司察度。明洪武初，奉朝貢，遣子姪及陪臣子弟來，請肄業國學。帝許之，并賜閩人三十六姓善操舟者，令往來朝貢。自是三王嗣封，皆請於朝。未幾，山南佐鋪按司巴志者，合衆攻山南，繼攻山北，山北王自殺。復攻滅中山，巴志遂奉其父思紹爲王。永樂五年，請於朝，襲封中山王爵。巴志復滅山南王。自元延祐中國分爲三，至是合爲一，賜尚姓。尚巴志五傳至尚德，國人廢其子而立伊平人尚圓。或曰義本之後，或以爲天孫氏裔。終明之世，修貢不絶。按：明史洪武五年載中山王察度，十一年載山北王怕尼芝，俱非尚姓。永樂二十二年始載中山世子尚巴志。厥後諸王乃各冠以尚姓，是中山之得尚姓自巴志始。而始云洪武初，其國有三王，曰中山、山南、山北，皆尚姓，史文不免相牴牾。蓋山南、山北兩王，本莫考其姓氏，即中山之姓尚者，並非察度子孫。其後尚圓代尚德而立，亦非同姓。外藩有更姓之實，而不敢爲更姓之名者，懼中朝詰責也。史家但據赴告直書，雖紀載通例，而其傳國本末有不可誣者。又續文獻通考云後嗣王尚圓、尚真、尚清分爲三，曰中山王，曰山南王，曰山北王。然明宣德間，二王已爲中山所併，尚圓襲封在成化七年。尚真即尚圓之子，此時何至分爲三王？是蓋因史家有三王皆尚姓之言，遂借其後王之姓名以附會之也。按：舊志亦云，元末國分爲三，皆以尚爲姓。此沿明史及續文獻通考之訛，今改正。

本朝順治六年，琉球國遣使奉表納款。十一年，其國王世子尚質遣使進貢方物。詔册封尚質爲中山王，賜鍍金銀印，令二年一貢，著爲例。康熙二十年，中山王世子尚貞奏請襲封。二十一年，遣官册封琉球國王，并御書「中山世土」四字賜之。五十七年，琉球國王世曾孫尚敬，奏稱：「自四十八年中山王尚貞薨逝，世子尚純早世，世孫尚益權署國事，未及請封，亦薨。今遣耳目官正議大夫等奉表恭進方物，并請封襲王爵。」奉旨：琉球國世守臣節，忠誠可嘉，准該國王世曾孫尚敬所請，敕賜承襲琉球國中山王。雍正元年，琉球國王尚敬遣王舅翁國柱及曾信入貢，復遣官生鄭秉哲等入監。二年，召見王舅翁國柱於乾清宫，御書「輯瑞球陽」四字賜之。乾隆元年、二年、三年，琉球國王俱遣使入貢。四年，高宗純皇帝以國王遣使慶賀，忠藎可嘉，降敕獎諭，併御書「永祚瀛壖」四字賜之。十九年，琉球國王世子尚穆奏稱：「臣父敬於乾隆十六年薨逝，念臣小子穆，恭循典例，以嫡繼統。謹遣耳目官正議大夫等虔齎方物，奏請循例封襲王爵。」二十年，敕封尚穆爲琉球國中山王。二十四年，復遣官生梁文治等入監。五十年，御書「海邦濟美」扁額賜之。六十年，琉球國世子尚温恭逢國慶，遠進表貢，特頒敕諭並賚文綺等物。嘉慶四年，册封尚温爲琉球國中山王，御書「海表恭藩」四字賜之。十二年，琉球國世孫尚灝嗣立，詔封如例。自後二年一貢。其國有三十六島。

風俗

風土氣候，與嶺南相類。隋書。望月盈虧，以紀時節；候草木榮枯，以爲年歲。北史。去髭黥手，羽冠毛衣。寰宇記：人皆深目長鼻，男子去髭鬚，婦人以墨黥手，爲龍蛇文。文獻通考：男女皆紵繩纏髮，從後盤遶至額。其男子用鳥羽爲冠，裝以珠貝，飾以赤毛，形製不同。婦人以羅文白布爲帽，其形方正，鬭鏤皮并雜毛以爲衣，製裁不一。綴毛垂螺爲飾，雜毛相間，下垂小貝，其聲如珮。綴璫施釧，懸珠於頸。織藤爲笠，飾以毛羽。隋書。深目長鼻，名有小慧。隋書。無禮節，好剽掠。寰宇記：無君臣上下之節、拜伏之禮。父子同牀而寢，男女相悦，便相配偶。婦人産乳，必食子衣。明統志：尤好剽掠，故商賈不通。人喜鐵器，不駕舟楫，惟縛竹爲筏，急則羣舁之，浮水而遁。火耕水耨。文獻通考：厥田良沃，先以火燒，而引水灌之。持一鍤，以石爲刃，長尺餘，闊數尺，而墾之。宜稻粱、禾黍、麻豆、赤豆、胡黑豆等。木有楓、栝、松、楩、楠、枌、梓，果、藥同於江表〔三〕。家織蕉布。汪楫使琉球雜録：農習於惰，紝婦較耕男爲勤。家織蕉布，非是則無以爲衣也。負薪運水，亦婦人爲之。曝海爲鹽，木汁爲醋，米麴爲酒。寰宇記：以木槽中曝海水爲鹽，木汁爲醋，米麴爲酒，其味甚薄。食皆用手，遇得異味，先進尊者。凡有宴會，執酒者必待呼名而後飲。上王酒者，亦呼王名，後銜盃同飲，頗同突厥。歌呼蹋蹄，一人唱，衆皆和，音頗哀怨。扶女子上膊，摇首而舞。胡靖崇禎癸酉記録：肴饌盡乾製，無調羹，各盤貯而不相共。飲酒止以一盃。相傳有我合彼分，我分彼合之別。土多山洞，洞有小王。寰宇記：琉球國自隋聞焉，居海島中，當建安郡之東，水行五日而至，土多山洞。其王姓歡斯氏，名渴剌兜，不知其由來、有國代數也。彼土人呼之爲「可老羊」，妻曰「多拔荼」〔四〕。所居曰波羅檀洞，塹柵三重，環以流水，樹棘爲藩。王所居舍，其大十六間，雕刻禽獸。國有四五帥，統諸洞，洞有小王。往往有村，村有鳥了帥，並以善戰者爲之，自相樹立，理一村之事。兵有刀矟、弓箭、劍鈹之屬，編紵爲甲，或用虎豹之皮。王乘木獸，令人轝之而行，導從不過數十人。國人好相攻擊，人皆驍健善走，難死而耐創。諸洞各爲部隊，不相救助。兩軍相當，勇者三五人出前跳譟，交言相罵，因相擊射。如其不勝，一軍皆走，遣人致謝，即共和解，收取鬭死者衆食之。無賦斂，有事則均稅。用刑亦無常準，皆臨事科決。文獻通考：其民犯罪皆斷於鳥了帥，不伏則上請於王，王令臣下共議定之。獄無枷鎖，惟用繩縛。決死刑，以鐵椎大如筋，長尺餘，鑽頂殺之。周煌琉球國志略云：其國刑法有死刑三，一凌遲，一斬首，一槍刺。輕刑五，一流，一曝日，一夾，一枷，一笞。近奉正朔，設官職，被服冠裳，表陳章奏。以土官爲武職，司朝貢者爲文職。續文獻通考：其大夫、長史、通事官司朝貢〔五〕，定員，爲文職，皆明所賜三十六姓子孫爲之。土官則有名無姓也。著作篇什，有華風焉。張學禮中山記云：官宦之家，俱有書室客軒，架列四書、唐詩、通鑑等集，板翻高闊，旁譯土言云。宮殿門皆西向。皇朝文獻通考：其國山形本南北向，以中國在海西，王殿及門皆西向，表忠順內面之意。貢使至京，必候賜時憲書歸國。通事官豫依萬年書推算，名曰選日通書，權行國中。俟憲書頒到，通國遵用。分土爲祿，官級以簪爲差等。皇清職貢圖：王與臣民分土爲祿，夷官品級以金銀簪爲差等。用黄綾縐摺圈爲冠，寬衣大袖，繫大帶。官婦髻插金簪，不施脂粉，衣以錦繡，其長覆足。營海利，工紡績。皇清職貢圖：男服耕作，營海利。土人結髻於右，漢種結髻於左。布衣草履，出入常攜雨蓋。婦人短衣長裙，以幅巾披肩背間，見人則升以蔽面。常負物入市交易，亦工紡績。

山川

北山。在國境西南，與日本接界。明萬曆中，福建巡撫許孚遠奏云：「琉球近歲爲關白擾害，蓋因地勢連屬，無波濤之險。由薩摩開船，四日可至琉球。北山延袤三百餘里，隨路有山，早行夜宿。關白見其路順，欺其國弱，聲言發船來伐，要彼北山屯兵。若果據北山，琉球必爲所得，而閩廣爲其出没之地，盤據騷擾，將無安日。」即指此山也。按：故山北王國以此山名，與中山、山南爲三。

琉璜山。亦在國境西南。地名尤家埠。山形圓卑如覆盂，四面無址。

虎萃峯。在國城内殿後。其下有小廟，無像，但設香供於地。又殿前有石壁高數丈，闊二十餘丈，平如斧削。中有一穴，穴口嵌一鐵龍頭。龍口内有泉噴出，從空注下，即大旱之年，水亦不竭。

高華嶼。隋書：自義安浮海至高華嶼，又東行二日至鼊嶼〔六〕，又一日便至琉球。按二嶼俱隋陳稜率兵過此。

落漈。元史：水至彭湖，漸近琉球，謂之落漈者，水趨下不迴也。凡西岸漁舟至彭湖，遇颶風作，漂流落漈，回者百之一二。續文獻通考：嘉靖中，國王遣使蔡瀚奉表謝，又請云：「明統志中載琉球有落漈，王居壁下，聚髑髏，非實事。杜氏通典、集事淵海、贏蟲録、星槎勝覽所述，亦傳者妄也，乞下史館。」從之。

那壩港。在國城外二十餘里，離海口三里許。其間里巷相連，人居稠密。又有地名玖米，亦見章奏。

龍潭。在國城西。潭中二山並峙，一名石筍，一名龍岡。其國人於端陽日，爲龍舟競渡之戲於此。

古蹟

三嶼。故國名。近琉球。元世祖至元三十年，欲遣人招誘之。平章政事巴延言此國之人不及二百萬，乞不遣使，從之。「巴延」舊作「伯顔」，今改正。

三清殿。在那壩港東北三里。殿前有二松樹，大數圍，高二十餘丈。

天妃廟。在三清殿東。其東有演武場，場南有長虹橋，廣丈餘，長五里。橋下大水，名曰曼湖，通海。過橋有松嶺，長二十里，松楸滿目，蒼翠鬱然，亦琉球之一景也。

迎恩亭。在那壩港地方。明洪武時建。離海口三里許，即天使登岸之所。

天使館。近迎恩亭。向來册封員役，俱駐於此。館中有廳堂、廊房、樓閣、園亭、臺榭、書室、小軒，周圍寬廣。館内鋪設什物，俱照中國制度，設專司收貯在庫，俟天使至日，方敢動用。後樓上尚有明季使臣杜三策題梅花詩百首於壁間。其餘吟詠甚多。外有扁額字畫，皆明歷代名公之遺蹟也。館前有空地百畝，每日午後，婦女或老或少，攜筐挈筥，聚集於此，爲貿易，實遊玩也。

山北王墓。在今歸仁運天村。土人呼爲按司墓。

尚圓王祖塋。在葉壁山中。有一山宛轉如游龍。

中山王祖塋。在國城内西南。塋中無冢，惟石碑上刻「琉球中山王祖塋」。塋前五峯相對，遠山圍抱。又有中山王家廟，離那壩港數里。官民經過，下馬步行。殿中所供牌位，自唐宋以來子孫不替云。

土産

熟琉璜。紅銅。以上俱入貢。鬬鏤樹。寰宇記：鬬鏤樹似橘，而葉密條纖如髮，紛然垂下。金荆榴。續文獻通考：木色如真金密緻而文彩盤錯，有如美錦。甚香，可以爲枕及案面，雖沈檀不能及〔七〕。海螺殼。白剛錫。胡椒。番茹。狀如薯蕷。番紙。蕉布。苧布。紅花。蘇木。鬃煙。熊。羆。豺。狼。寰宇記：有熊、羆、豺、狼，尤多猪、雞，無牛、羊、驢、馬。

校勘記

〔一〕有崑崙人頗解其語　「人」，原脱，乾隆志卷四二三琉球建置沿革（下同卷簡稱乾隆志）同，據太平寰宇記卷一七五流求國補。

〔二〕英祖三傳至玉成　「成」，清朝文獻通考卷二九五琉球作「城」。

〔三〕果蘂同於江表　乾隆志同。按，文獻通考卷三二七四裔考「果」上有「竹藤」二字。

〔四〕妻曰多拔荼　「荼」，乾隆志及隋書卷八一流求國同，北史卷九四流求作「茶」。

〔五〕司朝貢　「貢」，原脱，乾隆志同，據續文獻通考卷二三五四夷考東南夷補。

〔六〕又東行二日至鼊鼊嶼　「行」，原作「路」，據乾隆志及隋書卷八一東夷傳改。

〔七〕雖沈檀不能及　「沈」，原作「枕」，據乾隆志改。

大清一統志卷五百五十一之二

荷蘭

在西南海中。亦曰紅夷，俗稱紅毛國。其貢道由福建以達於京師。

建置沿革

自古荒服之地，不通中國。相傳在西洋中，其地近佛郎機。其人深目長鼻，髮眉鬚皆赤，足長尺二寸，頎偉倍常，故名紅夷，又名紅毛番。明萬曆中，佛郎機市香山，據呂宋，荷蘭聞而慕之。明史：萬曆中，福建商人歲給引，往販大泥、呂宋及咬𠺕吧者，和蘭人就諸國轉販，未敢窺中國也。自佛郎機市香山，據呂宋，和蘭人聞而慕之。二十九年，駕大艦，攜巨礮直薄呂宋。呂宋人力拒之，則轉薄香山嶴，言欲通市，當事難之。嶴中人慮其登陸，謹防禦，始引去。三十二年七月，駕二大艦直抵彭湖，至十月末乃去。是時佛郎機橫海上，紅毛與爭雄，攻破美洛居國，與佛郎機分地而守。後又因咬𠺕吧假臺灣之地於日本，築安平、赤嵌二城，倚夾板船爲援戰，久留不去。海上奸民，闌出貨物與市。尋復出據彭湖，築城設守。已又泊舟風櫃仔，出没浯澳、白坑、東椗、莆頭、古雷、洪嶼、沙洲、甲洲間，要求互市，濱海郡邑爲戒嚴。天啓三年，巡撫南居益謀討之。上言：臣入境以來，聞番船五艘續至，與風櫃仔船合，凡十有一艘，其勢愈熾。有小校陳士瑛者，先遣往咬𠺕吧宣諭其王，至三角嶼，遇紅毛船，言咬𠺕吧王已往阿南國，因與士瑛偕至大泥謁其王。王言咬𠺕吧國主已大集戰艦，議往彭湖求互市，若不見許，必至搆兵。蓋阿南即紅毛番國，而咬𠺕吧、大泥與之合謀，必不可以理諭。爲今日計，非用兵不可。因列上調兵足餉方略，部議從之。四年正月，遣將先奪鎮江港而城之，且築且戰，番人乃退守風櫃城。居益增兵往助攻，擊數月，寇猶不退。乃大發兵，諸軍齊進，寇勢窘，兩遣使求緩兵，遂揚帆去。彭湖之警始息，而其據臺灣者猶自若也。崇禎中爲鄭芝龍所破，不敢窺内地者數年。乃與香山佛郎機通好，私貿外洋。十年，駕四舶由虎跳門薄廣州，尋遁歸臺灣。

本朝順治九年，僞鄭成功率舟師攻安平城，荷蘭戰敗，因棄臺灣而去。十年，廣東巡撫奏稱荷蘭國遣使航海，請修朝貢。十三年，貢使嗶嚦哦哾嘢哈哇噁等到京，其貢道由廣東入。康熙二年，荷蘭國遣出海王統領兵船至閩安鎮助勦海逆，克取厦門、金門，特頒敕諭一道，遣官齎賞賚銀緞至福建，令給付本國人帶歸。五年，荷蘭國王表貢方物。二十五年，改定荷蘭國貢道由福建入，是年荷蘭國遣使獻方物，以貢船例由廣東入，但廣東路近而泊地險，福建路遠而泊地穩，請嗣後由福建入，部議如所請。自是職貢彌謹。雍正初年，通市不絶。夏秋交來廣，由虎門入口，至冬乃回。乾隆元年，特命裁減荷蘭稅額。二十七年，准荷蘭國夷商每船配買土絲五千斤，後又准每絲千斤扣帶綢緞八百斤，著爲例。五十年，上幸瀛臺，荷蘭國貢使於西苑門外瞻覲，宴賞優渥，賜國王綵緞、羅綺、文玩諸珍，錫之敕諭，以嘉悃忱。五十九年，荷蘭國王遣使入貢，宴賞如例。按：荷蘭，明史謂之和蘭，其本國在西洋者，去中華絶遠，華人未嘗至。其所恃惟巨舟、大礮，舟長三十丈，廣六丈，厚二尺餘，樹五桅。後爲三層樓，旁設小牕，置銅礮。桅下置二丈巨鐵礮，發之可洞裂石城，震數十里。世所稱紅夷礮，即其製也。然以舟大難轉，或遇淺沙，即不能動，而其人又不善戰，故往往挫衂。其所役使名烏鬼，入水不沈，走海面若平地。其柁後置照海鏡，大徑數尺，能照數百里云。

風俗

奉天主教，深目長鼻，髮眉鬚皆赤。國土富，遇中國貨物當意者，不惜厚貲。明史。夷人黑氈爲帽，著錦繡絨衣，握鞭佩劍，遇人則免冠挾之以爲禮。夷婦青帕蒙頭，領圍珠石，肩披巾縵，敞衣露胸，繫長裙，以朱草爲屨。皇清職貢圖。

土産

馬。珊瑚。哆囉絨。織金氈。嗶吱緞。鏡。丁香。檀香。自鳴鐘。冰片。琥珀。鳥槍。火石。以上俱入貢。金。銀。瑪瑙。玻瓈。刀。劍。可屈伸，縈繞如帶。天鵝。

大清一統志卷五百五十二之一

西洋

在西南海中。其貢道由廣東以達於京師。

建置沿革

去中國極遠，於古無可考。至明萬曆九年，有利瑪竇者，始汎海抵廣州之香山嶴。二十九年，入於京師。中官馬堂以其方物進獻，自稱大西洋人。是時禮部言：「會典止有西洋瑣里國，無大西洋，其真僞不可知。又寄居二十年，方行進貢，則與遠方慕義特來獻琛者不同。況此等方物，未經臣部譯驗，徑行進獻，則内臣混進之非，與臣等溺職之罪，俱有不容辭者。及奉旨送部，乃不赴部審譯，而私寓僧舍，不知何意。乞給賜冠帶還國，勿令潛居兩京，與中人交往，別生事端。」不報。帝嘉其遠來，給賜甚厚。瑪竇安之，遂留居不去。嗣是以後，其徒來者益衆，皆祖述其説，盛相矜誇。瑪竇有萬國全圖，其大略言天下有五大州：第一曰亞細亞州，第二曰歐邏巴州，第三曰利未亞州，第四曰亞墨利加州，最後得墨瓦蠟泥加州爲第五，而域中大地盡矣。其所謂亞細亞州者，自中國以至日本、交趾、西域等國皆是也。其所謂歐邏巴州者，則南至地中海，北至青地及冰海，東至大乃河墨阿的湖大海，西至大西洋，共七十餘國。自國王以及庶民皆奉天主耶蘇教，即瑪竇等所生之本國也。其所謂利未亞州者，南至大浪山，北至地中海，東至西紅海聖老楞佐島，西至阿則亞諾海，大小共百餘國。其所謂亞墨利加州者，地分南、北，中有一峽相連。峽南曰南亞墨利加，南起墨瓦蠟泥海峽，北至加納達；峽北曰北亞墨利加，南起加納達，北至冰海，東盡福島，地最廣大。其所謂墨瓦蠟泥加者，因以西把泥亞國王念地爲圜體，徂西自可達東，乃命其臣墨瓦蘭者往訪，沿亞墨利加東偏，展轉經年，忽得海峽，亘千餘里，海南大地杳無涯際，以墨瓦蘭首開此區，遂即其名命曰墨瓦蠟泥加云。四十四年，禮部侍郎沈㴶、給事中晏文輝等合疏斥其邪説惑衆，且疑爲佛郎機假託，乞急行驅逐。帝納其言，始令俱遣赴廣東，聽還本國。命下久之，遷延不行。至崇禎初，曆法疏舛，禮部尚書徐光啓請令西洋人羅雅谷、湯若望等以其國新法相參校，開局纂修，報可。書成未上，會本朝建元，始採取其説，命若望等理欽天監事，即醫學亦間用之。康熙九年，西洋國始遣使嗎嚧吻薩喇噠嚅到京，具表進貢。十七年，其國王阿豐速遣使進獅子。雍正三年，意達里亞國教化王伯納第多遣使奉表進貢。五年，西洋博爾都噶爾國王若望復遣使奉表進貢。乾隆十八年，復遣使進貢。嘉慶十六年，嚴定西洋人傳教治罪專條。先是，康熙八年、五十六年，屢禁西洋人在内地開堂傳教。雍正元年，奏定西洋人除進京效力人員外，俱安置澳門，不准於内地傳教。乾隆五十年，釋西洋人吧哋哩映等十二犯於獄，其願留京城者，准其赴堂安分居住；如情願回者，即押送回澳，不許在各處潛藏，煽惑滋事。嘉慶十六年，仁宗睿皇帝諭曰：「西洋人素奉天主，其本國之人自行傳習，原可置之不問。至若誑惑内地民人，甚至私立名號，蔓延各省，實屬大干法紀。著該管大臣查明，除在欽天監推步供職外，其餘西洋人遣令歸國。其在京當差之西洋人，仍當嚴加約束，禁絶旗民往來，以杜流弊。至外省地方，即不應有西洋人在境潛住。除廣東省向有西洋人貿易居住之處，留心管束，勿任私行傳教，不遵禁令者，按例懲治外，其餘各直省通行詳查。」其國地之遠近，舊史不載。今據利瑪竇及南懷仁等所紀歐邏巴州之地，共七十餘國，其大者曰以西把尼亞。在歐邏巴之極西。周一萬二千五百里。其地三面環海，一面臨山。産駿馬、五金、絲綿、細絨、白糖。國人好學，有共學二所，遠近學者聚焉。國中有二大名城，一曰色末利亞，近地中海，爲亞墨利加諸舶所聚。金銀如土，奇物無數。多亞利襪果有一林長五百里者，一名多勒多城，在山巔，運水甚難。巧者製一水器，盤水至城，不賴人力，其器晝夜自能轉動。又有渾天象，其大如屋，人入其中，見各重天之運動，其度數皆與天合。國中天主堂極多，近國王又造一大堂，修道之士環居。內有三十六祭臺，中臺左右有編簫二座，中各有三十二層，每層百管，管各一音，合三千餘管。凡風雨、波濤、謳吟、戰鬬與百鳥之聲，皆可模仿。本國之西，有波爾杜瓦國，四方商船皆聚。產果實，絲綿極美，水族亦繁。歐邏巴初通海道，周經利未亞，過大浪山，抵小西洋。至中國貿易者，從此國始。

拂郎察

在以西把尼亞東北。周一萬一千二百里，分十六道，屬國五十。都城名把理斯，設一共學，生徒嘗四萬餘，併他方學共七所。又設社院以教貧士，一切供億，皆王主之。其先嘗因回回佔如德亞地，興兵伐之，始製大銃。回回遂稱西土人爲佛郎機，銃亦沿此名。是國之王神，能以手撫人瘰癧，應手而愈。每歲一日療人，先期齋戒三日，凡患此疾者，豫集天主殿中，國王舉手撫之。國土膏腴，物力豐富。

意大里亞

在拂郎察東南。周圍一萬五千里，三面環地中海，一面臨高山。有一千一百六十六郡，最大曰羅瑪城，周一百五十里。地有大渠，穿出城外百里，以入於海。四方商舶悉輸珍寶，駢集是渠。教王居於此。列國之王雖非其臣，咸致敬盡禮，認爲代天主教之君也。羅瑪城奇觀甚多，宰輔家有名苑，中造流觴曲水，又銅鑄各類羣鳥，遇機一發，自能鼓翼而鳴，各具本類之聲。又有石柱，外周鏤形象，爛然可觀；內則空虛，可容數人，登躋上下，如塔然。城中大山曰瑪山，人煙稠密，苦無泉，造一高梁長六十里，梁上立溝，接遠山之水，如通流河。西北爲勿搦祭亞，城建海中，有一種木爲樁，入水千年不朽。其上鋪石造屋，備極精巧。城內街衢俱是海，兩旁可通陸行。城中有舶二萬，又有橋梁極闊，上列三街，俱有民居，不異城市，其高可下度風帆。國中精於造舟，豫庀物料，一舟指顧可成。造玻璃極佳，甲於天下。有勿里諾湖，在山巔，從石峽瀉下，聲如迅雷，聞五十里。日光耀之，恍惚皆虹蜺狀。又有沸泉，不可染指，投畜物於內，頃刻便糜爛。其南爲納波里，地極豐厚。從納波里至左里城，石山相隔，國人穴山通道，長四五里，廣容兩車，對視如明星。其四周皆小山，山洞甚多，入内可療病，各主一疾。如欲汗者入某洞，則汗至；欲除濕者入某洞，則濕去。意大里亞名島有三。一西齊里亞，地極富庶，有大山噴火。山四周多草木，積雪不消，常成晶石。沸泉如醋，物入便黑。國人最精天文，造日晷法自此地始。有巧工德大禄者，造百鳥能飛，即微如蠅蟲亦能飛。更有天文師名亞而幾墨得者，有三絶：昔敵國駕數百舶臨其島，彼則鑄一巨鏡，映日注射敵舶，光照火發，數百舶一時燒盡。又其王命造一極大舶，舶成將下海，雖傾一國之力，用牛馬駱駝千萬莫能運。幾墨得營運巧法，第一舉手，舟如山嶽轉動，須臾下海。又造一自動渾天儀，十二重，層層相間，七政各有本動，凡日月五星列宿運行遲疾與天無二。以玻璃爲之，重重可透視。旁近有瑪兒島，不生毒物。蛇蝎等皆不螫人，毒物自外至輒死。一哥兒西加，有三十三城，産犬能戰，一犬可當一騎。其國布陣，每騎間一犬，反有騎不如犬者。又近熱奴亞。一雞島，滿島皆雞，自生自育，絶非野雉之屬。

熱爾瑪尼亞。在拂郎察東北。國王不世及，乃七大屬國之君所共推者，或用本國臣，或用列國君，須請命教王立之。其土人散處各國爲兵，極忠實，至死不二。各國護衛宫城，或從征他國，皆選此國人充之。工作精巧，能於戒指内納一自鳴鐘。又有法蘭哥地，人最質直易信，行旅過者輒詈之，客或不答，則大喜，延入具酒食。謂此人已經嘗試，可信託也。多葡萄，善造酒，但沽與他方過客，土人滴酒不入口也。其屬國名波液米亞者，地生金，掘井恒得金塊重十餘斤，河底嘗有金如豆粒。有羅得林日亞國最侈汰，其王一延客，堂四周皆列珊瑚，琅玕交錯，儼如屏障。

拂蘭地亞。在亞勒馬泥亞西南。地不甚廣，人居稠密。婦人貿易無異男子，能手作錯金絨，不煩機杼。布最輕細，皆出此地。

波羅泥亞。在亞勒馬尼亞東北。地甚冷。冬月海凍，行旅於冰上歷幾晝夜，望星而行。其屬國波多里亞地易發生，種一歲有三歲之穫。海濱出琥珀，是海底脂膏從石隙流出，初如油，出穴便凝，每爲大風衝至海濱。

翁加里亞。在波羅泥亞南。物産極豐，牛羊可供歐邏巴一州之用。有四水甚奇。其一從地中噴出，即凝爲石。其一冬月常流，至夏反合爲冰。其一以鐵投之，便如泥，再鎔又成精銅。其一水色沈緑，凍則便成緑石，永不化。

大泥亞諸國。歐邏巴西北有四大國，曰大泥亞，曰諾而勿惹亞，曰雪際亞，曰鄂底亞。與熱爾瑪尼亞相隔一海套，道阻難通。其南夏至日長六十九刻，其中長八十二刻，其北夏至日輪横行地面，半年爲一晝夜。其大泥亞國沿海産菽麥、牛羊最多。海中魚蔽水面，不藉網罟，隨手取之不盡。本國一世家名第谷，建一臺於高山絶頂，以窮天象，究心三十餘年，累黍不爽。所制窺天之器，窮極杳渺，今爲西土推算之宗。其諾而勿惹亞寡五穀，山多材木鳥獸，海多魚鼈。人性馴厚，喜接遠方賓旅，絶無盗賊。雪際亞地分七道，屬國十二。歐邏巴北稱第一富庶，多五穀五金，財貨百物。貿易不以金銀，以物相抵。人好勇，亦善遇遠方人。鄂底亞在雪際亞之南，亦繁庶。

厄勒祭亞。在歐邏巴極南。地分四道，凡禮樂、法度、文字、典籍，皆爲西土之宗。其人喜啖水族，不嘗肉味，亦嗜美酒。東北有羅馬泥亞國，都城周裹三層，生齒極衆。城外居民，延亘二百五十里。一聖女殿，門開三百六十以象周天。附近有高山，名阿零薄，山頂終歲清明，無風雨。有河水，一名亞施亞，白羊飲之變黑。一名亞馬諾，黑羊飲之變白。有二島：一爲厄歐白亞，海潮一日七次。一爲哥而府，圍六百里，出酒與油蜜極美，遍島皆橘柚、香橼之屬。

莫斯哥未亞。在亞細亞北盡境。東西萬五千里，南北八千里。中分十六道。有窩兒加河最大，支河八十，皆爲尾閭，以七十餘口入北高海。兵力甚强，日事吞併。其地夜長日短，冬至日止二時，氣候極寒，雪下堅凝，室宇多用火温。行旅爲嚴寒所侵，血脈皆凍，如驀入温室，耳鼻輒墮。每自外來者，先以水浸其軀，俟僵體漸甦，方可入温室。八月至四月皆衣皮裘。産皮處，用以充賦税。所造大銃長三丈七尺，用藥二石，内容二人埽除。又有蜜林，其樹悉爲蜂房，國人各界其樹爲恒産。

風俗

尚天主教，通推算，善製造。南懷仁坤輿圖説云：歐邏巴州大小諸國，自王以及庶民皆奉天主教，纖毫異學不容竄入。其婚娶男子三十，女子至二十外，臨時議婚，不預聘。通國皆一夫一婦，無有二色者。土多肥饒，産五穀，以麥爲重，果實更繁。出五金，以金、銀、銅鑄錢爲幣。衣服蠶絲者，有天鵝絨、織金緞之屬。羊絨者，有毯罽、鎖哈喇之屬。又有利諾草，爲布細而堅，輕而滑。敝可擣爲紙，極堅韌。君臣冠服，各有差等，相見以免冠爲禮。男子二十以上，概衣青色，兵士勿論。女人以金寶爲飾，服御羅綺，佩帶諸香。酒以葡萄釀成，不雜他物，可積至數十年。膏油之類，味美者曰阿利襪，是樹頭果，熟後全爲油。飲食用金銀玻璃及瓷器。其屋有三等，最上者純以石砌，其次甎爲墻，其下土爲墻。築基最深，上累六七層，高至十餘丈。瓦或用鉛，或輕石板，或陶瓦。工作製造，備極精巧。其駕車國王用八馬，大臣六馬，其次四馬，或二馬。戰馬皆用牡，騸過則弱，不堪戰矣。諸國皆尚文學，國王廣設學校，一國一郡有大學、中學，一邑、一鄉有小學。小學選學行之士爲師，中學、大學又選學行最優之士爲師。生徒多者至數萬人，分爲四科，聽人自擇。一曰道科，主興教化；一曰教科，主守教法；一曰治科，主習政事；一曰醫科，主療疾病。凡四科官，禄入皆厚，養廉有餘，尚能推惠貧乏。諸國所讀之書，一以天主經典爲宗。在處皆有貧院，專養鰥寡孤獨及殘疾之人。又有幼院，以育小兒。有病院，養疾病。各城邑遇豐年，多積米麥，饑歲以常價糶之。國中有天理堂，選盛德宏才無求於世者主之。凡有舉動征伐，必先質問合天理否，以爲可，然後行。諸國賦税不過十分之一，民皆自輸，無徵比催科之法。詞訟極簡，小事里中和解，大事乃聞官。凡官府判事，不先事加刑，必俟事明罪定，然後刑之。按：皇清職貢圖，意大里亞國人善行賈，多富厚。肌膚白皙，鼻昂而目深碧，不蓄鬚髮，别編義髮蒙首，以黑氊折三角爲帽，短衣革屨，袴韈束迫如行縢。婦人螺髮爲髻，領懸金珠寶石，上衣下裳，用錦帕覆背，謂之巾縵。俗重女輕男，相悦爲婚。又合勒未祭亞省國人軀體壯闊，極忠義，受德必報。遊往他國，彼君上必用爲侍衛之屬。婦人貞静質直，工作精巧，能徒手交錯金絨，不用機杼，布最輕細。又翁加里亞國人仿佛蒙古，衣服甚短，幼習馳馬，短頸善奔。常帶彎刀，長四尺，每在馬上舞試。婦人能通文字，刺繡工巧，出門必設紗綾蔽面。又波羅泥亞國人亦仿佛蒙古，有髭無鬚，去髮存頂，編垂首後。其地寒冷，初秋及初夏皆衣皮裘，首用皮冠。好擊劍，家豢熊羆以供戲玩。又大西洋夷僧，奉天主耶蘇像。夷人敬信之，有大事疑獄不能決，必請命焉。其法王削髮留鬚，帶青斗帽，衣緇衣，出入張蓋樹幢，僧雛衛之，男女見者，輒跪捧足，俟過乃起。女尼以白布纏領及胸，緇縵緇衣，革帶革屨，夷人敬奉尤甚於僧。一女爲尼，一家皆爲佛卷。人罹重辟，得尼片紙立宥之。然其始必捐千金歸公，既入寺，則終身不出。又小西洋屬於大西洋，衣冠狀貌與大西洋略同。常披氅衣，藏兵器。夷婦青帕蒙首，著長衣，圍錦帶於前，摺袖革履，喜執繡譜以習針黹。此西洋各國風俗，足補南懷仁坤輿圖所未備云。

土產

金剛石飾金劍。金珀書箱。珊瑚樹。珊瑚珠。琥珀珠。伽倆香。哆囉絨。象牙。犀角。乳香。蘇合油。丁香。金銀乳香。花露。花幔。花氈。大玻璃鏡。以上康熙九年入貢。厚福水。綠玻璃鳳壺。里阿嘲波囉盃。蜜蠟盃。蜜蠟小瓶。法琅小圓牌。蜜蠟小刀柄。銀累絲四輪船。小銅日規。連銀累絲瓶。累絲花。水晶滿堂紅燈。各寶玩器。咖石喻鼻煙礶。各色玻璃鼻煙壺。各寶圓球。各寶鼻煙壺。銀累絲大小花盤。實地銀花盤。連座銀累絲船。銀花匣。連銀累絲小花瓶。鑲寶石花。銀絲小漏盤。絲花畫。皮畫。皮扇面畫。繡花紙盤。小銀礶。花石片。鐵花盆。巴爾薩嗎油。咖石喻蓋盃。鍍金皮規矩。鑲牙片鼻煙盒。銀花素鼻煙盒。鑲銀花砂漏。咖石喻綠石鼻煙盒。阿噶達片。番銀筆。咖石喻帶頭片。瑪瑙刀柄。瑪瑙鼻煙壺。各色石鞭頭。小石盒。珊瑚珠。瑪瑙珠。各寶素珠。花紙盤。香枕囊。顯微鏡。石頭火漆印把。火字鏡。玻璃棋盤、棋子。火漆。大紅羽緞。周天球。鼻煙。照字鏡。以上雍正三年入貢。大珊瑚珠。寶石素珠。金鑲咖石喻瓶。金法琅盒。金鑲蜜蠟盒。銀鑲咖石喻盒。金鑲瑪瑙盒。銀鑲藍石盒。銀鍍金鑲雲母盒。銀鍍金鑲玳瑁盒。玻璃瓶貯各品藥露。金絲緞。金銀絲緞。金花緞。洋緞。大紅羽毛緞。大紅哆囉呢。洋製銀柄武器。洋刀。長劍。短劍。鋮銀花火器。自來火長槍。手槍。上品鼻煙。石巴依瓦油。聖多默巴爾撒木油。壁露巴爾撒木油。伯肋西理巴爾撒木油。各品衣香。巴斯第理。葡萄紅露酒。葡萄黃露酒。白葡萄酒。紅葡萄酒。咖石喻。各色法琅料。烏木鑲青石桌面。烏木鑲黃石桌面。烏木鑲各色石花條桌。織成各種遠視畫。以上雍正五年入貢。自來火長鳥槍。自來火手把鳥槍。法琅洋刀。赤金文具。咖石喻文具。螺鈿文具。瑪瑙文具。緑石文具。赤金鼻煙盒。咖石喻鼻煙盒。螺鈿鼻煙盒。瑪瑙鼻煙盒。緑石鼻煙盒。銀裝春夏秋冬四季花。金絲花緞。銀絲花緞。金絲表緞。銀絲表緞。哆囉呢。織人物花氈。露酒。白葡萄酒。紅葡萄酒。巴泉撒木鼻油。洋糖果。香餅。銀裝蠟臺。銀盤玻璃瓶。銀架玻璃瓶。意大石文具。銀圓香盒。銀長香盒。蜜蠟香盒。剪子。意大石牙籤。玻璃牙籤。異石煙盒。以上乾隆十八年進貢。

大清一統志卷五百五十二之二

暹羅

在占城西南。東連大泥，西接蘭場，北界大海，國周千里。其貢道由廣東以達於京師。

建置沿革

相傳即隋、唐赤土國。爲扶南之別種。後分暹與羅斛二國地。暹在西北，多大山，土瘠不宜耕種。羅斛在東南，土地平衍而多稼，暹人歲仰給之。隋煬帝時，屯田主事常駿至赤土，知其國王姓瞿曇氏云。元貞元初，暹人常遣使入貢。元史：暹國當成宗貞元元年，進金字表，欲朝廷遣使至其國。比至則已先遣使，乃賜來使素金符佩之。使急追詔使同往，以暹人與麻里予兒舊相讐殺，至是皆歸順。有旨諭暹人「勿傷麻里予兒，以踐爾言」。大德三年，暹國主上言，其父在位時，朝廷嘗賜鞍轡、白馬及金鏤衣，乞循舊例。帝以丞相鄂勒哲達爾罕言「彼小國而賜以馬，恐其鄰實都輩譏議朝廷」，仍賜金鏤衣，不賜以馬。「鄂勒哲達爾罕」舊作「完澤答剌罕」，「實都」舊作「忻都」，今俱改正。其後羅斛强，併有暹地，遂稱暹羅斛國。明洪武三年，命使臣吕宗俊等齎詔往諭之。國王參烈昭毗牙遣使奉金葉表文朝貢。十年，其世子昭禄羣膺承父命，復來朝。帝命使齎詔及印賜之，文曰「暹羅國王之印」。自是其國遵朝命，自稱暹羅。永樂九年，國王昭禄羣膺哆囉諦剌遣使奈必表貢方物，且乞量衡爲國永式，從之。萬曆間暹羅嗣王發兵攻破鄰國東蠻牛，又移師破真臘，降其王，遂霸諸國。

本朝順治十年，遣使請貢。康熙四年、七年、十一年，皆入貢。十二年，暹羅國王森列拍臘照古龍拍馬嘑陸坤司由提呀菩埃遣使來進貢，并請封典。奉旨給予誥命，并駝紐鍍金銀印，嗣後朝貢不絶。六十一年，諭令暹羅國運米三十萬石，於福建等處糶賣，免其收税。是年貢使至，諭該國運米三十萬石於福建、廣東等處，並諭大學士等曰：「暹羅國人言其地米甚饒裕，銀二三錢可買稻米一石。朕諭令運米石至福建等處，於地方甚有裨益。此三十萬石係官運，不必收税。」乾隆八年，諭：「暹羅商人運米至閩，朕曾降旨，免徵船貨税銀，今歲仍復帶米來閩貿易，似此源源而來，其加恩之處，自應著爲常例。自乾隆八年爲始，凡外洋貨船帶米萬石以上者，免船貨税銀十之五，五千石以上者，免税十之三。」雍正七年入貢，御書「天南樂國」扁額賜之。乾隆十四年入貢，御書「炎服屏藩」賜之。自後定例三年一貢。三十一年，其國爲花肚番所破，尋復。四十六年，該國鄭昭立爲國長，遣使入貢。四十七年，鄭昭卒，子鄭華嗣立。五十五年，暹羅國王鄭華以該國舊有之丹荖氏、麻叨、塗懷三城現被烏肚占據，烏肚即緬甸。表請諭令烏肚割回三城。上以從前緬甸與暹羅詔氏搆兵，係已故緬酋懵駁，現在緬甸已經易世，暹羅又係異姓繼立，丹荖氏等三城被緬甸侵占，本非鄭氏國土，相安已久，自應各守疆域，不當向其争論，移檄諭之。嘉慶二年，暹羅國王鄭華以國慶重鼇，倍進方物，奉旨褒奬，加賜文綺等物。十二年，有内地商民代駕暹羅貨船來粤貿易，特頒敕諭，永遵例禁。福建船商金協順、廣東船商陳澄發，裝載暹羅貨船來粤貿易，經地方官查明，詢問暹羅國貢使，據稱該國民人不諳營運，多倩福、潮船户代駕，呈遞譯書稟結，並非冒飾。兩廣總督吳熊光具奏，仁宗睿皇帝諭軍機大臣曰：「外夷貨船來廣貿易，自應專差夷目，親身管駕，不得令内地商人代爲販運。今金協順、陳澄發皆以内地客商領駕暹羅船隻，雖訊無假冒捏飾及夾帶違禁貨物，但恐日久相沿，必致奸徒潛往外夷，賒欠誆騙。或竟冒爲夷貨，代盜銷贓，不可不防其漸。現已另降諭旨，申明内外體制，令該國王凜遵毋忽。此次飭禁之後，如再有代駕船隻進口者，即當查明懲辦，免滋流弊。至澄海縣商民領照赴暹羅國買米，接濟内地民食，雖行之已閱四十餘年，但此項米船，據報回棹者不過十之五六。而回棹之船，所載米石又與原報數目不符，安知非捏詞影射，藉以通道濟匪？自應停止給照，將此諭令知之。」十五年，暹羅國世子鄭佛遣使表貢，懇請封襲王爵。上允所請，賜以敕命，即令該使臣領賫回國。二十四年，國王鄭佛遣官表賀萬壽，並進方物，宴賞如例。

其國有大庫司九，猶華言布政司也。一曰暹羅，二曰可剌細馬，三曰足曹本，四曰皮細緑，五曰東骨胎，六曰果平疋，七曰倒腦細，八曰討丕，九曰六毗[一]。府十四，一曰綵納，二曰無老，三曰比采，四曰東板魯，五曰辣皮，六曰疋皮里，七曰采野，八曰多鐃，九曰千無里，十曰細辭滑，十一曰采欲，十二曰款細灣，十三曰沾奔，十四曰魁山[二]。縣七十二，分隸各府。自廣東海道約四十五晝夜，可至其境。按：暹羅國都在廣東西南。始自廣東香山登舟，乘北風，用午針，出七洲洋，十晝夜抵越南海次，中有一山，名外羅。八晝夜抵占城海次，十二晝夜抵大崑崙山。又用東北風，轉舟向未及申三分，五晝夜可抵大真樹港，又五晝夜可抵暹羅港。入港二百里，即淡水洋。又五日抵暹羅城。

風俗

地方千里，環國皆山。氣候不常，或嵐或熱。瀛涯勝覽。崇信釋教，不通漢字。惟誦佛經，字皆横寫。明史：男女多爲僧尼，亦居庵寺，持齋受戒，衣服頗類中國。富貴者尤敬佛，百金之産，即以其半施之。死則用水銀灌其口而葬，貧則移屍至海濱，即有羣鴉飛啄，俄頃而盡。人拾其骨，號泣而棄之於海，謂之鳥葬。亦延僧設齋禮佛。煮海爲鹽，釀秫爲酒。續文獻通考。男女椎髻，事决婦人。續文獻通考：男女椎髻，白布纏頭，被服長衫。每有計議刑法輕重、錢穀出入之事，並決之婦人。婦人智量在男子上。瀛涯勝覽云：婦人多智，夫聽於妻。妻與中國人私，寢食與同，恬不怪也。按：暹羅爲扶南別種。南史海南諸國傳：扶南初「以女人爲王〔三〕，號曰柳葉」。今暹羅婦女智量在男子上，其果扶南遺風歟。城分八門，暹羅館志：城壕用磚砌〔四〕，分八門，南北五里，東西十里。城中有小河通舟，城外西南居民湊集。有外城，周遭十餘里。王居在城西隅，另建一城，約三里餘。殿用金裝綵繪，覆以銅瓦，室用錫瓦，階砌用錫裹磚，闌干用銅裹木。地卑濕，民皆樓居，上聯檳榔片藤覆之，亦有用陶瓦者。坐卧即於樓板上，藉以氈及藤席，無牀、桌、椅、凳之制。官制九等。館志：一曰握亞往，二曰握步喇，三曰握蟒，四曰握坤，五曰握悶，六曰握文，七曰握板，八曰握郎，九曰握救。其選舉由鄉舉於大庫司，審其堪用，以文達於王所，王爲定期面試。至期，大庫司引至王前，咨以民事。應對得當，即授官服候用，否則逐出。考課亦以三年爲期。人皆有名無姓，爲官者稱「握某」，民上者稱「奈某」，最下者稱「隘某」。乘輿飾糚彩，帽製類兜鍪。館志：王鎖里人，出乘金糚彩轎，或乘象車，其傘蓋以茭葦葉爲之。每日旦登殿，各官於臺下設氈，以次盤膝而坐，合掌於頂，獻花數朵。有事則具文書朗誦上呈，候王定奪，乃退。遇正日、冬節及慶喜事，亦有賞賜。凡頒賜敕諭，王則用原封冠服，行五拜三叩頭禮。又云：其服飾惟王以受封故留髮，冠金嵌寶石帽，製類兜鍪。上衣長三尺，用五綵緞，小袖在⿰衤垂下，用五綵布縵，鞋韈用紅緞。官及庶民皆翦髮，官一等至四等則金嵌寶石帽，五等至九等則五綵絨緞帽。俱著兩裁衣，韈履用牛皮。婦人糚髻於後，飾用金銀、簪花、戒指、鐲釧，脂粉，貧者用銅。上衣披五色飛花布縵，下衣五綵織金花縵，拖地長二三寸，足著紅黑皮靸鞋。風俗勁悍，習於水戰。明史：其大將以聖鐵裹身，刀矢不能入。聖鐵者，人腦骨也。海𧴩代錢，重禁私銀。續文獻通考：貿易以𧴩子代錢。瀛涯勝覽云：市用海𧴩，一如錢價。西北二百餘里，有市鎮曰上水，通南，居人無慮六百家，各種番貨皆有。館志：民多載舟至各國商販，少則用海𧴩，多則用銀。官民有銀，不得私用，皆送王所，委官傾瀉成珠，用鐵印印紋於上，每百兩入稅六錢。無印紋，以私銀論，初犯斷左指，再犯斷右指，三犯者死。民家飼象，取牙以奉夷目。短衣革履，常佩刀劍。婦女喜游冶，工紡績。皇清職貢圖。

土産

龍涎香。象牙。胡椒。籐黃。荳蔻。蘇木。西洋閃金花緞。速香。烏木。大楓子。金銀香。以上俱入貢。羅斛香。味極清遠，亞於沈香〔五〕。沈香。丁香。石榴子。樹香。貓兒眼。寶石。金剛鑽。花錫。大清會典：錫之良者，產於南洋諸夷國。番船以時至者，由廣東和買。貓竹。黃竹。䓘竹。西洋布。犀。象。孔雀。五色鸚鵡。金絲猴。六足龜。水瓜。土瓜。

校勘記

〔一〕九日六毘　「毘」，原作「昆」，據乾隆志卷四二三暹羅建置沿革（下同卷簡稱乾隆志）及清文獻通考卷二九七四裔考改。

〔二〕十四曰魁山　「山」，原作「出」，據乾隆志及清文獻通考卷二九七四裔考改。

〔三〕扶南初以女人爲王　「王」，原作「國」，據南史卷七八海南諸國傳改。按，此處按語實亦録自清文獻通考卷二九七四裔考，彼亦作「王」。

〔四〕城壕用磚砌　「壕」，原作「冢」，據乾隆志改。

〔五〕亞於沈香　「香」，原作「遠」，據乾隆志改。按，此蓋涉上「遠」字而誤。

大清一統志卷五百五十三

越南

海南諸國地。在西南隅。東西一千七百六十里，南北二千八百里。東至海三百二十里，西至南掌國界五百六十里，南至占城國界一千九百里，北至廣西太平府憑祥州界四百里。至京師一萬一千一百六十五里。其貢道由廣西憑祥州以達於京師。

分野

天文翼、軫分野，鶉尾之次。

建置沿革

古南交地。書堯典：宅南交。史記舜本紀：南極交趾。周時爲越裳氏地。秦始皇初并百粤，置桂林、南海、象郡，其後爲南海尉趙佗竊據。漢武帝元鼎中討平之，置日南等九郡。儋耳、珠崖、南海、蒼梧、九真、鬱林、日南、合浦、交趾。元帝時罷珠崖、儋耳。故交趾刺史領七郡，其交趾、日南、九真即今越南國地。後漢光武時，女子徵側、徵貳反，遣馬援討平之，界以銅柱。置交州，領交趾等七郡。三國吴分立廣州，而徙交州治龍編縣，增置九德、武平、新昌三郡。宋、齊仍舊，梁、陳於交州置都督府。

隋初郡廢，改都督府爲總管府。唐仍曰交州。調露初，改安南都護府。至德初，改鎮南都護府。大曆間復曰安南。五代梁時，土豪曲承美專有其地。南漢置交趾節度使，既而管内大亂，推丁部領爲州帥，其子璉繼立(一)。宋平嶺表，璉内附，封交趾郡王。沈括夢溪筆談云：交趾乃漢、唐交州故地。五代離亂，吴文昌始據安南，後爲丁璉所殺。開寶六年歸附，授静海軍節度使。八年封交趾郡王。此安南封王之始。三傳而爲其臣黎桓所篡。黎氏亦三傳，爲其臣李公藴所篡。宋孝宗隆興二年，李天祚遣使入貢，封爲安南國王。安南國名自此始。李氏八傳至昊旵，無子，傳其壻陳日煚。元世祖時，封日煚子光昺爲安南國王。尋叛。後陳益稷自拔來歸，仍其封。

明洪武二年，其王日煃遣使奉表朝貢，封爲安南國王，賜駝紐塗金銀印。已而日煃卒，其姪日熞襲封。四傳至日焜，其大臣黎季犛竊柄，廢立自擅。建文元年，遂大殺陳氏宗族而自立，更姓名爲胡一元，名其子蒼曰胡奝。尋自稱太上皇，傳位於奝。成祖即位，奝自署權理安南國事，遣使奉表朝貢，因封爲安南國王。已而老撾送日煃之弟天平至京，言黎氏篡奪本末。帝命官賫敕責奝，奝遣使入朝謝罪，且請迎天平歸奉爲王。乃令天平還國，敕廣西左右副將黄中、吕毅將兵五千送之，而改封奝順化郡公。天平入雞林關，奝伏兵邀殺之，中等敗還。帝大怒，命新城侯張輔、西平侯沐晟等率師分道並進，討平之。改安南爲交趾，置交趾布政司。設交州、北江、諒江、三江、建平、新安、建昌、奉化、清化、鎮蠻、諒山、新平、演州、乂安、順化十五府，分轄三十六州，一百八十一縣。又設太原、宣化、嘉興、歸化、廣威五州，直隸布政司，分轄二十九縣。然蠻人自以非類，互相驚恐。數年之後，叛者屢起。至宣德二年，始諭布政司官等盡撤軍民北還。六年，命黎利權署安南國事。明統志：洪熙元年，寇孽黎利攻劫郡縣，復命將討之。宣德初，黎利勢屈，始奉表乞立陳氏後名暠者王其國，詔封爲安南王。後利篡位自立，朝臣復請加兵，會利遣使來貢謝罪，因而與之。利雖受敕命，其居國稱帝，置百官，設學校，彬彬有華風焉。建爲東、西二都，分十三道，曰山南、京北、山西、海陽、安邦、諒山、太原、明光、諒化、清華、乂安、順化、廣南。東都在交州府，西都在清華府。利卒，子麟代立，正統元年封爲安南國王。歷傳八主，至賙，多行不義。正德十一年，社堂燒香官陳暠殺賙而自立，詭言前王陳氏後。賙臣都力士莫登庸起兵討之，暠敗走死。復立賙兄灝之子譓。譓封登庸爲武川伯，總水陸諸軍。登庸既握兵柄，潛蓄異志，嘉靖元年逐譓出居清華，旋篡其位。十六年，譓子黎平遣使赴京，備陳登庸篡逆，乞興師問罪。乃命仇鸞總督軍務，毛伯温爲參贊，仍諭如彼能束手歸命，則待以不死。十九年，伯温等抵廣西，登庸即率其部目入鎮南關進降表，并上土地軍民籍，請奉正朔，永爲藩臣。乃命削安南國爲安南都統使司，授登庸都統使，改其十三道爲十三宣撫司，而黎平據清華自爲一國。至萬曆初莫氏漸衰，黎氏之後維潭舉兵攻莫茂洽，殺之，奪其都統使印[二]，亦敂關求通貢。詔授維潭都統使，而莫氏後但保高平一郡，勢益弱。

本朝順治初，莫氏敬耀來歸，未授爵而卒。尋授其子元清爲都統使。十八年，廣西巡撫奏稱安南黎維祺奉表投誠。康熙五年，禮臣題准給與封典，令照常朝貢。二十二年，遣官册封黎維正爲安南國王，賜以誥命，并换給新鑄駝紐鍍金銀印，御書「忠孝守邦」四字賜之。三十六年，安南國王奏請給還故地，移文責之。三十六年十一月，雲南巡撫石文晟入見奏事，聖祖顧大學士等曰：「石文晟言，牛馬、蝴蝶、浦園明時内屬，自我朝開闢雲南，即在蒙自縣征糧，並非安南之地。朕初不知其故，因安南國王以爲彼地，被土司所據，奏請給還。亦以小國境壤，欲遣大臣勘明給之，而文晟所奏又如此，爾等其詳視輿圖，確議入奏。」於是大學士等議：「安南國王不察本末，輕聽妄言，遽遣兵於邊疆駐劄，生事妄行。」移文責之，安南誠服。按：蒙自縣南蓮花灘爲入安南之道，即梨花江所經也。明永樂初，沐晟出蒙自蓮花灘，進討安南。嘉靖間，莫登庸作亂，撫臣汪文盛遣兵據蓮花灘。羅洪先云，自蓮花灘入交州石隴關，循洮江右岸者，此大道也。自縣之河陽縣入交州，循洮江左岸者，皆險阨崎嶇，此間道也。輿程記：由蓮花灘達安南之東都，可四五日而至。雍正三年，安南國遣使進貢，御書「日南世祚」四字，賜國王黎維祹。六年，雲南督臣請清查安南國地界，奉旨特賜安南鉛廠河内地四十里，遂以白馬小賭呪河爲界。初，雲南總督高其倬奏：雲南開化府與交趾接界，臣查自開化府馬伯汛外四十里，至鉛廠山下小河，内有逢春里六寨，册載秋糧十二石零，於康熙二十二年入於交趾，應行清查。再查雲南通志，自開化府文山縣南二百四十里至賭呪河，與交趾爲界，今自開化府南至現在之馬伯汛止有一百二十里，即至鉛廠山下小河，亦止一百六十里，是鉛廠山下小河以外，尚有八十里亦係雲南舊境。雖失在明朝，但封疆所係，亦請一併清查。奉旨：境界失在明朝者，恩免清查，著另議立界。繼督臣鄂爾泰奏請于鉛廠山下小河地方立界，遣官齎頒諭旨于安南國王。國王黎維祹奏謝，奉旨覽王奏，感恩悔過，詞意虔恭，朕特沛殊恩，將雲南督臣等查出四十里賞賜該國王。十二年，黎維祹卒，嗣子黎維祐承襲。乾隆二年，黎維祐卒，其弟黎維禕承襲。二十六年，黎維禕卒，嗣子黎維褍承襲。

三十四年，安南莫氏後黄公纘居南掌猛天寨地方，爲黎氏所逼，率屬内投。國王請索回處治，移檄責之。五十二年，廣南土目阮惠即阮光平，因輔政鄭姓專國，人心不附，借除鄭姓爲名，攻破黎城，擊滅鄭姓。黎維耑復受制於阮氏，旋卒，亡失國印。嗣孫黎維祁懦弱，阮惠遂盡奪黎氏之地。黎維祁脱身逃竄，安南陪臣阮輝宿等奉黎維祁母、妻及子，敂關求救。巡撫孫永清入奏，上命兩廣總督孫士毅經理之。孫士毅以順逆禍福檄諭安南，土目廠民，相繼投順。大兵兩路進討，破阮惠守兵於市球江，又敗之於富良江。阮惠遁去，遂盡復安南舊境。封黎維祁爲安南國王，錫之敕印，命孫士毅班師回粤。黎維祁懦弱無能，前逃赴山南，僅有跟隨數人。孫士毅屢遣人相問，維祁匿不敢出。至克復黎城，是夕二鼓，始赴軍營。復國後，優柔寡斷，前鄭氏餘黨又復希冀竊取國柄。孫士毅奏請追勦廣南巢穴，上屢降諭旨：以黎維祁被阮惠攻逐，國祚幾絶，天朝爲之恢復，恩同再造。阮惠現逃之占城，原非安南境土，黎維祁復國後，不能振作有爲，左右又無可倚賴之人，看來竟是天厭黎氏，不能護助。即將阮惠等盡爲驅除，將來保無更有阮惠者復出滋亂，豈能屢煩天朝兵力，爲屬國搜緝逋逃？孫士毅當諭該國王振作自强，即遵旨撤兵回粤。

五十四年，阮光平復來黎城，黎維祁棄國來奔，大兵退駐市球江。命福康安調補兩廣總督，駐鎮南關。是年正月，阮光平復至黎城，大兵時尚未退，奮擊敗之。黎維祁聞阮惠至，即抱幼子偕其母先逃，國民大亂。阮惠之衆散而復聚，勢遂熾。孫士毅以黎維祁既遁，黎城難於久駐，移師駐市球江北岸。事聞，上命福康安爲兩廣總督，駐鎮南關，相機經理。又諭曰：安南蕞爾一隅，原無難立就蕩平，但該處水土惡劣，與緬甸同，不值大辦。且人情反覆無常，前代郡縣其地者，不久即生變故。大軍撤後，若另立一人，仍與阮惠無異，豈不徒勞兵力？該國人衆，罹於鋒鏑，中外一體，夷民亦皆赤子，朕心有所不忍。阮惠如畏懼哀求，福康安亦須於嚴正之中，開以一線之路。福康安未到之先，阮光平畏罪懼討，三遣夷目敂關乞降，盡護送我兵之迷失在黎城者。福康安既至鎮南關，復遣人懇乞，仍不許。乃更遣其姪阮光顯攽闕籲懇，隨表入覲，俟國事稍定，即親自赴京瞻覲。福康安據情入奏，上以情詞迫切至誠，免其進討，敕書諭之。阮光平於國内爲陣亡諸臣築壇建廟，請頒官銜謚號，遵照奉祀。又請於明年入覲，並懇封號。上嘉其悃忱，封阮光平爲安南國王，錫之敕印。阮光平以安南僻處炎荒，請頒正朔，又懇開水口關以通商販，上允之。五十五年七月，安南國王阮光平入覲，上御卷阿勝境召見之，賜以詩章。八月，阮光平及外藩等國使臣行慶賀禮，前以黎維祁爲黎氏宗支，令同屬下人户來京，歸入漢軍旗下，即以黎維祁爲佐領。又令阮光平訪問黎維祁親屬，護送進關。其前安插内地之西南夷人，有繫懷故土者，即令阮光平善爲撫綏，以示矜全。五十六年，阮光平接到搜捕洋盜咨會，即派屯將擒獲夥犯，解交内地。上嘉其恭順，優賞之。

五十七年，議定安南貢期，舊例三年一貢者，定爲兩年；六年遣使來朝一次者，定爲四年。

五十八年，阮光平卒，其子阮光纘襲封。宣封使臣行至昇隆城，傳旨封阮光纘爲安南國王。阮光纘向使臣面稱阮光平彌留之際，屬光纘不必歸櫬義安，即在西湖安葬，以較近鎮南關，魂魄有知，亦得近依帝闕。使臣具奏，上以阮光平始終戀闕，加謚忠純，並頒賜御製詩，於阮光平墓道勒碑，以表恭順。

六十年，廣東洋面捕獲盜船，内有一船係安南人。嘉慶元年，浙江又捕獲夷匪羅亞三等，供安南烏艚有總兵十二人，船百餘號，並起獲印記。四年，農耐夷人與安南交兵，遭風漂至粤洋，照例賞給食米。六年，廣東順德民人趙大任被風漂至農耐，國長阮福映代爲修船，給與口糧，並交給文禀，感激上年賞卹難番之意。七年，農耐攻昇隆城，阮光纘敗走被獲。阮福映即縛送莫觀扶三犯來粵，又呈繳安南舊領敕印，復表陳搆兵之由，遣使納貢請封。上嘉其恭順。兩廣督臣具奏，仁宗睿皇帝諭曰：從前阮光平敬闗内附，極爲恭順，阮光纘嗣服安南，復頒敕命，俾其世守無替。乃近年以來，内洋盜船間有長髮之人，聞係該國縱令出洋行劫，未肯深信。曾降諭旨查拏，總未見擒獲一人。今阮福映縛致莫觀扶等三犯，訊取供詞，均係内地盜犯，該國招往投順，封爲東海王及總兵僞職，仍令至内洋行劫商旅。是阮光纘不但不遵旨查拏，而且窩納叛亡，寵以官職，肆毒海洋，負恩反噬，莫此爲甚。至敕書印信，尤當敬謹護守，與國存亡。乃阮光纘輒行捨棄，不但上負天朝，且爲阮光平不孝之子。至阮福映能爲天朝緝捕逋逃，縛獻請旨定奪，並將安南舊領敕印呈繳，兹表陳搆兵顛末，係爲伊先世復讎。雖得其國，不敢擅專，虔遣陪介，納貢請封，深爲恭順。八年，改安南國爲越南國，遣官册封阮福映爲越南國王。先是，阮福映表請以「南越」二字錫封，上諭大學士等曰：南越之名，所包甚廣。考之前史，今廣東、廣西地亦在其内。阮福映即有安南，亦不過交趾故地，何得遽稱南越？該國先有越裳舊地，後有安南全壤，天朝褒賜國號，著用「越南」二字，以「越」字冠其上，仍其先世疆域；以「南」字列於下，表其新賜藩封，且在百越之南，與古南越不致混淆。所頒敕印，即以二字稱名，著於時憲書内，將「安南」改爲「越南」。十一年，越南興化鎮目請以臨安府所屬六猛地方外附，檄諭國王自行嚴懲之。十四年，越南國王阮福映遣員至諒闗，齎送乾隆六十年錫封南掌國王敕印。奉旨嘉奬，其貢期仍如安南舊例。

舊所置府州縣列左：

交州府。領慈廉、福安、威蠻、利仁、三帶五州，東闗、慈廉、石室、芙蒥〔三〕、清覃、清威、應平、平陸、利仁、安朗、安樂、扶寧〔四〕、立石一十三縣。

北江府。領嘉林、武寧、北江三州，嘉林、超類、細江、善才、東岸、慈山、善誓七縣。

諒江府。領諒江、上洪二州，清遠、那岸、平河、鳳山、陸那、安寧〔五〕、保禄、古隴、唐安、多錦十縣。

諒山府。領上文、下文、七源、萬崖〔六〕、廣源、上思、下思七州，丘溫、鎮夷、淵、丹巴、脱五縣。

新安府。領東潮、靖安、南策、下洪四州，至靈、峽山〔七〕、古費、安老、水棠、支封、新安、安和、同利、萬安、雲屯、四岐、清沔一十三縣。

建昌府。領快州一州，建昌、布、真利、東結、芙蓉、永涸六縣。

鎮蠻府。領廷河、太平、古蘭、多翼四縣〔八〕。

奉化府。領美祿、西真、膠水、順爲四縣。

建平府。領長安一州，懿安、大灣、安本、望瀛、安寧〔九〕、黎平六縣。

三江府。領洮江、宣江、沱江三州，麻溪、夏華、清波、西蘭〔一〇〕、古農五縣。

宣化府。領曠縣、當道、文安、平原、底江、收物、大蠻、楊、乙九縣。

太原府。領富良、司農、武禮、洞喜、永通、宣化、弄石、大慈、安定、感化、太原一十一縣。

清化府。領九真、愛州、清化〔一一〕、葵州四州，安定、永寧、古藤、梁江、東山、古雷、農貢、宋江、俄樂、磊江、安樂一十一縣。

乂安府。領驩州、南靖、茶籠、玉麻四州，衙儀、友羅、丕祿、土油、偈江、真福、古社、土黄、東岸、石塘、奇羅、磐石、河華一十三縣。

新平府。領政平、南靈二州，衙儀、福康、左平三縣。

順化府。領順化一州，利調、石蘭、巴閭、安仁、茶偈、利蓬、乍令、思蓉、蒲苔、蒲浪、士榮一十一縣。

升華府。領升、華、思、義四州〔一二〕，黎江、都和、安備、萬安、具熙、禮悌、持羊、白烏、義純、鵝盃、溪錦一十一縣。

廣威州。領麻籠、美良二縣。

宣化州。領赤土、車來、瑰三縣。

嘉興州。領籠、蒙、四忙三縣。

歸化州。領安立、文盤、文振、水尾四縣。

演州。領瓊林、茶清、芙蕾三縣。

安南國治。在交州，即唐都護治所。明宣德中，黎利以交州爲東都，而以清華爲西都。僭設五府、五部、六寺、御史臺、通政司、五十六衛、四城兵馬等衙門。附郭府一，曰奉天；縣二，曰廣德、永昌。外分道十三，設承政司、憲察司、總兵使司。嘉靖二十年，莫登庸歸附後，令海陽等十三路各設宣撫司，通隸廣西藩司。

安邦承政司。即交州地。領府一，曰海東。

海陽承政司。即新安地。領府一，曰海陽。

山南承政司。即諒江、建昌、奉化、鎮蠻、建平地。領府十一，曰上洪、下洪、天長、廣東、應天、荆門、新興、長安、涖仁、昌平、義興。

京北承政司。即北江、諒江地。領府四，曰北河、慈山、諒江、順安〔一三〕。

山西承政司。即交州、嘉興、歸化地〔一四〕。領府六，曰歸化、三帶、端雄、安西、臨洮、沱江。

諒山承政司。即諒山地。領府一，曰諒山。

太原承政司。即太原地。領府三，曰太原、富平、通化。

明光承政司。即宣化地。領府一，曰宣光〔一五〕。

興化承政司。即廣威州地。領府三，曰興化、廣威、天關。

清華承政司。即清化府地。領府四，曰紹天、鎮寧、蔡州、河中。

乂安承政司。即乂安、演州地。領府八，曰乂安、肇平、思乂、奇華、德先〔一六〕、演州、北平、清都。

順化承政司。即順化、升華地。領府三，曰順化、英都、昇華。

廣南承政司。即乂安地。領府三，曰廣南、茶麟、五麻。明統志作南靖、茶籠、玉麻。入交道三，一由廣西，一由廣東，一由雲南。由廣東則用水軍，伏波以來皆行之。廣西道，宋行之。雲南道，明始開。廣西道亦分爲二：從憑祥州入者，由州南關隘一日至交之文淵州坡壘驛，復經脫朗州北，一日至諒山府〔一七〕，又一日至溫州之北，險徑半日至鬼門關〔一八〕，又一日經溫州之南新麗村，一日至保祿縣，半日渡昌江，又一日至安越縣南市橋江下流北岸。一道由思明府入，過摩天嶺，一日至思陵州，過辦强隘，一日至祿平州，州西有路，一日半至諒山府，若從東行，過車里江。此江永樂中黎季犛堰之以拒王師，後偵知其堰處，乃決之以濟師。一日半至安博州，又一日半過耗軍洞，山路險惡。又一日至鳳眼縣，又分二道：一道一日至保祿縣，亦渡昌江；一道入諒江府，亦一日至安越縣之南市橋江北岸，各與前道會。其自龍州入者，一日至平而隘，又一日至七源州，二日至文蘭平茄社，又分爲二道：一道從文蘭州，一日經右隴縣北山，徑鬼門關，平地四十里，渡昌江上源，徑右隴之南，沿江南岸而下，一日至世安縣，平地至安勇縣，又一日亦至安越縣之中市橋江北岸；一道從平茄社西，一日半經武崖州山徑，二日至司農縣，平地又一日半亦進至安越縣之北市橋江上流北岸。市橋江在安越縣境中昌江之南，諸路總匯之處，隨處皆可濟師。一日至慈山府，又至東岸嘉林等縣，渡富良江以入交州。雲南亦有二道：其一道由蒙自經蓮花灘，入交州之石隴關〔一九〕，下程瀾峒，循洮江源右岸，四日至水尾州，又八日至文盤州，又五日至鎮安縣，又五日至夏華縣，又二日至清波縣，又三日至臨洮府。洮水即富良江上流，其北爲宣化江，南爲沱江，所謂「三江」者也。臨洮三日至山圍縣，又二日至興化府，即古多邦城。自興化一日至白鶴神廟、三岐江，又四日至白鶴縣，渡富良江。其一道自河陽隘循洮江左岸，十日至平源州，又五日至福安縣，又一日至宣江州，又二日至端雄府，又五日至白鶴、三岐江，然皆山徑欹側難行。其循洮江右岸入者，地勢平夷，乃大道也。若廣東海道，自廉州烏雷山發舟，北風順利，一二日可抵交之海東府。若沿海岸以行，則烏雷山一日至永安州白龍尾，二日至玉山門，又一日至萬寧州。萬寧一日至廟山，廟山一日至屯卒巡司。又二日至海東府，海東二日至經熟社，有石隄，陳氏所築，以禦元兵者。又一日至白藤海口，過天遼巡司，南至安陽海口，又南至塗山海口，又南至多漁海口，各有支港以入交州。自白藤而入，則經水棠、東潮二縣，至海陽府，復經至靈縣，過黄徑、平灘等江。其自安陽海口而入者，則經安陽縣至荆門府，亦至黄徑等江，由南策、上洪之北境以入。其自塗山而入者，則取古齋，又取宜陽縣，經安老縣之北，至平河縣，經南策、上洪之南境以入〔二〇〕。其自多漁海口而入者，則由安老、新明二縣至四岐，溯洪江，至快州，經鹹子關以入。多漁南爲太平海口，其路由太平、新興二府，亦經快州鹹子關口，由富良江以入。此海道之大略也。交州之東有海陽、荆門、南策、上洪、下洪、順安、快州等府，去海頗遠，各有支港穿達，迤邐數百里，大艦不能入。故交人多平底淺舟，以便入港云。以上俱見舊志。其所載道里遠近不知何所本，今姑備存之以俟考。

風俗

地方遐阻，文獻通考：五嶺以南，地方遐阻，夷獠雜居，不知禮義，其性輕悍，以富爲雄豪，争奪兼并，役屬貧弱，俘掠不忌。士俗獷悍。宋史安南國傳。椎髻翦髮，口赤齒黑。再稻八蠶，桑麻蔽野。明統志：其人或椎髻，或翦髮，文身跣足，口赤齒黑，尊卑皆食檳榔。一年再稻，一歲八蠶。桑麻蔽野，多魚鹽之利。不解種麥，同上。好浴善水。安南志：暑熱好浴於江，故便舟善水。平居不冠，立常叉手，席坐盤足。同上。待客檳榔，跪膝三拜。同上。謁尊貴跪膝三拜，待客以檳榔，嗜鹹酸海味。交愛人倜儻好謀，驩演人淳秀好學。同上。交、愛、驩、演，四州名。冠服仍唐制，皁革爲靴。皇清職貢圖：夷目冠帶朝服，多仍唐制。皂革爲靴，唯武官平頂紗帽，靴尖雙出以爲別。貴家婦人披髮不笄，耳戴金環，以大小分等級。内服繡襦，外披氅衣，屨如芒屩。信鬼神，重喪祭。皇清職貢圖：夷人性狡詐，信鬼神，重喪祭。附山耕稼樹桑，濱海捕魚煮鹽。男子戴大白草帽，形如覆鑊，長領大衣，手持蕉扇，曳屨而行。貧者則短衣赤足。婦女以帕蒙首，長衣長裙，納屨露踵，相見以檳榔爲禮，善紡績烹飪之事。

山川

佛蹟山。在交州府石室縣。上有巨人蹟，下有池，景物清麗，爲一方勝概。寰宇記：愛州九真縣有佛蹟山。

勾漏山。在石室縣。相傳古勾漏縣在其下。漢書：勾漏縣有潛水牛，上岸共鬬，角軟還復入。

東究山。在北江府嘉林州。一名東皐山。唐刺史高駢建塔其上。

仙遊山。在北江府武寧縣。一名爛柯山。相傳有樵夫觀二仙弈棋于此。

金牛山。在武寧縣。相傳唐刺史高駢欲鑿其山，見金牛奔出，遂止。漢書：九真郡居風縣有山出金牛，往往夜見，光耀十里。寰宇記：愛州九真郡軍寧縣有居風山。交州記云，居風山在郡西四里。又南接射堋山，夜静恒聞射聲。其山出金。昔有一嫗見金牛出食，斫得鼻鎖焉。又云：日南郡，漢居風縣地。縣界有居風山，山有風門，常有風。隋改爲日南郡。

崑山。在諒江府鳳山縣。上有清虛洞，山腰有瀨玉橋、白雲菴林岫之勝。

丘皤山。在諒江府丹巴縣。上有石門，廣三丈。相傳漢伏波將軍馬援所鑿。寰宇記：愛州九真郡軍寧縣鑿口，即馬援開石道之處。按交廣二州記：馬援鑿九真山，即石爲隄，以遏海波。又日南縣鑿山，一名九真山。元和郡縣志：鑿石在日南縣北一百三十里，昔馬援征林邑，阻風波，乃鑿此山，變爲通道，因以爲名。

安子山。在新安府東潮縣。一名象山。漢安期生得道處。宋海嶽名山圖以此山爲第四福地。

雲屯山。在新安府雲屯縣大海中。兩山對峙，一水中通。番國商舶多集於此。

大圓山。在新安府新安縣大海中，突起圓嶠。明永樂十六年，此山獲白象二來獻。

鳳翼山。在三江府夏華縣。邑人歲時登覽於此。

三島山。在宣化府楊縣，三峯特起。

芃山。在太原府弄石縣。下有巖洞，水穿洞中，可行舟。

隴山。在太原府洞喜縣。四面峭壁，中有村墟。

戲馬山。在清化府永安縣。一名遊英山。巍然獨立，横枕長江，爲邑人九日登高處。

安鑊山。在清化府東山縣。出美石。晉豫章太守范寧嘗遣吏採石於此爲磬。

天琴山。在乂安府奇羅縣界海邊。相傳陳氏主遊此，夜聞天籟聲，故名。明永樂初，擒黎蒼於此。

横山。在乂安府河華縣。昔林邑告交州刺史朱蕃，求以日南北鄙横山爲界，即此。

傘圓山。在嘉興州。其勢高峻雄偉。

艾山。在嘉興州蒙縣。面臨大江，峭石環立，人蹟罕到。相傳上有仙艾，每春開花，雨後漂水，羣魚吞之，便過龍門江化爲龍。

海。環交州等府東南。唐沈佺期渡海詩：嘗聞交趾郡，南與貫胸連。四氣分寒少，三光置日偏。越人遥捧翟，漢將下看鳶。北斗崇山掛，南風漲海牽。别離頻破月，容鬢驟催年。虚道崩城淚〔二二〕，明心不應天。

富良江。在交州府東關縣。一名瀘江。上接三帶州白鶴江，經府城東，下通利仁縣大黄江，以達於海。宋郭逵破蠻決里隘，次富良江。明張輔等亦嘗破黎寇於此。

天德江。一名廷藴江，又名東岸江。明永樂初，黎寇懼討，役民堙塞已久，寇既平，重加浚治，舟楫復通。

來蘇江。舊名蘇歷江。自交州府城東北，轉而西行，直抵鋭江。昔有人名蘇歷者開此，故名。明永樂初，工部尚書黄福重浚，因更名來蘇。

宣化江。在宣化府曠縣。源自雲南教化長官司入境，流七百餘里，以達宣化。明永樂初，沐晟自雲南引兵駐此。

海潮江。在建昌府快州。自阿魯江分流，下通玉球江。昔陳氏破占城軍處。

龍門江。在嘉興州蒙縣。漢書封溪縣有隄防龍門水，即此。源出雲南寧遠州，至此横截江流，中分三道，飛湍聲聞百里。

夜澤。在建昌府東結縣。梁武帝時有阮賁者，世爲豪右，因命陳霸先擊破之。賁逃澤中，夜則出掠，因號夜澤。

龍溪。在鎮蠻府延河縣。昔陳氏夜過此江不能渡，忽見一橋跨江，既渡，回顧不見。及有國，改名龍溪。

天威涇。唐高駢以交州至邕州海多潛石，漕運不通，遂鑿開五道。有青石徑，或傳漢馬援所不能治，既而震碎其石，乃得通，因名天威涇。

東津渡。在交州府東關縣瀘江。舊以舟楫往來，阻於風濤，明永樂初，張輔、沐晟始置浮橋，橋歲一易。

古蹟

越王城。在乂安府東岸縣。又名螺城，以其屈曲如螺。漢時安陽王所築，安陽王舊都越地，故又稱爲越王城。城中宫址尚存。元和志：安陽王故城，在宋平縣東北三十一里，蓋昔交州之地。宋平，交州附郭縣。

璽城。望海城。二城俱在交州府安明縣。漢建武中，馬援平交趾，分置封溪、望海二縣，築此二城守之。

大羅城。在交州府城外。漢交趾郡、唐安南都護府皆在此。唐張伯儀所築，高駢嘗修廣之。

古安南都護府。在交州府。唐置。元和志：爲安南都護理所。府境東西五百一十六里，南北七百九十一里。北至上都六千四十五里，水路六千六百四十里。北至東都五千七百八十五里，水路六千三百八十里。東至海水路約四百里。西南至愛州五百里，水行七百里。東北至陸州，水行五百里。西北至峯州一百三十里，西北至洮州，水陸相兼，里數未詳。其羈縻州三十二，管州十三。交州、愛州、驩州、峯州、演州、陸州，已上朝貢；長州、郡州、諒州、武安州、唐林州、武定州、貢州，已上附貢。交州管縣八：宋平、武平、平道、太平、南定、朱鳶、交趾、龍編。其貢賦，開元貢孔雀、蚺蛇膽、鸚鵡、蕉布，元和貢草荳蔻、龍花蘂、檳榔、黄屑、翠毛、翡毛、蕉布、鮫魚布、白露鮮。愛州東西二百八十二里，南北四百一十里。北至上都六千四百七十五里，至東都六千二百一十五里，東北至長州，水行四百五十里，西至小獠界，水行一百九十里，東至演州一百四十里，南至演州二百五十里，西北至獠柵三百里，西北至安南都護五百里，水路七百里。管縣五：九真、安順、崇平、日南、軍寧。其貢賦，開元貢孔雀毛、賦綿，元和貢孔雀尾、翡毛、檳榔、犀角。驩州北至上都六千八百七十五里，東南至東都六千六百一十五里，東至海一百里，北至演州一百五十里，南至林邑國界一百九十里。管縣二：九德、越裳。其貢賦，元和貢象牙、沈香、翡毛、犀角、黃屑。峯州北至上都六千一百五里，北至東都五千八百四十五里，南至漏口江一百里，東南至安南府一百三十里，北至羈縻平南州界二百里。管縣二：嘉寧、承化。其貢賦，開元貢八蠶絲、荳蔻、檳榔、蚺蛇膽，元和貢荳蔻、翠毛、犀角。演州北至上都六千七百二十五里，東至大海六里，北至愛州二百五十里，北至東都六千四百六十五里，南至驩州一百五十里。管縣三：忠義、懷驩、龍池。其貢賦，開元貢孔雀尾、黃屑，元和貢金薄、黃屑。陸州東西七百一十里，南北五十里。西北至上都，水陸相兼，六千一百二十里；至東都五千八百六十里。管縣三：寧海、烏雷、清華。其貢賦，開元貢玳瑁、鼊皮、甲香，元和貢同。長州西北至府約一百里。管縣四：文陽、銅蔡、長山、其常。其貢賦，金，開元、元和同。郡州西北至府約一百九十五里。管縣二：郡口、安樂。其貢賦，白蠟、孔雀尾、蚺蛇膽，開元、元和同。諒州西北至府約二百五十里。管縣二：文諒、長上。其貢賦，白蠟，開元、元和同。武安州西至府爲一百八十里。管縣二：武安、臨江。其貢賦，朝霞布、食單，開元、元和同。唐林州北至府約一千里。管縣二：唐林、安遠。其貢賦，白蠟，開元、元和同。武定州東至府三百二十里。管縣二：扶耶、潭淯。其貢賦，翠毛，開元、元和同。貢州西南至府約二百五十里。管縣二：武興、古都。其貢賦，翠毛，開元、元和同。

古交州。元和志：古越地也。秦始皇平百越，以爲桂林、象郡，今州即秦象郡地。趙佗王南越，地又屬焉。漢元鼎六年，平吕嘉，遂定越地，以爲九郡。元封五年，置刺史以部之。名曰交趾者，交以南諸夷，其足大指廣，兩足並立則交焉。漢本定爲刺史，不稱州，以別於十二州。建安八年，張津爲刺史，士燮爲太守，共表請立爲州，自此始稱交州焉。吳黃武五年，分交趾、日南、九真、合浦四郡爲交州，南海、鬱林、蒼梧三郡爲廣州。尋省廣州，還併交州，以番禺爲交州所理，後又徙於交趾。晉太康中徙理龍編。隋開皇十年，罷交趾郡爲玉州。仁壽四年，置總管府。大業三年復爲交趾郡。唐武德四年，又改交州。永徽二年，改爲安南都護府，兼置節度。大曆三年，置經歷使。貞元六年，又加招討處置使。宋平縣，郭下，本漢日南郡西捲縣地。宋分立宋平縣，屬九德郡，後改爲宋平郡。開皇十年，改屬交州。武德四年，於此置宋州。貞觀元年，廢宋州，改屬交州。有羸𨻻故城，在縣西七十五里，本漢縣，屬交趾郡，後漢交趾刺史理於此。吴徙龍編，故龍編曰交趾。

古愛州。元和志：秦象郡地。漢元鼎六年，平南越，置九真郡，領胥浦、居風、都龐、餘發、咸驩、無功、無編七縣〔一二〕，屬交趾刺史。梁武帝於郡理置愛州。大業三年，改愛州爲九真郡。武德五年，邱和歸國，罷郡復爲愛州。寰宇記云：天寶元年，改爲九真郡。乾元元年，復爲愛州。南與日南接界，西接牂牁界，北與巴蜀接，東北與鬱林州接，皆山險溪澗所居。

古驩州。元和志：古越地。越裳氏重九譯者也。秦爲象郡。漢平南越，又置九真。吴歸命侯天紀二年，分九真之咸驩縣，置九德縣，屬交州。梁武帝於此置德州。隋開皇十八年，改驩州，取咸驩縣爲名也。大業三年，改日南郡。唐武德五年，改南德州，仍置總管府。貞觀元年，改驩州，兼管羈縻州云。寰宇記云：驩州都督府，領驩、演、源、明、智、林、景、海八州。貞觀十三年，廢明、源、海三州。天寶元年，改爲日南郡。乾元元年，復爲驩州。舜典放驩兜於崇山，即此。南至大海一百五十里，西南至文單國十五日程，約七百五十里，東南至環王國十日程，約五百里。

古演州。元和志：古南越地。漢九真郡之咸驩縣地也。自漢迄隋不改。武德五年，於此置驩州，領安人、扶演、相景、西源四縣。貞觀元年，改爲演州，因演水爲名。其州西控海，當中國往林邑、扶南之大路也。寰宇記：東北至海六百里。

古龍興府。元史：大羅城路，漢交趾郡。唐人置安南府。宋時李公蘊立國於此。及陳氏立，以其地置龍興、天長、長安府。龍興府本多岡鄉。

天長府。本多墨鄉。陳氏祖父所生之地，建行宮於此，歲一至，不忘本，故改曰天長。

長安府。本華吕洞〔一三〕，丁部領所生之地。五代末，部領立國於此。

歸化江路。地接雲南。

宣化江路。地接特磨道。
沱江路。地接金齒。
諒州江路。地接左右兩江。
北江路。在羅城東岸。瀘江水分入北江，江有六橋。
如月江路。
南册江路。
大黄江路。
烘路。
快路。
國威州。在羅城南。以下諸州，俱接雲南、廣西界。雖名州，其實洞也。
古州。在北江〔二四〕。
仙州。在龍編。
富良。
司農。一云楊舍。
定邊。一云明媚〔二五〕。
萬涯。一云明黄。

文周〔二六〕。一云門州。

七源。

思浪。

太原。一云黄源。

通農。

羅順。一云來神。

梁舍。一云梁个。

平源。

光州。一云明蘇。

渭龍。一云乙舍。

道黄〔二七〕。即平林場。

武寧。以下諸縣，俱接雲南、廣西界。雖名縣，其實洞也。

萬載。

丘温〔二八〕。

新立。

恍縣。

紙縣。
歷縣。
闌橋。
烏延。
古勇。
供縣。
窟縣。
上坡。
門縣。
清化府路。漢九真。隋、唐爲愛州。其屬邑更號曰江，曰場，曰甲，曰社。
梁江。
波龍江。
古農江。
宋舍江。
茶江。
安暹江。

分場。古文場。
古藤甲。
攴明甲〔二九〕。
古弘甲。
古戰江。
緣甲〔三〇〕。
乂安府路。漢日南。隋、唐爲驩州。
倍江。
惡江〔三一〕。
偈江。
尚路社。
唐舍社〔三二〕。
張舍社。
演州路。本日南屬縣。曰扶演、安仁，唐改演州。
孝江。
多壁場。

巨賴社。

他袁社。

布政府路。本日南郡象林縣〔三三〕。東濱海，西際真臘，南接扶南，北連九德。東漢末，區連殺象林令，自立國，稱林邑。唐時有環王者，徙國於占，曰占城。今布政路乃林邑故地。自安南大羅城至燕京，約一百十五驛，計七千七百餘里。邊民服役〔三四〕。

古城。

玉琴。

蒲伽。

道覽。

淥淮。

稔婆邏〔三五〕。

獠。以上並見元史。

雒王宮。在交州府三帶州。酈道元水經注：交州外域記〔三六〕：交趾昔未有郡縣時，有雒田，其田隨潮水上下。墾其田者爲雒民，統其民者爲雒王。其下有雒侯、雒將，號文朗國。以淳樸爲俗，以結繩爲治。傳十八世，爲蜀王子泮所滅，宮址尚存。

天使館。在交州府。元傅與礪使安南館此，題詩曰：「使旌入館青雲動，仙蓋臨江白日迴。喻蜀豈勞司馬檄，朝周終見越裳來。」

馬將軍廟。潘鼎珪安南紀遊云：「祀漢馬援。自王以下，罔不望門瞻禮，歲時禱祀。」其相近又有英國公廟，祀明張輔。

浪泊。在交州府東關縣。一名西湖。馬援既平交趾，謂官屬曰：「吾弟少游嘗哀我慷慨有大志，嘆曰：『士生一世，但取衣食纔足，爲郡縣吏，守墳墓，使鄉里稱爲善人足矣，至求贏餘，自苦耳。』吾在浪泊、西里間，賊未滅時，下潦上霧，毒氣薰蒸，仰視飛鳶，跕跕墮水中。念少游語，何可得也。」

銅柱。後漢書馬援傳：「援擊九真賊徵側餘黨都羊等，自無功至居風，斬獲五千餘人，嶠南悉平。」注：「無功、居風二縣，並屬九真郡。」廣州記：援到交趾，立銅柱爲漢之極界也。寰宇記：嶺表録：韋公幹爲愛州刺史，有漢伏波銅柱以表封疆，在其境。公幹利其財，欲椎鎔貨之於賈胡，土人不知援之所鑄，且謂神物，哭曰：「使君果壞是，吾屬爲海神所殺矣。」公幹不聽，百姓奔走訴於都督韓約。約移書辱之，公幹乃止。明統志：馬援既平交趾，立銅柱爲漢界。相傳在欽州古森洞，上有援誓云：「銅柱折，交趾滅。」唐馬總又建二銅柱，鑱著唐德，以明其爲伏波之裔。今未詳所在。按林邑記：林邑大浦口有五銅柱。唐天寶中，何履光伐雲南，收安寧城，立銅柱以定疆界，亦未詳所在。又按寰宇記：驩州九德，後漢遣馬援討林邑蠻，援自交趾尋海隅，開側道以避海難，從蕩昌縣南至九真郡，自九真以南，隨山刊木，開陸路至日南郡，又南行四百餘里，至林邑國。又南行二千餘里，有西屠夷國〔三七〕。援至其國，鑄二銅柱于象林南界，與西屠夷分境，以紀漢德之盛。其時以不能還數十人，留銅柱之下。至隋乃有三百餘家，南蠻呼爲「馬留人」。其水路自安南府南海行三千餘里至林邑，計交州至銅柱五千里。

銅船。元和志：交州朱鳶縣朱鳶江，去縣一里，後漢馬援南征，鑄銅船於此。寰宇記：交州軍安縣有銅船湖。交州記：九真有一湖，去合浦四十里，至陰雨日，百姓見有銅船出水上。又有一牛出湖中，以雞酒爲祭，便倍獲漁。若不設此祀，則漁牛糞而已。見後漢志交趾郡定安縣注。

銅鼓。後漢書：馬援好騎，善別名馬，於交趾得駱越銅鼓爲馬式。注：裴氏廣州記：「狸獠鑄銅爲鼓，鼓唯高大爲貴，闊丈餘。初成懸於庭，剋辰置酒，招至同類，來者盈門。豪富子女以金銀爲大釵，執以叩鼓，叩竟遺留主人也。」隋書地理志：諸蠻多置大銅鼓，俗好殺，每欲相攻，則鳴此鼓，到者如雲。有鼓者號爲「都老」。其製高可三四尺，有上面，無下底，其聲亦不甚大，名曰諸葛鼓。傜人謂是孔明所製。明統志：交趾服役，有頭飛獠子、赤裩獠子、鼻飲獠子，皆窟居巢處，好飲酒，擊銅鼓。或云銅鼓乃諸葛征蠻鉦。　按後漢書注，則東漢時已有此鼓，似不始於孔明也。

名宦

漢

路博德。西河平州人。元鼎四年，以衛尉將兵屯桂陽。五年，詔爲伏波將軍，出桂陽，下湟水，至番禺。南越素聞伏波名，皆降，遂定爲九郡。

錫光。漢中人。平帝時爲交趾太守。教導民夷，漸以禮義。王莽末，光閉境拒守。建武初，遣使貢獻，封鹽水侯，嶺南華風始於光。

任延。南陽宛人。建武初，爲九真太守。九真俗以射獵爲業，不知牛耕，常告糴於交趾，每至困乏。延乃令作田器，教之墾闢，田疇歲歲開廣，百姓充給。又越駱民無嫁娶禮法，不識父子之性、夫婦之道。延乃移書屬縣，各使男年二十至五十、女十五至四十，皆以年齒相配。其貧無禮聘，令長吏以下各省俸禄以賑助之。同時相聚者二千餘人。其産子，衆咸曰：「使我有是子者，任君也。」多名子爲任。於是徼外蠻夷、夜郎等慕義保塞，延遂止罷偵候戍卒。視事九年，九真人生爲立祠。

馬援。茂陵人。光武時，交趾女子徵側、徵貳反，援以伏波將軍與扶樂侯劉隆等水陸並進，至浪泊，與側、貳戰，大破追斬之，進殲其黨。交趾平，援立銅柱而還。

張喬。南陽人。順帝時，象林蠻區連入寇，州郡討之不克。於是選喬爲交州刺史，喬開示慰誘，並皆降散。

祝良。長沙人。永和中，蠻夷區連等反，與張喬同命。喬爲交趾刺史，良爲九真太守。良單車入賊中，設方略，招以威信，降者數萬人，皆爲良築起府寺，嶺外復平。

夏方。九江人。建康初，爲交州刺史。日南蠻夷攻燒縣邑，扇動九真，方開恩招誘，賊皆降服。遷桂陽太守。桓帝時，蠻夷攻九真，太守兒式戰死，九真都尉魏朗討破之。渠帥猶屯據日南，衆轉强盛，復拜方爲交趾刺史。方威惠素著，日南宿賊聞之，相率詣方降。

谷永。建寧人。爲鬱林太守。以恩信招降烏滸人十餘萬内屬，皆受冠帶，開置七縣。

朱儁。上虞人。靈帝時，交趾梁龍等反，乃拜儁交趾刺史，令過本郡，簡募鄉兵。及所調合五千人，分兩道而入，先宣揚威德，既而進逼之，斬龍，降數萬人，旬月盡定。

賈琮。聊城人。爲交趾刺史。先是，刺史無清行，吏民怨叛。琮招撫荒散，蠲復傜役，誅斬巨魁，簡選良吏，百姓以安，爲之歌曰：「賈父來晚，使我先反。今見清平，吏不敢飯。」治事三年，爲十三州最。

周乘。漢末爲交州刺史。上書云：交州絶域，習俗貪濁，强宗聚姦，長吏肆狡，侵漁萬民，臣欲爲聖朝掃清一方。時屬城解綬者三十餘人。

三國　吴

士燮。其先魯國汶上人。王莽時避地交趾，因家焉。建安末，拜交趾太守。氣宇寬厚，謙虚下士。當天下喪亂，不廢職貢，詔封龍度亭侯。吴孫權遣步騭刺交州，燮奉節度，修貢不缺，拜龍編侯。

呂岱。海陵人。吴交州刺史。初，交州太守士徽拒命，岱督兵浮海突進，大破之。復討九真，遣從事南宣國化，扶南、林邑諸國各遣使奉貢。

晉

陶侃。尋陽人。初，王機刺交州，與杜洪、温邵等反，侃以江夏守討平之，斬機等，傳首京師，以功遷都督交廣七州軍事，兼領交州刺史。

南北朝　宋

宗慤。南陽人。元嘉中，從檀和之伐林邑，攻拔區粟城。入象浦，林邑王傾國來逆，以具裝被象，前後無際。慤製獅子形禦之，象果驚奔，遂克林邑。收其金寶無算，而慤一無所取。

隋

丘和。洛陽人。爲交趾太守，撫綏盡情，荒域安之。蕭銑招之，不從，舉兵侵和。和擊退之，境内獲全，郡下樹碑頌德。後納款於唐，授交州大都督。

唐

馬總。扶風人。元和中，遷安南都護。廉清不撓，用儒術教其俗，獠民安之。

裴行立。絳州稷山人。爲安南經略使。時環王國人李樂山謀廢其君，來乞師，行立斬之，歸其孥。蠻人悦服。

馬植。扶風人。開成初，爲安南都護，以文雅飾吏事，清浄不煩，夷民安之。諸酋皆納款，請租税約束。

宋

邵曄。其先京兆人，後家桂陽。景德中，充交趾安撫國信使。會黎桓死，其子互相殺奪，曄駐嶺表，以事聞。改緣海安撫使，許以便宜行事。曄移書安南，諭朝廷威德，俾速定位，即時聽命。

元

托歡。扎拉爾台氏。世祖平雲南，遣人召安南入覲不行，遣托歡等討平之。十七戰皆捷，陳日烜棄城遁入海，以糧運不繼還國。日烜卒，子日燇嗣，自是爲藩臣。「托歡」舊作「脱懽」，「扎拉爾台氏」舊作「扎剌兒台氏」，今改正。

明

張輔。祥符人。永樂四年七月，出征安南，從廣西憑祥、雲南蒙自分道進兵。以輔代朱能爲大將軍，入坡壘關，傳檄數黎季犛二十罪，諭其境内以立陳氏意。師次芹站，遂造浮橋於昌江以濟。前鋒抵富良江，而輔由芹站西取他道至新福縣，尋移營三帶州招市江口，攻拔多邦城，遂下交趾東、西二都。五年正月，大破賊於木丸江。又敗之於富良江，追至日南州奇羅海口，擒季犛併其子澄於高望山，安南盡平。輔奏安南本中國地，陳氏子孫已誅盡無可繼，其國中耆老民庶，俱請爲郡縣如中國制。乃改安南爲交趾，設布政司使。六年六月，振旅還京，上交趾地圖，東西一千七百六十里，南北二千八百里。安撫人民三百一十二萬有奇，獲蠻人二百八萬七千五百有奇。糧儲一千三百六十萬石，象、馬、牛二十三萬五千九百有奇。船八千六百七十，軍器二百五十三萬九千八百。論功進封英國公。自輔召還，陳季擴亂，復命輔討誅之。輔三擒僞王，經營交趾十年。及還京，交趾復亂。宣德初，議棄交趾，自此仍爲安南國土。

沐晟。定遠人。永樂四年，以西平侯爲左副將軍，征安南。晟軍自雲南臨安府蒙自縣，經野蒲，斬木通道，攻奪猛烈柵、華闞隘至洮江北岸，與多邦城對壘。時大將軍張輔率大軍營於城北之沙灘，與晟合勢，下交趾東、西都，遂平安南。論功進封黔國公。

黄福。昌邑人。永樂四年，征安南，福以工部尚書轉餉。安南平，敕以尚書兼掌布、按二司事。二十六年，召還京。福居交趾十八年，交人扶老攜幼送之，皆號泣不忍別。後因監軍中官馬騏貪殘，交人苦之。二年間叛者四五起，而黎利最劇。馮貴、侯保、陳洽先後戰死，何忠遇害。交趾布、按上言：「尚書黄福舊在交趾，民心思之，乞令復至，以慰民望。」遂召福於南京，赴闕議之，仍掌布、按二司事。及柳升敗死，官軍大潰，福爲賊所得，皆下馬羅拜曰：「我父母也。公向不北歸，我曹不至此。」言已皆泣。福斥之，諭以順逆，賊衆不忍加害。其渠長餽餱糧，乘以肩輿，贈金幣出境，至龍州，悉以所贈歸之官。

人物

秦

阮翁仲。南海人。身長一丈三尺，氣質端勇，異於常人。始皇併天下，使翁仲將兵守臨洮，聲振匈奴。翁仲死，遂鑄銅爲其像，置咸陽宮司馬門外。匈奴至，有見之者，猶以爲生。

漢

李進。交州人。中平間，代賈琮爲交州刺史，請依中州例貢士。其後阮琴以茂才仕至司隸校尉，人才得與中州同選，蓋自進始。

唐

姜公輔。愛州人。第進士，補校書郎，以制策異等授右拾遺、翰林學士。每進見，敷奏詳亮，德宗器之。朱泚亂，帝在奉天，公輔曰：「今禁旅單寡，而士馬處外，竊爲陛下危之。」帝曰善，悉內諸軍。既而朱泚兵果至，乃擢公輔諫議大夫、同中書門下平章事。後貶泉州別駕。順宗立，拜吉州刺史。

明

琴彭。交趾人。永樂中，以乂安知府署茶籠州事，有善政。宣德間，黎利反，圍其城，彭拒守七月，糧盡卒疲。諸將無援者，城陷死之。贈交趾左布政使。

陳汝石。交趾人。初爲陳氏小校，大軍南征，率先歸附，積功至都指揮僉事。永樂間，四忙土官車綿子等叛，汝石從方政討之，深入賊陣，與千户朱多蒲皆死。多蒲亦交趾人，同時有陶季容、陳汀，皆以忠節著。

裴伯耆。安南舊臣。祖父皆執政大臣，死國事。伯耆幼侍國王，官五品。洪武末禦寇東海，黎季犛篡弑，伯耆家屬遭害，棄軍遁伏山谷。永樂初，詣闕號泣，請師討逆，復立陳氏後。帝乃感動，命所司周以衣食，會老撾送陳天平至，而黎氏使亦至，出天平示之，皆錯愕下拜。伯耆責使者以大義，惶恐不能答。及安南平，改設郡縣，授伯耆爲交趾按察司右參議。

土産

金香鑪花瓶。銀盆。沈香。速香。以上俱入貢。

金。太原、諒山、乂安等府出。

珠。靖安、雲屯海中出。海賈云，中秋有月，是歲多珠。

珊瑚。有赤、黑二種。在海直而軟，見日曲而堅。漢初趙佗獻赤珊瑚名火樹。

玳瑁。狀類黿而殼稍長，其足有六，後兩足無爪。

丹砂。晉葛洪欲煉丹，求爲勾漏令。杜甫詩云「交趾丹砂重」是也。

安息香。樹如苦楝大而直，葉類羊桃而長，中心有脂作香。

蘇合油。樹生膏，可爲藥〔三八〕。

胡椒。蔓生似山薯，春花秋實。

羚羊角。高石山出。一角而中實，極堅，能碎金剛石。

犀。

象。寰宇記：象孕則五年一生，被傷則羣黨相扶將去，死則向南跪拜，鳴三帀，以木覆之。雄死則雌泥土著身，不飲食，輒流涕焉。

兕。漢靈帝時，九真獻爲奇獸。元時安南嘗貢兕。

白鹿。晉元康初，白鹿見交趾武寧縣。宋元嘉末，交趾獻白鹿。

猩猩。南中志：猩猩人面豕身，似猿，常數輩爲羣，人以酒并糟設路側，連結草屐。猩猩見之，即知張者祖考姓名，呼曰「奴欲張我」，亟舍去。復自謂試共嘗酒，逮醉，取屐著之，爲人所擒。

狒狒。晉郭璞云：出交州山中。狀如人面，長臂黑身，被髮，迅走，食人，見人則笑。

猓然。寰宇記：愛州有猓然，土人號曰「歌然」。似獮猴而大，面目與人無異。皮毛軟毳細滑，堪作褥。此獸有仁義，行則大者前，小者後；如得果實，則小者先送與大者，然後自食。夷人古堂狢獠藥箭射之，中一必獲其二。未傷者拔死者之箭，自刺而死。

蒙貴。狀如猱而小，紫黑色，能捕鼠。

白雉。周成王時，越裳氏來獻。漢光武時，日南、九真貢。

翡翠。羽可爲首飾。

蚺蛇。形大而長，其膽性極冷，能療諸疾。

居風母。交州記：居風母似猿，見人若慚屈頭。打死，得風便還活。

果下牛。寰宇記：九德出果下牛，高三尺。

駃牛〔三九〕。異物志：日南多駃牛，日行數百里。

搪牛。寰宇記：形如牛而大，頭白身黑，角長二丈，堪爲酒器。出懷驩縣。

潮雞。寰宇記、輿地志云：愛州移風縣有潮雞，鳴長且清，如吹角，潮至則鳴。一名林雞，其冠四開如芙蓉。

大蜈蚣。皮可鞔鼓，肉白如瓠，爲脯味佳。

紅飛鼠。茸毛肉翼，每雌雄伏花蕉間，得其一，則其一不去。南中婦人採之爲媚藥。

石磬。安鑊山石可爲磬。晉豫章太守范寧採用之。又寰宇記：愛州軍寧縣磬石，出浮丘溪。

火齊。寰宇記：愛州軍寧縣流金澗多金沙，出火齊，狀如雲母重疊，如黃金。

蟻漆。寰宇記：吴録云，居風有蟻絮，藤人視土中知有蟻，因墾發，以木枝插其上，則蟻出，緣如生漆堅凝。

雞舌香。釀花而成者。

都梁香。似藿香。

沈香藤。

簡子藤。實皆赤色，可食。

人子藤。子如人狀，燒之集象。

千歲子。子在根下。

石栗。生石罅中。花開三年方結實。

九層皮。脱至九層方見肉，熟而食之，味類栗。

莎樹。米可食。

古度樹。不花而實，實從木皮中出，如綴珠然。黄時即食，時久化爲飛蟻。左思吴都賦：「松梓古度，平仲君遷。」劉逵注：「古度，樹也。不華而實，子皆從皮中出，大如安石榴，正赤。初時可煮食，廣州有之。」晉顧微廣州記：熙安縣有古度樹，俗人無子，於祠炙其乳，則生男，以金帛報之。

木棉樹。實如酒杯。

訶羅勒。

穰木樹。皮中有屑如米，可作餅食。

由梧竹。長三四丈，圍三尺，可作梁柱。

如何。九百年一實，形如棗，長五尺。

象牙簟。抽牙絲織者。

辟珠。大者如指，常附胎於椰子、檳榔諸果上，謂之聖鐵。

他綸木。寰宇記：堪爲衣裳及褥。

蟻子鹽醢。交州溪洞酋長多收蟻卵鹽爲醬，非官客親族不得食。周禮醢人饋食之豆有蚳，蟻子疑即此。

菴羅果。俗名香蓋，乃果中極品。或謂種出西域，實似北梨，四五月間熟，即多食無害。

波羅蜜。大如冬瓜，皮有軟刺。五六月熟，味最香甜。核可煮食，能飽人。奉化府嘉林州出者尤佳。

烏木。堅緻可爲器。

蘇木。一名多邦。

校勘記

〔一〕其子璉繼立　「璉」，原作「連」，據乾隆志卷四二二安南建置沿革（下同卷簡稱乾隆志）及宋史卷四八八外國列傳改。下文同改。

〔二〕奪其都統使印　「奪」，原作「奮」，據乾隆志改。

〔三〕芺蕾　乾隆志及明一統志卷九〇安南同，讀史方輿紀要卷一一二安南（下簡稱讀史方輿紀要）作「英蕾」。

〔四〕扶寧　「寧」，原作「安」，據乾隆志及明一統志卷九〇安南、讀史方輿紀要改。按，本志避清宣宗諱改字也。下文同此徑予改回。

〔五〕安寧　「寧」，原脱，據乾隆志及明一統志卷九〇讀史方輿紀要補。

〔六〕萬崖　「崖」，乾隆志同，明一統志卷九〇安南、讀史方輿紀要作「涯」。

〔七〕峽山　原作「陜山」，乾隆志作「陜西」，據明一統志卷九〇安南、讀史方輿紀要改。

〔八〕領廷河太平古蘭多翼四縣　「廷河」，原作「延河」，乾隆志同，據明一統志卷九〇安南、讀史方輿紀要改。

〔九〕安寧　「寧」，原脱，據乾隆志及明一統志卷九〇安南、讀史方輿紀要補。

〔一〇〕西蘭　「蘭」，乾隆志同，明一統志卷九〇安南、讀史方輿紀要作「闌」。

〔一一〕清化　「清」，原作「青」，據乾隆志及明一統志卷九〇安南、讀史方輿紀要改。

〔一二〕領升華思義四州　「四」，原作「二」，乾隆志同，據明一統志卷九〇安南、讀史方輿紀要改。

〔一三〕順安　乾隆志及鄭開陽雜著卷六安南考同，讀史方輿紀要作「任安」。

〔一四〕即交州嘉興歸化地　乾隆志同。按，讀史方輿紀要、鄭開陽雜著卷六安南考（下同卷簡稱鄭開陽雜著）皆以交州、三江、嘉興、歸化地置山西承政司，此脱「三江」二字。

〔一五〕領府一曰宣光　「宣光」，乾隆志及鄭開陽雜著同，讀史方輿紀要作「宣化」。

〔一六〕德先　鄭開陽雜著同，讀史方輿紀要作「德充」，未知孰是。乾隆志作「德光」，恐誤。

〔一七〕一日至諒山府　「府」，乾隆志同，讀史方輿紀要、鄭開陽雜著皆作「衛」。

〔一八〕險徑半日至鬼門關　「門」，原脱，乾隆志同，據讀史方輿紀要、鄭開陽雜著及下文補。

〔一九〕入交州之石隴關　「石」，原作「右」，乾隆志同，據讀史方輿紀要、鄭開陽雜著及本志上文改。

〔二〇〕經南策上洪之南境以入　「境」，原作「徑」，據乾隆志及讀史方輿紀要等改。

〔二一〕虚道崩城淚　「淚」，原作「後」，乾隆志同，據明嚴從簡殊域周諮録卷六南蠻引沈佺期渡海詩及文苑英華卷二八八録沈佺期度安海入龍編改。

〔二二〕領胥浦居風都龐餘發咸驩無功無編七縣　「胥浦」原作「肯浦」，「無編」原作「龍編」，乾隆志同，據漢書卷二八下地理志及元和郡縣圖志卷三八嶺南道五改。「無功」，後漢書馬援傳同，漢志及元和郡縣志作「無切」。

〔二三〕本華吕洞　「吕」，乾隆志同，元史卷六三地理志作「閭」。

〔二四〕古州在北江　「北江」，原作「江北」，乾隆志同，據元史卷六三地理志乙。

〔二五〕定邊一云明媚　「媚」，原作「堳」，乾隆志同，據元史卷六三地理志改。按，安南志略卷一謂定邊州一云眉州。

〔二六〕文周　原作「文州」，據乾隆志及元史卷六三地理志改。

〔二七〕道黄　原作「黄道」，乾隆志同，據元史卷六三地理志乙。

〔二八〕丘温　「丘」，原作「立」，乾隆志同，據元史卷六三地理志改。

〔二九〕攴明甲　「攴」，原作「支」，乾隆志同，據元史卷六三地理志改。

〔三〇〕緣甲　「緣」原作「緑」，據乾隆志及元史卷六三地理志改。

〔三一〕惡江　「惡」，原作「西」，乾隆志同，據元史卷六三地理志改。

〔三二〕唐舍社　原脱，乾隆志同，據元史卷六三地理志補。

〔三三〕本日南郡象林縣　「郡」，原作「即」，乾隆志同，據元史卷六三地理志改。

〔三四〕邊民服役　「服」，原作「復」，乾隆志同，據元史卷六三地理志改。「民」，元史地理志作「氓」。

〔三五〕稔婆邏　「稔」，原作「穩」，乾隆志同，據元史卷六三地理志改。

〔三六〕交州外域記　「域」，原作「城」，據乾隆志及水經注卷三七葉榆河改。

〔三七〕又南行二千餘里有西屠夷國　「屠」，原作「屑」，乾隆志同，據太平寰宇記卷一七一嶺南道驩州、新唐書卷二二二下南蠻傳及明一統志卷九〇安南古蹟改。下文同改。

〔三八〕可爲藥　「藥」，原作「樂」，據乾隆志改。

〔三九〕駃牛　「駃」，原作「駚」，乾隆志同，據太平寰宇記卷一七一嶺南道驩州懷驩縣「駃牛」條改。下文同改。

大清一統志卷五百五十四

俄羅斯

在喀爾喀楚庫河以北。東南至格爾必齊河北岸，自大興安嶺之陰以東至海，與黑龍江所轄北境接界，西接西洋，西南至土爾扈特舊國及準噶爾界，北至海。去中國二萬餘里，其貢道由恰克都經喀爾喀地，進張家口以達于京師。

建置沿革

地在極北，古難詳考。秦漢之間，服屬匈奴。史記匈奴傳：冒頓單于北服渾庾、屈射、丁靈、鬲昆、薪犁之國。注：正義曰：「薪犁以上五國，在匈奴北。」按：魏略曰：「匈奴北有渾窳國，有屈射國，有丁令國，有隔昆國，有新黎國，蓋北海之南自有丁令，非烏孫之西丁令也。烏孫長老言，北丁令有馬脛國。」漢有堅昆、丁令。漢書匈奴傳：郅支單于北擊烏揭，降。發其兵，西破堅昆，北降丁令。按：堅昆在烏孫北，烏揭之西，丁令又在其北。史記所謂丁靈也，即今俄羅斯地。唐時有黠戛斯、骨利幹等國。唐書：黠戛斯，古堅昆國也。地當伊吾之西，焉耆北，白山之旁。或曰居勿，曰結骨。其種雜丁零，乃匈奴西鄙也。匈奴封漢降將李陵爲右賢王，衛律爲丁零王。後郅支單于破堅昆，于時東距單于庭七千里，南車師五千里，郅支留都之。後世得其地者，訛爲結骨，稍號紇骨，亦曰紇扢斯云。直回紇西北三千里，南依貪漫山。地夏沮洳，冬積雪。人皆長大，赤髮晳面緑瞳，以黑髮爲不祥。黑瞳者，必曰陵苗裔也。男少女多，俗趫伉。氣多寒，雖大河亦半冰。稼有禾、粟、大小麥、青稞、穄。馬至壯大。其君曰阿熱，遂姓阿熱氏，駐牙青山。至回鶻牙所，橐駝四十日行。回鶻牙北六百里得仙娥河，河東北曰雪山，地多水泉。青山之東，有水曰劍河，偶艇以度，水悉東北流。經其國，合而北入于海。堅昆本强國也，地與突厥等。東至骨利幹，南吐蕃，西南葛邏禄。貞觀二十二年入朝，帝以其地爲堅昆府，隸燕然都護。乾元中，爲回紇所破。後語訛爲黠戛斯，蓋回紇謂之，若曰黄赤面云。又云骨利幹處瀚海北，多百合，産良馬。其地北距海，去京師最遠。又北度海，則晝長夜短，日入，烹羊胛熟，東方已明，蓋近日入處也。太宗時入朝，以其地爲元闕州。其大酋獻馬，帝取其異者，號十驥。龍朔中，以元闕州更爲余吾州，隸瀚海都督府。按：唐時堅昆在西，骨利幹在東，皆今俄羅斯南境。今其人多赤髮晳面緑瞳，蓋堅昆之裔也。元時有俄羅斯及奇爾濟蘇、哈卜塔噶、謙州、益蘭州等處，元史：奇爾濟蘇，南去大都萬有餘里，其境長一千四百里，廣半之。謙河經其中，西北流。又西南有水曰鄂浦，東北有水曰玉舒，皆巨浸也，會于謙，而注于莽噶拉木河，北入于海。俗與諸國異，土産名馬、白黑海東青(一)。阿克新者，因水爲名，附庸于奇爾濟蘇。去大都二萬五千餘里，即唐史所載骨利幹國也。烏蘇亦因水爲名，在奇爾濟蘇東，謙河之北。哈卜塔噶，猶言布囊也，蓋口小腹巨，地形類此，因以爲名。在烏蘇東，謙河之源所從出也。其境上惟有二山口可出入，山水林樾，險阻爲甚。謙州亦以河爲名，去大都九千里。在奇爾濟蘇東南，謙河西南，唐麓嶺之北。益蘭者，蛇之稱也。初，州境山中居人見一巨蛇，長數十步，從穴中出飲河水，腥聞數里，因以名州。朔漠圖：自和寧北行三千里，名昂吉爾海子。自此又行五百餘里，至欠欠州奇爾濟蘇地。又行千里，大澤云。「俄羅斯」舊作「阿羅思」，「奇爾濟蘇」舊作「吉利吉思」，「哈卜塔噶」舊作「撼合納」，「鄂普」舊作「阿浦」，「玉舒」舊作「玉須」，「莽噶拉木」舊作「昂可剌河」，「阿克新」舊作「昂可新」，「烏蘇」舊作「烏斯」，「昂吉爾」舊作「阿只里」，「奇爾濟蘇」舊作「乞里吉思」，今俱改正。皆其地也。明時阻於朔漠，未通中國。本朝順治十二年，其國察漢汗始遣使貢方物。十三年，復入貢，以來使不諳朝儀，却其貢。十四年，復遣使進貢，表文不合體制，廷臣請逐之。上以外邦從化，宜加含容，以示懷柔。貢物查收，來使量與宴賞，不報書而遣之。康熙十五年，察漢汗又遣使進貢，表言：「俄羅斯僻處遠方，不諳中華文義，及奏疏禮儀，兩次抒誠，致多缺失。今特敬謹奉貢，仰祈矜宥。」上准其納貢。先是，順治初，其衆曰羅刹，竊據黑龍江雅克薩之地，築城居之，侵擾索倫、達虎爾等。索倫、達虎爾二部，居額爾古納河及淨溪里江之地，與羅刹接境。及是諭察漢汗，以嚴禁羅刹，毋擾邊陲。而羅刹潛侵淨里溪等處，遷延不去。二十一年，駐兵額蘇里。羅刹有過黑龍江者，降其兵目三十餘人，赦不誅，遣降番米海羅等往諭之。羅刹據雅克薩、尼布楚二城如故。二十四年，命都統公彭春督師進討，頭目額里克舍等窘迫乞降。及我兵還，復來城雅克薩地。二十五年，命黑龍江將軍薩布素等，統兵圍之。其國察漢汗遣使上疏謝罪，言下國邊民搆釁，自當嚴治，乞撤雅克薩之圍，且請分定邊界。詔許之。二十八年，遣內大臣索額圖等與其使臣費要多羅等會議於尼布潮之地，定格爾必齊河以北、大興安山一帶爲界，其前所侵之尼布楚、雅克薩諸處俱歸版圖，於格爾必齊河旁立碑爲誌。自後朝貢貿易，每歲或間歲一至，未嘗稍違節度。三十二年，俄羅斯送回逃人二名，理藩院行文獎之。是年察漢汗遣使入貢，聖祖閱其章奏，諭大學士曰：「俄羅斯貢獻，想古所無。其國距京師甚遠，從此陸路可直達彼處。自嘉峪關行十二日至哈密，自哈密行十二三日至土魯番，過土魯番，即俄羅斯之境。聞其國遼闊，有二萬餘里。」三十九年，俄羅斯遣使者齎奏至，聖祖曰：「俄羅斯地方遥遠，僻處西北海隅，然甚誠敬。噶爾丹窘迫求救於彼，曾拒而不答。曩者遣人分畫疆界，即獻尼布楚地以東爲界，尼布楚等處原係布拉忒、吴郎海諸部落地，彼皆林居，以捕貂爲業，人稱之爲土中人。後俄羅斯强盛，并吞之，能遂獻還，即此允當軫念也。」其國王所居之城，曰莫斯科窪，近西北大海，去京師甚遠。康熙五十一年，兵部職方司郎中圖理琛使土爾扈特國，假道俄羅斯，歸而悉其山川風俗爲異域録以獻。其略曰：歲在壬申，七月十六日，至蘇布克圖，爲俄羅斯分界處。又二日，至楚庫柏興，近色楞格河南岸。河東岸，民皆樓居，無城垣，四面皆山。俄羅斯與蒙古人雜處。五十二年正月十四日，俄羅斯官温多里卧番邦非翅以察罕命來迎。楚庫柏興東北行二百餘里，越三日，至北海爾湖南岸之博索爾伊斯科，其間小柏興六七處，間有田疇。柏海爾湖，在烏的柏興西北三百餘里。湖内有地曰鄂遼漢洲，布拉特蒙古五十餘户居之。二十二日，至柏海爾湖北岸之果落烏斯那。越三日，至厄爾庫城，無垣牆，有市井，民樓居，皆俄羅斯族，少蒙古人跡矣。二月二十二日，迎候官以河未泮，陸行多泥陷。五月初四日，乘舟下昂噶拉河，順流十九日，水程三千里，至伊聶謝柏興。居民千户，俗多畜鹿，以供乘載，名曰「俄倫」。去北海一月程，距伊聶謝柏興五日，乃舍舟而陸。過麻科佛斯科嶺，越宿至麻科斯科，西傍揭的河。初五日，登舟順河流晝夜行，水程二千五百里。十二日，至那里木柏興，即揭的河入鄂布河處。濱河地平坦，多林木。二十四日，至蘇爾呼忒柏興。越二日，行六百里，至薩瑪爾斯科。由額爾齊斯河遡流而上，越六日，至狄木演斯科。越十一日，至托波爾城，俄羅斯遣官迎候。托波爾城内天主堂二十餘，駐兵二千。額爾齊斯河繞城之西，由河西南遡流入托波爾河，九宿至圖敏。由圖敏西北遡土拉河舟行五百餘里，至鴉班沁。復捨舟而陸，地勢漸下，越九宿，至費耶爾和土爾斯科城，在鴉班沁西北四百餘里，止二宿，過佛落克嶺，沿途皆山藪。越三宿，至改郭羅多，在索里喀木斯科西北四百餘里，有别爾馬羈人雜處其地，蓋又一部落。自此西北行，至莫斯科窪二千二百餘里。自改郭羅多越四日，至索羅博達，有西費耶斯科國。又一日，至黑林諾付。越六日，至喀山，在黑林諾付西南五百餘里。又三日，至西木必爾斯科，在喀山三百餘里。又西南五百餘里，至薩拉托付，爲俄羅斯、土爾扈特接壤處。時五十二年十一月十六日。俄羅斯遣官馳告土爾扈特國。五十三年六月，至土爾扈特國，返旆渡河。七月下旬至喀山，十一月初七至托波爾，十二月二十二日乃啓行，越七宿，至塔喇斯科。越十四宿，至托木斯科，爲俄羅斯、準噶爾等國接壤處。自托木斯科至伊聶謝一千六百餘里。又十日，至伊里木城，四面皆山。自伊里木城往厄爾庫城，東南行千有餘里，餘如來程所歷，不複書。

今按圖理琛所録，俄羅斯地處極北，去北海一月程。而荷蘭貢使稱與俄羅斯接壤，是其國近北海，而又接西海。然地雖荒遠，亦不應如該國使臣所言三四年而後歸。伏讀高宗純皇帝御製土爾扈特全部歸順記，定爲俄羅斯故爲紆繞其程，觀於土爾扈特之來，祇八月而已至，益可見矣。相傳其國本微弱，地亦狹，初居近海之計由地。後假兵力於西費耶斯科國，漸强盛，其國至依番瓦什里魚赤，始得西費耶斯科之助，以兵八千及餉，收諸部族，遂雄長西北。稱汗者歷二十三代，三百五十餘年。吞併喀山、托波兒諸處，亦一百六十餘年。今其地廣袤，幾二萬餘里。分八道，一道曰莫斯科窪斯科，國王所都；一道自托波兒河東至尼布楚，與中國分界處，曰西畢爾斯科。其六道曰喀山斯科、佛羅尼使斯科、計由斯科、司馬連斯科、三皮提里普爾斯科、郭羅多阿木哈斯科。每一斯科，如中國省會，其餘小斯科無數。設官管轄。每斯科設一人統轄，曰噶噶林。各處有城堡，名曰柏興，猶中國州縣。大者兵民數百，或千餘，小者一二百，設頭目一人，有樓房屋舍，架大木爲之。城垣亦皆列木柵，但絶少，多虚名耳。南界土爾扈特、哈薩克諸國及内附之喀爾喀。西北尚有十餘國，大者曰西費耶斯科、圖里耶斯科，近爲所侵掠，皆微弱云。康熙間，其國遣人來京師就學，特設俄羅斯館，派滿洲助教一人、漢助教一人教習之。雍正五年，定俄羅斯來學喇嘛六人，學生四人，每十年更换一次。是年，遣郡王額駙策凌等，與俄羅斯使臣薩瓦議定邊界，以恰克圖爲通市所。自額爾古訥河岸至阿魯哈當蘇、阿魯奇都勒、齊克達奇林等處，俱爲我斥堠。以相對之楚庫河爲界，自此往西沿布爾古特山等處，以博木沙畢鼐嶺爲界，立石爲誌，不許越境滋事，及容留逃盗人等。又以恰克圖爲常互市所，遣官照料。

乾隆二十二年，王師追討準噶爾部叛賊阿睦爾撒納，由哈薩克竄入俄羅斯境，未即縛送，特命典屬嚴詞索取。適逆犯身斃，俄羅斯遂傳送其屍，修詞恭謹。三十年，以恰克圖貿易，俄羅斯不遵禁約，停止互市，俄羅斯有私將貨物由洋船販至廣東售賣者，皆嚴行禁絶。五十六年，俄羅斯懇求開市，上鑒其恭順，允之。先是乾隆三十六年，土爾扈特汗渥巴錫以俄羅斯征調不息，挈全部來歸。五十六年，有由俄羅斯逃出喇嘛薩邁林僞造俄羅斯書信，欲襲取土爾扈特以爲摇惑之計。土爾扈特親王車淩烏什巴將薩邁林及書信一併呈送，及審出薩邁林供詞書信係屬假造。杜爾伯特、土爾扈特等皆安静。尋據俄羅斯薩納特衙門覆稱「前信係屬僞造，並非邊界頭目手記。我國事天朝素稱恭順，不敢稍存異志，懇奏大皇帝俯念悃忱，信其無他，敢乞施恩，復准開市」等語。上以所懇措詞恭順，准其通市。嘉慶九年，藴端多爾濟奏請裁撤巴彦阿達罕卡倫駐防兵丁。上以俄羅斯恭順，此項駐防兵丁著照所請裁撤。前因俄羅斯所屬喀木呢罕等，進巴彦阿達爾罕卡倫搶擄車臣汗部落游牧地方牲獸，由該部落派兵二百名駐防。是年藴端多爾濟等奏請裁撤，即于此兵丁内，派兵二十名，駐劄庫倫之南汗山，巡察牲獸樹木。得旨：近年俄羅斯感恩向化，甚屬恭順，此項駐防兵丁亦屬無用，著照藴端多爾濟等所請裁撤。十年，俄羅斯商船二隻來廣，懇請貿易。奉諭旨：俄羅斯向例在恰克圖地方通市，嗣後遇有該國商船來廣貿易，當嚴行駁回，以嚴定制。十六年，俄羅斯固畢爾納托爾懇請遣人探望喇嘛及學生，部議不准。十八年，俄羅斯與罕巴爾因交易起釁，向哈薩克索討安集延，經卡倫官員傳諭，彼此即將財物償還，安静歸部，其事天朝極爲恭順焉。

風俗

地寒而濕，多雨雪，少晴和。居止有廬舍，水陸用舟車。其夷官披髮戴三角帽，短衣革靴，出必佩劍。官婦戴紅頂三角帽，繫五色長桶裙，披織錦短衣，無袖。俗以去髭鬚爲姣好，髮卷者爲美觀。卑賤見尊長，以免冠立叩爲恭敬。服氈罽，喜飲酒，不知茶。屑麥爲餅，不飯食。知種而不知耘，不知牛耕。居河濱者喜浴善泅。有錢文，大小銀銅式不一。以十六寸爲一尺，十二兩爲一斤，千步爲一里。無節氣書，知有四季而不知朔望。人材勇健，性矜夸貪得。平居和睦，喜詼諧，少争鬭，好詞訟，刑罰頗嚴。尚浮屠，自國王至庶民，有四季大齋數十日。

山川

帕付林斯科山。在國境東佛落克嶺西北，高出諸山之上。土人云，冬夏積雪，人不能至。按：自喀爾喀諸部駐牧之色楞格河下流，地名楚庫柏興，入俄羅斯界，自此而北，水皆北流，沿路皆大山深谷。山多林藪，夏多蛇虻，水多魚。本朝康熙五十一年，原任内閣侍讀圖理琛奉使土爾扈特，道經其國，歸而著其山川風土。今依其所經次第，列諸大水于下。山雖多，而有名者絶少，故不盡録。

佛落克嶺。在費耶爾和土爾斯科地。高十餘里，有二水。嶺東流出者曰土拉河，嶺西流出者曰托波兒河。山之陰有水曰喀穆河，下流俱會於厄爾齊斯河。

色楞格河。源出喀爾喀境内。東北流至楚庫柏興，入俄羅斯界，受東南來之楚庫河。又東北流二百餘里，至烏的柏興，受東南來之烏的河。又西北三百餘里，入白哈兒湖，河廣四五十丈，水清溜急，十月中始凍。兩旁皆山，沿岸多叢柳樺榆櫻薁，中多魚。

昂噶喇河。自白哈兒湖西北流出，又西北流一百五十餘里，至厄爾庫城，受西南來之厄爾庫河。又西北流二千九百餘里，受東北來之伊里穆河。又數百里，會伊聶謝河，流入北海。此河長三千餘里，受十餘小水，又大于色楞格。兩岸及河中皆高峯峭壁，水深溜急，舟行甚險，五六月尚有冰。舊志：昂噶喇河，兩岸皆山，自伊里穆河流入之處，以至伊聶謝河，中間河流俄羅斯人又呼爲通古斯科河。又有十餘小河，皆注入之。昂噶喇河内有伯克五處、破落克八處、西費喇九處。其國謂水中高峯及臨水懸崖曰伯克，有滅提別西伯克、巴達爾滿斯克伯克、多達兒斯克伯克、滅費斯克伯克、費達穆克伯克。謂夾岸峭壁、中有大石、河水陡下懸流曰破落克，有博合滅兒爾納破落克、牙皮乃破落克、巴墩破落克、多爾規破落克、沙滿斯克破落克、阿普林斯克破落克、木爾蘇克破落克、四鐵烈洛什破落克。謂水淺多在急流之處曰西費喇，有洛什西費喇、鄂標穆索斯奈西費喇、柏格西費喇、郭洛活瓦西費喇、郭費殷斯克西費喇、噶什那西費喇、鄂費夏那西費喇、鄂爾吉那西費喇、郭薩牙西費喇。按：元史奇爾濟蘇有謙河，西北流，注於莽噶拉木河。莽噶拉木，即昂噶喇謙河，當即伊聶謝也。莽噶拉木已見前。

伊聶謝河。自厄爾庫城西北，由昂噶喇河水行三千餘里，至伊聶謝柏興，得伊聶謝河。其水大于昂噶喇，不知發源之處，北流經伊聶謝柏興，會東來之昂噶喇河。轉東北流，入于北海。自此而北，地益寒，益近北海矣。

揭的河。伊聶謝柏興之西北二百五十餘里〔二〕，地名麻科斯科，有嶺名佛落克。水從嶺下流出，西北流二千五百餘里，至那里穆柏興，入于鄂布河。舊志：揭的河土人名爲解梯，多灣曲，水色赤。沿河有小柏興四五處，順流約二千里，河面漸闊，水色漸白。

鄂布河。自麻科斯科西北，由揭的河水行二千五百餘里，至那里穆柏興，得鄂布河。其水西北流，至托穆斯科，受東南來之托穆河。至那里穆柏興，又受東南來之揭的河。又西北流二千餘里，至薩馬爾斯科之地。轉西南流，與厄爾齊斯河合。復西北流入北海。此河又大于伊聶謝。水濁溜緩，洲渚甚多。自此而北，地漸平坦，山亦不甚大矣。

厄爾齊斯河。自那里穆柏興西北，由鄂布河水行二十餘里，至薩馬爾斯科，得厄爾齊斯河。其水自阿爾泰山發源，北流入俄羅斯境，又西北流，至托波兒之地，受托波、土拉二河，轉東北流，與鄂布河合流入北海。此河大如色楞格，水濁溜急，其發源之阿爾泰山，屬中國西北塞外邊界，即古金山也。計其源流，與色楞格相等，不知幾千里。舊志：厄爾齊斯河，在蘇爾呼忒柏興西南六百餘里。

托波兒河。 源出費雅爾土爾斯科地之佛落克嶺西，東南流，與土拉河會。又東北流，入于厄爾齊斯河。其入厄爾齊斯河處之東，地名托波兒，在薩馬爾斯科西南一千餘里，彼所稱八道中之一道也。居民二千餘户，駐兵二千，頭目十數人。有廬舍市井，謂之西畢爾斯科，設噶林一人統之。凡諸柏興，皆其所轄云。舊志：狄穆演斯科西南六百餘里，爲托波兒地，厄爾齊斯河來自東南，遶過托波兒，向東北流。托波兒河來自西南，至此地而合。

土拉河。 源出佛落克嶺東，東南流入托波兒河，匯于厄爾齊斯河。其發源處，地名費耶爾和土爾斯科，在托波兒西北二千餘里。自此西北與國城相近，彼謂之内地。

喀穆河。 在佛落克嶺之北。從一山中流出，西南流千餘里，至黑林諾付之地，有佛落克嶺北流出之費牙忒喀河，西南流入此河。又流至喀山城東南，入佛兒格河。此河上流至地名黑林諾付，俱屬西畢爾斯科道，至喀山乃别爲一道。自此而北，至國王所居莫斯科窪城僅二千餘里，地勢趨下，人烟稠密。舊志：喀穆河大似色楞格河，水色赤，溜急，自東北向西南流，至喀山相對之地，入佛兒格河。

佛兒格河。 發源西北山中，東南流，至喀山城東南受噶穆河。又流三百餘里，至西穆必爾斯科之地，轉西南流。又五百餘里，入土爾扈特國界，南流匯于滕吉思湖。此河大如鄂布河，水濁溜緩，在俄羅斯名佛兒格，在土爾扈特國名厄濟爾。他水皆北流入海，惟此自北而南不入海。其所經之喀山，亦八道中之一道也，在黑林諾付西南五百餘里。地平坦，多田畝，産稻稷麥，環大水爲城，有八門，周八里。居民五千餘户，設總管統轄。其南三百餘里，地名西穆必爾斯科，又西南五百餘里，曰薩拉托付。自此而南，即土爾扈特舊所游牧之地也。

白哈兒湖。 在楚庫柏興北五百餘里，亦曰北海。去喀爾喀北界千餘里，有巨澤，南北長二百里，東西廣千餘里，四面皆山。色楞格河自西南流入，昂噶喇河自西北流出。其從東北流入者，又有一河，亦名昂噶喇，中有洲曰鄂遼漢，在湖内之東北偏，南北五十餘里，東西二百里。上有山岡，多野獸，水多魚。蒙古五十餘户遊牧于此。十二月下旬，冰始堅可行，三月盡，冰始解。按：唐書地理志：骨利幹、都播二部落北有小海，冰堅時，馬行八日可渡。海北多大山，其民狀貌甚偉，風俗類骨利幹。晝長而夕短，所謂小海，即此水也。又按史記匈奴傳：匈奴留郭吉，遷之北海上。漢書蘇武傳：匈奴徙武北海上無人處，使牧羝。武既至海上，廩食不至，掘野鼠去草實而食之，杖漢節牧羊。單于弟於靬王弋射海上，給衣食，賜馬畜。王死後，人衆徙去，丁令盜武牛羊，武復窮厄。匈奴使李陵至海上，爲武置酒設樂，武終不降。後漢使復至匈奴，常惠夜見漢使，教使者謂單于言天子射上林中得雁，足有係帛書，言武等在某澤中。前言北海海上，後言某澤，以塞外遇水澤，通稱海也。白哈兒湖地在匈奴北，與丁零正相近。史記匈奴傳：冒頓北服丁靈。漢書李陵傳：匈奴立衛律爲丁靈王。師古注：「丁靈，匈奴之别種。」又蘇武傳注：「丁零，即上所謂丁靈耳。」然則俄羅斯南境即丁靈故地，而白哈兒湖即蘇武牧羝之北海上歟。

土産

麥。有大麥、小麥、蕎麥、油麥。

松。杉。樺。已上三種，各處有之。

馬。唐書：骨利幹産良馬，首似槖駝，筋骼壯大，日中馳數百里。今俄羅斯産馬皆高大逾常，即其類也。

牛。羊。豕。鹿。唐書有鞠國居拔野古東北，有木無草，地多苔，苦無羊馬。人豢鹿若牛馬，惟食苔。俗以駕車，又以鹿皮爲衣。元史：撼合納在烏斯東，謙河之源所從出也。貧民無恒産者，皆以樺皮作廬帳，以白鹿負其行裝。取鹿乳，採松實，及劚山丹芍藥等根爲食。今俄羅斯之東境，伊聶謝柏興之地，有一種貧民，名曰喀穆尼漢，亦曰通古斯，俱畜鹿以供乘馭負載。鹿色灰白，形如驢，有角，名曰俄倫，即其類也。

白狐。伊聶謝之北，地名土兒汗斯科，產此獸。

麻門橐窪。華言鼠也。產於極東北近海處牙特庫之地。身大如象，重萬觔，行地中，見風即死。每于河濱土内得之，骨理柔順潔白，類象牙。彼人以其骨製爲椀碟梳篦之類，肉性極寒，食之可除煩熱云。此地最寒，距北海大洋止一月程，晝長夜短，夜亦不甚暗，雖日落夜深，猶可博弈。不數刻，東方已曙。按：唐書載骨利幹之北晝長夜短，近日入處，即此地也。

貂。各處有之。又有黑貂皮甚貴，亦產極東北牙特庫之地。

銀鼠。青鼠。

四帖黑烈帖魚。形類鱘，無鱗，脊上並兩肋，有三骨連生。大不過三尺，味頗佳。冰未凍時，從北海由鄂布河湖流而來，甚多，人取食之。又有名鄂莫裏者，長止尺餘，白露後五日内，由白哈兒湖逆流而來，取之不盡。其諸河内，皆產鱸、鱠、鯉、鯽、鱓、鯝等，及哈打拉魚、他庫魚、石斑魚、穆舒呼魚、松阿打魚、勾深魚、牙魯魚。

校勘記

〔一〕土產名馬白黑海東青　「東」，原脱，乾隆志卷四二三俄羅斯（下簡稱乾隆志）同，據元史卷六三地理志補。

〔二〕伊聶謝柏興之西北二百五十餘里　「謝」，原作「榭」，據乾隆志及上文改。

大清一統志卷五百五十五之一

南掌

在雲南省東南。東至水尾界，南至安南界，西至安遠界，北至車里界。其貢道由雲南以達於京師。

建置沿革

古越裳氏地。自周以來，不通中國。其夷佩雕瓜爲飾，俗呼爲撾家。明永樂二年，始備方物入貢，置老撾軍民宣慰使司。嘉靖間，緬人破其東之纜掌，亦名南掌，蓋老撾部屬之最荒遠者。本朝雍正八年，南掌國遣頭目叭猛花等，奉表貢象二隻，請定貢期。奉旨五年一貢，賜之敕諭並文綺等物，令使臣齎奉回國。九年，奉表入謝。乾隆元年，上以南掌僻處天末，遠道致貢，未免煩勞，定爲十年一貢。二十六年，南掌國王准第駕公滿遣使齎表慶祝萬壽，與例貢馴象二隻同進。三十六年亦如之。四十六年，南掌國王召翁遣使臣呈進年貢，並慶祝聖壽，進馴象四隻。五十八年，以例進象隻爲數已多，檄知南掌等國，免其呈進，以省該國購覓之勞。六十年，南掌國王召温猛恭逢國慶，遣使祝釐，特頒敕諭，並允所請，賞駱駝馬騾各二。召温猛於乾隆五十九年請封，已在播遷之際，祇受敕印後，仍未能返其國都，流寓越南昭晉州地方。嘉慶十四年，越南國王阮福映遣員恭繳敕印，邊臣查明情形具奏。上以召温猛懦弱不振，在外流徙，遺棄敕印，豈能復掌國事？聽其在越南居住，内地不應收留。二十四年，南掌國長召蟒塔度腊遣使進貢，籲懇封號。上准所請，錫之敕印。先是，召温猛流徙越南時，其伯召蛇榮執掌國事。嘉慶四年、十二年，虔修職貢。十四年，越南國王表稱召温猛流寓該國十有餘載，不敢歸國，繳呈敕印。上以召温猛懦弱不振，念其流離，不加聲責，該國事聽其以召蛇榮代辦。兹召蛇榮之子召蟒塔度腊復修職貢，敬懇封號，奉旨著加恩俯允所請，再行頒給敕封，以示懷柔。嗣後貢期如前。

風俗

民皆百夷，性獷悍，身及眉目皆刺花。明統志：其酋長有三等，大曰招木弄，次曰招木牛，又次曰招化。而爲宣慰者，即招木弄也。居高樓，其上寬廣，見人不下樓。部屬見，即所至之地，各爲等限。使客亦然，而設通使引之以至其地，不差尺寸云。官長紅巾紅衣，老撾黑帽青衣。老撾俗呼撾家，南掌夷民也。皇清職貢圖：貴者披髮覆肩，紅巾紅衣。婦人則挽髮，束以紅帛，短衣長裙，老撾帶黑漆帽，著青衣，以疋布繞下體。婦女以白布抹額，繫花布桶裙，跣足，啖生肉，知耕種，勤紡織。

土産

象。入貢。海貝。犀牛。乳香。西木香。訶子。

大清一統志卷五百五十五之二

蘇禄

在東洋海中，地近浡泥闍婆。其貢道由福建以達於京師。

建置沿革

自古荒服之地，不通中國。相傳其國分東、西、峒三王，而以東王爲尊。續文獻通考。明永樂十五年，其國東王巴都噶叭哈剌、西王麻哈剌叱葛剌麻丁、峒王妻叭都葛巴都剌卜，並率其家屬頭目來朝貢，進金鏤表文，獻珍珠、寶石、玳瑁諸物。因並封爲國王，賜印誥、襲衣冠帶及鞍馬、儀仗器物。居二十七日，三王辭歸。其東王次德州，卒於館。帝遣官賜祭，命有司營葬，勒碑墓道，謚曰恭定。留妻妾傔從十人守墓，畢三年喪遣歸，乃遣使齎敕封其長子都馬含爲蘇禄國王。十八年，西王遣使入貢。十九年，東王母遣王叔叭都加蘇里來朝，貢大珠一，其重七兩有奇。二十一年，東王妃還國，厚賜遣之。明年入貢，自後不復至。本朝雍正四年，福建巡撫奏蘇禄國王母漢末母拉律林遣使喇嘛祿達臣襲廷綵、副使巴禄達臣阿石丹，航海奉表貢獻方物。五年，其貢使至京，因欽頒敕諭一道，給賜國王，即令來使齎奉還國，定例五年一貢。十一年，該國王以伊祖東王德州墳墓及其子孫存留賙恤之處，奏懇修理給復，上允之。禮部議蘇禄國東王巴都噶叭哈剌於明永樂間來朝貢，歸至德州病故，賜謚恭定。長子都馬含歸國襲封，次子安都禄、三子温哈喇留居守塋。其子孫以祖名爲安、温二姓，今該國王陳詞懇切，應如所請。飭查王墓所，有神道、享亭、牌坊，修理整飭，於安、温二姓中各遴一人奉祀，給頂帶，永爲例。疏入報可。乾隆五年，該國遣番丁護送遭風商人回内地，諭旨嘉奬。八年，貢使馬明光等至，奏請三年後復修朝貢，奉旨仍遵舊定五年一貢之例。十九年，該國請以户口人丁編入中國圖籍。二十七年，國王蘇老丹麻未案柔嗱遣使入貢。蘇禄之西爲吉里問，又西爲朱葛嗟喇，皆在息力山之北。息力山廣大不可測，人跡恒不至焉。

風俗

地瘠寡粟麥，民率食魚蝦。煮海爲鹽，釀蔗爲酒，織竹爲布。明史：其國氣候常熱，有珠池，夜望之，光浮水面。土人以珠與華人市易，大者利數十倍。商船將返，輒留數人爲質，冀其再來。尤侗外國傳云：今賈舶所至城頗據天險，疑峒王所都，聚落不滿千家。所食魚蝦螺蛤，織竹帛爲業。短髮纏皂縵，腰圍水印花布。男以絳帛繫腰，女以幅錦披肩。皇清職貢圖：人情强悍，以取蚌珠爲業，不食豕肉。翦髮裹頭，去鬚留髯。衣袴俱短，絳帛繫腰，露脛而著履。女椎髻跣足，短衣長裙，以幅錦披肩。

土産

珍珠。玳瑁。描金花布。金頭牙薩。燕窩。白洋幼布。蘇山竹布。龍頭花刀。夾花標槍。滿花番刀。藤席。猿。以上俱入貢。

大清一統志卷五百五十五之三

日本在東海中。

建置沿革

古倭奴國，後改名日本，以近東海日出而名也。地環海，惟東北限大山。相傳有五畿、七道、三島，共一百十五州，統五百八十七郡。其小國數十，皆服屬焉。魏志：自拘邪韓國渡一海千餘里，曰對海國。又南渡一海千餘里，曰瀚海國。又渡一海千餘里，曰末盧國。東南陸行五百里，曰伊都國。又東南百里，曰奴國。又東百里，曰不彌國。又南水行二十日，曰投馬國。又南水行十日，陸行一月，至邪馬壹國〔一〕，即大倭王所都。自是而東而南，曰斯馬國、已百支國、伊邪國、郡支國、彌奴國、好古都國、不呼國、姐奴國、對蘇國、蘇奴國、呼邑國、華奴國、鬼國、爲吾國、鬼奴國〔二〕、邪馬國、躬臣國、巴利國、支維國〔三〕，皆倭所屬。後漢建武中元二年，始入貢。安帝永初元年，倭國王帥升等獻生口。桓靈間，倭國大亂，更相攻伐。三國魏明帝景初二年，倭女王卑彌呼遣大夫詣京都貢獻，魏以爲親魏倭王，假金印紫綬。隋文帝開皇二十年，遣使詣闕。通典：倭王姓阿每，名目多利思比孤。其國號阿輩雞彌，華言天兒也。遣使詣闕，其書曰「日出處天子，致書日沒處天子無恙」云云。文帝覽之不悅，謂鴻臚卿曰：「蠻夷書有無禮者，勿復以聞。」唐貞觀五年，命新州刺史高仁表持節撫之，浮海數月方至。仁表與其王争禮，不宣朝命而還，由是遂絶。武后長安二年，遣其大臣朝臣真人貢方物。通典：真人，猶中國地官尚書也。頗讀經史，解屬文。冠進德冠，其頂百花，分而四散。身服紫袍，以帛爲腰帶，容止温雅。朝廷異之，拜爲司膳員外郎。開元初，又遣使來朝，因請儒士授經。詔四門助教趙玄默就鴻臚寺教之。嗣後朝貢不絶。宋雍熙元年，日本國僧奝然與其徒五人浮海而至，太宗召見，存撫之甚厚，賜紫衣，館於太平興國寺。宋史：其國多有中國典籍。奝然之來，復得孝經一卷、越王孝經新義第十五一卷，皆金鏤紅羅褾，水晶爲軸。孝經即鄭氏注者。越王爲唐太宗子。越王貞新義，記室參軍任希古等撰也。奝然復求詣五臺，許之，令所過續食。又求印本大藏經，詔給之。元世祖至元八年，祕書監趙良弼奉使日本，諭令入朝，不受命，乃命實都、「實都」舊作「折都」，今改正。范文虎等帥舟師十萬征之。至五龍山，遭暴風，軍盡没。後屢招不至，終元世不相通。

明洪武初，往往入寇，遣行人楊載詔諭其國，日本王良懷不奉命。三年，遣萊州府同知趙秩責讓之。四年，日本國王良懷遣其僧祖朝進貢，詔賜文綺答之。未幾，復入寇海上諸郡。十四年，命禮官移書責之。良懷答書不遜，帝怒甚，然終以道遠不遽加兵。二十年，命江夏侯周興往福建海濱四郡，相視形勢，築城一十六。又命信國公湯和行視浙東、西諸郡，築城五十九。整飭海防，自是海上之警漸息。永樂以後，日本雖屢遣入貢，然其各島諸倭歲常侵掠。嘉靖中，内地奸民汪直、徐海、陳東、麻葉等窟宅海島，誘之入寇，江南、浙江、福建、廣東沿海諸郡數被其害。總督胡宗憲設計剿誘，擒滅諸奸，漸以平定。至萬曆十四年，其關白平秀吉者，益治兵征服國旁諸小國，所向無敵，并欲滅朝鮮而有之。明史：日本故有王，其下稱關白者最尊，時以山城州渠信長爲之。信長偶出獵，遇平秀吉，乃薩摩州人之奴，雄健蹻捷，有口辯。信長悦之，令牧馬，後漸用事，爲信長畫策，奪并二十餘州，遂爲攝津鎮守大將。有參謀阿奇支者，得罪信長，命秀吉統兵討之。俄信長爲其下明智所殺，秀吉方攻滅阿奇支，聞變，與部將等乘勝還兵誅之，威名益振。尋僭稱關白，又以威脅琉球、吕宋、暹羅、佛郎機諸國，皆使奉貢。二十年，遣其將清正等將舟師由對馬島渡海，乘勝直入，遂偪王京。朝鮮王李昖奔義州，遣使告急。乃以兵部侍郎宋應昌爲經略都督，李如松爲提督，統兵討之，互有勝敗。久之，秀吉死，諸倭兵退，朝鮮之患始平，而東南之害亦稍息。然終明之世，通倭之禁甚嚴云。續文獻通考：其城池附山，城築四座，名聚快樂院。每城周圍三四里，大石高聳，河闊二十餘丈，内大樓閣九層，糊黄金。下隔睡房百餘間，嘗東西遊卧，令人不知，以防陰害。其國有天王者，自開闢以來，相傳至今，不與國事，不轄兵馬，惟世享國王供奉而已。有大國者受國事，掌兵馬，盛衰强弱，更替不常。大國猶言國王也。有官名關白者，即丞相，代相更替，專國政兵馬。

本朝順治二年，其國番民一十三人遭風飄至内地，諭守臣支給衣糧，隨朝鮮使臣津發回國。康熙三十二年，日本國船被風飄至廣東陽江縣。乾隆十八年，日本番人殿培等十三名飄至浙江定海地方，皆奉旨撫卹如例，遣令歸國。二十四年，禁止絲斤出洋，惟往日本採辦洋銅之額船，許帶綢緞絲斤焉。按：明初懲倭之詐，沿海設備，未嘗不嚴。歲久弛玩，至嘉靖而倭患尤劇，自江浙至閩粵，皆受其毒。蓋緣海防疏，奸民外逋，徐海、汪直之徒，乘機勾引。神宗時，倭破朝鮮，明人七年用兵，迄無大勝。我朝德威被於遐邇，濱海之區，水師戰艦，修明訓練。官商額商有名，絲斤緞疋有數，出入稽查，奸宄惕息。又任其貿遷自便，不至如明時緣海大姓主事，負倭貨殖，致啓兵端。綏靖有經，資夷貨以爲中土利，若洋銅其尤較著者矣。

風俗

重儒書，信佛法。寰宇記：其俗初無文字，惟刻木結繩。後頗重儒書，尤信佛法，有五經書及佛經、唐白居易集。無盜賊，少争訟。寰宇記。婚嫁不娶同姓，初喪禁用酒肉。寰宇記。其國主世以王爲姓，羣臣亦世官。明史。黥面文身，輕生好鬬。尤侗外國傳：男子魁頭斷髮，黥面文身。婦人則拔其眉，黛其額，冶容者，并黑其齒。衣如單被，穿其中以貫首。皆跣足，亦間用屨。坐卧席地，以蹲踞爲恭，搓掌爲悦。喜啜茶，道旁每設茶店，如漢人入酒館也。戰鬬則裸身舞刀，輕儇跳躍，爲蝴蝶陣，以揮扇、吹海螺爲號。獄訟或置小石沸湯中，令所競者探之，云理曲者即手爛。或置蛇甕中，令取之，云曲者即螫手矣。

土産

金。東粤所出。銀。西别島出。銅。大清會典：商賈有願航海市銅者，官給符爲信，聽其出洋，往市於東南日本諸國〔四〕，舟回，司關按時值收之，以供國用。琥珀。水晶。有青、紅、白三色。水銀。白珠。青玉。硫黄。鐵。丹土。冬青木。多羅木。細絹。花布。螺鈿。扇。漆。俱見明統志。馬。出産峒馬地者最良。鰒魚。龍涎香。見皇朝文獻通考。

校勘記

〔一〕至邪馬壹國　「壹」，原作「臺」，乾隆志卷四二四日本建置沿革（下同卷簡稱乾隆志）同，據三國志卷三〇魏書東夷傳改。明一統志卷五九日本國作「一」。

〔二〕鬼奴國　「鬼」，原脱，據乾隆志及三國志魏志及明一統志卷五九日本國補。

〔三〕支維國　按，明一統志卷五九日本國此下尚有「烏奴國」，三國志魏志尚有「烏奴國、奴國」。

〔四〕往市於東南日本諸國　「往市」，原在句末，乾隆志同，據大清會典卷一四户部移止。

大清一統志卷五百五十五之四

吕宋

在東海中。

建置沿革

自古不通中國。明洪武五年，始遣使偕瑣里諸國來朝。永樂三年，遣官齎詔撫諭其國。八年，與馮嘉施蘭入貢，自後久不至。萬曆四年，官軍追海寇林道乾至其國，國人助討有功，復朝貢。尋爲佛郎機所并，然與中國貿易，仍稱吕宋。明史：萬曆時，佛郎機强，與吕宋互市。久之，見其國弱可取，乃奉厚賄遺王，乞地如牛皮大，建屋以居。王不虞其詐而許之，其人乃裂牛皮聯屬至數千丈，圍吕宋地，乞如約。王大駭，然業已許諾，無可奈何，遂聽之，而稍徵其税如國法。其人既得地，即營室築城，列火器，置守禦具，爲窺伺計。已，竟乘其無備，襲殺其王，逐其人民而據其國。名仍吕宋，實佛郎機也。三十年，礦税方行，有奸徒言吕宋機易山素有金，開之歲可得金巨萬。帝納其説，遣官往勘，吕宋人大駭，盛兵衛迓之，欲殺朝使。久之，乃獲釋歸。守臣以聞，奏請治妄言者罪，事遂止。而吕宋人終疑天朝欲襲取其國，華人流寓者爲内應，設謀殺之，死者無算。閩中守臣告變，帝驚悼，移檄吕宋，責以擅殺之罪而不能討也。其後互市如故。明史：先是，閩人以其地近且饒富，商販者至數萬，久居不返。佛郎機既奪其國，遣一酋來鎮，慮華人爲變，多逐之，留者悉被侵辱。其時礦稅使者争起言利，有閻應龍、張嶷者言呂宋機易山有金，開之歲可得金十萬兩，銀三十萬兩。萬曆三十年，奏聞，帝即納之。廷臣交章力争不聽，即遣嶷等往勘。呂宋人大駭，盛兵衛以迓，留嶷等欲殺之。得諸華人解，乃釋歸。呂宋人終自疑，謂天朝將襲取其國，諸流寓者爲内應，聲言發兵侵旁國，厚價市鐵器。華人貪利，盡鬻之，家無寸鐵。酋發兵攻之，死者二萬五千人。巡撫徐學聚告變，帝驚悼，下法司議嶷等罪，移檄呂宋，責以擅殺之罪而不能討也。其後華人復稍稍往，而蠻人利中國互市，亦不拒。

本朝順治三年，福建平，呂宋前遣使明貢臣尚留閩未還，守臣送其使入京師。上賜以服物，遣歸本國。康熙五十六年，呂宋等國口岸多聚漢人，諭令禁止南洋貿易。雍正五年，復通市如故。十三年，呂宋以麥收歉薄，附洋船載穀二千石來厦門欲以易麥，邊臣以五穀出洋久有例禁，奏入。上特沛殊恩，飭地方官均平糶糴，使原船載歸以濟其乏。時提臣王郡以例禁五穀出洋奏請，奉上諭曰：「朕統御寰區，内外一體。呂宋雖隔重洋，朕心並無歧視。國家所以嚴禁五穀不許出洋者，乃杜奸商匪類暗生事端。若該國缺少米糧，以實情奏聞，朕尚酌量豐餘以濟之。今載穀易麥，更爲情理當從。著轉飭有司均平糶糴，俾番船載回以濟其用。」呂宋隔海對峙有五島，曰班愛，曰巠黨，曰速巫，曰猫務，曰煙島，各有王。其東南又有萬老高島，人物土産與呂宋相類。按：呂宋自故明時爲佛郎機所據，今之通市，大率佛郎機人居多。然佛郎機本國自在西北海中，不得以西北舊名，名其東來盤踞之地，故仍名呂宋焉。

風俗

地近中華，人多貿易。明史：去漳州甚近。商販久居，至長子孫。禮佛誦經，淳樸無訟。尤侗外國傳：人淳樸無爭訟，衣衫袴皮屨，出入佩刀自衛，亦時禮佛誦經。長身高鼻，服飾與西洋同。皇清職貢圖：夷人長身高鼻，猫睛鷹嘴，服飾與大小西洋同。婦盤髻施簪珥，方領露胸，短衣長裙，裙裏襯藤圈二三層，常執帕以蓋髻。

土產

金。銀。

大清一統志卷五百五十六之一

緬甸

在雲南騰越關外。南至海，西至孟養，北至孟密。所屬有木邦等十三路。其貢道由雲南以達於京師。

建置沿革

古稱朱波國。其酋居阿瓦城，地舊有五城。明統志：舊有江頭、太公、馬來、安正國、蒲甘緬王五城。宋慶元時，進白象，始通中國。明史：宋慶元時，緬甸、波斯等國進白象，緬甸通中國自此始。元至元中，屢討之，後於蒲甘緬王城置邦牙等處宣慰使司。明洪武時入貢方物，置緬中宣慰使。明史：洪武二十六年，八百國使人入貢，因言緬國近其邊，以地遠不能自達。帝乃令西平侯沐春遣使至八百國王所諭意，於是緬國始遣使來貢方物。永樂中，賜緬甸冠帶、印章、信符，令三年一朝貢。嘉靖初，緬甸爲孟養、木邦、孟密所破，訴於朝，不報。其後復稍稍雄制諸蠻。明史：緬甸舊隣孟養，正統時孟養有思任發者據麓川以爲亂。總兵沐昂遣人諭緬禍福，令獻賊酋。緬甸遂與木邦函思任發酋獻之，孟養以故怨緬。嘉靖初，孟養糾木邦、孟密共擊破緬，殺宣慰使莽紀歲。永昌知府嚴時泰往勘之，孟養縱兵鼓譟，焚驛舍，殺千户一人。朝廷以安鳳之亂未暇究其事。莽紀歲有子名瑞體，少匿洞吾母家，其酋養爲己子。既長，有其地，諸蠻皆畏服之。因假途孟密，攻孟養以復前仇。仍招致隴川、千崖、南甸諸土官，欲入寇。覘知中國有備，乃遁歸。朝議以荒服之外，治以不治。瑞體遂萌自王之志。萬曆元年，金騰副使許天琦招諭孟養，孟養受檄拒緬。天琦卒，署副使羅汝芳調漢土兵馬至騰越爲援，絶其糧道，緬兵大敗。後孟養復爲瑞體所并。巡撫饒仁侃遣人招緬，不應。瑞體死，其子應裏遂起象兵數十萬，分道内侵。萬曆時緬甸分道内侵，騰越遊擊劉綎、永昌參將鄧子龍大破之，率兵出隴川、孟密，直抵阿瓦。時諸部咸殺緬使來歸，旋復解散，陰附於緬。巡撫陳用賓於騰衝築八關留戍，募人至暹羅，約夾攻緬。緬勢頓衰，阿瓦、木邦相率入貢，而暹羅連歲攻緬，爲所殘破，自是不敢内犯，然諸近緬部附緬如初。天啓後，職貢遂絶。

本朝順治十六年，大兵平定雲南。永明王朱由榔逃入緬，緬人居之赭硜，以兵守之。十八年，大兵以緬人執永明王送軍前。乾隆十六年，緬酋蟒達喇遣使具表納貢。上頒敕獎諭，並賜銀幣器物。時緬國内亂，其頭目甕藉牙將謀自立。會貢使還至緬境，蟒達喇已被害，甕藉牙代立，其子懵駮與沿邊土司滋釁，總督劉藻、楊應琚先後經理不善。三十四年，上命將督師前往剿辦，由戛鳩進兵，收取猛拱、孟養。於新街大捷，進次老官屯，會懵駮專遣頭目奉蒲葉書詣軍門乞降，上以其地水土惡劣，不值久駐官軍，遂諭令班師。嚴飭邊關，示以禁絶。懵駮死，子贅角牙立。其國頻年内亂，殺贅角牙，迎孟隕立之。五十三年，孟隕遣其頭目業渺瑞洞、細哈覺控等款關納貢，悔罪輸忱。總督富綱以聞，許之。齎至金葉表文、金塔、馴象及其他方物，上於避暑山莊宣見緬使，宴賚甚渥。特敕嘉奬，並頒賜佛像、如意朝珠、銀幣諸物。至京師，令緬使詣闕隨班行禮畢，遣令歸國。五十五年，國長孟隕差頭目等敬備表貢，叩祝萬壽，懇賞封號，並求開騰越關禁。上皆允所請，錫之敕印，先御書詩章以賜。國王尋備馴象土物，遣使齎表入謝。復以内地民人羈留在緬者各給路費，咨送進關。上嘉其敬順，優賚之。嗣後定例，十年一貢。五十八年、六十年，皆遣使赴京祝釐，宴賞如例。嘉慶元年，恭逢國慶，特遣使臣齎表稱賀，總督勒保率行截回，上命撫臣檄諭國王，特賞蟒錦四端，以釋其向化未伸之誠。十二年，緬甸與暹羅搆争，力不能敵，遣使求援。督臣遵旨駁之。二十三年，緬甸與普洱府屬邊外土司搆釁，經邊吏札諭，緬夷畏懼，即將緬目撤回，邊圉安靖焉。

風俗

居有屋廬，濟用舟筏。乘象馬，識文字。元史：緬人有城郭屋廬以居，有象馬以乘，舟筏以濟。其文字進上者，用金葉寫之；次用紙；又次用檳榔葉。綰髪文身以爲飾。明統志：緬人形陋體黑，性柔而詐。其酋號曰卜剌浪。男子善浮水，夏熱，穿白單衣。冬寒，穿白兜羅棉衣。其富者出入著大袖白布衫，男子綰髻於頂前，用青、白二色布纏之。婦人綰髻於後，不施脂粉。男女皆和白檀、麝香、當歸、薑黄末塗於身及頭面以爲奇。其酋長出入乘平轎，或騎象。坐則在前，從者圍後，皆席地。事佛敬僧，明統志：緬人專事佛敬僧，立阿瓦剎、邦城、啞直根等寺，莊嚴甚整。有大事，則抱佛就誓，質之僧，然後決。吉事用樂。其樂有皮鼓、笙籥、銅鑼、瑣琮之屬。國中設樂人肄習，惟奉上用之。

土產

寶石。有紅、藍、桃紅及他雜色。象。檀香。白氎布。皆貢品。錦。綢。絹。大呢。吉祥寶樹。木化石。元猴皮。犀角。孔雀。頗斡盒。以皮爲之，飾以髹漆。以上俱入貢。椰子。兜羅棉。樹頭酒。明統志：樹類椶，高六丈，結實大如掌。土人以麯納罐中，以索懸罐於樹下，劃其實，取汁以爲酒。或不用麯，惟取其汁，熬爲白糖。其葉即貝葉，緬書用之。石油。明統志：自石縫流出，臭惡而色黑，可塗毒瘡。蘇木。翠羽。

大清一統志卷五百五十六之二

暎咭唎

在西北海中。距廣東界計程五萬餘里。其貢道由海道至天津，赴京師。

建置沿革

暎咭唎，一名英圭黎國。南近荷蘭，紅毛番種也。國中土地平衍，左有那村，右有加釐皮申村，皆設立礮臺。二村中皆有大海，駕船往來。王所居名蘭崙，有城，距村各百餘里。王姓名世系，遠者不可考，其近者爲弗氏京也治，傳子昔斤京也治，昔斤京也治傳子非立京也治。

本朝康熙間，暎咭唎始來通市，後數年不復來。雍正七年後，互市不絕。乾隆七年，暎咭唎巡船遭風，漂至澳門，遣夷目至粵東省求濟。地方官給貲糧，修整船隻，令俟風便歸國。先是，其互市處或於廣，或於浙。二十二年，部議暎咭唎不准赴浙貿易，於是皆收泊廣東，每夏秋交，由虎門入口。二十四年，嚴絲斤出洋之禁。御史李兆鵬奏請禁止絲斤出洋，嗣後凡私販絲斤出洋者照偷運米穀例治罪。兩廣總督李侍堯復奏綢緞綿絹出洋，應否與絲斤一并定議處分。亦經奏准，照例科斷。是年暎咭唎夷商洪運輝安控粵海關陋弊，訊有徽商汪聖儀者與運輝交結，擅領其國大班銀一萬三百八十兩，按交結外夷互相買賣借貸財物例治罪。二十七年，𠸄咭唎夷商白蘭等懇求照前通市，兩廣總督蘇昌據情入奏，請照東洋銅商搭配綢緞之例，酌量配買。高宗純皇帝特沛殊恩，每船准買土絲五千斤，二蠶湖絲三千斤，其頭蠶湖絲及綢綾緞匹仍如舊禁止。後又准帶綢緞成匹者二千斤。自是𠸄咭唎來廣互市，每船如額配買，歲以爲常。五十八年，𠸄咭唎國遣使臣嗎嘎𡃂呢等恭進表貢。貢品天文、地理、音樂大表、地理運轉全架，共二十九種。上御萬樹園大幄次，宣召正副使，宴賞有差，賜國王文綺珍玩，特頒敕諭。譯出表文內，有懇請派人留京照管買賣一節，又使臣稟請大臣轉奏，該國貨船或到浙江以及天津、廣東地方收泊交易。又該國夷商懇求在京城另立一行，收貯貨物。又求相近珠山地方小海島一處，夷商在此停歇，及撥給附近廣東省城小地方一處，居住夷商。或准令澳門居住之人，出入自便。又該國夷商自廣東下澳門，由內河行走，貨物或不上稅，或少上稅。又該國所奉之天主教，欲任聽夷人傳教。高宗純皇帝以所請皆係更張定制，命大臣向使臣嚴加駁斥。復將所駁各條，敕諭該國王永遠遵奉，並令邊臣鈔録敕諭二道，入於交代，以便遵照妥辦。五十九年，及嘉慶元年，𠸄咭唎國附進表貢，皆蒙賞收，賜以敕書並錦緞等物。十三年，𠸄咭唎國夷船帶兵擅入澳門，據夷目云，該國與大西洋鄰好，今大西洋國地方爲法蘭西占踞，該國恐大西洋人來澳門貿易者，被法蘭西欺阻，因派夷目帶兵幫護。經地方官奉旨嚴飭，夷目畏懼，即行退回外洋。二十一年，𠸄咭唎國遣使入貢。賜國王白玉如意一柄、翡翠朝珠一盤、敕諭一道，以示懷柔。二十三年，上以撫馭外夷之制示兩廣督臣。兩廣總督阮元奏豫防𠸄咭唎事宜一摺，上諭軍機大臣曰：「國家撫馭外夷，具有一定規制。遵守者懷之以德，干犯者示之以威。𠸄咭唎在粵貿易，其貨船及護貨兵船停泊處所，久有定例。若該夷人不遵定制，有違禁令，先當剴切曉諭，宣示德威，以杜其覬覦之心。倘竟敢恃其强悍，擅越界址，則不能不開礮轟擊，使之懾我兵威。總之懷遠之道，當先以理勝，斷不可孟浪從事，先啓兵端，亦不可過示怯弱，使彼無所畏懼也。將此諭令知之。」嘆咭唎距廣東計程五萬餘里。又有千絲臘國與嘆咭唎相近，風俗相同，每歲駕夾板船來廣互市焉。

風俗

奉天主教，禮拜誦經。皇朝文獻通考：其俗信奉天主，每七日一禮拜誦經，不食齋，不理事。女贅男而居，不置妾媵。皇朝文獻通考：男女不問年少長，以相悦而成婚媾。或有媒合者，女率贅男而居。婦亡，則更贅於女，不置妾媵。男子著哆囉絨，婦人短衣重裙。皇清職貢圖：男子多著哆囉絨，喜飲酒。婦人未嫁時，束腰欲其纖細，披髮垂肩，短衣重裙，出行則加大衣，以金縷盒貯鼻煙自隨。色尚紅緑，握手爲禮。居喪即日營殯葬，不設位，斷煙火。皇朝文獻通考：色以紅、緑、白爲吉，青爲凶。相見脱帽握手爲禮，多佩刀。飲食用金銀器。喪，即日營殯葬，所親送葬，相與握土而歸。男女閉户號泣，不設位，斷煙火，所親饋之食則食，七日後，始開門舉火焉。

土産

麥。禾。果。豆。黑鉛。有一山名間允，産黑鉛。民爲開採，輸税入官。火石。紫檀。大小絨。嗶嘰。羽紗。玻璃鏡。時辰鐘表。

大清一統志卷五百五十六之三

整欠

在九龍江邊外，距雲南普洱府千餘里。

建置沿革

自古不通中國。其所屬大猛養等十數寨，統大頭目十六，其一曰先邁巖第，乾隆三十四年内附，請修職貢。上念其地僻遠，令六年一貢。四十年，其頭目召教齎象牙犀角來獻，命豫朝正班末，宴賞如例。其頭目被紅褐錦衣，草鞋，不冠，以紅帕抹首。有景海者，距整欠又數百里，統大小頭目共二十餘，其頭目曰先綱洪。乾隆四十年，與整欠同修職貢。其物産服飾，亦與整欠相類。

大清一統志卷五百五十六之四

葫蘆國在雲南省永昌府東南徼外。

建置沿革

葫蘆國，一名卡瓦。歷古以來，未通中國。地近緬甸，不爲緬所屬。本朝乾隆十一年，其酋蚌筑願以其地茂隆山銀廠抽課報解作貢，解課三千七百九兩零，赴雲南省投誠。據稱境内茂隆山銀廠，自廠目中華人吴尚賢開採以來，礦砂大旺，廠地人民各守天朝法度等語。廷臣議却之，仍令雲南督臣將吴尚賢等違例出境查明具奏。上依其議。尋葫蘆國夷目復稟請仰懇聖恩，收受廠課，俯順夷情。雲督張允隨奏請減半收受，仍以所收課銀之半，賞給酋長，以慰該國歸順之意。上允之。其後茂隆課長吴尚賢將歷年恩賞酋長之銀，侵肥入己。十六年，雲督碩色等參奏治其罪。其國地方二千里，北接耿馬宣撫司，西接木邦，南接生卡瓦，東接孟定土府，距永昌府十八程。其傳國世次不可考。分地而治者，皆其族姓云。

風俗

刀耕火種，造炭爲業。皇朝文獻通考：其地山多田少，刀耕火種。以木爲城，索綯爲屋。牲畜繁孳，人多造炭爲業，山居穴處，氅衣短袴，以布纏頭。婦女曳裙，衣短衣，以紅藤束腰。

大清一統志卷五百五十六之五

馬辰在東南海中。

建置沿革

即文郎馬辰，在息力大山之南。相傳漢馬援南征士卒之裔，一名「馬留人」。皇朝通典：漢馬援遣兵留寓彼中，號「馬留人」者，即其苗裔。按：寰宇記：後漢遣馬援討林邑蠻，援自交趾尋海隅，開側道以避海難，從蕩昌縣至九真郡，自九真以南，隨山刊木，開陸路至日南郡。又南行四百餘里，至林邑國。又南行二千餘里，有西屠夷國。援至其國，鑄二銅柱於象林南界，與西屠夷分境，以紀漢德之盛。其時以不能還數十人留於銅柱之下，至隋乃有三百餘家，南蠻呼爲「馬留人」。國中以木爲城，其半依山。酋蓄繡女數百人，出乘象，則繡女執衣屨刀劍及檳榔盤以從。或泛舟，則酋趺坐牀上，繡女列坐其下，與相向，或用以刺舟，威儀甚都。地多水，惟夷目陸處，民多縛木水上，築室以居。有村名烏籠里憚，地饒沙金，商人以貨往市者，擊小銅鼓爲號。明史：其深山中有村名烏籠里憚，其人盡生尾，見人掩面走避。然地饒沙金，商人持貨往市者，擊小銅鼓爲號，置貨地上，即引退丈許。其人乃前，視當意者，置金於旁。主者遥語欲售，則持貨去，否則懷金以歸，不交言也。始其酋有賢德，待商人以恩信。子三十一人，恐擾商舶，不令外出。其妻乃買哇柔酋長之妹。按：明史：買哇柔，乃馬辰之鄰境，其人性兇狠。每夜半盜斬人頭以去，裝之以金，故商人畏之，夜必嚴更以待。生子襲父位，聽其母族之言，務爲欺詐，多負商人價直。自是赴者亦稀。

本朝雍正七年後，通市不絕。其國距厦門水程三百二十更。

風俗

纏頭用布，蕉葉爲食器。明史：用五色布纏頭，腹背多袒，或著小袖衣，蒙頭而入，下體圍以幔。初用蕉葉爲食器，後與華人市，漸用磁器。尤好磁甕，畫龍其外，死則貯甕中以葬。俗惡淫奸，人知畏法。明史：其俗惡淫，奸者論死。華人與女通，輒削其髮以女配之，永不聽歸。婦女苦髮短，問華人何以致長，紿之曰：「我用華水沐之，故長耳。」其女信之，競市船中水以沐。華人故斬之，以爲笑端。女或悦華人，持香蕉、甘蔗、茉莉相贈遺，多與之調笑。然憚其法嚴，無敢私通者。敬信釋教，出入佩刀。皇清職貢圖：俗尚釋教，而性强悍，出入必佩刀劍。拾椒爲業，戴瓶以汲。皇清職貢圖：男女以採藤拾椒爲業。男剪髮，勒以紅帛，腰圍花罽，負竹筐以盛椒。女袒身跣足，繫布裙，過膝間，披幅帛於胸背。汲水，則戴瓦瓶於首。

土產

犀牛。孔雀。鸚鵡。鶴頂。沙金。降香。蠟。藤席。萪藤。蓽撥。血竭。獐皮。以上見明史。

胡椒。番錫。丁香。燕窩。荳蔻。見皇朝通典。

大清一統志卷五百五十七之一

港口

在西南海中。

建置沿革

前史不載。今越南、暹羅附近國也。王鄭姓。皇朝通典：王鄭姓，名天錫。國多崇山，所轄地繞數百里。以木爲城，宫室與中國無異。自王居以下，皆用甎瓦。服物制度，略倣前代。皇朝文獻通考：王蓄髮，戴網巾紗帽，身衣蟒袍，腰圍角帶，以韡爲履。民衣長領廣袖。有喪，皆衣白，平居以雜色爲之。國中建孔聖廟，王與國人皆敬禮之。又立義學，選國人子弟之秀者及貧不能具脩脯者，絃誦其中。漢人僦居其地，有能曉句讀文義者，則延以爲師。子弟皆彬彬如也。

本朝雍正七年後，通市不絶。經七洲大洋到魯萬山，由虎門入口。其國距廣東界計程七千二百里，距厦門水程一百六十更。

風俗

重文學，好詩書。相見以合掌拱上爲禮。皇朝通典。地氣常暖，人多裸體。皇朝文獻通考：其地常暖，雖秋冬不寒。人多裸而以裳圍其下體。

土産

海參。魚乾。蝦米。牛脯。

大清一統志卷五百五十七之二

廣南

海南國，在西南隅。

建置沿革

古南交地。王阮姓，本中國人。自古未通職貢。其國東接越南，西鄰占城，南濱海，北至緬甸，西北距暹羅。國中有大山，海包其外，形如半月，名曰廣南灣。皇朝文獻通考：國人善泅，紅毛國夾板船風漂入廣南灣者，國人即遣小舟數百雲集其處，人負一竹筒，納長縷，没水而釘縷於船下，還掉小舟，曳船以行，於是奪其貨而焚之。故紅毛國人以不見廣南山爲幸云。

本朝康熙八年，廣東都司劉世虎等遇風漂至國境，廣南國王遣其臣趙文炳送歸，並帶貨物船隻來粤。部議趙文炳雖奉廣南印文遣來，實係中國之人，或留或遣，請旨定奪。其帶來之物，現奉海禁，不便貿易，應入户部。奉旨：「廣南國王送劉世虎等回粤，殊爲可嘉，著給以照驗，遣歸廣南，船貨不必入官，仍給來使。」嗣後往來商船由厦門至廣南，過越南界，歷七洲洋，取廣南外之占畢羅山，即入其境焉。

風俗

國無城郭，栽莿竹以自固。他國商船入境，稅物加倍以爲常。皇朝通典。

大清一統志卷五百五十七之三

柔佛

在西南海中。

建置沿革

一名烏丁礁林，或言即東西竺。明史：永樂中，鄭和遍歷西洋，無柔佛名。或言和曾經東西竺山，今此山正在其地，疑即東西竺。明萬曆時，其酋好搆兵，鄰國丁機宜、彭亨屢被其害，蓋西洋强國也。明史：列木爲城，環以池。無事通商於外，有事則召募爲兵，稱强國焉。地不産穀，常易米於鄰壤。華人販他國者，多就之貿易，時或邀至其國。國中崇山峻嶺，樹木叢雜，野獸縱横。天時雖秋冬亦暖，王柳葉爲衣，左袒跣足，下裳密綴小花爲之。蓄髮長二三寸，蒙以金花。無城郭，王府即建於海濱。府治非甎瓦所成，支以竹木，蓋以茅葉。民皆環山而居，亦竹木茅葉爲之。

本朝康熙年間，柔佛國番人利哈等五十三人遭風漂至廣東，地方官給以貲糧，其原船已壞，時閩、粤二省亦無該國船隻，請給内地船遣歸。奏入，上從之。雍正七年，弛南洋商販之禁，自後通市不絶。歷海洋九千里達廣東界，距厦門水程一百八十更。其屬有單咀國，亦來中國互市。風俗土產，與柔佛同。

風俗

以刀爲佩，字用茭蕈葉。明史：男子薙髮，徒跣佩刀，女子蓄髮椎髻，其酋則佩雙刀。字用茭蕈葉，以刀刺之。食無匕筯，死則火葬。明史：王用金銀爲食器，羣下則用磁，無匕筯。俗好持齋，見星方食。節序以四月爲歲首。居喪，婦人薙髮，男子則重薙，死者皆火葬。輕生好殺，出海劫掠。皇朝文獻通考：俗輕生好殺，尚佛教，喜鬭雞，伐烏木，拾海菜。時出海劫掠。忌猪肉，嗜煙。衣袴皆短，織席爲業。皇清職貢圖：婚媾亦論門閥。男子帽如覆椀，銅絲爲胎，冪以白布。衣袴皆短，圍花巾於腰。婦短衣長裙，披錦繒於肩，善織席。

土產

犀。象。玳瑁。片腦。没藥。血竭。錫。嘉文簟。木棉花。檳榔。海菜。燕窩。西國米。蓽吉柿。以上見明史。降香。烏木。冰片。胡椒。皇朝通典。

大清一統志卷五百五十七之四

彭亨

在西南海中。

建置沿革

一名湓亨，又稱彭坑，在暹羅之西。明洪武十一年，其王麻哈剌惹遣使齎表貢番奴及方物。永樂中，屢入貢。鄭和亦至其國。萬曆時，爲柔佛所破，王奔浡泥。後命其長子攝國，旋爲次子所篡。明史：萬曆時，有柔佛國副王子娶彭亨王女，將婚，副王送子至彭亨。彭亨王置酒，親戚畢會。婆羅國王子爲彭亨王妹壻，舉觴獻副王，而手指有巨珠甚美，副王欲之，許以重賄。王子靳不與，副王怒，即歸國發兵來攻。彭亨人出不意，不戰自潰。王與婆羅王子奔金山。浡泥國王，王妃兄也，聞之，率衆來援，副王乃大肆焚劫而去。當是時，國中鬼哭三日，人民半死。浡泥王迎其妹歸，彭亨王隨之，而命其長子攝國。已，王復位，次子素凶悍，遂毒其父，殺其兄，而自立。其國與柔佛連山相枕，內地商民有附番舶至其境者。按皇朝文獻通考：雍正七年，弛南洋之禁，內地商民往柔佛國，有轉附番舶至彭亨國貿易者。

風俗

煮海爲鹽，釀椰漿爲酒。明史：其國土地肥沃，氣候常温。煮海爲鹽，釀椰漿爲酒。俗惑鬼神，祭賽祈福。明史：上下親狎，無寇賊，然惑於鬼神，刻香木爲像，殺人祭賽，以禳災祈福〔一〕。

土産

象牙。片腦。乳香。速香。檀香。胡椒。蘇木。

校勘記

〔一〕以禳災祈福　「禳」，原作「釀」，據明史卷三二五外國列傳改。

大清一統志卷五百五十七之五

丁機奴

在西南海中。

建置沿革

即丁機宜，爪哇屬國也。自古不通職貢。幅員甚狹，僅千餘家。明時，柔佛黠而雄，丁機奴與接壤，屢被其害。後以厚幣求婚，稍免侵侮。其國以木爲城，酋所居，旁列鐘鼓樓，出入乘象。以十月爲歲首，四時皆暖，雖隆冬無霜雪。崇山峻嶺，蜿蟺相望。其國人終身不出境，無航海來中國者。華人往市，交易甚平。自爲柔佛所破，往者亦稀。

本朝雍正七年後，通市不絶。每歲冬春間，粤東本港商人以茶葉、磁器、色紙諸物往其國互市。乾隆二十九年，准帶土絲及二蠶湖絲，浙、閩人亦間有往者，及夏秋乃歸。必經七洲大洋，至魯萬山，由虎門入口，達廣東界，計程九千里。按皇朝文獻通考：七洲洋中有神鳥，狀如海雁而小，長喙色紅，脚短而緑，尾羽如箭，長二尺許。能導人水程，是則飛去，否則仍飛而來。獻紙謝神，翺翔不知所之矣。

風俗

性好潔，酒禁甚嚴。明史：性好潔，酋所食啖，皆躬自割烹。酒禁甚嚴，有常税，然大家皆不飲，惟細民無籍者飲之，其曹偶咸非笑。男贅於女，喪用火葬。明史：婚者男往女家，持其門户，故生女勝男。喪用火葬。

土産

胡椒。其美甲於他番。沙金。冰片。沙藤。速香。見皇朝文獻通考。

大清一統志卷五百五十七之六

喘國

在西北海中。

建置沿革

古史不載。今爲荷蘭屬國。其國王姓名世系，遠者不可稽，近爲土的亞多，傳子非里地力。非里地力傳子亞敦非里地力。王所居，名仕的哥盧。國人會聚之地，名乙頓巴梨，距王居七百餘里。國中四面皆大澤，汪洋千頃，國人之散處者，非駕船不能往來。乙頓巴梨，蓋泊船總匯處也。凡市鎮貿易之期，則有官司，若古司市者。故市鎮皆設館舍，以供駐宿；置班衛，以供使令。國有大山三，産紅銅，民爲開採，納於王。皇朝文獻通考：國中土地平衍，有大山三：一曰庇高天牙禮花，閲三四年，輒有光燭天，望之若煙火。四面巉巖，壁立千仞，人跡不能到。一曰布農故巴黎，自山麓達於頂，俱白沙，童然無一草一木。一曰化倫仕高勞華，山中産紅銅，民爲開採，納於王。明世諸番互市，無喘國名。

本朝雍正十年後，通市不絶。乾隆二十七年，特旨准外洋各國配買絲斤，喘國夷商以該國不諳織作，久乏綢緞，呈懇准帶綢緞成匹者二千斤以濟服用。邊臣據情入奏，上准所請，以示優䘏。

是年九月，喘國商棉是咀等呈稱夷等外洋各國，雖有絲斤，不諳織作，以不能自織之國，若止准帶絲斤，仍屬無由服用，現在該國已缺乏綢緞二三年，懇先准帶綢緞成匹者二千斤，由兩廣總督蘇昌代奏以聞。並請嗣後每絲千斤，止准帶綢緞八百斤，毋得額外多求。至現在喘國懇先帶綢緞二千斤，爲數無多，業准其帶往。奏入，上從之。其國夷商載貨來廣貿易，由虎門入口，至初冬回國。

風俗

信奉天主，俗同英吉利。皇朝文獻通考。脱帽爲禮，與荷蘭相類。皇清職貢圖：喘亦荷蘭屬國，貿易於粤。其脱帽爲禮，與荷蘭相類。短衣革帶，常執藤鞭衛身。夷婦方領露胸，衣外束裙，摺袖舒袂，以革爲履，底綴方木似屐。喜以金縷盒貯鼻煙，時時吸之。

土産

黑鉛。紅銅。粗絨。洋酒。葡萄乾。

大清一統志卷五百五十七之七

嗹國

在西北海中。

建置沿革

自古未通職貢。明代諸番互市，無嗹國名。國中土地平衍，王所居，名顛地墨。皇朝文獻通考：王所居土名顛地墨。王名非厘德歷，王父名奚成，王祖名奚厘成。其遠者無考。王城五十里，外有一山，名士嗹，前濱大海。左右設礮臺，國人皆從此出入。本朝雍正間，有夷商來廣通市，後歲以爲常。歷海洋六萬餘里，始達廣東界。每夏秋之交，由虎門入口，易買茶葉、瓷器、絲斤諸物。至初冬風信到時，駕船而歸。粵省本港商人無至其國者。

風俗

信奉天主，同英吉利。皇朝文獻通考。

土產

黑鉛。琥珀。白金。大青。葡萄乾。

大清一統志卷五百五十七之八

嘛六甲在占城南。

建置沿革

即滿剌加，或云即古頓遜唐哥羅富沙。明永樂三年，其酋拜里迷蘇剌遣使貢方物，封爲滿剌加國王，賜誥印綵幣。其使者言王慕義，願同中國列郡，歲效職貢，因請封其山爲一國之鎮。帝從之。九年，其王率妻子陪臣五百四十餘人來朝，宴賜有加禮。及歸，又賜宴龍潭驛以餞之。至王子母幹撒于的兒沙襲封，亦賜金幣。後屢爲暹羅所侵，入訴於朝。明史：永樂十七年，王率妻子來朝，訴暹羅見侵狀，帝爲賜敕諭暹羅。宣德六年，遣使者來言：「暹羅謀侵本國，王欲入朝，懼爲所阻；欲奏聞，無能書者。令臣三人，附蘇門答剌貢舟入訴。」帝命附鄭和舟歸國，因令和齎敕諭暹羅，責以輯睦鄰封，毋違朝命。成化中，滿剌加又爲安南所侵陵。明史：成化十七年，貢使言：「安南已據占城，又欲吞本國。本國以皆爲王臣，未敢與戰。」適安南貢使亦至，滿剌加使臣請與廷辯，帝乃因安南使還，敕責其王，并諭滿剌加，安南復侵陵，即整兵待戰。正德三年，遣使臣端亞智等入貢，後佛郎機強橫海上，舉兵侵奪其地，國王蘇端媽末出奔，遣使告難。朝廷敕責佛郎機，令還其故土。又諭暹羅諸國王，以救災恤鄰之義，迄無應者。滿剌加竟爲所滅。後改名嘛六甲，今則爲荷蘭所屬。按皇清職貢圖：嘛六甲，明初服屬暹羅，後爲佛郎機所侵奪。嘉靖時，敕還其地，迄無應者。今則爲荷蘭所屬云。

風俗

淘沙取錫，捕魚爲業。明史：有山出泉，流爲溪，土人淘沙取錫。田瘠少收，民皆捕魚爲業。氣候朝熱暮寒，男女椎髻，身體黝黑。間有白者，唐人種也。俗喜邀劫，商舶稀至。明史：俗淳厚，市道頗平。自爲佛郎機所破，其風頓殊，商舶稀至，多直詣蘇門答剌，然必取道其國，率被邀劫，海路幾斷。性情機巧，器用精緻。皇清職貢圖：性情機巧，器用精緻。男以色布纏頭，長衣短袴，露脛曳履。女椎髻跣足，垂珠於項，短衣長裙，頗工縫紉。

大清一統志卷五百五十七之九

宋腒勝

在西南海中。

建置沿革

古無所考。今爲暹羅屬國。按：暹羅國西南有大山延亘，由暹羅沿山海而南，爲宋腒勝國。其國人以耕漁爲業，性情褊急。其齋僧飼象，與暹羅相類。

本朝雍正七年後，來粤通市，距厦門水程一百八十更。旁有埗仔、六崑、大呢諸國，皆屬暹羅。埗仔東北與宋腒勝接，六崑東與埗仔接。大呢一名大年，東北與六崑接。三國風俗物産不殊。其來粤通市，距厦門水程，埗仔與宋腒勝同，六崑、大呢則一百五十更云。

風俗

男蓄髮，去其鬚，首插雉尾，腰束匹帛，短衣而窄袴，無履韈，常佩刀劍。女椎髻跣足，短衣長裙，披帛於肩，能知紡績。見皇清職貢圖。

土産

牛。鹿。蝦米。海參。番錫。象牙。棉花。黄蠟。

大清一統志卷五百五十八之一

合貓里

在東海中。

建置沿革

又名貓里務，自古不通中國。明永樂三年，遣使附瓜哇使臣朝貢。其國近呂宋，商船往來，漸成富壤。凡華人入其國者，不敢欺陵，市法最平。故華人爲之語曰：「若要富，須往貓里務。」後有網巾礁老者，最兇悍，常寇掠其地，人多死傷，遂至貧困。商人慮爲礁老所劫，鮮有赴者。

風俗

地瘠多山，人知稼穡。明史：土瘠多山，山外大海饒魚蟲。人知稼穡。

土産

胡椒。蘇木。烏木。

大清一統志卷五百五十八之二

美洛居在東海中。

建置沿革

俗訛爲米六合，自古不通中國。明初，以其地有香山，雨後香墮，沿流滿地，居民拾取不竭。其酋委積充棟，以待商舶之售，故華人多往市易。萬曆中，佛郎機與紅毛番互争其地，每歲搆兵，人不堪命。華人流寓者遊説兩國，令各罷兵，分國中萬老高山爲界，山以北屬紅毛番，南屬佛郎機，始稍休息，而美洛居竟爲兩國所分云。按明史：萬曆時，佛郎機來攻，其酋戰敗請降，乃令復位。歲以丁香充貢，不設戍兵而去。紅毛番横海上，知佛郎機已退，乘虚抵城下，執其酋，語之曰：「若善事我，我爲若主，殊勝佛郎機也。」酋不得已，聽命，復位如故。紅毛番雖據美洛居，率一二歲率衆返國，既返復來。佛郎機值紅毛番已去，興兵破美洛居，殺其酋，立己所親信主之。無何紅毛番至，又破其城，逐佛郎機所立酋，而立美洛居故王之子。自是歲搆兵，人不堪命。華人流寓者説兩國罷兵，中分其地。按：美洛居爲兩國所分，其所立酋長，仍係美洛居故王之子。雖分境服屬，而其國猶存未滅也，故仍稱美洛居云。

風俗

人知敬上，貲用富饒。明史：其俗男子削髮，女椎結。酋出入威儀甚備，所部皆合掌伏道旁。尤侗外國傳：其國多市中國酒器豪飲，席間設二大盒盛酒，人手一器飲之。長者起舞，年少環視，遜不敢登場也。

土產

丁香。明史：東洋不產丁香，獨此地有之，可以辟邪。

大清一統志卷五百五十八之三

汶萊

〔一〕在東海中，接近西洋。

建置沿革

即婆羅國。在息力大山之西北，東洋盡處，西洋所自起也。唐高宗時，常入貢。明永樂三年，遣使者齎璽書彩幣，撫諭其王。四年，其國東、西二王並遣使奉表朝貢。至萬曆時，其爲王者閩人也。或言鄭和使婆羅，有閩人從之，因留居其地，後人遂據其國而王之。其王有金印一，篆文上作獸形，言永樂朝所賜。民間嫁娶必請此印，印背上以爲榮。其國距厦門水程一百八十更。

本朝雍正七年後，通市不絶。

風俗

崇釋教，惡殺喜施。禁食豕肉，犯者罪死。明史。王裹金繡巾，佩雙劍出入。有禮拜寺，每祭用犧。同上。伐木採藤，翦髮去鬢。皇清職貢圖：以伐木採藤爲業。男翦髮裹絳帛，去鬢留髯，與蘇禄相似。女散髮垂肩，結巾於項，著衣裾而跣足。

土産

玳瑁。瑪瑙。硨磲。珠。見續文獻通考。白焦布。花焦布。降真香。黄蠟。黑小廝。明史。

校勘記

〔一〕汶萊　「萊」，原訛作「菜」，據明史卷三二三外國列傳改。

大清一統志卷五百五十八之四

榜葛剌

在西海中。

建置沿革

即漢時身毒國。從月氏、高附國以西，南至西海，東至磐起。有别城數百，城置長。有别國數十，國置王。雖各小異，而俱名身毒。通典：身毒有都臨恒河，一名迦毗黎河。靈鷲山，亦名耆闍崛山。山有青石，頭似鷲鳥。後漢稱天竺。明帝遣使問佛法於其國。後漢書：天竺國一名身毒，世傳明帝夢見金人長大，頂有光明，以問羣臣。或曰：「西方有神，名曰佛，其形長丈六尺而黄金色。」帝於是遣使天竺，問佛道法，遂於中國圖畫形像焉。按：此書明帝時已稱天竺。舊志云和帝時始改名天竺，誤，今改正。和帝時，天竺遣使入貢，後西域反畔，乃絶。桓帝二年，頻從日南徼外來獻方物。魏、晉世絶不復通。梁書：魏、晉世絶不復通。惟吴時扶南王范旃遣親人蘇物使其國，到天竺江口，逆水行七千里，乃至焉。天竺王驚曰：「海濱極遠，猶有此人乎？」即令觀視國内。仍差陳、宋等二人，以月氏馬四匹報旃，四年方至。時吴遣中郎康泰使扶南，見陳、宋等，具問天竺土俗，云佛道所興國也。宋文帝元嘉五年，天竺伽毗黎國王月愛遣使奉表，獻金剛指環、摩勒金環寶物，赤、白鸚鵡各一。明帝泰始二年，又遣使貢獻。

梁天監初，天竺王屈多遣長史竺羅達奉表獻琉璃唾壺、雜香、吉貝等物。隋煬帝時，命裴矩應接西番諸國，惟天竺不通。

唐貞觀十五年，天竺國王尸羅逸多遣使入貢。舊唐書：天竺國或云婆羅門，地在葱嶺之南，周三萬里。其中分五天竺，一曰中天竺，二曰東天竺，三曰南天竺，四曰西天竺，五曰北天竺，地各數千里，城邑數百。南天竺際大海；北天竺距雪山，四周有山爲壁，南面一谷，通爲國門；東天竺東際大海，與扶南、林邑鄰接；西天竺與罽賓、波斯相接；中天竺據四天竺之會，其都城周迴七十餘里，北鄰禪連河。中天竺王姓乞利咥氏，或云刹利氏，世有其國，不相篡弑。稻歲四熟，又有栴檀、鬱金諸香。通於大秦，故其寶物或至扶南、交趾貿易焉。人皆深目長鼻，致敬極者，舐足摩踵。家有奇樂倡妓。其王與大臣多服錦罽，上爲螺髻於頂，餘髮翦之使卷。貞觀十五年，其王尸羅逸多遣使朝貢，太宗降璽書慰問，尸羅逸多大驚，問諸國人曰：「自古曾有摩訶震旦使人至吾國乎？」皆曰：「未之有也。」戎言中國爲摩訶震旦，乃膜拜而受詔書。因遣使朝貢，其四天竺國王咸遣使朝貢。五天竺所屬之國數十，亦累遣使來朝云。開元中，南天竺獻五色能言鳥，乞師討大食、吐番，丐名其軍，玄宗詔賜「懷德軍」。晉天福中，滄州僧道圓詣西域，在途十二年，住五印度凡六年。五印度即天竺也。

宋乾德二年，命沙門三百人入天竺，求舍利及貝多葉書。范成大吴船録〔一〕：有繼業三藏姓王氏，耀州人，預遣中。至開寶九年，始歸寺。所記西域行程，雖不甚詳，然地里大約可考。云自階州出塞西行，由靈武、西、涼、甘、肅、瓜、沙等州〔二〕，入伊吴、高昌、焉耆、于闐、疏勒、大食諸國，度雪嶺，至布路州國。又度大葱嶺，雪山至伽濕彌羅國，西登大山，有薩埵太子投崖飼虎處，遂至健他羅國，謂之中印度。又西至庶流波國及左攔陁羅國，國有二寺。又西過四大國，至大曲女城，南臨滔牟河，北負洹河，塔廟甚多，而無僧尼。又西二程有寶階故基。又西至波羅奈國，兩城相距五里，南臨洹河。又西北十許里至鹿野苑，塔廟佛跡最夥。又南行十里，渡洹河，河南有大浮屠。自鹿野苑西至摩羯提國，館於漢寺，寺多租入，八村隸焉，僧徒往來如歸。南與杖林山相直，巍峯巋然。山北有優波掬多石室及塔廟故基〔三〕。西南百里孤山，名雞足三峯，云是迦葉入定處。又西北百里有菩提寶座，城四門相望，金剛座其中，東向。又東至尼連禪州東岸，有石柱記佛舊事。自菩提座東南五里，至佛苦行處，又西三里至三迦葉村及牧牛女池。金剛座之北門外，有獅子國迦藍。又北五里至迦耶城。又北十里至迦耶山，云是佛説寶雲經處。又自金剛座東北十五里至正覺山，又東北三十里至骨磨城，業館於鯫羅寺，謂之南印度，諸國僧多居之。又東北四十里至王舍城，東南五里有降醉象塔。又東北登大山，細路盤紆，有舍利子塔，又臨澗有下馬迎風塔。度絶壑，登山頂大塔廟，云是七佛説法處。山北平地，又有舍利本身塔，其北山半曰鷲峯，云是佛説法華處。山下即王舍城，城北山趾有温泉二十餘井。又北有大寺，及伽蘭陁竹園故跡。又東有阿難半身舍利塔。温泉之西有平地，直南登山腹，有畢鉢羅窟。窟西復有阿難證果塔。去新王舍城八里，城中有蘭若，隸漢寺，又有樹提迦故宅城，其西有輪王塔。又北十五里有那蘭陁寺。寺之南北各有數十寺，門皆西向，其北有四佛座。又東北十五里至烏巔頭寺，東南五里有聖觀自在像。又東北十里至迦濕彌羅寺。寺南距漢寺八里許，自漢寺東行十二里至郤提希山。又東七十里有鴿寺，西北五十里有支那西寺，古漢寺也。西北百里至花氏城，育王故都也。自此渡河北至毗耶離城，有維摩方丈故跡。又至拘尸那城及多羅聚落，踰大山數重，至尼波羅國。又至磨逾里，過雪嶺，至三耶寺，由故道自此入階州。

太平興國七年，益州僧光遠至天竺〔四〕，以其王没徙曩表來上。文獻通考：太宗令天竺僧施護譯云：「近聞支那國内有大明王，至聖至明，威力自在。每慚薄幸，朝謁無由。遥望支那，起居聖躬萬福。今以釋迦舍利附光遠上進。」又譯其國僧統表，詞意亦與没徙曩表同。施護言：烏填曩國，屬北印度，西行十二日至乾陁羅國，又西行二十日至曩誐羅賀羅國，又西行十日至嵐婆國，又西行十二日至誐惹曩國，又西行至波斯國，得西海。自北印度行百二十日至中印度，中印度西行三程至呵囉尾國，又西行十二日〔五〕，至迦囉拏俱惹國〔六〕，又西行二十日至摩羅尾國〔七〕。又西行二十日至烏然泥國，又西行二十五日至羅囉國，又西行四十日至蘇羅茶國，又西行十一日至西海。凡中印度行六月程，至南印度，又西行九十日至供迦拏國，又西行一日至海。自南印度南行六月程，得南海，皆施護之所述云。

雍熙中，有婆羅門僧永世與波斯外道阿里煙同至京師。永世自言本國名利得，國王姓牙羅五得，名阿喏你縛，衣黄衣，戴金冠，以七寶爲飾。出乘象，或肩輿，以音樂螺鈸前導。多遊佛寺，博施貧乏。其妃曰摩訶你，衣綢縷金紅衣，歲一出，多所賑施。人有冤抑，俟王及妃出游，即迎隨申訴。署國相四人，庶務並委裁制。五穀六畜果實，與中華無異。市易用銅錢，文漫圓徑，如中國之制，但實其中，不穿貫耳。其國東行經六月至大食國，又二月至西州，又三月至夏州。阿里煙自云本國王號黑衣，姓張，名哩里沒。用錦綵爲衣，每遊獵三二日一還國。署大臣九人治國事。無錢貨，以雜物貿易。其國東行經六月至婆羅門。

元太祖定西域，至東印度地。明永樂六年，榜葛剌國王靄牙思丁遣使來貢。正統後不復至。續文獻通考：榜葛剌即東印度地也。國最大，從蘇門答剌海西北行二十日抵淛地港，自港至瑣納兒江，有城池街市，聚貨通市。再行至板獨哇，酋長居焉，城郭甚嚴。其國殿宇廣大，内門三重九間，殿柱皆黄銅包飾，雕琢花獸。左右長廊，内設明甲馬隊千餘，外列巨漢，甲胄，執鋒刃弓矢。丹墀左右，列孔雀翎扇蓋數百，又置象隊。王正殿高座嵌八寶，王箕踞坐其上，横劍於膝。王及諸官皆回回人，男祝髮，白布纏頭，圓領長衣，束彩帨，躡金錦羊皮韡。婦人不施脂粉，耳垂寶釧，項掛瓔珞。又有沼納樸兒，其國在榜葛剌之西。永樂十年，亦遣使敕諭其國。然以去中國絶遠，朝貢竟不至。續文獻通考：沼納樸兒，在榜葛剌迤西，古天竺國也。居印度之中，又名金剛寶座國，乃釋迦得道之所。

風俗

修浮圖道，不殺生。後漢書。人敦龐，土饒沃。見梁書天竺傳。又云其王號茂論，所都城郭，水泉分流，繞於渠塹，下注大江。其宫殿皆雕文刻鏤，街曲市里，屋舍樓觀，鐘鼓音樂，服飾奢華。水陸通流，百賈交會，器玩珍瑋，恣心所欲。左右嘉維、舍衛、葉波等十六大國，去天竺或二三千里，共尊奉之，以爲在天地之中也。百姓殷樂，俗無簿籍。耕王地者輸地利，以齒貝爲貨。舊唐書。俗皆徒跣，衣重白色。舊唐書。無喪紀，重刑罰，善天文、推算之術。舊唐書：死者或焚屍取灰，以爲浮屠；或委之中野，以施禽獸；或流之於河，以飼魚鼈。無喪紀之文。謀反者幽殺之，小犯罰錢以贖罪。不孝則斷手足，截耳割鼻，放流邊外。有文字，善天文、推算之術。其人皆習學悉曇章〔八〕，云是梵天書法，書於貝多樹葉以紀事。俗尚信義。田豐美，一歲二收，男女勤耕織。續文獻通考。地大物阜，繁華類中國。明史：地大物阜，城池街市，聚貨通商，繁華類中國。俗淳龐，有文字，官司上下亦有行移。醫卜陰陽，百工技藝，悉如中國。明史：皆前世所流入也。敬迎朝使，宴贈盡禮。明史：其王敬天朝，聞使者至，遣官具儀物，以千騎來迎。王宫高廣，威儀甚壯。朝使入，令拄銀杖者二人來導，五步一呼，至中則止。又令拄金杖者導如前，其王拜迎詔，叩頭，手加額。開讀受賜訖，設毯於殿，宴朝使，不飲酒，以薔薇露和香蜜水飲之。贈使者金盔、金繫腰、金瓶、金盆，其副悉用銀，其從者皆有贈。

土産

鹽。文獻通考：天竺國臨大江，源出崑崙，分爲五江，總名洹水。其水甘美，下有真鹽，色正白如水晶。金剛。舊唐書：似紫石英，百鍊不消，可以切玉。高你布。兜羅綿。翠羽。琉璃。良馬。鶴頂。犀角。烏爹泥。紫膠。烏木。蘇木。麒麟。金。銀。青花。白瓷。鸚鵡。洗白苾布。撒哈剌。糖霜。乳香。熟香。烏香。麻藤香。藤竭。胡椒。粗黄。自麒麟以下，俱見明史。

校勘記

〔一〕范成大吴船録　「船」，原作「橋」，據乾隆志卷四二四榜葛剌（下簡稱乾隆志）改。按，下引文字實節録於范成大吴船録卷上，「橋」乃「船」字之誤，因改。

〔二〕由靈武西涼甘肅瓜沙等州　「涼」，原作「河」，乾隆志同，據范成大吴船録卷上改。

〔三〕山北有優波掬多石室及塔廟故基　「優」，原作「擾」，乾隆志同，據吴船録卷上改。

〔四〕益州僧光遠至天竺　「光遠」，原作「道遠」，據乾隆志及文獻通考卷三三八四裔考改。按，下注文作「光遠」不誤。

〔五〕又西行十二日　按，據文獻通考卷三三八四裔考，此下脱「至鉢賴野迦國」六字。乾隆志亦脱。

〔六〕至迦囉拏俱惹國　按，據文獻通考卷三三八四裔考，此上當有「又西行六十日」六字。乾隆志亦脱。

〔七〕又西行二十日至摩羅尾國　「二十」，原作「十二」，乾隆志同，據文獻通考卷三三八四裔考乙。

〔八〕其人皆習學悉曇章　「悉」，原脱，乾隆志同，據舊唐書卷一九八西戎列傳補。

大清一統志卷五百五十八之五

拂菻在西海中。

建置沿革

即漢大秦國，又名犂靬。後漢延熹初，始通中國。通典：其國在西海之西，亦云海西國。其王理安都城，宫室皆以水晶爲柱。從條支西渡海曲萬里，去長安蓋四萬里。其人長大平正，有類中國，故謂之大秦云。晉武帝太康中，其王遣使貢獻。晉書：其地東西南北各數千里。有城邑，其城周迴百餘里，屋宇皆以珊瑚爲梲栭，琉璃爲牆壁。王有五宫，相去各十里。每旦於一宫聽事，終而復始。若國有災異，輒更立賢人，放其舊主。有官曹簿領，而文字異習。亦有白蓋小車、旌旗之屬，及郵驛制置，一如中州。以金銀爲錢，銀錢十當金錢之一。安息、天竺人與之交市於海中，其利百倍。鄰國使到者，輒廩以金錢。途經大海，海水不可食，商客往來，皆齎三歲糧，是以至者稀少。至唐時，改名拂菻。貞觀十一年，其王波多力遣使入貢。開元七年，又遣大德僧來朝。舊唐書：拂菻國一名大秦。地方萬餘里，列城四百，邑居連屬。有貴臣十二人，共治國政。常使一人將囊隨王車，百姓有事者，即以書投囊中，王還宫省發，理其枉直。其王冠形如鳥舉翼，冠及瓔絡，皆綴珠寶。衣錦繡，前不開襟。坐金花牀，有一鳥似鵝，毛緑色，常在王側倚枕上坐，每進食有毒，其鳥輒鳴。其都城疊石爲之，絶高峻。

凡有十萬餘户，南臨大海。城東面有大門，其高二十餘丈，自上及下，飾以黄金，光輝燦爛，連曜數里。自外至王室，凡大門三重，列異寶雕飾。第二門樓中懸一金秤，以金丸十二屬於衡端，以候日之十二時。一金人立於側，每至一時，其金丸輒落，鏗然發聲引唱，以紀日時，毫釐無失。其殿以瑟瑟爲柱，黄金爲地，象牙爲門扇，香木爲棟梁。其俗無瓦，擣白石爲末，羅之塗屋上，其堅密光潤，還如玉石。至盛暑之節，人厭囂熱，乃引水潛流，上遍屋宇，機制巧密，人莫之知。觀者惟聞屋上泉鳴，俄見四簷飛溜，懸波如瀑布，激氣成涼風，其巧妙乃如此。嗣後無聞。至元末，其國人有揑古倫者入市中國，不能歸。明洪武四年召見，命齎詔書還諭其王，復命使臣普剌等齎敕書綵幣，招諭其國。乃遣使來貢，後不復至。萬曆時，西洋人利瑪竇至京師，言天主耶蘇生於如德亞，蓋即古大秦國云。

風俗

其人質直，市無二價，穀食常賤，國用富饒。魏書。俗多奇幻。魏書：有幻人，能額上爲炎燼，手中作江湖，舉足而珠玉自墮，開口則旛旄亂出。披帔右袒，錦爲頭巾。舊唐書：其男子披帔右袒，婦人不開襟，錦爲頭巾。

土産

金。珠。玉。夜光璧。琥珀。瑪瑙。硨磲。赤玻璃。緑金精。珊瑚。魏書：西南漲海中可七八百里，行到珊瑚洲，水底有盤石，珊瑚生其上。大秦人常乘大舶載鐵網，令水工先投入視之，可下網乃下。初生白，漸似苗坼甲，歷一載許，出網目間，變作黄色。枝格交錯，高極三四尺，大者圍尺餘。三年，色乃赤好。復没視之，知可採，便以鐵鈔發其根，乃以索繫網，使人以舶上絞車舉出，還國理截，恣意所作。若失時不舉，便蠹敗。木難。魏書：碧色珠也。出翅鳥口中，結沫所成。土人珍之。蘇合香。晉書：會合諸香煎其汁爲之。火浣布。錦罽。海西布。魏書：大秦有織成細布，言用水羊毛〔一〕，名曰海西布。作氍毹〔二〕、毾㲪、罽帳之屬，其色鮮于海東諸國所作。駭雞犀。獅子。魏書：大秦地多獅子，遮害行旅，不百餘人將兵器，輒爲所食。羊羔。舊唐書：生於土中。其國人候其欲萌，乃築牆以院之，防外獸所食也。然其臍與地連，割之則死。惟人著甲走馬及擊鼓以駭之，其羔驚鳴，臍遂絶。

校勘記

〔一〕言用水羊毛　「毛」，乾隆志卷四二四拂菻同，三國志卷三〇魏書烏丸鮮卑東夷列傳裴注引魏略作「毳」。

〔二〕作氍毹　「毹」，乾隆志同，三國志魏書裴注引魏略作「毺」。

大清一統志卷五百五十八之六

古里在西海中。

建置沿革

西洋大國也。自柯枝舟行三日可至，自錫蘭山十日可至。爲諸番要會，自古不通中國。明永樂元年，命中官尹慶奉詔諭其國。其酋沙米的喜「其酋沙米的喜」，舊志作「其王馬那必加刺滿」，今改正。遣使入貢，因封爲國王，賜印誥及文綺，遂比年入貢。十四年，偕爪哇、彭亨等國入貢。是時諸番使臣充斥於廷，以古里大國，序其使者於首。宣德八年，其王比里麻遣使偕蘇門答剌等國使臣入貢，其使久留都下。正統元年，乃命附爪哇貢舟西還，自是不復至。

風俗

其人淳厚，行者讓道，路不拾遺。續文獻通考。敬浮屠，崇回教。明史：人分五等，如柯枝。其敬浮屠，鑿井灌佛亦如之。每旦，王及臣民取牛糞調水塗壁及地，又煅爲灰，抹額及股，謂爲敬佛。國中半崇回教，建禮拜寺數十處，七日一禮，男女齋沐謝事。午時拜天於寺，未時方散。王老不傳子而傳甥，無甥則傳弟，無弟則傳於國之有德者。國事皆決於二將領，以回回人爲之。刑無鞭笞，重者斷手足，輕者罰金珠。鞫獄不承，則置其手指沸湯中，三日不爛，即免罪。免罪者，將領導以鼓樂送還家，親戚致賀。蔬果畜産，多類中國。明史：其國山多地瘠，有穀無麥。富家多植椰子樹，至數千，其嫩者漿可飲，亦可釀酒。老者可作油糖，亦可作飯。幹可構屋，葉可代瓦，殼可製杯，瓤可索綯，煅爲灰可鑲金。其他蔬果畜産，多類中國。

土産

寶石。珊瑚。珠。琉璃。鐵。龍涎香。蘇合油。花氈單。伯蘭布。苾布。

大清一統志卷五百五十九之一

柯枝在西海中。

建置沿革

相傳即古盤盤國。其國與錫蘭山對峙，中通古里。東界大山，三面距海。自小葛蘭西北行，順風一日夜可至。宋元嘉中，始通中國。梁、隋皆入貢。唐貞觀九年來貢，永徽中獻鸚鵡。明永樂六年，命鄭和使其國。九年，國王可亦里遣使入貢，使者請賜印誥，封其國中之山爲鎮國之山，勒碑其上，系以銘。宣德八年，王可亦里復遣使偕錫蘭山諸國來貢。正統元年，遣其使者附瓜哇貢舶還國。

風俗

崇釋教，俗甚淳。舊唐書盤盤傳：人皆尊婆羅門，敬佛法。明史：其王瑣里人，崇釋教。佛座四旁皆水溝，復穿一井。

每日鳴鐘鼓，汲水灌佛，三浴之，始羅拜而退。俗頗淳，築室以椰子樹爲材，取葉爲苫以覆屋，風雨皆可蔽。呼僧爲比丘，呼道士爲貪。舊唐書：僧尼讀佛經，食肉而不飲酒。道士不食肉，國不甚重。人分五等。明史：一曰南昆〔一〕，王族類。二曰回回，三曰哲地，皆富民。四曰革全，皆牙儈。五曰木瓜，木瓜最貧，爲人執賤役者，屋高不得過三尺，衣上不得過臍，下不得過膝，途遇南昆、哲地人，輒伏地，俟其過乃起。氣候常熱，田瘠少收。明史：氣候常熱，一歲中，二三月時有小雨，國人皆治舍，儲食物以俟。五六月間，大雨不止，街市成河。七月始晴，八月後不復雨，歲歲皆然。田瘠少收，諸穀皆産，獨無麥。諸畜亦皆有，獨無鵝與驢云。

土産

胡椒。續文獻通考：地産胡椒，通商販賣。

鸚鵡。唐永徽中常入貢。

校勘記

〔一〕一曰南昆　「昆」，原作「昆」，據乾隆志卷四二四柯枝及明史卷三二六外國列傳改。下文同改。

大清一統志卷五百五十九之二

錫蘭山在西海中。

建置沿革

自古不通中國。明史錫蘭山傳：或云即古狼牙修。梁時曾通中國。自蘇門塔剌順風十二晝夜可達。明永樂中，鄭和使西洋，至其地。其王亞烈苦奈兒欲害和，和覺，去之他國。及和歸經其地，復誘和至國中，發兵五萬塞歸路。和乃率步卒二千，由間道攻拔其城，生擒亞烈苦奈兒及妻子頭目，獻俘於朝。帝憫其無知，皆釋之，且給以衣食，命擇其族之賢者立之。有邪把乃那者，諸俘囚咸稱其賢，乃遣使齎印誥封爲王，其舊王亦遣歸。自是遂屢入貢，至天順後不復至。其國地廣人稠，貨物多聚，亞於爪哇。東南海中有山三四座，總名曰翠藍嶼，大小七門，門皆可通舟。中一山尤高大，番名梭篤蠻山。明史：其人皆巢居穴處，赤身髡髮。相傳釋迦佛昔經此山，浴於水，或竊其袈裟。佛誓云，後有穿衣者，必爛其皮肉。自是寸布罣身，輒發瘡毒，故男女皆裸體，但紉木葉蔽其前，故又名裸形國。自此山西行七日，見鸚哥嘴山。又二三日，抵佛堂山，即入錫蘭國境。明史：海邊山石上有一足跡，長三尺許，故老云，佛從翠藍嶼來踐此，故足跡尚存。中有淺水，四時不乾。人皆手蘸拭目洗面，曰佛水清淨。山下僧寺有釋迦真身，倒卧牀上，旁有佛牙及舍利，相傳佛涅槃處也。其寢座以沈香爲之，飾以諸色寶石。王所居側，有大山高出雲漢，其巔有巨人足跡，入石深二尺，長八尺餘，云是盤古遺跡。此山産紅雅姑、青雅姑、黄雅姑、昔剌泥、窟没藍等諸色寶石。每大雨衝流山下，土人競拾之。海旁有浮沙，珠蚌聚其内，光彩瀲灩。王使人撈取置之地，蚌爛而取其珠，故其國珠寶特富。

風俗

崇釋教，禁食牛肉。明史：其王瑣里國人。崇釋教，重牛，日取牛糞燒灰，塗其體。又調以水，遍塗地上，乃禮佛，手足直舒，腹貼於地，以爲敬。王及庶民皆如之。不食牛肉，止食其乳，死則瘞之，有殺牛者罪至死。氣候常暑，地豐米穀。見續文獻通考。又明史云：民富饒，然不喜啖飯，欲啖則於暗處，不令人知。

土産

珠。珊瑚。諸色寶石。水晶。撒哈剌。西洋布。乳香。樹香。檀香。没藥。木香。硫黄。藤竭。盧薈。烏木。胡椒。碧石。馴象。

大清一統志卷五百五十九之三

西洋瑣里在西海中。

建置沿革

自古不通中國。明洪武三年，其王別里提始遣使奉金葉表，獻方物。永樂元年，又遣使來貢，附載胡椒與民市，命有司勿徵其稅。二十一年，偕古里阿丹等十五國來貢。又有瑣里者，近西洋瑣里而差小。洪武五年，其王卜納的亦遣使奉表朝貢。按：瑣里本一小國，乃占城、暹羅、錫蘭、柯枝諸大國王，舊志皆云係瑣里人，故特存之。

風俗

無可考。

土産

兜羅綿。白苾布。

大清一統志卷五百五十九之四

啞齊在西南海中。

建置沿革

古蘇門答刺。在滿刺加之西，或言即漢條枝，唐波斯、大食二國地，西洋要會也。續文獻通考：又云即古蘇文達那。明洪武中，遣使奉表入貢。永樂三年，其酋宰奴里阿必丁已遣使入貢，詔封爲蘇門答刺國王。比年入貢，終成祖世不絶。鄭和凡三使其國。續文獻通考：其國與花面國相接。先是，蘇門王與花面王戰，中矢死，王子年幼，不能復讐。其妻令曰：「孰能復此讐者，我以爲夫，與共國事。」有漁翁聞之，率衆往擊，殺花面王而還，遂稱爲老王。既而王子年長，率部衆殺之。漁翁子蘇幹刺奔峭山，思復父讐。王子遣使來訴，乃命太監鄭和往捕蘇幹刺以歸，獻闕下，國乃安。迨萬曆間，國兩易姓，易國名曰啞齊。明史：啞齊王者，其始本人奴也。奴之主爲國大臣，握兵柄，一日隨主入朝，出謂主曰：「王左右侍衛少，請乘間刺殺之，奉主爲王，猶反掌耳。」主從之，遂篡王位，任奴爲心腹，委以兵權。未幾，奴復殺主而代之。乃大爲防衛，拓其宫，建六門，不得闌入。雖勳貴不得帶刀上殿。出乘象，象駕亭而帷其外，如是者百餘，俾人莫測王所在云。内地商船每附番舶至其地互市。其國近爲英吉利所屬云。

風俗

商賈輻輳，市道稱平。明史：其國俗頗淳，出言柔媚。貨舶至，貿易稱平。地本瘠，無麥有禾，禾一歲二稔。四方商賈輻輳，華人往者以地遠價高，獲利倍他國。其氣候朝如夏，暮如秋，夏有瘴氣。婦人裸體，惟腰圍一布。其他風俗類滿剌加。白布纏頭，束腰佩劍。皇清職貢圖：白布纏頭，蓄鬚髮，著素衣，肩披花帛，束腰佩劍。婦披髮不笄，領下胸前多飾金珠。家居常喜現體跣足，出行仍以大布蒙首至踵。

土産

硫黄。賄爾馬果。外皮甚臭，剖開取囊如酥油香美。俺拔果。其味酸甜香冽。寶石。瑪瑙。水晶。石青。回回青。馬。犀。龍涎香。沈香。木香。丁香。速香。降真香。斗錫。胡椒。蘇木。

大清一統志卷五百五十九之五

南渤利在西南海中。

建置沿革

亦稱南浡里。自古不通中國。相傳自蘇門答剌而西，順風三日夜可到。王及居民皆回回人，僅千餘家。其國境西北有山，甚高峻，曰帽山。山西大海，即西洋也，番名那没黎洋，往來洋船俱望此山爲準。山下亦有居人二三十家，皆自稱爲王。問其姓名，則曰阿孤喇楂；或問其次，則曰阿孤喇杳，屬南渤利國所轄。明永樂十年，其王馬哈麻沙遣使附蘇門答剌使入貢。宣德五年，鄭和遍賜諸國，南渤利亦與焉。

風俗

俗樸實。地少穀，人多食魚蝦。明史。

土産

降真香。犀牛。黑珊瑚。續文獻通考：帽山近海，水内生黑珊瑚樹，大者高二三尺，如墨之黑，如玉之潤，有枝婆娑可愛。

大清一統志卷五百五十九之六

占城在西南海中。

建置沿革

即周越裳地。秦爲林邑。漢爲象林縣，屬日南郡。後漢末，區連據其地，始稱林邑王。傳數世無子，外甥范逸代立。晉成帝咸康二年，逸死，其奴文篡位。南史林邑傳：范文，本日南西卷縣夷帥范稚家奴，常牧羊於山澗，得鱧魚，化爲鐵，因以鑄刀。刀成，文向日咒曰：「若斫石破者，文當王此國。」因破石，如斷芻藁，文心異之。及逸死，遂篡其位，乃攻旁國并之，有衆四五萬。至穆帝永和三年，文率其衆攻陷日南，還據其地。告交州刺史朱蕃，求以日南北鄙横山爲界。又襲九真，害士庶十八九。文死，子佛立，猶屯日南。九真太守灌邃率兵討走之，乃復還林邑。唐貞觀中，其王頭黎卒，子鎮龍嗣，爲摩訶慢多伽獨所弑，范氏遂絶。國人立頭黎之姑子諸葛地，更號環王。明史：唐時或稱占不勞，或稱占婆。至德後改國號曰環。元和初，入寇驩、愛等州，安南都護張丹擊敗之。遂棄林邑，徙國於占，號占城。周顯德中、宋乾德中，皆入貢。明統志：周顯德中，其王釋利因德漫遣其臣莆訶散來貢。宋乾德中，其工悉利因陁盤遣使因陁玢等貢方物。元至元間，惡其阻命，大舉兵擊之，終不能定。

明洪武二年，太祖遣官以即位詔諭其國，其王阿答阿者先已遣使奉表來朝，貢象虎方物。乃命中書省管勾甘桓，會同館副使路景賢，齎詔封阿答阿者爲占城國王。二十三年，阿答阿者失道，大臣閣勝弒王自立。明年，遣太師奉表來貢。帝惡其悖逆，卻之。永樂元年，其王占巴的賴奉金葉表朝貢，且告安南侵掠，請降敕誡諭，許之。嗣後朝貢不絶。然安南與占城以壤地相接，故互相侵掠，搆兵不已。至成化七年，安南大舉兵破占城，執其王槃羅茶全，遂據其地，改爲交南州。尋立前王孫齋亞麻弗菴爲王，以國南邊地予之。十四年，遣使請封於朝，方命使而齋亞麻弗菴已卒，其弟古來請襲位。安南又立其國人提婆苔爲王，竊據其地。朝議傳諭古來詣廣東受封，遣都御史屠滽傳檄安南，存亡繼絶，迎古來返占城。安南以滽大臣奉特遣護古來還國，不敢抗，古來乃得入。弘治元年，遣使入貢，而安南仍肆侵陵焉。始占城所立土地凡三千七百餘里，最爲殷庶。宋史：占城國在中國之西南。東至海，西至雲南，南至真臘，北至驩州。其地東西七百里，南北三千里。南曰施備州，西曰上源州，北曰烏里州。所統大、小州二十八。自殘破以後，民物蕭條，貢使亦漸稀矣。又有賓童龍者，與占城接壤，或言如來入舍衛國乞食，即其地，其氣候、風土亦相類。明史：賓童龍國人皆穴居巢處，食菓實魚蝦，無室廬井竈，風土頗類占城。惟遭喪能持服，葬以僻地，設齋禮佛，婚姻偶合，酋出入乘象或馬，從者百餘人，前後讚唱。民編茅覆屋，貨用金銀花布。國境有崑崙山，屹然大海中，與占城及東、西竺鼎峙相望。其山方廣而高，其海即曰崑崙洋，諸往西洋者，必待順風，七晝夜始得過。故舟人爲之諺曰「上怕七州，下怕崑崙。針迷舵失，人船莫存」云。

風俗

胸纏氎布，腦垂髽髻。宋史外國傳：土無絲繭，以白氎布纏胸，垂至足，衣衫窄袖。撮髮爲髻，散垂餘髻於後〔一〕。其王腦後髽髻，散披吉貝衣，戴金花冠，七寶妝纓絡爲飾，脛股皆露，躡革履，無襪。婦人亦腦後撮髻，無笄梳，其服及拜揖與男子同。王每日午坐禪椅，官屬謁見，膜拜一而止。白事畢，復膜拜一而退。或出遊、看象、採獵、觀漁，皆數日方還。近則乘軟布兜，遠則乘象，或乘一木杠，四人舁之。先令一人持檳榔盤前導，從者十餘輩，各執弓箭刀槍手牌等，其民望之皆膜拜。**驅象逐邪，殺牛祭祀。**宋史占城傳：其風俗，於正月一日牽象周行所居之地，然後驅逐出郭，謂之逐邪。四月有遊船之戲〔二〕。定十一月十五日爲冬至，人皆相賀。每年十二月十五日，城外縛木爲塔，王及臣民以衣物及香置塔上焚之，以祭天地。又其國有山牛，不任耕耨，但殺以祭祀。將殺，令巫祝之曰：「阿羅和及拔。」譯云早教他托生也。**人性兇悍，果於戰鬪。**文獻通考。**市用金銀，飲無茶酒。**文獻通考：市無緡錢，止有金銀，較量錙銖。地不產茶，亦不知醞釀之法，止飲椰子酒，兼食檳榔。**民以漁爲業，力穡者少。**明史：其國無霜雪，四時皆似夏，草木常青。民以漁爲業，無二麥，力穡者少，故收穫薄。國人皆食檳榔，終日不離口。**無紙筆，不解朔望。**明史：其俗但以月生爲初，月晦爲盡，不置閏。分晝夜爲十更，非日中不起，非夜分不卧，見月則飲酒歌舞爲樂。無紙筆，用羊皮槌薄薰黑，削細竹蘸白灰爲字，狀如蚯蚓。**性狠而狡，飲食污穢。**明史：人性狠而狡，貿易多不平。户皆北向，民居悉覆茅，檐高不過三尺。部領分差等，門高卑亦有限。飲食穢污，魚非腐爛不食，釀不生蛆不美。人體黑，男蓬頭，女椎髻，俱跣足。其王歲時采生人膽入酒中，與家人同飲。且以浴身，曰通身是膽。國人采以獻王，又以洗象目，每伺人於道，出不意，殺取之。崇釋教，重刑罰。明史：王在位三十年，避位入深山，以兄弟子姪代，持齋受戒，告於天曰：「我爲君無道，願狼虎食我，或病死。」居一年無恙，則復位如初。國人呼爲昔嚟馬哈剌，乃至尊至聖之稱。有鰐魚潭，獄疑不決者，令兩造騎牛過其旁，曲者魚輒躍而食之，直者即數往返不食也。續文獻通考：刑禁亦設枷鎖，小過以藤杖鞭之，當死者以繩繫於樹，用槍舂喉而殊其首。

土産

金。南史：林邑國有金山，石皆赤色，其中生金。金夜則出飛，狀如螢火。

火珠。唐書：貞觀四年，林邑王范頭黎遣使獻火珠，大如雞卵，圓白皎潔，光能照數尺，狀如水晶。正午向日蒸之，即火燃。

犀。大者八百觔。

象。烏木。降香。伽南香。獨産其地一山。酋長遣人守之，民不得採，犯者斷手。

觀音竹。長丈八尺，節二三寸，色如鐵。

矮脚雞。結遼鳥。能解人語，見唐書林邑傳。

五色鸚鵡。唐書：貞觀四年，林邑獻五色鸚鵡。太宗異之，詔右庶子李百藥爲之賦。

玳瑁。孔雀。菩薩石。薔薇水。猛火油。宋史：占城有薔薇水，灑衣經歲香不歇。猛火油，得水愈熾。二者皆貯以琉璃瓶。

吉貝。明統志：樹名。其花成時，如鵝毳，抽其緒紡之可以作布。

白氎布。

校勘記

〔一〕散垂餘髻於後　「餘」，原作「爲」，乾隆志卷四二四占城同，據宋史卷四八九外國列傳改。

〔二〕四月有遊船之戲　「船」，原作「般」，乾隆志卷四二四占城同，據宋史卷四八九外國列傳改。

大清一統志卷五百五十九之七

柬埔寨

在西南海中。

建置沿革

古真臘國。本扶南屬國，亦名占臘，其後併扶南而有之。明統志：真臘本扶南屬國。其王姓刹利名質多斯那者，始併扶南而有之。隋大業中，始通中國。隋書真臘傳：其王三日一聽朝，坐五香七寶牀，上施寶帳。其帳以文木爲竿，象牙金鈿爲壁，狀如小屋，懸金光焰，有同於赤土。前有金香爐，二人侍側。王戴金寶花冠，被珍珠纓珞，足履革屣，耳懸金鐺，常服白㲲，以象牙爲屩。若露髮，則不加纓珞。臣下服製，大抵相類。有五大臣，一曰孤落支，二曰高相憑，三曰婆何多陵，四曰舍摩陵，五曰髯多婁，及諸小臣。朝於王者，輒於階下三稽首。王命上階則跪，以兩手自抱膊，遶王環坐，議政事訖，跪伏而去。唐自武德至聖曆凡四來朝，神龍以後，國分爲二。其南近海多陂澤，爲水真臘，其北多山阜，爲陸真臘，後復合爲一。宋政和中，遣使來貢。宣和初，封爲真臘國王，與占城等。慶元中，其王大舉兵伐占城，破之，而立真臘人爲占城王，故當時占城亦爲屬國。其屬國又有參半、真里登、流眉、蒲甘等國。所領聚落六十餘，地方七千餘里。明洪武四年，國王忽兒那遣其臣奈亦吉郎等表獻方物。永樂間，嘗再入貢。使者以其國數被占城侵擾，久留不去。帝遣中官送之還，并敕占城王罷兵修好。至景泰後，貢使不至。明史真臘傳：其國城隍七十餘里，國中有金塔、金橋，殿宇三十餘所。王歲時一會，羅列玉猿、孔雀、白象、犀牛於前，名曰「白塔洲」。盛食以金盤、銀椀，故有富貴真臘之諺。其國自稱甘孛智，後訛爲甘破蔗。萬曆後改爲柬埔寨。按：皇朝通典，柬埔寨國無城池，王即山而建府，架竹木爲之，覆以茅葉。民居亦然。每冬春間，浙、閩、粵商人往彼互市，及夏秋乃歸。舟必經七洲大洋，到魯萬山，由虎門入，計程七千三百里，距厦門水程一百七十更。其旁有伊代嗎國，風俗與柬埔寨同。

風俗

東向爲上，右手爲潔。太平寰宇記：國俗東向開户，以東爲上。男婦悉卷髮垂耳，以右手爲浄，左手爲穢。尚華侈，崇釋教。不知喪葬，不識蠶織。明史：民俗富饒，天時常熱，不識霜雪，禾一歲數稔。男女椎髻，穿短衫，圍梢布。刑有劓刖刺配，盜則去手足。番人殺唐人罪死，唐人殺番人則罰金，無金則鬻身贖罪。唐人者，諸番呼華人之稱也，凡海外諸國盡然。婚嫁兩家俱八日不出門，晝燃燈。人死則置於野，任烏鳶食，俄頃食盡者，謂爲福報。居喪但髡其髮，女子則額上翦髮如錢大，曰用此報親。文字以麂鹿雜皮染黑，用粉爲小條畫於上，永不脱落。以十月爲歲首，閏悉用九月。夜分四更。亦有曉天文者，能算日月薄蝕。其地謂儒爲班詰，僧爲苧姑，道爲八思。班詰不知讀何書，由此入仕者爲華貫。生時項掛一白線以自別，既貴曳白如故。俗尚釋教，僧皆食魚、肉，或以供佛，惟不飲酒。尤侗外國傳：其俗不識蠶織，後暹人來居，得蠶與桑種，織紝縫補，率請暹婦爲之。禦敵以象，入山取犀。皇清職貢圖：人情柔弱，喜飼象，演之爲陣，用以禦敵。常帶劍入山，取犀角，獻於夷目。男翦髮裹頭，身衣僅蔽下體。女挽髻露肘臂，惟蔽其乳，圍裙跣足，能採桑飼蠶，亦能織蓆。

土産

犀牛。象牙。翠羽。寶石。金顔香。明統志：香乃樹脂，有淡黄色者，有黑色者。以剖開雪白者爲佳，夾砂石爲下。其氣能聚衆香，番人以之和香塗身。

篤耨香。明統志：樹如杉檜，香藏於皮，老而脂自流溢者，名白篤耨。冬月因其凝而取之者，名黑篤耨，盛之於瓢，碎瓢而爇之，亦有香，名篤耨瓢。

沈香。速香。明統志：伐樹去木而取香者，謂之生速香。樹仆木腐而香存者，謂之熟速香。其樹木之半存者，謂之暫香。黄而熟者謂黄熟，通黑者謂夾箋。

降香。烏木。蘇木。麝香木。氣似麝臍。

婆田羅樹。花葉及實略似棗。

歌畢佗樹。花似林禽，葉似榆而厚大，實似李。

昆野樹。花似木瓜，葉似杏，實似楮。

菴羅樹。花葉似棗，實似李。

白荳蔻。胡椒。黄蠟。建同魚。隋書：海中有建同魚，四足無鱗，其鼻同於象，吸水上噴，高五六十尺。

浮胡魚。隋書：其形似䱉，嘴如鸚鵡，有八足。

大清一統志卷五百六十之一

噶喇巴在西南海中。

建置沿革

本爪哇故地，即古闍婆國，又名莆家龍，亦曰下港，曰順塔。劉宋文帝元嘉中，始通中國，其後復絶。至宋淳化中，其王穆羅茶遣使來朝貢。大觀中復貢。元時稱爪哇，爲西南諸番之衝要。續文獻通考：東抵古女人國，西抵三佛齊，南抵古大食國，北抵占城。其在海外，視占城益遠。自泉南登舟海行者，先至占城，而後至其國。按：元史至元二十九年十二月發泉州，明年正月即抵其國。相去止月餘，似亦不爲遠也。世祖至元中，大出師伐之，竟不能克。其水有八節澗，上接杜馬班王府，下通莆奔大海，乃爪哇咽喉，必争地。元史弼、高興嘗會兵於此。其國分東、西二王，明洪武中各遣使入貢。永樂中，東王爲西王所滅。宣德七年，嘗入貢，表書一千三百七十六年，蓋漢宣帝元康元年，乃其建國之始也。自弘治後，貢使鮮有至者。萬曆時荷蘭築土庫於大澗東，佛郎機築於大澗西，歲歲互市。中國商旅亦往來不絶。明史：其國有新村，最號饒富，中華及諸番商舶，輻輳其地。其國後爲荷蘭所併。

本朝初年，閩海華人浮海爲業者，利其土産，多流聚於此。皇朝文獻通考：噶喇巴爲荷蘭所佔，漢人居之者以數萬計。生長其地曰土生仔，司漢人貿易者曰甲必丹。康熙五十六年，以噶喇巴口岸多聚漢人，恐寖長海盜，禁止南洋往來。雍正五年，弛洋禁，嗣後通市不絶。乾隆二十四年，禁絲斤出洋。後經邊臣奏准，噶喇巴諸國酌帶土絲及二蠶粗絲，以一千六百斤爲率。由是南洋等國皆得衣被章采，奉職彌謹焉。

風俗

室宇壯麗，飲食豐潔。宋史。乘軟兜，吹横笛。宋史：其俗以五月遊船，十月遊山。有馬可乘跨，或乘軟兜。樂有横笛、鼓板，亦能舞。穀米富饒，民不爲盜。明統志：其田膏腴，地平衍，穀米富饒，倍於他國。民不爲盜，道不拾遺。諺云「太平闍婆」者此也。地多流寓，刑無鞭扑。續文獻通考：其國四鄉，初至杜板僅千家，二酋主之，流寓多廣東、漳、泉人。又東行半日至厮村，中國之人客此成聚落，遂名新村，約千餘家，村主廣東人。番舶至此互市，金寶光溢，人民富饒。又南水行可半日至淡水港，乘小艇行二十餘里，至蘇魯馬益，亦千餘家，半中國人。港傍大洲，林木蔚茂，有長尾猱數萬。又水行八十里至漳沽登岸，西南陸行半日，至王所居。王宫磚墉，高三丈，方三十餘里。王蓬頭，頂金葉冠，胸縈嵌絲帨，腰束錦綺，佩短刀，跣足跨象，或乘牛。民男蓬頭，女椎髻，上衣下帨。男必腰刀，刀極精巧。刑無鞭扑，罪不問輕重，藤繫刃殺之。市用中國古錢，衡量倍於中國。尚氣好鬬，寢食污穢。續文獻通考：國人大抵三種：西番賈居久者，服食皆雅潔；中國流寓者，尚回回教，持齋受戒，曰唐人；土人有名無姓，尚氣好鬬，顔色黝黑，猱頭赤脚，坐卧無椅榻，飲食無匙箸，啖蛇蟻蟲蚓，與犬同寢食，不爲穢也。婚姻，男造女家，後五日迎婦，金鼓刀盾，前後甚多〔一〕。婦裸，披髮跣足，縈嵌絲帨，戴被金珠，綵飾寶妝。喪有水葬、火葬、犬葬，惟死者所欲。好甲兵，無紙筆。明史：性兇悍，男子無少長貴賤，皆佩刀，稍忤輒相賊，故於兵甲爲諸番之最。字類瑣里，無紙筆，刻於茭蔁葉。氣候常似夏，稻歲二稔。工巧多謀，器具精緻。皇清職貢圖：性工巧，饒謀慮，器具精緻。夷人花帛纏頭，短衣束腰，繞布幅爲裙，跣足。手持木棒，有爵者鐫字於上以爲别。夷婦垂髻，施簪珥，以花布纏上體，短衣長裙，露胸跣足。善裁製縫紉，性嗜啖果。

土産

金。銀。真珠。犀角。番名低密。象牙。番名家囉。玳瑁。諸名香。烏爹泥。金剛子。蓽澄茄。明統志：其藤蔓衍，春花夏實，花白而實黑。鶴頂。鳥名。大於鴨，外黄内赤。火雞。大於鶴。軟紅冠，毛如青羊，食炭。倒掛鳥。形似五色雀。吉貝。桄榔木。蝦蟓樹。宋史：其酒出於蝦蟓丹樹。青鹽。綵鳩。白猿。五色鸚䳇。明統志：爪哇有鸚䳇山，以出鸚䳇得名。

校勘記

〔一〕前後甚多　「多」，乾隆志卷四二四爪哇同，殊域周諮録卷八真臘、瀛涯勝覽作「都」。

大清一統志卷五百六十之二

浡泥在西南海中。

建置沿革

本闍婆屬國，前代無可考。宋太平興國中，始遣使入貢。明洪武三年，命御史張敬之往使，自泉州航海，閱半年抵闍婆，又踰月始至其國。國王乃遣使奉表箋來貢，表用金，箋用銀，字近回鶻，皆鏤之以進。帝宴賚甚厚。八年，命其國山川附祀福建山川之次。永樂六年八月，其王麻那惹加那泛海入朝。十月，王卒於館，葬於安德門外石子岡，樹碑神道，謚曰恭順。賜敕慰其子遐旺，命襲封國王。又從國王請，封其國之後山爲一方鎮，御製碑文，系之以詩，勒碑山上。至萬曆中，其王卒，無嗣，乃立其女爲王。後遂不復朝貢，然商人猶往來不絶。其國統十四洲，在舊港之西，自占城四十日可至。初屬爪哇，後屬暹羅，改名大泥。華人多流寓其地。嘉靖末，閩、粤海寇遺孽逋逃至此，積二千餘人。萬曆時，紅毛番强商其境，築土庫以居。其入彭湖互市者，所攜乃大泥國文也。

風俗

以板爲城，以銅鑄甲。宋史：其國以板爲城。王所居屋，覆以貝多葉，民舍覆以草。王坐繩牀，出則擁大布單坐其上，衆舁之，名曰阮囊。戰鬭則持刀披甲，甲以銅鑄，狀若大筒，穿之於身，護其腹背。盛食無器皿，喪葬有棺斂。婚聘先以椰子酒。宋史：國人以十二月七日爲歲節。凡宴會，鳴鼓吹笛，擊鈸歌舞爲樂。無器皿，以竹編貝多葉爲器盛食，食訖棄之。喪葬亦有棺斂，以竹轝載棄山中。二月始耕作則祀之，踰七年則不復祀。俗尚奢侈，愛敬中國。明統志：男女椎髻，以五采帛繫腰，花錦爲衫，尤愛敬中國人。每見中國人醉者，則扶之以歸。

土産

片腦。明統志：樹如杉檜，取之者必齋沐而往。其成片似梅花者爲上，其次有金腳腦、速腦、米腦、蒼腦、扎聚腦。又一種如油者名腦油。

象牙。鶴頂。吉貝。西國米。檀香。玳瑁。把雜爾。獸名。腹中一石，能療百病。

西洋布。降真香。俱見明史。

貝多樹。加蒙樹。續文獻通考：有貝多、加蒙二樹，心可爲酒。

大清一統志卷五百六十之三

麻葉甕

在西南海中。

建置沿革

又名麻葉凍。自古不通中國。明永樂三年，遣使齎璽書，賜物招諭，迄不朝貢。相傳自占城靈山放舟順風十晝夜至交欄山，其西南即麻葉甕也。交欄山甚高，廣饒竹木。元時史弼、高興伐爪哇，遭風至此山下，舟多壞，乃登山伐木重造，遂破爪哇。其病卒百餘人，留養不歸，後益蕃衍，故其地多華人云。

風俗

氣候稍熱，俗尚節義。續文獻通考：山峻地平，氣候稍熱，田禾倍收。俗尚節義。婦人喪夫，則剺面薙髮，絶粒七日，多有死者，得甦亦不再嫁。煮海爲鹽，釀蔗爲酒。續文獻通考。男女椎結，衣長衫，圍之以布。明史。貨用銅鼎鐵塊，五色布絹。續文獻通考。

土產

玳瑁。木棉。黄蠟。檳榔。花布。

大清一統志卷五百六十之四

舊港在西南海中。

建置沿革

古名三佛齊，南蠻別種，或云即干陀利。與占城爲鄰，居真臘、闍婆之間。所管五十州，從廣州府泛海使風二十日可至。其王號詹卑，其國居人多蒲姓。唐天祐元年，始遣使入貢。宋太平興國五年，其王夏池遣使茶龍眉來貢。咸平六年復來，且言本國建佛寺以祝聖壽，願賜名及鐘。乃詔以「承天萬壽」爲寺額，并鑄鐘以賜之。嗣後朝貢不絶。明洪武四年，其王馬哈剌札八剌卜遣使入貢。九年，命使者齎印敕封爲三佛齊國王。時爪哇强，已威服三佛齊而役屬之，聞封爲國王，與己埒，則大怒，遣人誘朝使邀殺之。尋破三佛齊，據其國，改其名曰舊港，然亦不能盡其地。華人流寓者，往往起而據之。明史：有梁道明者，廣州南海縣人，久居其國。閩、粤軍民泛海從之者數千家，推道明爲首，雄視一方。永樂三年，以行人譚勝受與道明同邑，命偕千户楊姓等齎敕招之。道明及其黨鄭伯可隨入朝，貢方物，受賜而還。四年，舊港頭目陳祖義遣子士良，道明遣從子觀政並來朝。祖義亦廣東人，雖朝貢而爲盜海上，貢使往來者苦之。五年，鄭和自西洋還，祖義潛謀邀劫，有施進卿者告於和。

祖義來襲被擒，獻於朝，伏誅。因命設舊港宣慰司，以進卿爲使，錫誥印及冠帶，自是屢入貢。然進卿雖受朝命，猶服爪哇，其地狹小，非故時三佛齊比也。嘉靖末，廣東大盜張璉作亂〔一〕，官軍已報克獲。萬曆五年商人詣舊港者見璉列肆爲番舶長，漳、泉人多附之。

本朝雍正七年，粵省商船載瓷器紙果諸物，往彼互市。乾隆二十九年，准加市絲斤。其國至廣東，計程一萬一千餘里。

風俗

香油塗身，椰葉覆屋。宋史：其人用香油塗身。又曰累甓爲城，周數十里，用椰葉覆屋。土沃宜稼，民皆水居。明史：土沃宜稼。語云一年種穀，三年生金，言收穫盛而貿金多也。俗富好淫，習於水戰，鄰國畏之。地多水，惟部領陸居，庶民皆水居，編筏築室，繫之於椿。水漲則筏浮，無沈溺患；欲徙則拔椿去之，不費財力。國無城池，地氣多暖。皇朝通典：地方袤延數千里，國無城池，隨民居所聚，以爲村落。傍山建王府，以磚瓦爲之。地氣多暖。

土産

紅藤。紫礦。見宋史。貓睛石。膃肭臍。薔薇水。龍腦香。沈香。金銀香。神鹿。如巨豕，高三尺，蹄三跲。鶴頂。火雞。黑熊。白獺。五色鸚䳇。龜筒。苾布。兜羅綿。胡椒。棉花。

校勘記

〔一〕廣東大盗張璉作亂　「璉」，原作「連」，據乾隆志卷四二四三佛齊及明史卷三二四外國列傳改。下文同改。

大清一統志卷五百六十之五

法蘭西 在西南海中。

建置沿革

一名弗郎西，即明之佛郎機也。自古不通中國。相傳在西南海中，近滿剌加。明正德中，據滿剌加地，逐其王。明史：滿剌加在占城南，或曰即古頓遜地。十三年，遣使臣加必丹末等貢方物，請封，始知其名。嘉靖二年，其將別都盧既以巨礮利兵肆掠滿剌加諸國，横行海上，復率其屬疏世利等入寇新會之西草灣。指揮柯榮、百户王應恩禦之，轉戰至稍州，向化人潘丁苟先登，衆齊進，生擒別都盧、疏世利等，獲其二舟。賊敗遁，官軍得其礮，即名爲佛郎機，副使汪鋐進之朝。九年秋，鋐累官右都御史。上言：「今塞上墩臺城堡，未嘗不設，乃寇來輒遭蹂躪者，蓋墩臺止瞭望，城堡又無制遠之具，故往往受困。當用臣所進佛郎機，其小止二十斤以下，遠可六百步者，則用之墩臺，每墩用其一，以三人守之。其大至七十斤以上，遠可五六里者，則用之城堡，每堡用其三，以十人守之。五里一墩，十里一堡，大小相依，遠近相應，寇將無所容足，可坐收不戰之功。」帝悦，即從之。火礮之有佛郎機自此始。其後廣東巡撫林富上言：「粵中公私諸費多資商税，番舶不至，則公私皆窘。今許佛郎機互市有四利：祖宗時諸番常貢外，原有抽分之法，稍取其餘，足供御用，利一；兩粵比歲用兵，庫藏耗竭，藉以充軍餉，備不虞，利二；粵西素仰給粵東，小有徵發，即措辦不前，若番舶流通，則上下交濟，利三；民以懋遷爲生，特一錢之貨，即得展轉販易，衣食其中，利四。助國裕民，兩有所賴，此因民之利而利之，非開利孔爲民梯禍也。」從之。自是佛郎機得入香山嶴壕鏡爲市，築室建城，雄據海畔。壕鏡在廣州府香山縣南，虎跳門外。先是，暹羅古城，爪哇、琉球、浡泥諸國互市，俱在廣州，設市舶司領之。正德時，移於高州之電白縣。嘉靖十四年，指揮黄慶納賄，請於上官，移之壕鏡，歲輸課二萬金。佛郎機遂得混入。高棟飛甍，櫛比相望，閩、粵商人趨之若鶩。久之，其來益衆，諸國人畏而避之，遂專爲所據。萬曆中，又破滅吕宋，遂盡擅閩、粵海上之利。

本朝順治初，准法蘭西番舶仍與粵商互市，惟禁入省會。自後每歲通市不絶焉。皇朝通典：其國都地名巴離士，國王姓無盧蒙，名雷士堅治。父名雷士吉多治，祖名雷士爹利治，亦紅毛番種也。我朝順治四年，廣督佟養甲疏言：法蘭西國人明季寓居壕鏡澳，與粵商互市，後因闌入省會，遂飭禁止，請嗣後仍准番舶通市。上從之。自後通市不絶，惟禁入省會耳。

風俗

好經商，奉佛教。明史：其人長身高鼻，貓睛鷹嘴，卷髮赤鬚。好經商，恃强陵轢諸國，無所不往。衣服華潔，貴者冠，賤者笠，見尊長輒去之。初奉佛教，後奉天主教。市易但伸指示數，雖累千金，不立約契。有事指天爲誓，不相負。尤侗外國傳：其國人身著衫袴，垂至脛，皮屨，衣服用瑣袱西洋布。每六日一禮佛，先三日食魚爲齋，至禮拜日，雞豕牛羊不忌。手持紅杖而行，飲食不用匙箸。富者食麪，貧與奴僕食米。婚娶無媒妁，佛前相配，以僧爲證，謂之交印。國有大故，亦多與僧謀。人死貯布囊以葬，所蓄半入僧室。白巾黑氈，脱帽爲禮。皇清職貢圖：夷人冠白巾，加黑氈帽，亦以脱帽爲禮。

土產

犀。象。珠。貝。